Die Mainzer Steinhalle

BLVSSVS AIV
AN LX H S E M
NS F AN VXS
ATTO VER
H ARENTIBVS

DIE MAINZER STEINHALLE

DOKUMENTATION EINER ÖFFENTLICHEN KONTROVERSE 2021–2025

Herausgegeben in Verbindung mit dem

Bürgerrat Steinhalle,
dem Mainzer Altertumsverein e. V.,
dem Verein der Freunde des Landesmuseums Mainz e. V. und
dem Haus des Erinnerns für Demokratie und Akzeptanz

von Ulrike Ehmig, Judith König und Michael Matheus

SCHNELL + STEINER

Die Drucklegung wurde unterstützt vom Mainzer Altertumsverein e. V.,
den Freunden des Landesmuseums e. V.,
dem Haus des Erinnerns – für Demokratie und Akzeptanz,
von der Gerd und Margarethe Krämmer-Stiftung,
der Gunter-Zentz-Stiftung sowie Stefan Schmitz.

Umschlagbild vorn: Die Steinhalle des Landesmuseums Mainz vor dem Umbau.
Umschlagbild hinten: Die Steinhalle des Landesmuseums Mainz nach dem Umbau.

Abbildungsnachweise:
© GDKE RLP, Landesmuseum Mainz (Ursula Rudischer): Umschlagabbildungen vorn und hinten, S. 2, 6, 89, 90, 91, 92, 93, 94
© GDKE RLP, Landesmuseum Mainz (Ortolf Harl): S. 92
Diese Abbildung ist laut Professor Seeliger rechtefrei. Es handelt sich um eine Umzeichnung aus einer Publikation, bei der nach 80 Jahren keine Urheberrechte mehr bestehen: Hermann Gombert, Frühchristliche Grabsteine vom Mittelrhein (Wegweiser 17), Mainz 1940, S. 11.
CIL XIII-Projekt Flensburg/Trier: S. 88

Sollte es vorgekommen sein, dass Rechteinhaber nicht genannt sind oder nicht ausfindig gemacht werden konnten, bitten wir um entsprechende Nachweise die beteiligten Urheberrechte betreffend, um diese in künftigen Auflagen zu berücksichtigen oder/und im Rahmen der üblichen Vereinbarungen für den Bereich wissenschaftlicher Publikationen abgelten zu können.

Bibliographische Informationen der Deutschen Nationalbibliothek:
Die Deutsche Nationalbibliothek verzeichnet diese Publikation
in der Deutschen Nationalbibliographie; detaillierte bibliographische Daten
sind im Internet über http://dnb.de abrufbar.

2. erweiterte Auflage 2025
möglich dank der Unterstützung durch die Gunter-ZENTZ-Stiftung sowie
durch den Verein der Freunde des Landesmuseums Mainz e.V.

© 2025 Verlag Schnell & Steiner GmbH, Leibnizstraße 13, 93055 Regensburg
© 2025 Ulrike Ehmig, Judith König und Michael Matheus

Redaktion: Ulrike Ehmig, Judith König und Michael Matheus
Umschlaggestaltung und Satz: typegerecht berlin
Druck: Printed in EU

ISBN 978-3-7954-9023-2
ISBN 978-3-7954-9024-9 (E-Book)
DOI https://doi.org/10.61035/3795490249

Alle Rechte vorbehalten. Ohne ausdrückliche Genehmigung des Verlags ist es nicht
gestattet, dieses Buch oder Teile daraus auf fototechnischem oder elektronischem Weg
zu vervielfältigen.

Weitere Informationen zum Verlagsprogramm erhalten Sie unter:
www.schnell-und-steiner.de

INHALT

VORWORT	7
PRESSE- UND MEDIENSPIEGEL (AUSWAHL)	8
LESERBRIEFE	63
STELLUNGNAHMEN	69
Verbände, Vereine, Gesellschaften und Institutionen	
PARTEIEN	92
ONLINE-PETITION	95
Deutsche Petition	95
English petition	96
Pétition en français	97
Petizione italiana	98
Petición en español	99
AUFRUFE	100
DIE PETITION IN ZAHLEN UND INHALTEN	106
AUSGEWÄHLTE BEISPIELE MAINZER INSCHRIFTEN	107
UNTERZEICHNENDE MIT KOMMENTAR	115
UNTERZEICHNENDE OHNE KOMMENTAR	184

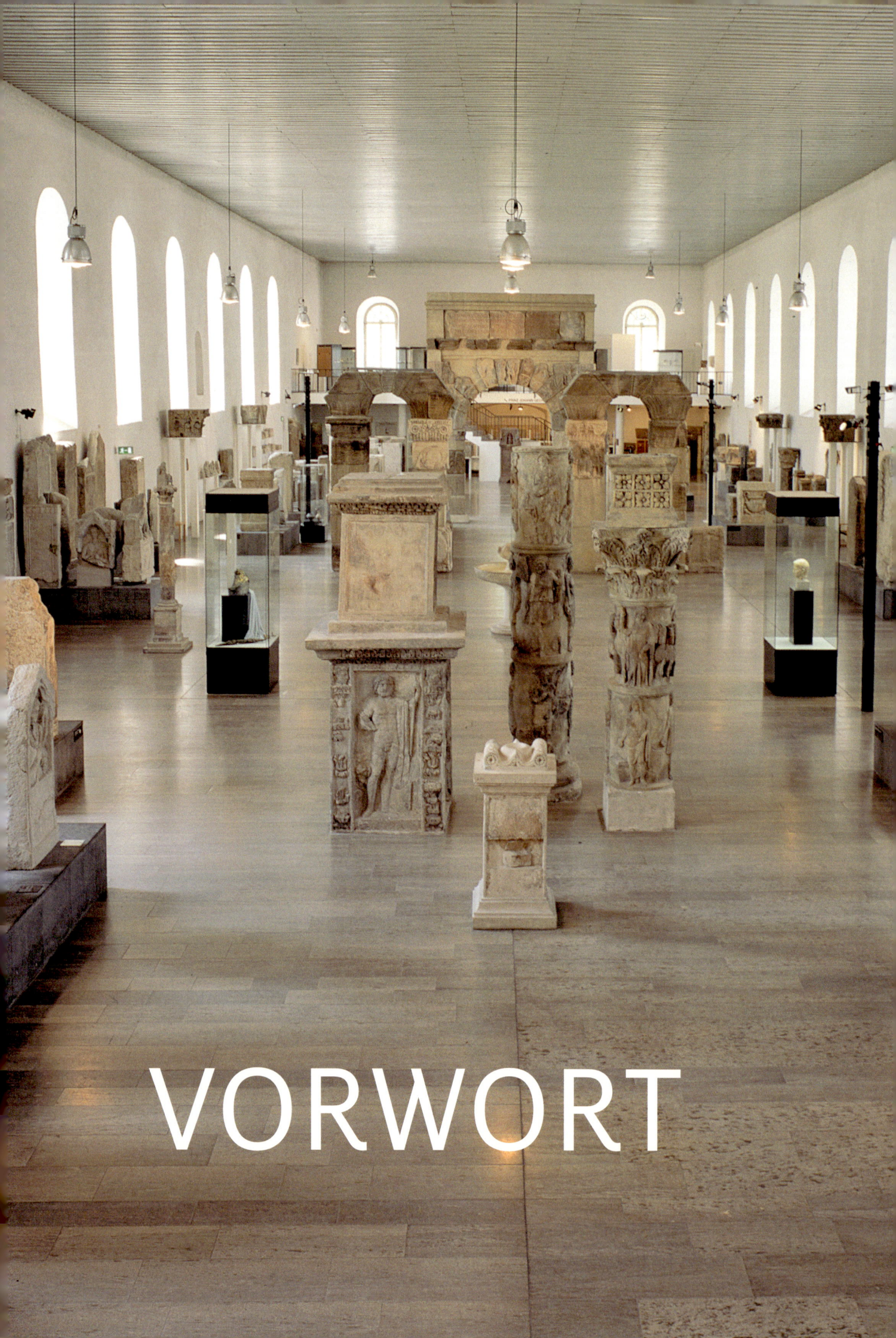

VORWORT

Als dem Landtag von Rheinland-Pfalz für die Zeit der Renovierung des Deutschhauses ein Gastrecht im Steinsaal des Mainzer Landesmuseums auf Zeit eingeräumt wurde, war dies mit einer Zusage verknüpft: Nach dem Umzug des Parlaments in das neu gestaltete Gebäude werde dem ohnehin unter Raumnot leidenden Landesmuseum die Steinhalle zur Präsentation der dortigen Sammlungen wieder vollumfänglich zur Verfügung stehen. Die Halle stellt als ehemalige kurfürstliche Reithalle ein denkmalgeschütztes Ensemble dar. Noch 2017 war in der von der Generaldirektion Kulturelles Erbe Rheinland-Pfalz herausgegebenen Schrift »Die Römer im Landtag« von »übergangsweiser Umnutzung« die Rede. Wann die ersten Überlegungen angestellt wurden, die gegebenen Zusagen nicht einzuhalten, ist bisher unbekannt. Eine öffentliche Diskussion über die Pläne des Landtags, in der Steinhalle dauerhaft ein »Demokratielabor« einzurichten, kam erst 2021 in Gang.

Am 28. April 2021 wurde eine Petition »Für den Erhalt der Mainzer Steinhalle als museale Präsentationsfläche des LM Mainz« über die Internetplattform openPetition gestartet. In der vorliegenden Publikation werden die Petition sowie die öffentliche Kontroverse zum Thema (in Auswahl) dokumentiert. In der kurzen Laufzeit von 60 Tagen haben unter den eingeschränkten Kommunikations- und Begegnungsbedingungen der COVID-19-Pandemie 5.896 Personen die Petition unterstützt. Sie alle sprechen sich dafür aus, die Mainzer Steinhalle nach dem Auszug des Landtags wie zugesagt dem Landesmuseum wieder ungeschmälert zur Verfügung zu stellen. Nur so kann nach Auffassung der Unterstützerinnen und Unterstützer eine angemessene und zeitgemäße Präsentation der weltweit bekannten und einzigartigen Denkmäler aus der Antike, aber auch wichtiger Stücke aus frühchristlicher und jüdischer Zeit erfolgen. Die Unterschriften und 1.462 Kommentare stammen nicht nur aus Mainz und Deutschland. Das Anliegen wird vielmehr von einer Vielzahl regionaler und nationaler Verbände und Gesellschaften, sowie von Privatpersonen und Fachleuten aus über 30 Ländern in Europa, den USA, Südafrika, Australien und Fernost unterstützt. Bei der anstehenden Neugestaltung des Landesmuseums blickt folglich nicht nur die Region, sondern die gesamte (Fach-)Welt auf Mainz und Rheinland-Pfalz als Kultur- und Wissenschaftsstandort. Zugleich dürfen herausragende Angebote in Mainz für einen wünschenswerten Kulturtourismus nicht beschnitten, sondern sie müssen vielmehr gestärkt werden.

Zahlreiche lokale, regionale und nationale Medien berichteten über die Konstituierung des Bürgerrates Steinhalle im Mai 2021, dem zwölf Vereine, Gesellschaften und Institutionen aus Mainz angehören. In einer Erklärung vom 26. Mai (»Mehr Demokratie wagen – aber nicht durch Verdrängung kulturellen Erbes in der Steinhalle des Landesmuseums«) sprachen sich die Mitglieder des Bürgerrates einhellig für die Intensivierung demokratischer Bildungs- und Erinnerungsarbeit aus. Sie plädierten aber zugleich dafür, das vom Landtag erst noch zu konkretisierende Konzept eines »Demokratie-Labors« an einem anderen, hierfür besser geeigneten Ort und in inhaltlich-konzeptioneller Abstimmung mit bereits erfolgreich existierenden Angeboten wie etwa dem Haus des Erinnerns zu realisieren.

Die Sammlung der Steindenkmäler und andere wichtige Altertumsbestände im Mainzer Landesmuseum gehen in ihren Ursprüngen in großen Teilen auf bürgerschaftliche Aktivität und Beteiligung zurück. Mit den Instrumenten der offenen Petition und des Bürgerrates werden zeitgemäße Möglichkeiten bürgerschaftlichen Engagements und demokratischer Kommunikation zugunsten kulturell wichtiger Zeugnisse unserer Geschichte praktiziert. Dabei respektieren wir die Entscheidungsprozesse der parlamentarischen Demokratie, beharren aber darauf, dass diese auf der Einhaltung von gegebenen Zusagen gewählter Volksvertreter und auf überzeugenden Argumenten basieren. Wir stehen für die weitere konstruktive, auch öffentliche Debatte zum Thema, die diesen Namen verdient, bereit.

Begleitend zur Dokumentation der Kontoverse um die Steinhalle und die Sammlungen des Landesmuseums stellen Fachkolleginnen und Fachkollegen ausgewählte antike, frühchristliche und jüdische Steindenkmäler und Inschriften vor. Viele der Stücke, deren kulturgeschichtliche Bedeutung über Mainz und die Region hinaus einzigartig ist, sind der Öffentlichkeit seit Jahren nicht zugänglich.

Unser Dank gilt allen Stiftungen und Personen, die diese Publikation ermöglicht haben, ferner dem Bürgerrat Steinhalle, dem Mainzer Altertumsverein e.V., dem Verein der Freunde des Landesmuseums e.V. sowie dem Haus des Erinnerns – für Demokratie und Akzeptanz. Dankbar sind wir auch allen Verlagen und Zeitungen, die einem kostenfreien Abdruck ihrer Artikel zugestimmt haben. Schließlich gilt unser Dank Albrecht Weiland und dem Verlag Schnell & Steiner für die tatkräftige und zielgerichtete Unterstützung der Publikation.

Mainz, Juli 2021
Ulrike Ehmig, Judith König, Michael Matheus

PRESSE- UND MEDIENSPIEGEL

DPA NEWS 15. APRIL 2021

Donnerstag, 15. April 2021
7:54

Stichwörter: Landtag, Museen, Geschichte, Archäologie

Archäologen kritisieren Pläne für Steinhalle - Konflikt mit dem Land

Von Peter Zschunke, dpa

Der Landtag Rheinland-Pfalz hat seit 2016 in einem Ausweichquartier im Museum debattiert. Die Pläne, jetzt einen «Ort der Demokratie» dort einzurichten, stoßen auf massive Kritik.

ARCHIV - 21.08.2019, Rheinland-Pfalz, Mainz: Mitarbeiter und Abgeordnete des Landtags Rheinland-Pfalz gehen durch die Steinhalle des Landesmuseums. In diesem Ausweichquartier des Landtags für die Dauer von Sanierungsarbeiten soll nun ein «Ort der Demokratie» entstehen. Historiker und Archäologen fordern hingegen, dass dort wieder die Sammlung römischer Denkmäler präsentiert werden soll. (zu dpa: «Archäologen kritisieren Pläne für Steinhalle - Konflikt mit dem Land») Foto: Arne Dedert/dpa +++ dpa-Bildfunk +++

(0 Links)

Mainz (dpa/lrs) - Fünf Jahre war der Landtag Rheinland-Pfalz zu Gast im Landesmuseum in Mainz - nach Abschluss der Sanierung im historischen Deutschhaus werden die Abgeordneten wieder dorthin zurückkehren. In der Steinhalle des Museums soll nun ein ständiger «Ort der Demokratie» eingerichtet werden. Diese Pläne stoßen bei Historikern und Archäologen auf Kritik. «Mit der Sammlung römischer Steindenkmäler verfügt Mainz über eine der bedeutendsten und umfangreichsten ihrer Art in Europa und damit in der Welt», sagt der Historiker Michael Matheus. Dieses einzigartige Ensemble müsse auch angemessen präsentiert werden.

«Der Plenarsaal bleibt als authentischer Ort so, wie er ist», sagte Landtagspräsident Hendrik Hering (SPD) bei der ersten Ankündigung der Pläne im August 2019. «Er gehört zur Landesgeschichte dazu. Das zerstört man nicht.» Daher solle dort eine Tagungs- und Begegnungsstätte eingerichtet werden, zusammen mit einer Dauerausstellung zur «Demokratiegeschichte im Südwesten».

Es sei fraglos richtig, Jugendlichen ebenso wie anderen Gruppen der Bevölkerung einen authentischen Raum zu bieten, in dem Demokratie erlebbar werde, erklärten der Deutsche Verband für Archäologie und der Deutsche Archäologen-Verband in einem Brief an Hering. «Wir sind jedoch dezidiert der Ansicht, dass die Steinhalle in Mainz hierfür definitiv nicht die geeignete Lokalität ist.»

Die einstige kurfürstliche Reithalle sei für sich genommen schon ein Baudenkmal ersten Ranges, erklären die Archäologen. Darüber hinaus ermögliche die Ausstellung römischer Steindenkmäler wie die Jupitersäule für Kaiser Nero eine besonders authentische Zeitreise. Der Raum imitiere vollendet die urbane Struktur römischer Gräberstraßen und öffentlicher Plätze und Wege. «Seine einzigartige Atmosphäre ist daher absolut schützenswert», betonen die Archäologen. «Die Zerstörung eines solch einmaligen Ausstellungsjuwels hätte unzweifelhaft ausgesprochen schädliche Auswirkungen» und würde den Ruf der Landeshauptstadt Mainz irreparabel beschädigen. «Gerade in einer Stadt wie Mainz – immerhin eine der ältesten römischen Gründungen in Nordeuropa – sollte das römische Erbe in besonderer Weise geschützt werden.»

Das Landesmuseum gehört dem Land, wie der Name schon sagt. Die Sammlung der rund 2000 römischen Steindenkmäler, von denen bis 2016 etwa 300 in der Steinhalle des Museums gezeigt wurden, gehörte hingegen ursprünglich dem Mainzer Altertumsverein und wurde dann der Stadt übertragen. In einem Vertrag vom Januar 1967 wurde die Sammlung dem Land als Dauerleihgabe überlassen - mit der vertraglichen Vorgabe, die Sammlung der Öffentlichkeit wie der Wissenschaft zugänglich zu machen und öffentlich zu präsentieren. Wo dies geschehen soll, wurde allerdings nicht vertraglich festgehalten.

In einem Gespräch mit der Landtagsverwaltung und dem Kulturministerium habe sich gezeigt, «dass das Land von seinem Eigentumsrecht Gebrauch machen» und an den Plänen für einen «Ort der Demokratie» festhalten wolle, bedauert der Vorsitzende des Altertumsvereins, Günther Knödler. Er wünscht sich vom Land «mehr Verantwortungsgefühl gegenüber der Geschichte». Die Sammlung sei im 18. und 19. Jahrhundert entstanden und habe eine weit größere Bedeutung als das jetzt in der Hälfte der Steinhalle eingebaute Gestühl des alten Landtags.

Das Landesmuseum Mainz befinde sich aktuell in einer Phase der Neukonzeption, sagt ein Sprecher des Kulturministeriums. Die Präsentation des römischen Erbes, zu dem neben den römischen Grabsteinen und Bögen auch wesentlich die Integration der restaurierten Jupitersäule gehören werde, spiele dabei inhaltlich und räumlich eine zentrale Rolle. Zu den konzeptionellen und didaktischen Überlegungen laufe derzeit die interne Abstimmung.

Mit dem Deutschen Verband für Archäologie will Landtagspräsident Hering am 28. April zu einem klärenden Gespräch zusammenkommen. Es gebe aber weiter die Absicht, «die Steinhalle nach der mehrjährigen Zwischennutzung als Plenarsaal zu einem "lebendigen Ort der Demokratie" und der politischen Bildung zu machen», heißt es in der Landtagsverwaltung.

Der Mainzer Oberbürgermeister Michael Ebling (SPD) wünscht sich vom Land noch konkretere Angaben zu dem geplanten «Ort der Demokratie». Er halte es für eine gute Idee, das Landesmuseum auf diese Weise zu stärken. Die historische Steinsammlung brauche aber auch eine angemessene Präsentation. «Ich denke, dass es für beide Anliegen den nötigen Raum geben kann.»

Einen Ort der Demokratiegeschichte zu schaffen, sei ein guter Gedanke, sagt der Historiker Matheus. «Man sollte dies aber nicht gegen eine Sammlung von antiken, frühchristlichen und jüdischen Denkmälern ausspielen, die in einzigartiger Weise auf noch heute aktuelle Themen wie Migration, Reisefreiheit, Sprachenvielfalt, religiöse Toleranz verweisen und in zahlreichen Facetten Grundlagen unserer Kultur von der Architektur und dem Städtebau bis hin zu Wirtschaft, Handel und Verkehr verkörpern.»

Mit freundlicher Genehmigung der dpa

TRIERISCHER VOLKSFREUND 16. APRIL 2021

Archäologen kritisieren Pläne für Steinhalle - Konflikt mit dem Land

Der Landtag hat seit 2016 in einem Ausweichquartier im Museum debattiert. Die Pläne, jetzt einen „Ort der Demokratie" dort einzurichten, stoßen auf Kritik.

VON PETER ZSCHUNKE

MAINZ (dpa) Fünf Jahre war der Landtag Rheinland-Pfalz zu Gast im Landesmuseum in Mainz - nach Abschluss der Sanierung im historischen Deutschhaus werden die Abgeordneten wieder dorthin zurückkehren. In der Steinhalle des Museums soll nun ein ständiger „Ort der Demokratie" eingerichtet werden. Diese Pläne stoßen bei Historikern und Archäologen auf Kritik. „Mit der Sammlung römischer Steindenkmäler verfügt Mainz über eine der bedeutendsten und umfangreichsten ihrer Art in Europa und damit in der Welt", sagt der Historiker Michael Matheus. Dieses einzigartige Ensemble müsse auch angemessen präsentiert werden.

„Der Plenarsaal bleibt als authentischer Ort so, wie er ist", sagte Landtagspräsident Hendrik Hering (SPD) bei der ersten Ankündigung der Pläne im August 2019. „Er gehört zur Landesgeschichte dazu. Das zerstört man nicht." Daher solle dort eine Tagungs- und Begegnungsstätte eingerichtet werden, zusammen mit einer Dauerausstellung zur „Demokratiegeschichte im Südwesten".

Es sei fraglos richtig, Jugendlichen ebenso wie anderen Gruppen der Bevölkerung einen authentischen Raum zu bieten, in dem Demokratie erlebbar werde, erklärten der Deutsche Verband für Archäologie und der Deutsche Archäologen-Verband in einem Brief an Hering. „Wir sind jedoch dezidiert der Ansicht, dass die Steinhalle in Mainz hierfür definitiv nicht die geeignete Lokalität ist."

Die einstige kurfürstliche Reithalle sei für sich genommen schon ein Baudenkmal ersten Ranges, erklären die Archäologen. Darüber hinaus ermögliche die Ausstellung römischer Steindenkmäler wie die Jupitersäule für Kaiser Nero eine besonders authentische Zeitreise. Der Raum imitiere vollendet die urbane Struktur römischer Gräberstraßen und öffentlicher Plätze und Wege. „Seine einzigartige Atmosphäre ist daher absolut schützenswert", betonen die Archäologen. „Die Zerstörung eines solch einmaligen Ausstellungsjuwels hätte unzweifelhaft ausgesprochen schädliche Auswirkungen" und würde den Ruf der Landeshauptstadt Mainz irreparabel beschädigen. „Gerade in einer Stadt wie Mainz – immerhin eine der ältesten römischen Gründungen in Nordeuropa – sollte das römische Erbe in besonderer Weise geschützt werden."

Das Landesmuseum gehört dem Land, wie der Name schon sagt. Die Sammlung der rund 2000 römischen Steindenkmäler, von denen bis 2016 etwa 300 in der Steinhalle des Museums gezeigt wurden, gehörte bis in gegen ursprünglich dem Mainzer Altertumsverein und wurde dann der Stadt übertragen. In einem Vertrag vom Januar 1967 wurde die Sammlung dem Land als Dauerleihgabe überlassen - mit der vertraglichen Vorgabe, die Sammlung der Öffentlichkeit mit der Wissenschaft zugänglich zu machen und öffentlich zu präsentieren. Wo dies geschehen soll, wurde allerdings nicht vertraglich festgehalten.

In einem Gespräch mit der Landtagsverwaltung und dem Kulturministerium habe sich gezeigt, „dass das Land von seinem Eigentumsrecht Gebrauch machen" und an den Plänen für einen „Ort der Demokratie" festhalten wolle, bedauert der Vorsitzende des Altertumsvereins, Günther Knöddler. Er wünscht sich vom Land „mehr Verantwortungsgefühl gegenüber der Geschichte". Die Sammlung sei im 18. und 19. Jahrhundert entstanden und habe eine weit größere Bedeutung als jetzt in der Hälfte der Steinhalle eingebaute Gestühl des alten Landtags.

Das Landesmuseum Mainz befinde sich aktuell in einer Phase der Neukonzeption, sagt der Sprecher des Kulturministeriums. Die Präsentation des römischen Erbes, zu dem neben den römischen Grabsteinen und Bögen auch wesentlich die Integration der restaurierten Jupitersäule gehören werde, spiele dabei inhaltlich und räumlich eine zentrale Rolle. Zu den konzeptionellen und didaktischen Überlegungen laufe derzeit die interne Abstimmung.

Mit dem Deutschen Verband für Archäologie will Landtagspräsident Hering am 28. April zu einem klärenden Gespräch zusammenkommen.

Es gebe aber weiter die Absicht, „die Steinhalle nach der mehrjährigen Zwischennutzung als Plenarsaal zu einem „lebendigen Ort der Demokratie" und der politischen Bildung zu machen", heißt es in der Landtagsverwaltung.

Der Mainzer Oberbürgermeister Michael Ebling (SPD) wünscht sich vom Land noch konkretere Angaben zu dem geplanten „Ort der Demokratie". Er halte es für eine gute Idee, das Landesmuseum auf diese Weise zu stärken. Die historische Steinsammlung brauche aber auch eine angemessene Präsentation. „Ich denke, dass es für beide Anliegen den nötigen Raum geben kann."

Einen Ort der Demokratiegeschichte zu schaffen, sei ein guter Gedanke, sagt der Historiker Matheus. „Man sollte dies aber nicht gegen eine Sammlung von antiken, frühchristlichen und jüdischen Denkmälern ausspielen, die in einzigartiger Weise auf noch heute aktuelle Themen wie Migration, Reisefreiheit, Sprachenvielfalt, religiöse Toleranz verweisen und in zahlreichen Facetten Grundlagen unserer Kultur von der Architektur und dem Städtebau bis hin zu Wirtschaft, Handel und Verkehr verkörpern."

Produktion dieser Seite:
Moritz Scheidel

Mitarbeiter und Abgeordnete des Landtags Rheinland-Pfalz gehen durch die Steinhalle des Landesmuseums. In diesem Ausweichquartier soll nun ein „Ort der Demokratie" entstehen. Historiker und Archäologen fordern hingegen, dass dort wieder die Sammlung römischer Denkmäler präsentiert werden soll. FOTO: DPA

Quelle: www.volksfreund.de

ALLGEMEINE ZEITUNG MAINZ 16. APRIL 2021

Gegen Demokratieausstellung

Archäologen kritisieren Pläne für Steinhalle in Mainzer Museum / Konflikt mit dem Land

Von Peter Zschunke

MAINZ. Fünf Jahre war der Landtag Rheinland-Pfalz zu Gast im Landesmuseum in Mainz – nach Abschluss der Sanierung im historischen Deutschhaus werden die Abgeordneten wieder dorthin zurückkehren. In der Steinhalle des Museums soll nun ein ständiger „Ort der Demokratie" eingerichtet werden. Diese Pläne stoßen bei Historikern und Archäologen auf Kritik. „Mit der Sammlung römischer Steindenkmäler verfügt Mainz über eine der bedeutendsten und umfangreichsten ihrer Art in Europa und damit in der Welt", sagt der Historiker Michael Matheus. Dieses einzigartige Ensemble müsse auch angemessen präsentiert werden.

„Der Plenarsaal bleibt als authentischer Ort so, wie er ist", sagte Landtagspräsident Hendrik Hering (SPD) bei der ersten Ankündigung der Pläne im August 2019. „Er gehört zur Landesgeschichte dazu. Das zerstört man nicht." Daher solle dort eine Tagungs- und Be-

Mitarbeiter und Abgeordnete des Landtags gehen durch die Steinhalle des Landesmuseums. Foto: dpa

gegnungsstätte eingerichtet werden, zusammen mit einer Dauerausstellung zur „Demokratiegeschichte im Südwesten".

Es sei fraglos richtig, Jugendlichen ebenso wie anderen Gruppen der Bevölkerung einen authentischen Raum zu bieten, in dem Demokratie erlebbar werde, erklärten der Deutsche Verband für Archäologie und der Deutsche Archäologen-Verband in einem Brief an Hering. „Wir sind jedoch dezidiert der Ansicht, dass die Steinhalle in Mainz hierfür definitiv nicht die geeignete Lokalität ist."

Die einstige kurfürstliche Reithalle sei für sich genommen schon ein Baudenkmal ersten Ranges, erklären die Archäologen. Darüber hinaus ermögliche die Ausstellung römischer Steindenkmäler wie die Jupitersäule für Kaiser Nero eine besonders authentische Zeitreise. Der Raum imitiere vollendet die urbane Struktur römischer Gräberstraßen und öffentlicher Plätze und Wege. „Seine einzigartige Atmosphäre ist daher absolut schützenswert", betonen die Archäologen. „Die Zerstörung eines solch einmaligen Ausstellungsjuwels hätte unzweifelhaft ausgesprochen schädliche Auswirkungen" und würde den Ruf der Landeshauptstadt Mainz irreparabel beschädigen. „Gerade in einer Stadt wie Mainz – immerhin eine der ältesten römischen Gründungen in Nordeuropa – sollte das römische Erbe in besonderer Weise geschützt werden."

Das Landesmuseum gehört dem Land, wie der Name schon sagt. Der Mainzer Oberbürgermeister Michael Ebling (SPD) wünscht sich vom Land noch konkretere Angaben zu dem geplanten „Ort der Demokratie". Er halte es für eine gute Idee, das Landesmuseum auf diese Weise zu stärken. Die historische Steinsammlung brauche aber auch eine angemessene Präsentation. „Ich denke, dass es für beide Anliegen den nötigen Raum geben kann."

PFÄLZISCHER MERKUR 16. APRIL 2021

Archäologen kritisieren Pläne für Steinhalle - Konflikt mit dem Land

Der Landtag hat seit 2016 in einem Ausweichquartier im Museum debattiert. Die Pläne, jetzt einen „Ort der Demokratie" dort einzurichten, stoßen auf Kritik.

VON PETER ZSCHUNKE

MAINZ (dpa) Fünf Jahre war der Landtag Rheinland-Pfalz zu Gast im Landesmuseum in Mainz - nach Abschluss der Sanierung im historischen Deutschhaus werden die Abgeordneten wieder dorthin zurückkehren. In der Steinhalle des Museums soll nun ein ständiger „Ort der Demokratie" eingerichtet werden. Diese Pläne stoßen bei Historikern und Archäologen auf Kritik. „Mit der Sammlung römischer Steindenkmäler verfügt Mainz über eine der bedeutendsten und umfangreichsten ihrer Art in Europa und damit in der Welt", sagt der Historiker Michael Matheus. Dieses einzigartige Ensemble müsse auch angemessen präsentiert werden.

„Der Plenarsaal bleibt als authentischer Ort so, wie er ist", sagte Landtagspräsident Hendrik Hering (SPD) bei der ersten Ankündigung der Pläne im August 2019. „Er gehört zur Landesgeschichte dazu. Das zerstört man nicht." Daher solle dort eine Tagungs- und Begegnungsstätte eingerichtet werden, zusammen mit einer Dauerausstellung zur „Demokratiegeschichte im Südwesten".

Es sei fraglos richtig, jugendlichen ebenso wie anderen Gruppen der Bevölkerung einen authentischen Raum zu bieten, in dem Demokratie erlebbar werde, erklärten der Deutsche Verband für Archäologie und der Deutsche Archäologen-Verband in einem Brief an Hering. „Wir sind jedoch dezidiert der Ansicht, dass die Steinhalle in Mainz hierfür definitiv nicht die geeignete Lokalität ist."

Die einstige kurfürstliche Reithalle sei für sich genommen schon ein Baudenkmal ersten Ranges, erklären die Archäologen. Darüber hinaus er mögliche die Ausstellung römischer Steindenkmäler sowie der Jupitersäule für Kaiser Nero eine besonders authentische Zeitreise. Der Raum imitiere vollendet die urbane Struktur römischer Gräberstraßen und öffentlicher Plätze und Wege. „Seine einzigartige Atmosphäre ist daher absolut schützenswert", betonten die Archäologen. „Die Zerstörung eines solch einmaligen Ausstellungsjuwels hätte unzweifelhaft ausgesprochen schädliche Auswirkungen" und würde den Ruf der Landeshauptstadt Mainz irreparabel beschädigen. „Gerade in einer Stadt wie Mainz – immerhin eine der ältesten römischen Gründungen in Nordeuropa – sollte das römische Erbe in besonderer Weise geschützt werden."

Das Landesmuseum gehört dem Land, wie der Name schon sagt. Die Sammlung der rund 2000 römischen Steindenkmäler, von denen bis 2016 etwa 300 in der Steinhalle des Museums gezeigt wurden, gehörte hingegen ursprünglich dem Mainzer Altertumsverein und wurde dann der Stadt übertragen. In einem Vertrag vom Januar 1967 wurde die Sammlung dem Land als Dauerleihgabe überlassen - mit der vertraglichen Vorgabe, die Sammlung der Öffentlichkeit wie der Wissenschaft zugänglich zu machen und öffentlich zu präsentieren. Wo dies geschehen soll, wurde allerdings nicht vertraglich festgehalten.

In einem Gespräch mit der Landtagsverwaltung und dem Kulturministerium habe sich gezeigt, dass das Land von seinem Eigentumsrecht Gebrauch machen" und an den Plänen für einen „Ort der Demokratie" festhalten wolle, bedauert der Vorsitzende des Altertumsvereins, Günther Knödler. Er wünscht sich vom Land „mehr Verantwortungsgefühl gegenüber der Geschichte". Die Sammlung sei im 18. und 19. Jahrhundert entstanden und habe eine weit größere Bedeutung als das jetzt in der Hälfte der Steinhalle eingebaute Gestühl des alten Landtags.

Das Landesmuseum Mainz befinde sich aktuell in einer Phase der Neukonzeption, sagt ein Sprecher des Kulturministeriums. Die Präsentation des römischen Erbes, zu dem neben den römischen Grabsteinen und Bögen auch wesentlich die Integration der restaurierten Jupitersäule gehören werde, spiele dabei inhaltlich und räumlich eine zentrale Rolle. Zu den konzeptionellen und didaktischen Überlegungen laufe derzeit die interne Abstimmung.

Mit dem Deutschen Verband für Archäologie will Landtagspräsident Hering am 28. April zu einem klärenden Gespräch zusammenkommen.

Es gebe aber weiter die Absicht, „die Steinhalle nach der mehrjährigen Zwischennutzung als Plenarsaal zu einem „lebendigen Ort der Demokratie" und der politischen Bildung zu machen", heißt es in der Landtagsverwaltung.

Der Mainzer Oberbürgermeister Michael Ebling (SPD) wünscht sich vom Land noch konkretere Angaben zu dem geplanten „Ort der Demokratie". Er halte es für eine gute Idee, das Landesmuseum auf diese Weise zu stärken. Die historische Steinsammlung brauche aber auch eine angemessene Präsentation. „Ich denke, dass es für beide Anliegen den nötigen Raum geben kann."

Einen Ort der Demokratiegeschichte zu schaffen, sei ein guter Gedanke, sagt der Historiker Matheus. „Man sollte dies aber nicht gegen eine Sammlung von antiken, frühchristlichen und jüdischen Denkmälern ausspielen, die in einzigartiger Weise auf noch heute aktuelle Themen wie Migration, Reisefreiheit, Sprachenvielfalt, religiöse Toleranz verweisen und in zahlreichen Facetten Grundlagen unserer Kultur von der Architektur und dem Städtebau bis hin zu Wirtschaft, Handel und Verkehr verkörpern."

Produktion dieser Seite:
Moritz Scheidel

Mitarbeiter und Abgeordnete des Landtags Rheinland-Pfalz gehen durch die Steinhalle des Landesmuseums. In diesem Ausweichquartier soll nun ein „Ort der Demokratie" entstehen. Historiker und Archäologen fordern hingegen, dass dort wieder die Sammlung römischer Denkmäler präsentiert werden soll. FOTO: DPA

FRANKFURTER ALLGEMEINE ZEITUNG 21. APRIL 2021

Frankfurter Allgemeine
ZEITUNG • FAZ.NET

Politik | Wirtschaft | Finanzen | **Feuilleton** | Karriere | Sport | Gesellschaft | Stil | Rhein-Main | Technik | Wissen | Reise | Abo

DEBATTE UM PLENARSAAL IN MAINZ

Macht Platz, beim Jupiter!

VON MATTHIAS ALEXANDER - AKTUALISIERT AM 21.04.2021 - 08:19

Das alte Mobiliar des rheinland-pfälzischen Landtags soll in dessen Interimsquartier im Mainzer Landesmuseum bleiben. Archäologen sind empört über die Verdrängung römischer Denkmäler.

Die aktuelle Situation, in der der Bundestag und erst recht die Landesparlamente in der öffentlichen Wahrnehmung praktisch keine Rolle mehr spielen, kann man als Argument für, aber auch gegen die Pläne des rheinland-pfälzischen Landtagspräsidenten werten. Nach dem Willen von Hendrik Hering soll der bisherige Plenarsaal in Mainz als „Ort der Demokratie" weiterverwendet werden. Aus Sicht des Sozialdemokraten ist es ein glücklicher Umstand, dass die wesentlichen Einrichtungselemente des Saales schon vor fünf Jahren ins Mainzer Landesmuseum transferiert wurden. In diesem Ausweichquartier hat das Parlament in kreisrunder Sitzordnung bis zum Ausbruch der Corona-Pandemie getagt, während der angestammte Standort, das barocke Deutschhaus am Rheinufer, saniert wurde.

(Fortsetzung nächste Seite)

FRANKFURTER ALLGEMEINE ZEITUNG 21. APRIL 2021

Fortsetzung von Seite 11:

Matthias Alexander
Redakteur im Feuilleton.

⊕ Folgen

Nach der für dieses Jahr geplanten Rückkehr der Abgeordneten an die erneuerte alte Wirkungsstätte könnte das ausrangierte Mobiliar also praktischerweise einfach dort bleiben, wo es sich derzeit befindet. Dort soll es künftig beispielsweise für Diskussionsveranstaltungen und Simulationsspiele parlamentarischer Abläufe verwendet werden.

Die Sache hat allerdings einen Haken. Der Sitzungssaal ist in die sogenannte Steinhalle des Landesmuseums implantiert worden, die er etwa zur Hälfte ausfüllt. Diese ehemalige kurfürstliche Reithalle, ein wichtiges Baudenkmal eigenen Rechts, stand zuvor nicht etwa leer, sondern war der bedeutendste Museumsraum in Mainz. Dort wurden seit Jahrzehnten die wertvollsten Steindenkmäler des römischen Mogontiacum gezeigt, unter ihnen die Jupitersäule für Kaiser Nero und der Ehrenbogen des Dativius Victor. Während einige Exponate als Wandschmuck in den Plenarsaal integriert wurden, mussten andere der politischen Nutzung weichen. Hinfällig war damit das Ausstellungskonzept, in der langgestreckten Halle eine römische Gräberstraße nachzubilden und den Besuchern ein Raumerlebnis zu bieten, das demjenigen antiker Betrachter nahekommt.

Scharfe Kritik von Archäologen

Dass diese als vorübergehend angekündigte Störung eines museologischen Ensembles von internationalem Rang nun von Dauer sein soll, kritisieren die führenden nationalen Archäologenvertretungen in einem gemeinsamen Schreiben an den Landtagspräsidenten scharf: „Der Ruf der Landeshauptstadt Mainz auf dem kulturellen Sektor wäre irreparabel beschädigt", heißt es vom Deutschen Verband für Archäologie und vom Deutschen Archäologenverband. Auch der örtliche Altertumsverein äußert sich kritisch. Der Landtagspräsident hat angekündigt, sich am 28. April mit den Kritikern zu einem Gespräch zu treffen.

Darüber, was die Leitung des Landesmuseums von der Idee des Landtagspräsidenten hält, kann nur spekuliert werden, wiederholte Anfragen blieben unbeantwortet. Aus der Politik ist zu hören, das Museum trage die Planungen mit. An mehr als der Hälfte der Tage im Jahr werde es den Plenarsaal für eigene Veranstaltungen nutzen können. Dem Vernehmen nach plant das Museum ohnehin ein neues Konzept für die Dauerausstellung, auch weil die tradierte Präsentation der römischen Funde nicht mehr zeitgemäß sei und zuletzt nur noch wenige Besucher angezogen habe.

Immerhin hat der Landtagspräsident von seiner 2019 formulierten Vorstellung Abstand genommen, die Demokratiegeschichte im Südwesten zum Teil der Dauerausstellung des Landesmuseums zu machen und darin den Plenarsaal gewissermaßen als auratisches Objekt zu präsentieren. Diese Idee passte nicht zur Ausrichtung des Hauses, das bisher nicht durch politikgeschichtliche Ausstellungen aufgefallen ist, sondern sich neben dem Schwerpunkt Archäologie mit einem kulturgeschichtlichen Schwerpunkt profiliert hat. Was den alten Plenarsaal angeht, wird man es also mit einer museologischen Zwitterlösung zu tun haben – halb solitäres Großexponat, halb Konferenzraum –, eine für Konservatoren gewöhnungsbedürftige Vorstellung.

Bleibt die Frage, wie die römischen Relikte in Mainz künftig angemessen und zeitgemäß präsentiert werden können. Die ehrgeizigen Pläne für ein großes Archäologisches Zentrum, in dem auch die Hauptstücke aus der Steinhalle präsentiert werden sollten, waren vor wenigen Jahren zusammengestrichen worden, weil Land und Stadt die finanziellen Mittel fehlen. Der Rang der Funde und ihre Wertschätzung durch die Mainzer Bürger hätten einen großen Wurf verdient.

»Macht Platz, beim Jupiter!« (FAZ.NET vom 21.04.2021 von Matthias Alexander)
© Alle Rechte vorbehalten. Frankfurter Allgemeine Zeitung GmbH, Frankfurt.
Zur Verfügung gestellt vom Frankfurter Allgemeine Archiv.

MAINZ& 22. APRIL 2021

„Wir fühlen uns hinters Licht geführt" – Freundeskreis des Mainzer Landesmuseum: Steinhalle für römische Funde erhalten

Von **Gisela Kirschstein** - 22. April 2021   👁 2088   💬 12

Das Mainzer Landesmuseum ist eines der ältesten Museen in Deutschland und gehört heute zu den bedeutendsten Museen von Rheinland-Pfalz – vor allem seine Sammlung römischer Steindenkmäler gehört mit mehr als 2000 Einzelexemplaren zu den größten nördlich der Alpen. Doch für berühmte Exponate wie etwa die Große Mainzer Jupitersäule oder zahlreiche Grabsteine und Statuen gibt es im Landesmuseum kaum noch Platz, seit im Jahr 2016 der rheinland-pfälzische Landtag in die Steinhalle des Museums einzog. Das Versprechen damals: Nach fünf Jahren sei man wieder weg. Doch nun soll der Landtag bleiben, das alte Plenargestühl eine Art »Demokratiemuseum« werden – der Freundeskreis des Museums fürchtet nun um die Präsentation des römischen Erbes in Mainz.

Elisabeth Kolz ist entsetzt: »Wir fühlen uns hinters Licht geführt – und das von einem Mann, der Landtagspräsident ist und Demokratie verbreiten will«, schimpft die Mainzer Unternehmerin: »Das ist Wortbruch und eine Marginalisierung des Landesmuseums!« Kolz ist seit vielen Jahren in der Mainzer Unternehmerlandschaft unterwegs, sie gründete unter anderem die »EULE«, eine Vereinigung zur Unterstützung junger Existenzgründer – seit einigen Jahren ist Kolz zudem Vorsitzende des Freundeskreises des Mainzer Landesmuseums. Und dessen künftige Möglichkeiten sieht sie nun in Gefahr: »Wir fordern die Steinhalle zurück«, betonte Kolz im Gespräch mit Mainz&, und schimpft: »Es kann doch nicht sein, dass das Museum so marginalisiert wird – das ist nicht im Interesse der Mainzer Bevölkerung!«

Stein des Anstoßes ist die Steinhalle, ein rund 1.200 Quadratmeter großer Seitentrakt des Mainzer Landesmuseums. Die ehemalige Reithalle des Mainzer Kurfürsten diente jahrzehntelang als Ausstellungsfläche für die Überreste des römischen Erbes von Mainz: Hier wurden 2000 Jahre alte römische Grabsteine in einer Art Nachbildung römische Gräberstraßen präsentiert, hier stand der Dativius-Victor-Bogen, ein altrömischer Triumphbogen – und hier stand die »Große Mainzer Jupitersäule«, die größte dekorierte Prachtsäule nördlich der Alpen, die als Vorbild und erstes Exemplar für die im ganzen nordwestlichen römischen Reich bis ins 3. Jahrhundert nach Christus beliebten, gigantischen Jupitersäulen gilt.

Doch die meisten altrömischen Schätze wie auch die Jupitersäule stehen seit 2016 im Depot: Seitdem der Landtag hier seinen Interimsplenarsaal während der Sanierung des Mainzer Deutschhauses errichtete, ist im Landesmuseum für die großen Exponate der Römerzeit kein Platz mehr. Das Versprechen damals aber: »Die Nutzung der Steinhalle sollte nach Abschluss der Sanierung enden, das war offiziell zugesagt«, berichtet Kolz. Der damalige Landtagspräsident Joachim Mertes habe stets versichert: »Wir sind nach fünf Jahren raus, und Ihr habt eine sanierte Halle – das ist eine Win-Win-Situation.«

Doch nun fühlen sich die Pläne des Landtags für den Freundeskreis eher nach Looser-Lage an: Der Landtag wolle keineswegs mehr ausziehen, das alte Plenargestühl solle eingebaut bleiben, die Steinhalle ein »Demokratiemuseum« werden, berichtet Kolz empört: Der Landtag wolle die Steinhalle an 200 Tagen im Jahr nutzen, das Landesmuseum solle den Raum nur noch an den übrigen Tagen nutzen dürfen, vorwiegend am Wochenende. Der Landtag plane hier Workshops und Veranstaltungen, Jugend-Landtage – für das Museum sei das aber eine Katastrophe, betont Kolz: Das Museum werde massiv an Fläche verlieren, seine Attraktivität in Frage gestellt. »Mainz verfügt archäologische Schätze, die niemand mehr zu sehen bekommt«, schimpft sie, das sei »es kann doch nicht sein, dass das Museum so marginalisiert wird.«

(Fortsetzung nächste Seite)

Das Landesmuseum habe in den vergangenen Jahren schon immer mehr Räume verloren, so etwa den Eltzer Hof, dann die Steinhalle, sagte Kolz. Das Ergebnis: Hunderte Exponate seien in Lagern »eingemottet, und keiner bekommt sie mehr zu sehen«, kritisiert sie – das betreffe etwa die Mainzer Jupitersäule: »Die Jupitersäule wurde aufwändig und für viel Geld restauriert«, berichtet Kolz, allein 30.000 Euro habe der Freundeskreis für die Arbeiten beigesteuert – jetzt aber könne die 12,50 Meter hohe Säule »nur noch zerlegt irgendwo stehen« und nicht gezeigt werden. Ein Angebot zum Ausgleich habe es ihres Wissens an das Museum aber auch nicht gegeben, sagt Kolz: »Das Museum wurde vor vollendete Tatsachen gestellt.«

Die Entscheidung sei vermutlich irgendwann im Frühjahr 2020 gefallen, vermutet Kolz – in Absprache zwischen Landtagspräsident Hendrik Hering (SPD), der Generaldirektion Kulturelles Erbe und dem Wissenschaftsministerium. Doch informiert worden seien weder die Öffentlichkeit noch die Förderer des Museums, kritisiert Kolz: »Wir als Freundeskreis haben das erst im März erfahren – und zwar auf unsere Nachfrage hin.« Den Verein der Freunde des Landesmuseums Mainz e.V. gibt es bereits seit Mai 1965, er fördert Ankäufe und Restaurierungen, organisiert Exkursionen und unterstützt als Sponsoren bei großen Ausstellungen. Die Mitglieder seien nun ausgesprochen entsetzt, berichtet Kolz: »Wir fühlen uns hinters Licht geführt – das ist Wortbruch«, schimpft sie, und fordert: »Geben Sie dem Landesmuseum und den Mainzer Bürgern die Steinhalle komplett zurück!«

Die Forderung ging in einem Brief am 15. April an Landtagspräsident Hering, dort hieß es aber am Mittwoch aus seinem Büro. Der Brief sei leider nicht angekommen, inzwischen liege er aber vor. Das Konzept für die Nutzung der Steinhalle befinde sich gerade in Ausarbeitung, man stehe dafür »in engem und permanenten Austausch« mit dem Mainzer Landesmuseum, der GDKE und dem Wissenschaftsministerium. Ziel sei, »das Landesmuseum als Ganzes und die Steinhalle im Besonderen gemeinsam zu einer attraktiven Landmarke in Mainz weiterzuentwickeln«, teilte der Landtag auf Mainz & Anfrage weiter mit.

Man wolle künftig »kulturelle Highlights und politische Bildung unter einem Dach zu vereinen« – im Vordergrund solle die »gemeinschaftliche Nutzung der Steinhalle durch Landtag und das Landesmuseum« stehen, heißt es weiter. Es solle dabei auch »eine angemessene Inszenierung der hier platzierten archäologisch und historisch bedeutenden Ausstellungsstücke ermöglicht werden«, betonte der Landtag weiter – wie das aber mit dem deutlich reduzierten Platzangebot gehen soll, teilt der Landtag nicht mit: Fast die Hälfte der 1.200 Quadratmeter Fläche soll demnach auch weiter das alte Plenarrund einnehmen, in der Lobby werden – wie heute auch schon – Flächen für Garderobe und Bewirtung benötigt, viele Platz für römische Denkmäler bleibt da nicht mehr.

Diese dauerhafte Zweckentfremdung der Steinhalle rief inzwischen auch den Deutschen Verband für Archäologie auf den Plan, der Anfang Februar in einem Brief and Hering gegen die Nicht-Zurückgabe der Steinhalle protestierte: Man begrüße zwar »grundsätzlich Ihre Initiative zur Gründung eines Demokratiezentrums«, es stehe »außer Zweifel, das es aktuell geboten ist«, Schülern und anderen Gruppen der Bevölkerung »einen authentischen Raum zu bieten, in dem Demokratie erlebbar wird«, heißt es in dem Schreiben, das Mainz& vorliegt, und weiter: »Wir sind jedoch dezidiert der Ansicht, dass die Steinhalle in Mainz hierfür definitiv nicht die geeignete Lokalität ist.«

Schon der Raum an sich sei »ein Baudenkmal ersten Ranges«, sei doch die einstige kurfürstlich-erzbischöfliche Reithalle eine der größten Anlagen ihrer Art im gesamten Heiligen Römischen Reich gewesen, schreibt der Verband der Archäologen weiter. Dazu aber komme eine weit über Mainz hinaus bekannte museologische Nutzung der alten Steinhalle mit einem »höchst bedeutenden Ausstellungskonzept«, betont der Verband. In der Steinhalle nämlich könnten die Besucher »in höchst authentischer Weise römische Steindenkmäler in Originalgröße und ohne störende Schranken aus nächster Nähe betrachten«, das lade »zu einer Zeitreise der besonderen Art ein.«

Der Raum imitiere »vollendet die urbane Struktur römischer Gräberstraßen und öffentlicher Plätze/Wege«, betonen die Archäologen weiter, damit könnten die Besucher die ausgestellten Denkmäler so entdecken, wie sie auch ein antiker Betrachter gesehen habe. »Dieses Ensembles genießt folglich sowohl bei den Museumsbesuchern als auch insbesondere in der internationalen Fachwelt hohes Ansehen« und stelle ein in der gesamten Museumslandschaft »nationales wie internationales Alleinstellungsmerkmal dar«, heißt es weiter: »Seine einzigartige Atmosphäre ist daher absolut schützenswert.«

Präsidium und Vorstand des Vereins fordern Hering in dem Schreiben auf, die Pläne für ein Demokratiemuseum grundsätzlich zu überdenken, und die Steinhalle »als überaus schützenswertes museologisches Kulturdenkmal« zu bewahren. »Die Zerstörung eines solch einmaligen Ausstellungsjuwels hätte unzweifelhaft ausgesprochen schädliche Auswirkungen auf die gesamte Mainzer Museumslandschaft«, warnen die Experten zudem: »Der Ruf der Landeshauptstadt Mainz auf dem kulturellen Sektor wäre irreparabel beschädigt.«

Im Landtag hieß es, Landtagspräsident Hering habe »die vorgebrachten Einwände« zum Anlass genommen, den Deutschen Verband für Archäologie zu einem Gespräch Ende April einzuladen, nach Mainz&-Informationen soll das am 28. April stattfinden. Auch mit dem Mainzer Altertumsverein hätten diesbezüglich bereits Gespräche stattgefunden, das biete man auch dem Freundeskreis an. Im Übrigen weise man darauf hin, »dass die Planungen des Landtags bezüglich des Landesmuseums seit August 2019 öffentlich bekannt sind«, heißt es weiter.

Doch das ist nur bedingt richtig: Tatsächlich berichtete Landtagspräsident Hering erstmals im August 2019 in einem Interview mit der Deutschen Nachrichten Agentur über die Idee eines Demokratiemuseums: Man werde in der Steinhalle eine zusätzliche Tagungs-und Begegnungsstätte einrichten, sagte Hering damals der dpa, die Halle solle »ein ständiger Ort der Demokratie werden.« Der Plenarsaal bleibe »als authentischer Ort, wie er ist«, sagte Hering weiter: »Er gehört zur Landesgeschichte dazu, das zerstört man nicht.« Zur Frage, was aus den römischen Exponaten der Steinhalle werden sollte, äußerte sich Hering nicht, das Interview erschien als kleine Randnotiz in den Zeitungen – der Nicht-Auszug wurde als Tatsache dargestellt.

Eine breite Information der Presse, etwa durch eine Pressmitteilung oder gar eine Pressekonferenz, erfolgte jedoch nie, auch die Mainzer wurden über die neuen Pläne bisher nicht öffentlich informiert. Man werde »über das finale Konzept breit informieren«, heißt es von Seiten des Landtags nun – der neu gestaltete Landtag im Deutschhaus soll zum Verfassungsfest am 18. Mai fertig werden.

Es ist zudem nicht das erste Mal, dass Herings als Landtagspräsident Entscheidungen über eine Gestaltung im Herzen von Mainz unter Ausschluss der Mainzer treffen lässt: Auch bei der Kür des Kunstwerks vor dem neuen Landtag, den »Drei Fahnen«, die ein Spiel mit der Nationalfahne darstellen sollen, blieben die Mainzer komplett außen vor. Eine Jury externer (!) Kunstexperten wählten aus 170 Einsendungen den Siegerentwurf auf – vorgestellt wurde er der Öffentlichkeit erst nach der Wahl.

Dabei stellt die Freifläche an der Großen Bleiche einen wesentlichen Teil eben jenes Areals dar, um dessen Neugestaltung seit Jahren in Mainz intensiv gerungen wird – Landtagspräsident Hering focht das indes offenbar nicht an: Die Gestaltung der neun Meter hohen Metallrahmen, an denen Stoffbahnen flattern sollen, wurden offenbar weder mit der Stadt Mainz abgesprochen, noch nehmen sie Rücksicht auf die Interessen der Mainzer nach mehr Grün oder eine künftige Umgestaltung des Bleichen-Areals – mehr dazu lest Ihr in unserem Mainz&-Leitartikel vom September 2018.

Die Entscheidung für ein Demokratiemuseum kam offenbar ebenso überraschend und wenig transparent daher: »Die Idee der Landesregierung, hier jetzt plötzlich ein Demokratie-Museum oder Demokratie-Labor einrichten zu wollen, überrascht auf der ganzen Linie«, kritisiert etwa das Darmstädter Mitglied des Museums-Freundeskreises, Thomas Frank, in einem Brief an die Museumsleitung: »Dieser Aspekt stand zu keinem Zeitpunkt auch nur ansatzweise im Raum.« Er könne sich nun »leider nicht des Eindrucks erwehren, dass hier nach einer billigen Entsorgungsmöglichkeit der ›alten Bestuhlung‹ gesucht wird«, schreibt Frank, und warnt eindringlich: »Ein Wortbruch der Landesregierung wäre fatal, stünde ihr auch nicht gut zu Gesicht« – und würde »Glaubwürdigkeit, Verlässlichkeit und Ansehen der Landesregierung« erschüttern.

SENSOR 23. APRIL 2021

23. April 2021 12:37 | sensor | ⃝ 1 Kommentar

Zoff um die Steinhalle im Landesmuseum

Das Land plant offenbar ein „Mainzer Museumscarré" in der Großen Bleiche. Dies spielt sich vorrangig im Landesmuseum ab. Hier sollen „kulturelle Highlights und politische Bildung zukünftig gemeinsam unter einem Dach" vereint sein. Dabei soll das Landesmuseum als Ganzes und die Steinhalle im Besonderen zu einer „attraktiven Landmarke" weiterentwickelt werden. Der Landtag hatte seit 2016 während der nachhaltigen Sanierungsarbeiten im Deutschhaus in der Steinhalle getagt. Hierfür wurde die Steinhalle saniert und das Plenarrund im Original im Museum aufgebaut. Jetzt soll dieses Mobiliar auch in Zukunft dort verbleiben, laut Landtag, um einen „Ort der politischen Bildung" zu schaffen. Gleichzeitig sollen aber auch weiterhin bedeutende Ausstellungsstücke in der Steinhalle Raum finden. Doch denen fehlt dadurch wiederum der Platz. Der Freundeskreis des Museums fürchtet um die Präsentation des römischen Erbes in Mainz.

Hendrik Hering betonte: „Geschichte und Gegenwart sollen im neuen Museumscarré für Besucherinnen und Besucher auf einzigartige Weise erlebbar werden. Mit einem „Reallabor Demokratie" schaffen wir einen neuen Raum, der die moderne parlamentarische Demokratie für alle Altersgruppen erfahr- und begreifbar macht sowie die Möglichkeiten bietet, diese weiterzuentwickeln. Damit wollen wir für die Demokratie begeistern! Denn gerade in diesen Zeiten erleben wir, dass sie für unsere freiheitliche Gesellschaft von unschätzbarem Wert ist."

Kulturminister Konrad Wolf sagte: „Wir stehen vor der spannenden Herausforderung, das Landesmuseum Mainz mit seinen bedeutenden Sammlungen in einer neu zu konzipierenden Dauerausstellung zeitgemäß und attraktiv aufzustellen. Parallel zum Neustart des Museums in der Steinhalle bietet die Initiative des Landtages, ein Reallabor Demokratie einzurichten, die Chance, mit dem Museumscarré Mainz einen Ort der Vermittlung und kulturellen Begegnung zu schaffen. Dessen Stärke liegt in den Synergien der Angebote beider Partner."

Ausgangspunkt der gemeinsamen Überlegungen war die Absicht des Landtags, die Steinhalle nach der mehrjährigen Zwischennutzung als Plenarsaal zu einem „lebendigen Ort der Demokratie" und der politischen Bildung zu machen. Dazu soll das originale Plenargestühl erhalten bleiben.
Elisabeth Kolz, Vorsitzende des Freundeskreises des Mainzer Landesmuseums ist entsetzt: „Wir fühlen uns hinters Licht geführt – und das von einem Mann, der Landtagspräsident ist und Demokratie verbreiten will", schimpft die Mainzer Unternehmerin bei Mainz&: „Das ist Wortbruch und eine Marginalisierung des Landesmuseums! Wir fordern die Steinhalle zurück. Es kann doch nicht sein, dass das Museum so marginalisiert wird – das ist nicht im Interesse der Mainzer Bevölkerung!"

Im Vordergrund steht nun jedoch eine gemeinschaftliche Nutzung der Steinhalle durch Landtag und Landesmuseum. Parallel dazu arbeitet die Generaldirektion Kulturelles Erbe (GDKE) an der Neukonzeption des Landesmuseums. Dabei spielt die Präsentation des römischen Erbes, zu dem neben den römischen Grabsteinen und Bögen auch wesentlich die Integration der restaurierten Jupitersäule gehört, bei diesen Überlegungen inhaltlich und räumlich eine zentrale Rolle. Sie ist aber nicht zu trennen von anderen Themen, die zukünftig stärker in den Fokus rücken sollen, wie das „jüdische Mainz" oder die Einrichtung eines Kindermuseums. Zu den konzeptionellen und didaktischen Überlegungen, Schwerpunktsetzungen und möglichen gestalterischen Umsetzungen läuft derzeit die interne Abstimmung. Bei den konzeptionellen Überlegungen sollen auch Freundeskreis und Verbände einbezogen werden.

Doch die meisten altrömischen Schätze wie auch die Jupitersäule stehen seit 2016 im Depot: Seitdem der Landtag hier seinen Interiumsplenarsaal errichtete, ist im Landesmuseum für die großen Exponate der Römerzeit kein Platz mehr. Das Versprechen damals aber: „Die Nutzung der Steinhalle sollte nach Abschluss der Sanierung enden, das war offiziell zugesagt", berichtet Kolz. Der damalige Landtagspräsident Joachim Mertes habe stets versichert: „Wir sind nach fünf Jahren raus, und Ihr habt eine sanierte Halle – das ist eine Win-Win-Situation."

Das Landesmuseum habe in den vergangenen Jahren schon immer mehr Räume verloren, so etwa den Eltzer Hof, dann die Steinhalle, sagte Kolz. Das Ergebnis: Hunderte Exponate seien in Lagern „eingemottet, und keiner bekommt sie mehr zu sehen", kritisiert sie bei Mainz& – „Das Museum wurde vor vollendete Tatsachen gestellt."

Die Entscheidung sei vermutlich irgendwann im Frühjahr 2020 gefallen, vermutet Kolz – in Absprache zwischen Landtagspräsident Hendrik Hering (SPD), der Generaldirektion Kulturelles Erbe und dem Wissenschaftsministerium. Doch informiert worden seien weder die Öffentlichkeit noch die Förderer des Museums: „Wir als Freundeskreis haben das erst im März erfahren – und zwar auf unsere Nachfrage hin."

Diese Zweckentfremdung der Steinhalle rief inzwischen auch den Deutschen Verband für Archäologie auf den Plan, der Anfang Februar in einem Brief an Hering gegen die Nicht-Zurückgabe der Steinhalle protestierte: Man begrüße zwar „grundsätzlich Ihre Initiative zur Gründung eines Demokratiezentrums", es stehe „außer Zweifel, das es aktuell geboten ist", Schülern und anderen Gruppen der Bevölkerung „einen authentischen Raum zu bieten, in dem Demokratie erlebbar wird. Wir sind jedoch dezidiert der Ansicht, dass die Steinhalle in Mainz hierfür definitiv nicht die geeignete Lokalität ist."

Im Landtag hieß es, Landtagspräsident Hering habe „die vorgebrachten Einwände" zum Anlass genommen, den Deutschen Verband für Archäologie zu einem Gespräch Ende April einzuladen, dass nach Mainz&-Informationen am 28. April stattfinden soll. Auch mit dem Mainzer Altertumsverein hätten diesbezüglich bereits Gespräche stattgefunden, das biete man auch dem Freundeskreis an.

„Wir möchten, dass das Mainzer Landesmuseum zu einem lebendigen Ort des kulturellen Austauschs wird", so Dr. Heike Otto, Generaldirektorin der GDKE. Durch die angestrebte gemeinsame Nutzung der Steinhalle sollen sowohl attraktive politische und kulturelle Vermittlungsformate als auch eine angemessene Inszenierung der hier platzierten archäologisch und historisch bedeutenden Ausstellungsstücke ermöglicht sowie der Eindruck des herausragenden Ortes erlebbar gemacht werden.

Derzeit erarbeitet eine Arbeitsgruppe aus Landtag, Kulturministerium und GDKE die gemeinsamen Anforderungen an den Innenausbau der Steinhalle sowie die künftige Organisationsstruktur. In einem nächsten Schritt soll die Arbeitsgruppe bis Herbst dieses Jahres ein detailliertes Gestaltungskonzept für die Steinhalle erarbeiten, um den unterschiedlichen Funktionen der alten und neuen Räume gerecht werden zu können. Ob alle damit zufrieden sind, bleibt abzuwarten.

UPDATE vom 29.4.21:

Zu einem Austausch über die weitere Nutzung der Steinhalle des Landesmuseums in Mainz haben sich Landtagspräsident Hendrik Hering und der Präsident des Deutschen Verbands für Archäologie (DVA), Prof. Dr. Alfried Wieczorek, sowie der 1. Vorsitzende des Deutschen Archäologen-Verbandes (DArV), Dr. Patrick Schollmeyer, gestern in Mainz getroffen. Im Mittelpunkt des Gesprächs standen die gemeinsamen Pläne von Landtag, Kulturministerium und Generaldirektion Kulturelles Erbe (GDKE) zur Weiterentwicklung des Museums und der Steinhalle zum „Mainzer Museumscarré". Dort sollen künftig archäologisch einzigartige Highlights und politische Bildung unter einem Dach vereint werden.

(Fortsetzung nächste Seite)

Beide Seiten sind sich einig, dass eine gemeinschaftliche Nutzung der Steinhalle durch das Demokratielabor und die musealen Steindenkmäler Kernziel der weiteren Überlegungen ist. Die Präsentation des römischen Erbes muss dabei dem herausragenden archäologischen und historischen Rang der Exponate Rechnung tragen, betonten die Vertreter der Archäologie. Von zentraler Bedeutung ist hierbei neben den römischen Grabsteinen und Architekturen auch die restaurierte Jupitersäule. Gleichzeitig begrüßten DVA und DArV die Einrichtung des „Reallabors Demokratie" als authentischen Ort der politischen Bildung im hinteren Teil der Steinhalle, in der der Plenarsaal installiert ist. Der Präsentation der Denkmäler des römischen Erbes wird der Teil der Steinhalle, der derzeit als Lobby und Foyer genutzt wird, zugewiesen. Gemeinsam einigte man sich darauf, ein Konzept vorzulegen, das insbesondere die Aspekte der gemeinsamen und gleichzeitigen Nutzung von musealer Fläche zum römischen Erbe und zum Reallabor Demokratie ermöglicht. Hierbei sind auch nach Bedarf Nutzungen für beide Seiten von beiden Flächen möglich. Die archäologischen Verbände schlagen eine einheitliche Trägerschaft dieses Museumscarrés unter der Ägide der GDKE vor.

Hendrik Hering betonte: „Geschichte und Gegenwart sollen im neuen Museumscarré für Besucherinnen und Besucher auf einzigartige Weise erlebbar werden. Mit einem „Reallabor Demokratie" wollen wir mit dem originalen Plenargestühl einen Raum schaffen, der die moderne parlamentarische Demokratie für alle Altersgruppen erfahr- und begreifbar macht sowie die Möglichkeiten bietet, diese weiterzuentwickeln. Damit wollen wir für die Demokratie begeistern. Denn gerade in diesen Zeiten erleben wir, dass sie für unsere freiheitliche Gesellschaft von unschätzbarem Wert ist." Und auch aus der Bevölkerung heraus gebe es ein großes Interesse am Landtag. Fast 30 000 Menschen besuchten jedes Jahr den Landtag, so Hendrik Hering. Selbstverständlich werde das frisch sanierte Deutschhaus am Rhein für die vielfältigen Demokratie- und Bildungsprogramme des Landtags genutzt. Das Interesse sei aber deutlich höher, weshalb vielen Gruppen und Schulen abgesagt werden müsse. Deshalb biete die Steinhalle zusätzlich zum sanierten Deutschhaus Räume und Möglichkeiten für eine breitere demokratische, politische und kulturelle Bildung. Hendrik Hering könne sich gut vorstellen, dass die Angebote des Landesmuseums künftig die Bildungsprogramme des Landtags ergänzen.

Prof. Dr. Alfried Wieczorek und Dr. Patrick Schollmeyer betonen: „Dass die Steinhalle mit ihren wichtigen Ausstellungsobjekten auch künftig im Kern Bestand haben und durch das geplante Demokratielabor eine zusätzliche Aufwertung erfahren wird, kann bereits jetzt als wichtiges Gesprächsergebnis festgehalten werden. Aus Sicht der Fachwelt ist es nun eine gemeinschaftliche, alle wesentlichen Interessensgruppen mit einzubeziehende Aufgabe, ein inhaltlich hervorragendes Konzept zu erarbeiten, das sowohl die Bedürfnisse der politischen Bildung als auch die der musealen Nutzung in angemessener und miteinander verschränkender Weise berücksichtigt. Der Weg hierfür wurde gestern geebnet, und wir freuen uns über die Einladung, ihn mit anderen mitgehen zu dürfen."

Das Plenarrund des Landtags wird in einem Teil der Steinhalle verbleiben. Mit dem Reallabor Demokratie schafft der Landtag hier neue Angebote der politischen Bildung und einen öffentlichen Raum lebendiger Demokratie, der auch für Veranstaltungen des Museums nutzbar ist. Im anderen Teil der Steinhalle werden die bedeutenden archäologischen Ausstellungsstücke des „römischen Mainz" in Szene gesetzt werden. Der Landtag unterstützt das Vorhaben des Landesmuseums, die Steinhalle hier mit Hilfe eines neuen Raum- und Ausstellungskonzepts weiterzuentwickeln. Dieses soll sowohl den Nutzungsinteressen des Landesmuseums als auch des Landtags Rechnung tragen.

Der Deutsche Verband für Archäologie betonte seine Bereitschaft, die weiteren konzeptionellen Überlegungen insbesondere hinsichtlich der römischen Steindenkmäler künftig mit seiner fachlichen Expertise zu begleiten.

Der Landtag wiederum wird in den kommenden Monaten gemeinsam mit dem Landesmuseum und anderen Partnern ein tragfähiges Nutzungskonzept für die Steinhalle entwickeln.

Hering, Wieczorek und Schollmeyer betonen: „Das Mainzer Museumscarrée ist sowohl für das Museum als auch für die Weiterentwicklung der Demokratie eine große Chance. Die Steinhalle ist dabei ein ganz außergewöhnlicher Ort, der beiden Anliegen Rechnung trägt und beide Bereiche auf besondere Weise miteinander verknüpft. Mit der Neukonzeptionierung des Museums wird damit ein einzigartiger Platz in Mainz geschaffen – für die Bürgerinnen und Bürger aber auch für Besucherinnen und Besucher aus aller Welt."

MAINZ& 24. APRIL 2021

Landtag: Steinhalle im Mainzer Landesmuseum soll „Reallabor Demokratie" werden – Konzept für Steinhalle bis Herbst

Von **Gisela Kirschstein** - 24. April 2021   👁 411   💬 2

Nach dem Aufschrei des Freundeskreises des Mainzer Landesmuseums gegen die Zweckentfremdung der Steinhalle, hat sich nun Landtagspräsident Hendrik Hering (SPD) zu Wort gemeldet – und bestätigt die Pläne für ein Demokratiemuseum in vollem Umfang: Das alte Plenarrund solle auch künftig in der Steinhalle bleiben, um »einen Ort der politischen Bildung zu schaffen« – das »Reallabor Demokratie« solle künftig für die Demokratie begeistern, teilte Hering in einer Pressemitteilung mit. Die Steinhalle werde im Zuge der Neuaufstellung des Mainzer Landesmuseums ein neues Konzept erhalten – wie hier künftig noch römische Exponate in größerem Stil Platz finden sollen, sagte Hering nicht. Ein Gestaltungskonzept für die Halle solle bis zum Herbst entwickelt werden, hieß es lediglich.

Der Freundeskreis des Mainzer Landesmuseums hatte vor zwei Tagen Alarm geschlagen: Der Landtag habe vor fünf Jahren explizit versprochen, nach der Sanierung des Deutschhauses die Steinhalle dem Museum zurückzugeben – doch nun solle dieses Versprechen offenbar gebrochen werden, kritisierte die Vorsitzende des Freundeskreises, Elisabeth Kolz, Mainz& hatte exklusiv berichtet: Man fühle sich »hinters Licht geführt«, kritisierte Kolz gegenüber Mainz&, zumal der Freundeskreis erst diesen März von den Plänen erfahren habe.

Die rund 1.200 Quadratmeter große Steinhalle war ursprünglich der zentrale Ort zur Präsentation der umfangreichen Sammlung römischer Steindenkmäler des Landesmuseums, die so einmalige Schätze wie 2000 Jahre alte römische Grabsteine oder die 12,50 Meter hohe Jupitersäule, die größte Dekorationssäule ihrer Art nördlich der Alpen, umfasst. Die Steinhalle galt unter Archäologen als »nationales wie internationales Alleinstellungsmerkmal mit einzigartiger Atmosphäre«, da sie wie keine Ausstellung sonst den Besucher wie durch eine altrömische Landschaft führe – davon ist heute nichts mehr zu sehen.

Mit dem Einzug des rheinland-pfälzischen Landtags im Jahr 2016 wurde die Steinhalle komplett umgestaltet: Die Halle wurde geteilt, das ehrwürdige Plenargestühl des alten Landtags eins zu eins in der einen Hälfte eingebaut – die andere Hälfte wurde in eine Lobby mit Sitzgruppen, Kaffeetheke und Garderobe verwandelt. Römische Exponate fanden hier ab sofort nur noch wenige Platz: einige römische Grabsteine, dazu der kleine Dativius-Victor-Triumphbogen sowie einige Fundstücke in einem bis zum Dach der Halle ragenden Regal, das als Raumteiler zwischen den beiden Bereichen dient.

Am Freitag dann bestätigte Landtagspräsident Hendrik Hering (SPD) in einer Mitteilung: Das alte Plenarrund werde auch in Zukunft in der Steinhalle verbleiben, »um einen Ort der politischen Bildung zu schaffen.« Gleichzeitig sollten aber auch weiterhin bedeutende Ausstellungsstücke in der Steinhalle Raum finden, und das Museum mit einem neuen Raum- und Ausstellungskonzept weiterentwickelt werden. »Das Landesmuseum als Ganzes und die Steinhalle im Besonderen sollen zu einer neuen kulturellen und politischen Landmarke in Mainz weiterentwickelt werden«, betonte Hering – und sprach von einem »Mainzer Museumscarré« in der Großen Bleiche, das künftig »kulturelle Highlights und politische Bildung im Mainzer Landesmuseum gemeinsam unter einem Dach vereinen« solle.

»Geschichte und Gegenwart sollen im neuen Museumscarré für Besucher auf einzigartige Weise erlebbar werden«, sagte Hering weiter: »Mit einem ›Reallabor Demokratie‹ schaffen wir einen neuen Raum, der die moderne parlamentarische Demokratie für alle Altersgruppen erfahr- und begreifbar macht, sowie die Möglichkeiten bietet, diese weiterzuentwickeln. Damit wollen wir für die Demokratie begeistern!« Gerade

(Fortsetzung nächste Seite)

in diesen Zeiten sei ja zu erleben, dass die Demokratie »für unsere freiheitliche Gesellschaft von unschätzbarem Wert ist.«

Dabei sollten die künftigen Angebote des Landtags in der Steinhalle unter dem Begriff »Reallabor Demokratie« firmieren: »Dieser Experimentierraum versammelt bestehende und neue Vermittlungsangebote der politischen Bildung, Veranstaltungen und Konferenzen sowie Workshops und Seminarangebote mit Bezug zur Arbeit des Landtags«, sagte Hering. Damit werde ein neuer Ort der politischen Bildung und des gesellschaftlichen Austausches geschaffen, »an dem Lust auf die freiheitliche Demokratie geweckt wird.« Bislang fanden solche Veranstaltungen und Workshops im richtigen Plenarsaal statt, und zwar immer dann, wenn das Parlament nicht tagt – die Besucher konnten so den realen Ort der Macht hautnah erleben.

Über die Präsentation der wertvollen und bundesweit einmaligen Schätze des römischen Erbes von Mainz hat man sich im Landtags aber offenbar deutlich weniger Gedanken gemacht: Durch die angestrebte gemeinsame Nutzung der Steinhalle sollten »sowohl attraktive politische und kulturelle Vermittlungsformate, als auch eine angemessene Inszenierung der hier platzierten archäologisch und historisch bedeutenden Ausstellungsstücke ermöglicht werden«, heißt es in der Mitteilung lediglich – man wolle »den Eindruck des herausragenden Ortes erlebbar machen«. Ausgangspunkt sei aber »die Absicht des Landtags« gewesen, die Steinhalle auch nach der Interimszeit weiter zu nutzen und das original Plenargestühl zu erhalten, es gebe eine Machbarkeitsstudie zur gemeinschaftlichen Nutzung der Steinhalle durch Landtag und Landesmuseum.

Damit bestätigt sich der Vorwurf des Freundeskreises, das Landesmuseum und seine Zukunft hätten bei der Entscheidung nur eine untergeordnete Rolle gespielt – im Kern gehe es lediglich darum, den Landtag die Halle und das Hausrecht zu sichern. Das Museum werde dadurch aber massiv an Fläche verlieren, seine Attraktivität in Frage gestellt, kritisierte Kolz: »Es kann doch nicht sein, dass das Museum so marginalisiert wird – das ist nicht im Interesse der Mainzer Bevölkerung!« Hunderte wertvolle Exponate seien in Lagern »eingemottet, und keiner bekommt sie mehr zu sehen«, das sei eine Schädigung des Museums, das zudem bei der Entscheidung offenbar »vor vollendete Tatsachen gestellt« worden sei, schimpfte Kolz.

Von Seiten des Landtags hieß es zum Museum: Die Generaldirektion Kulturelles Erbe (GDKE) arbeite derzeit an der Neukonzeption des Landesmuseums Mainz, dabei spiele die Präsentation des römischen Erbes »inhaltlich und räumlich eine zentrale Rolle«. Gleichzeitig sollten aber auch andere Themen künftig stärker in den Fokus rücken, sagte die neue Generaldirektorin der GDKE, Heike Otto – etwa das jüdische Mainz oder die Einrichtung eines Kindermuseums. Auch wolle man in Zukunft »auch die anderen bedeutenden Sammlungen wie beispielsweise der Vorgeschichte, des Barock oder auch des Kunsthandwerks neu aufstellen«, betonte Otto – ein genaueres Konzept, Schwerpunktsetzungen oder gar die Aufteilung der Präsentationen gibt es bisher aber nicht.

Eine Arbeitsgruppe aus Landtag, Kulturministerium und GDKE erarbeite derzeit »die gemeinsamen Anforderungen an den Innenausbau der Steinhalle sowie die künftige Organisationsstruktur«, heißt es lediglich. Bis Herbst wolle die Arbeitsgruppe »ein detailliertes Gestaltungskonzept für die Steinhalle erarbeiten, um den unterschiedlichen Funktionen der alten und neuen Räume gerecht werden zu können.« Wie die Halle gleichzeitig den alten Plenarsaal und die römischen Funde in relevantem Umfang zeigen solle, sagte Otto nicht – auch nicht, wie die Erweiterung der vielen Präsentationen umgesetzt werden sollen, während dem Museum gleichzeitig de facto eine Ausstellungsfläche von erheblicher Größe genommen wird.

»Zu den konzeptionellen und didaktischen Überlegungen, Schwerpunktsetzungen und möglichen gestalterischen Umsetzungen läuft derzeit die interne Abstimmung«, sagte Otto lediglich. Dabei sollten »auch Freundeskreis und Verbände einbezogen werden« – bislang ist dies nicht geschehen. Nicht zu Wort kam in der Pressemitteilung die Leiterin des Landesmuseums, Birgit Heide. Nicht eingegangen wurde auch auf die Forderung des Freundeskreises sowie des Deutschen Verbandes für Archäologie: Beide fordern derzeit Landtagspräsident Hering auf, Abstand von den Plänen zunehmen, sein »Demokratie-Labor« woanders einzurichten – und dem Landesmuseum die Steinhalle, wie versprochen, zurückzugeben.

Stattdessen lobte Kulturministerin Konrad Wolf (SPD) die neuen Pläne in den höchsten Tönen: Man stehe vor der »spannenden Herausforderung«, das Landesmuseum Mainz »zeitgemäß und attraktiv aufzustellen«, schwärmte Wolf. Gleichzeitig biete die Initiative des Landtags »parallel zum Neustart des Museums in der Steinhalle ein Reallabor Demokratie einzurichten, die Chance, mit dem Museumscarré Mainz einen Ort der Vermittlung und kulturellen Begegnung zu schaffen. Dessen Stärke liegt in den Synergien der Angebote beider Partner.«

RHEIN-ZEITUNG 28. APRIL 2021

NR. 98 · MITTWOCH, 28. APRIL 2021 — SEITE 21

Rhein-Main-Nahe

Corona-Teststationen im Überblick

Im gesamten Kreisgebiet sind Teststationen eingerichtet. Ärzte, Apotheken und Organisationen bieten den Service an. Eine Übersicht findet man auf der Seite Freizeit und Service. *Seite 23*

Fotos, Videos, Berichte auf www.rhein-zeitung.de/bad-kreuznach

Landtag setzt sich im Mainzer Museum fest

Förderer und Archäologen sind entsetzt über die Pläne für die Steinhalle

Sie dazu auch Seite 25 Von Gisela Kirchstein

■ **Mainz.** Das Mainzer Landesmuseum ist eines der ältesten Museen in Deutschland. Berühmt war es bis vor ein paar Jahren unter anderem für eines: seine beeindruckende Sammlung römischer Steindenkmäler, präsentiert in der sogenannten Steinhalle, der 1200 Quadratmeter großen früheren Reithalle des Mainzer Kurfürsten. Das Landesmuseum machte daraus einen Ort, an dem römische Grabsteine und Denkmäler als erlaufbare Geschichte präsentiert wurden – Archäologen rühmten das als „Zeitreise der besonderen Art".

Doch damit könnte dauerhaft Schluss sein: Ende 2015 verschwanden die Römer-Schätze weitgehend im Depot, denn der Landtag zog 2016 in die Steinhalle ein. Wegen der Sanierung des Deutschhauses wurde das alte Plenargestühl in der Steinhalle des Landesmuseums eingebaut, eine deckenhohe Trennwand teilt den Raum seither in Plenarsaal und Lobby. Der damalige Landtagspräsident Joachim Mertes (SPD) rühmte das als Win-win-Situation: „Wir sind nach fünf Jahren raus, und ihr habt eine sanierte Halle."

Nun aber fühlen sich die Pläne des Landtags für den Freundeskreis des Landesmuseums eher nach Verlierer-Lage an: Der Landtag wolle keineswegs mehr ausziehen, das alte Plenargestühl solle eingebaut bleiben, die Steinhalle ein „Demokratiemuseum" werden, berichtet die Vorsitzende des Freundeskreises, die Mainzer Unternehmerin Elisabeth Kolz, und schimpft: „Das ist Wortbruch und bedeutet eine Marginalisierung des Landesmuseums!"

Den Verein der Freunde des Landesmuseums Mainz gibt es bereits seit 1965, er fördert Ankäufe und Restaurierungen, organisiert Exkursionen und unterstützt als Sponsor bei großen Ausstellungen. 30 000 Euro habe man allein für die Renovierung der großen Mainzer Jupitersäule gegeben, so Kolz – die 12,50 Meter hohe, von Reliefs geschmückte Jupitersäule ist die größte ihrer Art nördlich der Alpen und Vorbild für viele Nachahmer.

Doch seit ihrer Restaurierung steht die Jupitersäule zerteilt im Archiv; das Schicksal könnte nun vielen anderen Römerschätzen drohen, fürchtet Kolz: Das Landesmuseum habe in den vergangenen Jahren schon immer mehr Räume verloren, Hunderte Exponate seien in Lagern eingemottet. „Mainz verfügt über archäologische Schätze, die niemand mehr zu sehen bekommt", schimpft Kolz, „das ist nicht im Interesse der Mainzer!"

Die Idee, dass der Landtag nicht wieder auszieht, formulierte Landtagspräsident Hendrik Hering (SPD) erstmals 2019 in einem dpa-Interview. Die Öffentlichkeit wurde nie groß informiert, auch das Museum sei „vor vollendete Tatsachen gestellt worden", kritisiert Kolz. Der Freundeskreis habe von dem Plan „erst im März erfahren – und zwar auf unsere Nachfrage hin". Im Mai soll das sanierte Deutschhaus fertig werden.

Der Freundeskreis sei entsetzt, berichtet sie: „Wir fühlen uns hinters Licht geführt – und das von einem Mann, der Landtagspräsident ist und Demokratie verbreiten will", schimpft Kolz und fordert: „Geben Sie dem Landesmuseum und den Mainzer Bürgern die Steinhalle komplett zurück!" Die Forderung ging in einem Brief an Landtagspräsident Hering, von dort hieß es auf unsere Anfrage: Das Konzept für die Nutzung der Steinhalle befinde sich grade in Ausarbeitung, man wolle künftig „kulturelle Highlights und politische Bildung unter einem Dach vereinen".

Hering selbst bestätigte zwei Tage später: Das alte Plenarrund werde auch in Zukunft in der Steinhalle verbleiben, entstehen solle ein „Mainzer Museumscarré" in der Großen Bleiche, das „Geschichte und Gegenwart auf einzigartige Weise erlebbar" mache. „Mit einem ‚Reallabor Demokratie' schaffen wir einen neuen Raum, der die moderne parlamentarische Demokratie erfahr- und begreifbar macht sowie die Möglichkeiten bietet, diese weiterzuentwickeln", sagte Hering. Mit Veranstaltungen der politischen Bildung, Konferenzen und Workshops „wollen wir für die Demokratie begeistern".

Zur Präsentation der wertvollen römischen Schätze hieß es aber lediglich, es solle „eine angemessene Inszenierung" der Ausstellungsstücke ermöglicht werden, es werde derzeit an einem detaillierten Gestaltungskonzept für die Steinhalle gearbeitet. Eine Neukonzeption des Landesmuseums sei in Arbeit, die Präsentation des römischen Erbes spiele dabei „eine zentrale Rolle". Gleichzeitig sollen aber künftig auch Themen wie das jüdische Mainz sowie ein Kindermuseum stärker in den Fokus rücken, bedeutende Sammlungen der Vorgeschichte, des Barocks oder auch des Kunsthandwerks neu aufgestellt werden – wie das mit deutlich weniger Platz gehen soll, sagte Hering nicht.

Genug Redestoff also für ein Treffen an diesem Mittwoch: Dann trifft sich Hering mit dem Deutschen Verband für Archäologie, der im Februar gefordert hatte, auf Pläne für ein „Demokratiemuseum" in der Steinhalle zu verzichten. „Die Zerstörung dieses Ausstellungsjuwels hätte ausgesprochen schädliche Auswirkungen auf die gesamte Mainzer Museumslandschaft", warnten die Archäologen: „Der Ruf der Landeshauptstadt auf dem kulturellen Sektor wäre irreparabel beschädigt."

Siehe dazu auch *Seite 25*

Stühle statt Steine: Auf der Museumsfläche entstand das Plenarrund für die Politiker. Foto: Gisela Kirchstein

Vor der Umnutzung sah es im Landesmuseum so aus. Foto: Klaus Benz/Landtag

---

RHEIN-ZEITUNG 28. APRIL 2021

SWR > SWR Aktuell > Rheinland-Pfalz

HISTORIKER UND ARCHÄOLOGEN GEGEN DEMOKRATIEFORUM

Streit über Nutzung der Steinhalle

STAND: 28.4.2021, 19:53 UHR

ALLGEMEINE ZEITUNG MAINZ 29. APRIL 2021

Disput um römisches Erbe

Nach dem Auszug des rheinland-pfälzischen Landtags soll in der Steinhalle des Mainzer Landesmuseums (hier ein Bild vor dem Umbau) ein „Demokratielabor" eingerichtet werden. Diese Pläne stoßen bei unterschiedlichsten Institutionen auf massive Kritik.

Foto: Landesmuseum /GDKE

Die Sammlung römischer Denkmäler in der 1981 eröffneten Steinhalle zählt zu den bedeutendsten nördlich der Alpen.
Archivfoto: GDKE

Kampf um Rom

Pläne des Landtags, die Steinhalle des Landesmuseums als „Demokratielabor" zu nutzen, stoßen auf heftige Kritik

Von Michael Jacobs

MAINZ. Quo vadis Steinhalle? Um den jahrzehntelangen Präsentationsort des römischen Erbes der Stadt in der ehemaligen kurfürstlichen Reithalle ist eine heftige Kontroverse entbrannt. Nach Plänen von Landtag und Kulturministerium soll die Halle künftig nicht mehr ausschließlich als repräsentative Schaustätte der antiken steinernen Denkmäler dienen, sondern im Rahmen einer Neuausrichtung der Dauerausstellung auch ein „Reallabor Demokratie" beherbergen. Dies stößt auf heftige Kritik, unter anderem von Archäologie, Denkmalpflege, Altertumsverein, Gästeführern und dem Verein der Freunde des Landesmuseums.

Rückblick: Mit der Eröffnung der Steinhalle im Oktober 1981 war der einstige adlige Marstall zentraler Ausstellungsort von über 300 römischen Steindenkmälern, darunter die noch vorhandenen Bronzeteile der Großen Mainzer Jupitersäule – die größte, älteste und aufwendigste im deutschen Raum –, außerdem des sogenannten Augustuskopfes und der Bronzekopf der Göttin Rosmerta. Dazu gesellten sich zirka 150 Gefäße, Amphoren und diverses Mobiliar einer Werkstatt inklusive einer nachgebauten Töpferscheibe. Über viele Jahre war zudem auf der Empore ein umfangreicher Querschnitt an Exponaten der Prinz Johann Georg-Sammlung ausgestellt, einer Dauerleihgabe der Universität Mainz, die sich seit 1980 in der Obhut des Landesmuseums befindet.

2016 bezog der Landtag im Zuge der Sanierungsarbeiten am Deutschhaus die Steinhalle für fünf Jahre als Interims-Plenarsaal. Bis zu der für dieses Jahr anvisierten Rückkehr ins Deutschhaus tagt das Parlament derzeit coronabedingt im Gutenbergsaal der Rheingoldhalle. Für die zwischenzeitliche Nutzung als Landtag wurde die Steinhalle renoviert und das Plenarrund im Original in den Räumlichkeiten des Museums aufgebaut. Das Sitzungsmobiliar solle dort auch in Zukunft verbleiben, um in der Steinhalle einen Ort der politischen Bildung zu schaffen, kündigte Landtagspräsident Hendrik Hering im August 2019 an. Derzeit befinden sich noch 102 römische Steindenkmäler in der sogenannten

> *Reallabor Demokratie als Ort der Vermittlung und Begegnung.*
>
> Konrad Wolf, Kulturminister

Lobby der Steinhalle und elf im Plenarsaal. Das Land Rheinland-Pfalz ist über den Landesbetrieb Liegenschafts- und Baubetreuung Eigentümer des Landesmuseums. Der größte Teil der in der Steinhalle untergebrachten römischen Relikte befindet sich im Besitz der Stadt Mainz. Sie werden vom Landesmuseum kuratorisch und konservatorisch betreut. Derzeit sei es für eine Bewertung des Vorhabens des Landtags mangels vorliegender Planungen noch zu früh, so Oberbürgermeister Michael Ebling auf Anfrage dieser Zeitung.

Bereits seit geraumer Zeit sei der Landtag im engen Austausch mit dem Landesmuseum, der Generaldirektion Kulturelles Erbe (GDKE) sowie dem Kulturministerium, um das Landesmuseums und die Steinhalle im Besonderen gemeinsam zu einer „attraktiven Landmarke" in Mainz weiterzuentwickeln, heißt es in einer Erklärung von Ministerium und Landtag. Ausgangspunkt der Überlegungen sei die Absicht des Landtags, die Steinhalle nach der Zwischennutzung als Plenarsaal zu einem „lebendigen Ort der Demokratie" und der politischen Bildung zu machen. Ein neu zu schaffendes „Mainzer Museumscarré" in der Großen Bleiche soll kulturelle Highlights und politische Bildung zukünftig im Landesmuseum unter einem Dach vereinen. Bei der Weiterentwicklung des Museums mit einem neuen Raum- und Ausstellungskonzept sollen weiterhin bedeutende Ausstellungsstücke in der Steinhalle Raum finden.

Parallel zum Neustart des Museums in der Steinhalle biete die Initiative des Landtages, ein „Reallabor Demokratie" einzurichten, die Chance, einen Ort der Vermittlung und kulturellen Begegnung zu schaffen, sagt Kulturminister Konrad Wolf (SPD). Im geplanten „Demokratieort" Steinhalle soll das Plenargestühl erhalten bleiben. In diesem „Experimentierraum" wolle der Landtag bestehende und neue Vermittlungsangebote der politischen Bildung, Veranstaltungen und Konferenzen sowie Workshops und Seminarangebote mit Bezug zur Arbeit des Landtags anbieten und damit einen neuen Ort der politischen Bildung und des gesellschaftlichen Austausches schaffen, sagt Landtagspräsident Hendrik Hering. Die Pläne fußten auf der Grundlage einer Machbarkeitsstudie für eine gemeinschaftliche Nutzung der Steinhalle durch Landtag und Landesmuseum.

Eine schriftliche Vereinbarung zwischen Landtag und der Generaldirektion Kulturelles Erbe liegt bislang aber nicht vor. Für deren neue Generaldirektorin Heike Otto zählt eine Neukonzeption des Landesmuseums zu den prioritären Projekten. Die Dauerausstellung, so Otto, sei über zehn Jahre alt und derzeit in großen Teilen abgebaut, um Raum für die große Kaiserausstellung zu ermöglichen. Dies biete die Chance, grundlegend über die Ausrichtung des Museums, mögliche Synergien und Kooperationen nachzudenken. Bei den Überlegungen spiele die Präsentation des römischen Erbes, zu dem neben den römischen Grabsteinen und Bögen auch wesentlich die Integration der restaurierten Jupitersäule gehöre, inhaltlich und räumlich eine zentrale Rolle. Die römischen Steindenkmäler sollen zum Teil in der Steinhalle zu sehen sein, aber zukünftig auch in einem weiteren neu gestalteten Ausstellungsbereich. Die römische Vergangenheit sei aber nicht zu trennen von anderen Themen, die zukünftig stärker in den Fokus rücken sollen, wie das „jüdische Mainz" oder die Einrichtung eines Kindermuseums. Bis zum Herbst will eine Arbeitsgruppe ein detailliertes Gestaltungskonzept für die Steinhalle erarbeiten. Zu den konzeptionellen und didaktischen Überlegungen, Schwerpunktsetzungen und möglichen gestalterischen Umsetzungen laufe derzeit die interne Abstimmung. Dabei, so die Generaldirektorin, sollen auch Freundeskreis und Verbände einbezogen werden.

„Eklatante Fehlentscheidung"

Die zeigen sich allerdings alles andere als begeistert über die angestrebte Umwidmung der Steinhalle in ein „Demokratielabor". Die Steinhalle als eine der bedeutendsten und umfangreichsten Sammlungen römischer Steindenkmäler müsse erhalten und angemessen präsentiert werden, moniert der Historiker Michael Matheus. Der Raum imitiere vollendet die urbane Struktur römischer Gräberstraßen, öffentlicher Plätze und Wege, seine einzigartige Atmosphäre sei absolut schützenswert, kritisiert der Deutsche Verband für Archäologie und sieht den Ruf der Landeshauptstadt Mainz durch die Zerstörung eines „einmaligen Ausstellungsjuwels" irreparabel beschädigt. Für einen Demokratieort sei die Steinhalle definitiv nicht die geeignete Lokalität. Und dürfe keineswegs zur „Abstellkammer für ausrangierte Plenarsaal-Möbel des Landtags werden", mahnt der Rheinische Verein für Denkmalpflege und Landschaftschutz: Die römischen Steindenkmäler gehörten zu den bedeutendsten Sammlungen ihrer Art nördlich der Alpen. Ihre Wirkung entfalteten sie nur in einem angemessen großen Raum. Die nunmehr auf Dauer angedachte Halbierung der Ausstellungsfläche mindere nicht nur diese Wirkung. Sie beeinträchtige auch den Zeugniswert eines barocken Raums, der hinsichtlich seiner ursprünglichen Zweckbestimmung als Reithalle in der Region Unikat-Charakter besitze. Der Mainzer Altertumsverein bezeichnet in einem Schreiben an Kulturminister Wolf die vom Landtag betriebene Nutzung der Steinhalle als „eklatante Fehlentscheidung" und fordert den Erhalt der barocken Reithalle als Raumeinheit für die Gesamtheit der überregional bedeutenden römischen Sammlung. Vehement gegen die Pläne wendet sich auch der Förderverein des Landesmuseums. Das Museum würde noch attraktiver sein, heißt es in einer Erklärung, wenn das Landesmuseum sein Hausrecht in der Steinhalle zurückhielte, der Landtag das Gastrecht auf Zeit einhielte und samt Bestuhlung die Steinhalle komplett verlas-

> *Neukonzeption des Landesmuseums ist prioritäres Projekt.*
>
> Heike Otto, Generaldirektorin GDKE

sen würde, damit der Erhalt des römischen Erbes der Stadt Mainz die ihm zustehende Priorität erfahre. Für die CDU-Stadtratsfraktion steht der Vorwurf des Wortbruchs im Raum. Nachdem der damalige Landtagspräsident Joachim Mertes 2016 versprochen habe, dass die Steinhalle nach der Interimsnutzung durch den Landtag wieder ihrer ursprünglichen Bestimmung übergeben werde, sei davon nun keine Rede mehr, so der kulturpolitische Sprecher Markus Reinbold. Die Verlautbarung der Generaldirektion Kulturelles Erbe zur Neukonzeption der Nutzung durch Landtag und Landesmuseum klinge nach einem Sammelsurium, bei dem historisch wertvolle antike Relikte der alten Bestuhlung des Mainzer Landtags weichen sollen und dem Museum umfangreiche Ausstellungsflächen verloren gehen. Auch die Initiative Römisches Mainz lehnt mit Nachdruck das Ansinnen des Landtages ab, den Ort zu besetzen, der in einzigartiger Weise Mainzer Geschichte zeige, so Vorsitzender Christian Vahl. Der Mainzer Gästeführerverband berichtet von einer hohen Besucher-Akzeptanz der Steinhalle, die sich als ein Gebäude aus der Zeit des Absolutismus so gar nicht als Demokratieort eigne.

▶ **KOMMENTAR**

Der Landtag nutzte seit 2016 die Steinhalle des Landesmuseums als Interims-Plenarsaal bis zum Abschluss der Sanierungsarbeiten am Deutschhaus. Archivfoto: Harald Kaster

ALLGEMEINE ZEITUNG MAINZ 29. APRIL 2021

KOMMENTAR

Deplatziert

Michael Jacobs
zur Steinhalle

michael.jacobs@vrm.de

Es gibt nicht viele deutsche Städte, die auf eine ähnlich gewichtige römische Vergangenheit zurückgreifen können wie die Landeshauptstadt. Dennoch hat das oft beschworene römische Erbe von Mainz noch erhebliches Förderpotenzial, etwa beim römischen Bühnentheater. Mit der Steinhalle und ihren einzigartigen antiken Hinterlassenschaften besitzt Mainz ein bedeutendes Alleinstellungsmerkmal weit über die Landesgrenzen hinaus. Wenn diese Steine reden könnten, würden sie sich fragen, warum in aller Welt sie ihren Platz räumen sollten für ein „Demokratielabor", das eigentlich dort sein sollte, wo Demokratie real stattfindet und aktiv gelebt wird – nämlich im Mainzer Deutschhaus. Nach der Millionen Euro teuren Sanierung des Landtags nebst neuem Anbau sollte sich hier doch ein Plätzchen für politische Bildung am Originalschauplatz des demokratischen Diskurses finden. Und nicht in einem historisch zurückschauenden Museum, das jeden Quadratmeter für die Fülle seiner Exponate braucht. Gewiss lässt sich die Attraktivität des Landesmuseums durch eine Neujustierung der Dauerausstellung steigern. Dies sollte aber mit den reichen Bordmitteln des stolzen Golden Ross-Schiffes geschehen. Ohne Schützenhilfe des Landtags, dem es während seiner Interimszeit so gut in der Steinhalle gefallen hat, dass er hier zulasten des römischen Erbes seine Duftmarken setzen will. Obwohl die Steine mehr über Politik, den Geist der res publica, aber auch deren Missbrauch durch Tyrannen wie Kaiser Nero – während dessen Herrschaft die Jupitersäule errichtet wurde – erzählen, als dort völlig deplatzierte Demokratielabore.

Demokratielabor, wo Demokratie aktiv gelebt wird

LANDTAG RHEINLAND-PFALZ 29. APRIL 2021

Landesmuseum Mainz: Kulturelle und politische Bildung vereinen

Zu einem Austausch über die weitere Nutzung der Steinhalle des Landesmuseums in Mainz haben sich Landtagspräsident Hendrik Hering und der Präsident des Deutschen Verbands für Archäologie (DVA), Prof. Dr. Alfried Wieczorek, sowie der 1. Vorsitzende des Deutschen Archäologen-Verbandes (DArV), Dr. Patrick Schollmeyer, gestern in Mainz getroffen.

Die Lobby in der Steinhalle in ihrer derzeitigen Funktion für den Landtag RLP; © Landtag RLP / T. Silz

Im Mittelpunkt des Gesprächs standen die gemeinsamen Pläne von Landtag, Kulturministerium und Generaldirektion Kulturelles Erbe (GDKE) zur Weiterentwicklung des Museums und der Steinhalle zum „Mainzer Museumscarré". Dort sollen künftig archäologisch einzigartige Highlights und politische Bildung unter einem Dach vereint werden.

Beide Seiten sind sich einig, dass eine gemeinschaftliche Nutzung der Steinhalle durch das Demokratielabor und die musealen Steindenkmäler Kernziel der weiteren Überlegungen ist. Die Präsentation des römischen Erbes muss dabei dem herausragenden archäologischen und historischen Rang der Exponate Rechnung tragen, betonten die Vertreter der Archäologie. Von zentraler Bedeutung ist hierbei neben den römischen Grabsteinen und Architekturen auch die restaurierte Jupitersäule. Gleichzeitig begrüßten DVA und DArV die Einrichtung des „Reallabors Demokratie" als authentischen Ort der politischen Bildung im hinteren Teil der Steinhalle, in der der Plenarsaal installiert ist. Der Präsentation der Denkmäler des römischen Erbes wird der Teil der Steinhalle, der derzeit als Lobby und Foyer genutzt wird, zugewiesen. Gemeinsam einigte man sich darauf, ein Konzept vorzulegen, das insbesondere die Aspekte der gemeinsamen und gleichzeitigen Nutzung von musealer Fläche zum römischen Erbe und zum Reallabor Demokratie ermöglicht. Hierbei sind auch nach Bedarf Nutzungen für beide Seiten von beiden Flächen möglich. Die archäologischen Verbände schlagen eine einheitliche Trägerschaft dieses Museumscarrés unter der Ägide der GDKE vor.

Hendrik Hering betonte: „Geschichte und Gegenwart sollen im neuen Museumscarré für Besucherinnen und Besucher auf einzigartige Weise erlebbar werden. Mit einem „Reallabor Demokratie" wollen wir mit dem originalen Plenargestühl einen Raum schaffen, der die moderne parlamentarische Demokratie für alle Altersgruppen erfahr- und begreifbar macht sowie die Möglichkeiten bietet, diese weiterzuentwickeln. Damit wollen wir für die Demokratie begeistern. Denn gerade in diesen Zeiten erleben wir, dass sie für unsere freiheitliche Gesellschaft von unschätzbarem Wert ist." Und auch aus der Bevölkerung heraus gebe es ein großes Interesse am Landtag. Fast 30 000 Menschen besuchten jedes Jahr den Landtag, so Hendrik Hering. Selbstverständlich werde das frisch sanierte Deutschhaus am Rhein für die vielfältigen Demokratie- und Bildungsprogramme des Landtags genutzt. Das Interesse sei aber deutlich höher, weshalb vielen Gruppen und Schulen abgesagt werden müsse. Deshalb biete die Steinhalle zusätzlich zum sanierten Deutschhaus Räume und Möglichkeiten für eine breitere demokratische, politische und kulturelle Bildung. Hendrik Hering könne sich gut vorstellen, dass die Angebote des Landesmuseums künftig die Bildungsprogramme des Landtags ergänzen.

Prof. Dr. Alfried Wieczorek und Dr. Patrick Schollmeyer betonen: „Dass die Steinhalle mit ihren wichtigen Ausstellungsobjekten auch künftig im Kern Bestand haben und durch das geplante Demokratielabor eine zusätzliche Aufwertung erfahren wird, kann bereits jetzt als wichtiges Gesprächsergebnis festgehalten werden. Aus Sicht der Fachwelt ist es nun eine gemeinschaftliche, alle wesentlichen Interessensgruppen mit einzubeziehende Aufgabe, ein inhaltlich hervorragendes Konzept zu erarbeiten, das sowohl die Bedürfnisse der politischen Bildung als auch die der musealen Nutzung in angemessener und miteinander verschränkender Weise berücksichtigt. Der Weg hierfür wurde gestern geebnet, und wir freuen uns über die Einladung, ihn mit anderen mitgehen zu dürfen."

Das Plenarrund des Landtags wird in einem Teil der Steinhalle verbleiben. Mit dem Reallabor Demokratie schafft der Landtag hier neue Angebote der politischen Bildung und einen öffentlichen Raum lebendiger Demokratie, der auch für Veranstaltungen des Museums nutzbar ist. Im anderen Teil der Steinhalle werden die bedeutenden archäologischen Ausstellungsstücke des „römischen Mainz" in Szene gesetzt werden. Der Landtag unterstützt das Vorhaben des Landesmuseums, die Steinhalle hier mit Hilfe eines neuen Raum- und Ausstellungskonzepts weiterzuentwickeln. Dieses soll sowohl den Nutzungsinteressen des Landesmuseums als auch des Landtags Rechnung tragen.
Der Deutsche Verband für Archäologie betonte seine Bereitschaft, die weiteren konzeptionellen Überlegungen insbesondere hinsichtlich der römischen Steindenkmäler künftig mit seiner fachlichen Expertise zu begleiten.
Der Landtag wiederum wird in den kommenden Monaten gemeinsam mit dem Landesmuseum und anderen Partnern ein tragfähiges Nutzungskonzept für die Steinhalle entwickeln.

Hering, Wieczorek und Schollmeyer betonen: „Das Mainzer Museumscarrée ist sowohl für das Museum als auch für die Weiterentwicklung der Demokratie eine große Chance. Die Steinhalle ist dabei ein ganz außergewöhnlicher Ort, der beiden Anliegen Rechnung trägt und beide Bereiche auf besondere Weise miteinander verknüpft. Mit der Neukonzeptionierung des Museums wird damit ein einzigartiger Platz in Mainz geschaffen - für die Bürgerinnen und Bürger aber auch für Besucherinnen und Besucher aus aller Welt."

SWR2 30. APRIL 2021

MUSEUM

Landesmuseum in Mainz: Heftiger Streit um die Zukunft der Steinhalle

STAND: 30.4.2021, 10:23 UHR

VON MARTINA CONRAD

»Wenn in Frankfurt das Städel-Museum um den historischen Metzler-Saal beschnitten würde, so würden die Wellen sicherlich hoch schlagen. In Mainz allerdings kräuselt der geplante Wegfall der historischen Steinhalle im Landesmuseum kaum die Wasseroberfläche, und das, obwohl der Mainzer Archäologe Patrick Schollmeyer die Bedeutung der Halle im ehemaligen Schlossensemble betont: ›Die Einzigartigkeit dieses Raumes – es ist immerhin einer der bedeutendsten Reithallen im alten Reich gewesen, also im 18. Jahrhundert – und auch die Aufstellung der großen Mainzer Grabdenkmäler aus römischer Zeit ist im gesamten Bundesgebiet einzigartig und es wäre sehr schön, wenn man das erhalten könnte.‹« Patrick Schollmeyer muss es wissen: er lehrt nicht nur Archäologie an der Johannes Gutenberg-Universität, sondern ist auch Vorstandsvorsitzender des deutschen Archäologenverbandes. In dieser Funktion hat er bereits im Februar einen Brief an Landtagspräsident Hendrik Hering geschrieben. Darin äußern er und andere Altertumswissenschaftler Bedenken im Bezug auf die geplante alleinige Nutzung der Steinhalle als Demokratiemuseum. Denn das kollidiert mit der Funktion als Ausstellungsraum, der von Archäologen aus ganz Deutschland besucht wurde. (Patrick Schollmeyer): »Allein der Ehrenbogen des Dativius Viktor aus der Mitte des dritten Jahrhundert n. Chr., aber auch die große Jupiter Gigantensäule zu Ehren von Kaiser Nero, errichtet im 1. Jahrhundert nach Christus, das sind schon einzigartige Denkmäler aus römischer Zeit, die sie so in Deutschland nicht noch mal finden werden.«

Auch der Mainzer Altertumsverein hatte sich bereits letztes Jahr mit einem offenen Brief an Kulturminister Konrad Wolf gewandt, um sich für die Steinhalle als Ausstellungs- aber auch als Tagungsraum für die Mainzer Vereine einzusetzen. Lange Zeit gab es keinerlei Reaktion, obwohl auch eine Offenlegung der Vereinbarung zur Nutzung der Steinhalle vom Landtag gefordert wurde, nur die Aussage, eine schriftliche Vereinbarung gäbe es nicht. Museumsdirektoren Birgit Heide kann sich zum Vorgang nicht äußern, denn sie untersteht dem Kulturministerium. Anlässlich der geplanten Neukonzeption des Museums nach der Landesausstellung »Die Kaiser und die Säulen ihrer Macht« sagte sie: »Wir wollen aber nach wie vor schauen, dass wir unsere römischen Steindenkmäler hier auch weiterhin zeigen können. Die Archäologie fehlt ja hier auch seit vielen Jahren. Es ist auch ausgesprochenes Ziel und Absicht von mir, die Archäologie hier wieder zu präsentieren und da gehören die römischen Steindenkmäler wieder dazu, um die gesamte römische Kultur wieder zeigen zu können.«

Für die derzeit stattfindende Landesausstellung musste das halbe Museum ausgeräumt werden. Der Platz reicht hinten und vorne nicht für die wichtigen römischen Denkmäler. Die mittelalterliche Sammlung, die hervorragende Niederländer- und Jugendstilsammlung, die gut besetzte klassische Moderne mit Picasso oder den Impressionisten, nicht zu vergessen die Local Heroes mit Slevogt und Purrmann. Die Umwandlung der Steinhalle in einen Demokratieraum, wo Schüler und Besucher Landtag spielen können, wäre ein herber Verlust für das Museum. Und es ist nicht der erste Rückschlag, den das Mainzer Landesmuseum hinnehmen muss. Schon beim Verkauf des Elzer Hofes, einem angrenzenden barocken Stadtpalais, zog das Mainzer Landesmuseum 2018 den Kürzeren. Obwohl seit Jahren eine dringend benötigte Erweiterung gefordert wurde, verkauft das Land an einen Investor. Nun auch noch die Steinhalle abgeben? Auf Anfrage von SWR2 erklärte die Pressestelle des Landtags, dass für Ende April ein Treffen zwischen Museumsleuten, Deutschem Archäologenverband und Landtagspräsident Hendrik Hering vorgesehen sei. Vorher wolle man sich nicht dazu äußern.«

MAINZ& 30. APRIL 2021

Petition für Erhalt der Mainzer Steinhalle gestartet – Empörungssturm gegen Zweckentfremdung als „Demokratie-Labor"

Von **Gisela Kirschstein** - 30. April 2021   👁 1950   💬 7

Die geplante dauerhafte Nutzung der Steinhalle im Mainzer Landesmuseum als »Demokratie-Labor« für den Mainzer Landtag hat einen wahren Empörungssturm ausgelöst. Zahllose Wissenschaftler, die CDU Mainz, ein offener Brief an Wissenschafts-Staatssekretär Denis Alt – sie alle kritisieren die Pläne von Landtagspräsident Hendrik Hering (SPD), die Steinhalle nicht wie ursprünglich versprochen, dem Landesmuseum zurückzugeben. Mainz verliere damit einen wertvollen und einmaligen Präsentationsort für seine römischen Altertümer, lautet die einhellige Kritik – das sei ein Armutszeugnis für die Kulturstadt Mainz. Nun setzt sich gar eine Online-Petition für den Erhalt der Steinhalle als Hort des römischen Erbes ein.

Vor einer Woche hatte der Freundeskreis des Mainzer Landesmuseums Alarm geschlagen: Der Landtag wolle nicht, wie ursprünglich versprochen, die Steinhalle dem Landesmuseum zurückgeben, sondern das eigentlich als Interims-Plenarsaal eingebaute Parlamentsrund einfach eingebaut lassen – entstehen solle stattdessen ein »Demokratiemuseum«. Das Landesmuseum werde dadurch aber massiv an Fläche verlieren, seine Attraktivität in Frage gestellt – Mainz drohe zudem der Verlust einer einmaligen historischen Präsentationsfläche, das römische Erbe werde »im Lager eingemottet«, kritisierte die Vorsitzende Elisabeth Kolz im Gespräch mit Mainz&: Das sei nicht im Interesse von Mainz und den Mainzern. »Wir fühlen uns hinters Licht geführt«, schimpfte Kolz.

Beim Mainzer Landtag bestätigte man daraufhin die Pläne: Das alte Plenarrund solle auch künftig in der Steinhalle bleiben, um »einen Ort der politischen Bildung zu schaffen« – das »Reallabor Demokratie« solle künftig für die Demokratie begeistern, teilte Landtagspräsident Hering mit: Damit werde ein neuer Ort der politischen Bildung und des gesellschaftlichen Austausches geschaffen, »an dem Lust auf die freiheitliche Demokratie geweckt wird.« Die Steinhalle werde im Zuge der Neuaufstellung des Mainzer Landesmuseums ein neues Konzept erhalten, ein Gestaltungskonzept solle bis zum Herbst entwickelt werden – wie hier künftig noch römische Exponate in größerem Stil Platz finden sollen, sagte Hering nicht. Der Landtag betonte hingegen, man habe über die Pläne seit 2019 informiert, doch einer breiten Öffentlichkeit wurden die Pläne nie vorgestellt.

Die Ankündigung hat derweil einen breiten Empörungssturm ausgelöst: Die Mainzer CDU forderte, die ursprüngliche Bestimmung der Steinhalle wieder herzustellen und sprach davon, es stehe »der Vorwurf des Wortbruchs im Raum« – diesen hatte vor allem Kolz erhoben. Der Protest des Freundeskreises, des Mainzer Altertumsvereins und des Deutschen Verbandes für Archäologie zeigten, dass »von einer transparenten Planung unter Einbeziehung aller relevanten Gruppen nicht die Rede sein kann«, kritisierte der kulturpolitische Sprecher der CDU-Stadtratsfraktion, Markus Reinbold: »Soll ein Demokratiebewusstsein gedeihen, wenn gleichzeitig das einzigartige römische Erbe in Gestalt wertvoller Steindenkmäler wie der Jupitersäule zum Teil versteckt wird?« »Außer Allgemeinplätzen liegt bislang keinerlei Konzept zur zukünftigen Nutzung der Steinhalle vor«, kritisierte Reinbold weiter. Die Verlautbarungen zur Neukonzeption klängen »eher nach einem Sammelsurium, bei dem historisch wertvolle antike Relikte der alten Bestuhlung des Mainzer Landtags weichen sollen.« Nicht einmal die Positionierung der Museumsdirektorin sei öffentlich bekannt. Demokratieförderung sei wichtig und habe in Mainz mit dem »Haus des Erinnerns – für Demokratie und Akzeptanz« einen sichtbaren Ort, betonte Reinbold weiter, und kritisiert: »Wer Demokratie glaubhaft fördern will, sollte zudem in seinem eigenen Wirkungsbereich damit anfangen: nämlich der Einbeziehung der Öffentlichkeit und ehrenamtlich engagierter Bürgerinnen und Bürger – und nicht mit Entscheidungen nach Gutsherrenart!«

(Fortsetzung nächste Seite)

Der Deutsche Verband für Archäologie hatte bereits im Februar die Pläne scharf kritisiert und gefordert, die Steinhalle als einzigartiger Präsentationsort des römischen Erbes gleichsam wie zu Zeiten der Römer dürfe auf keinen Fall verloren gehen – es drohe der Verlust eines international renommierten Ausstellungsortes: »Der Ruf der Landeshauptstadt Mainz auf dem kulturellen Sektor wäre irreparabel beschädigt«, heißt es weiter.

Die Archäologen sind nicht die einzigen: Eine Offene Petition wirbt nun im Internet für den Erhalt der Steinhalle als Präsentationsort der historischen Schätze, zu den Unterzeichnern gehören Wissenschaftler aus ganz Deutschland, darunter auch der renommierte Mainzer Historiker und Professor für Mittlere und Neuere Geschichte, Michael Matheus. »Der Vorgänger des jetzigen Landtagspräsidenten, der von mir geschätzte, leider zu früh verstorbene Joachim Mertes, hatte (auch mir gegenüber im Gespräch) immer wieder betont, der Einbau des Gestühls im Steinsaal sei ein Provisorium auf Zeit«, schreibt Matheus auf der Petitionsseite: »Was jetzt geplant ist, ist ein Wortbruch, und dies im Namen eines ›Demokratielabors.‹ So wird Vertrauen zerstört.«

»Eine solch bedeutende Sammlung zur Dekoration herabzustufen ist ein Zeichen von Geschichtsvergessenheit«, schreibt ein anderer Unterzeichner: »Geschichtsvergessenheit steht der Stärkung von Demokratie diametral entgegen.« Andere verweisen darauf, dass der einmalige Raum der ehemaligen kurfürstlichen Reithalle verloren gehe, für Mainz, die Wissenschaft und die Bildungslandschaft gehe »ein einzigartiges Wissenslabor« an römischer Kultur und Geistesgeschichte verloren. Auch werde die Steinhalle für das römische Erbe schlicht gebraucht – eine andere Lokalität dafür gebe es schließlich nicht.

Die Initiatoren selbst argumentieren, die Römische Steinhalle sei »eine der wichtigsten Sammlungen lateinischer Inschriften aus der Antike in ganz Europa«, es drohe der Verlust eines »zentralen Wissenslabors, eines Ortes der Nachwuchsausbildung und der Zukunftsförderung, ferner ein wichtiges Schaufenster in unmittelbare antike Lebenswelten und Diversitäten.« Die Reduktion auf »kulturelle Highlights« verkenne den Aussagewert der 2000 Jahre alten Inschriften und Denkmäler, doch nun drohe die Antike »zu einer reduzierten Schaubühne, einer Kulisse ohne Inhalt und Wert werden.«

»Mit einer Umwidmung der Mainzer Steinhalle verliert das Mainzer Landesmuseum, die Stadt Mainz, ein identifikatives Alleinstellungsmerkmal«, kritisiert die Petition weiter: Nicht viele europäische Städte waren bereits vor 2000 Jahren Hauptstadt und sind es noch heute – und noch weniger von ihnen haben einen derart reichen Schatz von Zeugnissen vorzuweisen, in denen man noch heute »normalen« antiken Menschen so nahe kommt, wie Mainz mit seiner Steinhalle.« 186 Unterstützer haben die Petition nach wenigen Stunden bereits unterschrieben, die Unterzeichner hinterließen bereits 68 Kommentare.

»Die Mainzer Steinhalle war bisher eines der wichtigsten altertumswissenschaftlichen Exkursionsziele, das auch aus Köln kommenden Studenten in einer ganz einzigartigen Form eine antike Welt, eine antike Lebenswelt und deren Äußerungen vorführen konnte«, schreibt da etwa der Kölner Professor Walter Ameling: »Es gibt in Deutschland sicher keinen vergleichbaren Ort, wohl auch sonst nicht nördlich der Alpen.« Eine der sammlungs- und geistesgeschichtlich wichtigsten und ältesten Präsentationen Deutschlands mit einzigartigen Zeugnissen der römischen Epoche drohe verloren zu gehen, warnt Bernd Steidl aus Landsberg, und Professor Markus Scholz aus Mainz-Kostheim schimpft: »Hier droht die Beseitigung bzw. Einmottung von einzigartigen Kulturdenkmälern europäischen Ranges! Demokratie gehöre zudem »nicht in ein Museum, sondern sollte gelebt werden.«

Diese Haltung teilen viele: Ein »Reallabor Demokratie« sei zwar sehr unterstützenswert, heißt es vielfach, aber die Steinhalle sei der vollkommen falsche Ort für so ein Projekt. Die Steinhalle sei einst die Reithalle der Mainzer Kurfürsten gewesen, die nicht wirklich demokratisch zu nennen gewesen seien, und auch die Römische Republik sei keine Demokratie gewesen, schreibt der Buchverleger Jörn Kobes aus Gutenberg in einem Offenen Brief an Wissenschafts-Staatssekretär Denis Alt, der Mainz& vorliegt: »Unbestritten mag das Arbeiten an der Demokratie, den demokratischen Ideen, Entwicklungen und Strömungen auch in heutiger Zeit ein wichtiges Anliegen sein – möglicherweise ist es aber auch nur ein »Totschlag-Argument«, um jegliche weitere Diskussion zu lähmen«, schreibt Kobes weiter – jedem Einspruch scheine man dann das Eintreten für die Demokratie abzusprechen.

»Ich frage mich, ob Mainz ein nächstes Haus der Demokratie benötigt«, schreibt Kobes weiter, schließlich leiste sich Mainz mit dem »Haus des Erinnerns für Demokratie und Akzeptanz« bereits »ein herausragendes Forum zur Demokratieforschung, -vermittlung und -stärkung« – worin liege denn der Sinn, ein zweites Haus aufzumachen, das womöglich lediglich zu Konkurrenz führe? Und auch Kobes spricht von »Wortbruch« gegenüber dem einst gegebenen Versprechen der Rückgabe. Anstelle von Fachleuten, entschieden hier nun einfach »Politiker, fachfremde Beamte, Juristen, Physiker und die Leitung der GDKE, die beileibe keine grabende Archäologin ist«, während Bürgerschaft, die die Mainzer historischen Vereinigungen und selbst ausgewiesene Universitätsfachleute ohne Mitspracherecht außen vor blieben, kritisiert er.

Zu den wichtigen historischen Vereinigungen gehört auch die Mitgliederstarke Initiative Römisches Mainz, die kritisiert nun: Es brauche vor allem ein Konzept zur Präsentation, und das sei bislang nicht in Sicht. »Wo ist das Konzept für die Jupitersäule? Wo soll sie stehen, wo soll sie gezeigt werden? Was ist der beste Bestimmungsort für den Dativius-Victor-Bogen«, fragt der Vorsitzende der IRM, Christian Vahl – und schlägt vor, in ganz neuen Bahnen zu denken: Die Steinhalle sei nicht zwingend die beste Lösung, die in ihr gezeigte Präsentation sei nicht mehr zeitgemäß gewesen, sagte Vahl gegenüber Mainz&: »Die Steinhalle hat bisher überhaupt keinen Beitrag geleistet für eine lebendige römische Kultur in Mainz. Sie so zu erhalten wie sie war, erscheint mir sinnlos und perspektivlos.«

Stattdessen werbe er dafür, die Exponate im Mainzer Stadtbild zu integrieren, betonte Vahl: »Man muss die Relikte der Steinhalle zusammendenken mit dem Römischen Theater, mit dem Viadukt, mit den römischen Gräbern, dem Drususstein – und vielleicht gelingt es ja, die Mainzer Bürger für eine Art Freilichtmuseum Römisches Mainz zu begeistern, in dem es sich zu leben lohnt.« Gerade mit der anstehenden Bewerbung für die Landesgartenschau gebe es dafür eine Chance – Römisches Erbe dürfe nicht im Depot landen und »nicht als Schausammlung ein nicht mehr zeitgemäßes Dasein fristen.«

DPA 3. MAI 2021 DIE WELT, DIE ZEIT UND SÜDDEUTSCHE ZEITUNG

3. Mai 2021, 16:51 Uhr   Museen - Mainz

Steinhalle-Streit: Historikerverband appelliert an Dreyer

Direkt aus dem dpa-Newskanal

Mainz (dpa) - Der Verband der Historiker und Historikerinnen Deutschlands hat die Landesregierung von Rheinland-Pfalz aufgefordert, die Pläne für die Steinhalle im Landesmuseum Mainz zu überdenken. Die übergangsweise für das Landtagsplenum genutzte Halle sollte nun wieder Präsentationsort der Sammlung römischer Steindenkmäler werden, schrieb die Vorsitzende des Verbands, Eva Schlotheuber, am Montag in einem Offenen Brief an Ministerpräsidentin Malu Dreyer (SPD).

Der Landtag will in der Steinhalle einen "Ort der Demokratie" einrichten und diesen für Veranstaltungen zur politischen Bildung nutzen. Historiker und Archäologen haben das Land dazu aufgerufen, dafür einen anderen Ort zu wählen.

Eine am 29. April gestartete Online-Petition für den Erhalt der Steinhalle zur Ausstellung der römischen Steindenkmäler hat bis Montag mehr als 1600 Unterschriften gesammelt. Es gebe nördlich der Alpen keine vergleichbare Präsentation lateinischer Inschriften, erklärte die Archäologin Ulrike Ehmig. Mit der Umwidmung der Mainzer Steinhalle würde "ein zentrales Wissenslabor" und "ein wichtiges Schaufenster in unmittelbare antike Lebenswelten und Diversitäten" verloren gehen.

© dpa-infocom, dpa:210503-99-451665/2

Malu Dreyer (SPD, l), Ministerpräsidentin von Rheinland-Pfalz. Foto: Sebastian Gollnow/dpa/Archivbild (Foto: dpa)

ALLGEMEINE ZEITUNG MAINZ 3. MAI 2021

Nach den Plänen des Mainzer Landtags soll ein Teil der römischen Denkmäler künftig in der Lobby und dem Foyer der Steinhalle zu sehen sein.
Foto: Landesmuseum

Archäologenverband lenkt ein

Nach Gesprächen mit Landtag unterstützt DVA Steinhallen-Pläne / Online-Petition für Erhalt

Von Michael Jacobs

MAINZ. Vor dem Hintergrund der Kontroverse um die künftige Nutzung der Steinhalle des Landesmuseums (wir berichteten) haben sich jetzt Landtagspräsident Hendrik Hering und der Präsident des Deutschen Verbands für Archäologie (DVA), Alfried Wieczorek, sowie der Vorsitzende des Deutschen Archäologen-Verbandes (DArV) Patrick Schollmeyer zu Gesprächen getroffen.

Im Mittelpunkt standen die gemeinsamen Pläne von Landtag, Kulturministerium und Generaldirektion Kulturelles Erbe (GDKE) zur Weiterentwicklung des Museums und der Steinhalle zum „Mainzer Museumscarré". Dort sollen künftig archäologische Highlights und politische Bildung unter einem Dach vereint werden. Zuvor hatten DVA und DArV noch starke Bedenken gegen die Steinhalle als geeignete Lokalität für ein Demokratiezentrum angemeldet.

Beide Seiten seien sich nun einig, dass eine gemeinschaftliche Nutzung der Steinhalle durch das Demokratielabor und die musealen Steindenkmäler Kernziel der weiteren Überlegungen ist, heißt es in einer Pressemitteilung des Landtags. Die Präsentation des römischen Erbes müsse dabei dem herausragenden archäologischen und historischen Rang der Exponate Rechnung tragen, betonten die Vertreter der Archäologie. Von zentraler Bedeutung sei hierbei neben den römischen Grabsteinen und Architekturen auch die restaurierte Jupitersäule. Gleichzeitig begrüßten DVA und DArV aber auch die Einrichtung des „Reallabors Demokratie" als authentischen Ort der politischen Bildung im hinteren Teil der Steinhalle, in der der Plenarsaal installiert ist. Der Präsentation der Denkmäler des römischen Erbes werde der Teil der Steinhalle, der derzeit als Lobby und Foyer genutzt wird, zugewiesen. Gemeinsam habe man sich darauf geeinigt, ein Konzept vorzulegen, das insbesondere die Aspekte der gemeinsamen und gleichzeitigen Nutzung von musealer Fläche zum römischen Erbe und zum Reallabor Demokratie ermögliche. Hierbei seien auch nach Bedarf Nutzungen für beide Seiten von beiden Flächen möglich. Die archäologischen Verbände schlagen eine einheitliche Trägerschaft dieses Museumscarrés unter der Ägide der GDKE vor.

„Reallabor" veranschaulicht modernen Parlamentarismus

Geschichte und Gegenwart sollen im neuen Museumscarré für die Besucher auf einzigartige Weise erlebbar werden, so Landtagspräsident Hering. Mit einem „Reallabor Demokratie" wolle man mit dem originalen Plenargestühl einen Raum schaffen, der die moderne parlamentarische Demokratie für alle Altersgruppen erfahr- und begreifbar macht sowie die Möglichkeiten bietet, diese weiterzuentwickeln. Selbstverständlich werde das frisch sanierte Deutschhaus am Rhein für die vielfältigen Demokratie- und Bildungsprogramme des Landtags genutzt. Das Interesse sei aber deutlich höher, weshalb vielen Gruppen und Schulen abgesagt werden müsse. Deshalb biete die Steinhalle zusätzlich zum sanierten Deutschhaus Räume und Möglichkeiten für eine breitere demokratische, politische und kulturelle Bildung.

Dass die Steinhalle mit ihren wichtigen Ausstellungsobjekten auch künftig im Kern Bestand haben und durch das geplante Demokratielabor eine zusätzliche Aufwertung erfahren werde, könne als wichtiges Gesprächsergebnis festgehalten werden, so Wieczorek und Schollmeyer.

Das Plenarrund des Landtags werde in einem Teil der Steinhalle verbleiben. Mit dem „Reallabor Demokratie" schaffe der Landtag hier neue Angebote der politischen Bildung und einen öffentlichen Raum lebendiger Demokratie, der auch für Veranstaltungen des Museums nutzbar ist. Im anderen Teil der Steinhalle werden die bedeutenden archäologischen Ausstellungsstücke des „römischen Mainz" in Szene gesetzt. Der Landtag unterstütze das Vorhaben des Landesmuseums, die Steinhalle hier mithilfe eines neuen Raum- und Ausstellungskonzepts weiterzuentwickeln.

Der Deutsche Verband für Archäologie betonte seine Bereitschaft, die weiteren konzeptionellen Überlegungen insbesondere hinsichtlich der römischen Steindenkmäler künftig mit seiner fachlichen Expertise zu begleiten. Der Landtag wird in den kommenden Monaten gemeinsam mit dem Landesmuseum und anderen Partnern ein tragfähiges Nutzungskonzept für die Steinhalle entwickeln.

Derweil hat die Mainzer Archäologin, Epigraphikerin und Leiterin des „Corpus Inscriptionum Latinarum" an der Berlin-Brandenburgischen Akademie, Dr. Ulrike Emig, auf der Plattform www.openpetition.de eine Online-Petition „Für den Erhalt der Mainzer Steinhalle als museale Präsentationsfläche des Landesmuseums Mainz" gestartet, die innerhalb eines Tages bereits von über 1200 Menschen unterzeichnet wurde, darunter international renommierte Fachwissenschaftler aus dem ganzen Bereich der Altertumskunde.

Verluste durch Umwidmung der Steinhalle befürchtet

Die epigraphische Welt und die gesamten Altertumswissenschaften verlören mit der Umwidmung der Steinhalle ein zentrales Wissenslabor, einen Ort der Nachwuchsausbildung und der Zukunftsförderung, ferner ein wichtiges Schaufenster in unmittelbare antike Lebenswelten und Diversitäten, heißt es in der an den Landtag gerichteten Petition. Es gebe nördlich der Alpen keine vergleichbare Präsentation lateinischer Inschriften. Mainz verschwinde mit den Planungen des Landtags aus der Wahrnehmung eines ganzen Wissenschaftszweiges. Die Stadt verfüge mit dem Schloss, in dem 1792/93 der Mainzer Jakobinerclub tagte, und dem Deutschhaus sehr wohl über passende Orte, die zudem den nötigen Freiraum bieten. Gegenüber der Steinhalle sei zudem vor wenigen Jahren das „Haus des Erinnerns – für Demokratie und Akzeptanz" eingerichtet worden.

SWR2 3. MAI 2021

Martina Conrad / Redakteurin SWR2 Kultur; 3.5.21/ 12.48h

»KAMPF DER GLADIATOREN«:

Das wäre vielleicht doch ein bisschen zu dick aufgetragen, aber es geht gerade offenbar schon ziemlich hoch her in der rheinlandpfälzischen Landeshauptstadt. Und das nicht nur wegen der beschlossenen Auflösung und Aufteilung des Kultur- und Wissenschaftsministeriums auf andere Ministerien. »Kampf um Rom« immerhin titelte die Mainzer Allgemeine Zeitung vor kurzem. Hintergrund ist die geplante Einrichtung eines sogenannten »Demokratiemuseums« im Landesmuseum Mainz. Dadurch würde dem Museum selbst ein wesentlicher Ausstellungsraum, die »STEINHALLE« nämlich genommen. Wir haben hier in SWR2 schon ausführlich darüber berichtet.

Frage an meine Kollegin Martina Conrad in Mainz: Frau Conrad, offenbar kocht dieser Streit jetzt richtig hoch! Woran liegt das?«

»Das liegt zum einen daran, dass es bis letzte Woche überhaupt keine öffentliche Diskussion gab, weil es keine öffentliche Information gab! Es gibt keine schriftliche Vereinbarung zwischen dem Landtag Rheinlandpfalz und dem Kulturministerium, dass der Landtag den Plenarsaal, der interimsmäßig eingerichtet wurde, weil sein eigenes Haus saniert wurde, auch weiterhin nutzen will und zwar als »Demokratiemuseum«! Und die angeblich existierende Machbarkeitsstudie ist auch nicht öffentlich! Das Landesmuseum selbst kann sich nicht dazu äußern, denn die Lage ist wirklich vertrackt. Das Land ist Besitzer der Immobilie, also quasi Hausherr. Der Großteil der römischen Funde gehört der Stadt Mainz, die sich nicht äußert zum Konflikt. Ebenso wie das Landesmuseum. Da hieß es immer nur, man würde einen Konsens finden... Und insofern ist jetzt natürlich dadurch, dass das Kulturministerium zerschlagen wurde, im Prinzip alles offen. Und das lässt natürlich auch viel Spielraum für Spekulationen!

Also, sie haben jetzt schon andeutungsweise skizziert, wie die Fronten verlaufen. Also noch einmal nachgehakt, nachgefragt: »Wie dramatisch wäre es denn für das Landesmuseum tatsächlich, wenn es diesen Raum nicht mehr, also die Steinhalle, nicht mehr zur Verfügung hätte?«

»Also, es fallen wirklich harte Worte im Moment! Archäologen werfen Landtagspräsident Hering Wortbruch vor! 2016 hieß es nämlich, dass nach der Sanierung die Steinhalle wieder als Ausstellungsraum zurückgeht an das Landesmuseum! Die Fronten sind klar: Der Landtag gegen »Deutscher Archäologieverband«, gegen« Deutscher Verband der Historiker« und die »Freunde des Landesmuseums«! Es gibt inzwischen sogar eine Online-Petition, auf der sich innerhalb von 4 Tagen schon 1500 namhafte Wissenschaftler eingetragen haben. Und das Problem liegt einfach darin, dass dieser Raum »die Steinhalle«, die »ehemalige Reithalle« des kurfürstlichen Schlosses ist, und sie wurde genutzt, um bedeutende Denkmäler der römischen Geschichte in Mainz zu präsentieren, z.B. die »Jupitersäule« oder ein »Ehrenbogen« aus dem 3. Jhdt., das sind absolut singuläre Stücke! Und zweitens kamen Archäologen aus ganz Deutschland und Europa, um diese Schätze zu sehen. Die Steinhalle ist nämlich berühmt in ihrer Präsentation und einzigartig nördlich der Alpen!

»Sie selber verfolgen die Geschichte ja schon seit 2 Jahren. Was ist denn Ihre persönliche Meinung? Also, gäbe es andere Möglichkeiten, den gewünschten Demokratieraum und das römische Erbe im Museum zu entzerren?«

»Also, ich denke, beide Interessen haben zuerst mal Ihre Berechtigung! Bürgern politische Entscheidungsprozesse zu vermitteln ist gerade heute überaus wichtig, aber überregional bedeutende römische Geschichte ist auch notwendig, denn es gibt keine andere adäquate Möglichkeit im Museum, das über Raumnot leidet Und im Zuge einer Neukonzeption sollen dort jetzt auch noch die jüdische Geschichte der SCHUM-Städte in Rheinlandpfalz und ein Kindermuseum Platz finden. Das ist einfach **unmöglich**, wenn die Steinhalle wegfiele! Und ein »Demokratieraum« könnte auch ohne Probleme im Kurfürstlichen Schloss direkt benachbart untergebracht werden. Außerdem gibt es in Mainz das »Allianzhaus« von der Stadt Mainz, da befindet sich das »Haus des Erinnerns für Demokratie und Akzeptanz«, also im Prinzip genau der gleiche Ansatz, den dieses »Demokratiemuseum« haben soll, nur, das eine von der Stadt und das andere vom Land! Also, da könnte man sich ja auch vielleicht zusammentun! Aber hinter den Kulissen scheinen die Weichen ja schon gestellt! Man munkelt, der Landtag würde die Finanzierung der geplanten Neukonzeption der Dauerausstellung im Landesmuseum bezahlen, wenn der Demokratieraum in der Steinhalle bleibt!«

»Ja, also ein heftiger Streit! Und wir sind mal gespannt, wie es dann letztlich ausgeht. Über den Verlauf der Fronten und die aus Ihrer Sicht möglichen Lösungskonzeptionen habe ich mit unserer Mainzer Kunstexpertin Martina Conrad gesprochen. Frau Conrad, herzlichen Dank für das Gespräch!«

»Ja, gerne!«

ALLGEMEINE ZEITUNG MAINZ 4. MAI 2021

MOGUNTINUS

Mehr Demokratie wagen

Wie die Kontroverse um die Zukunft der fest in römischer Hand geglaubten Steinhalle des Landesmuseums zeigt, scheint die Landeshauptstadt an einer eklatanten Unterversorgung mit Demokratielaboren zu kranken. Angesichts von Querdenker-Knallköpfen kann es gar nicht genug Labore geben, um gleichsam eine vom Landtag gezündete demkokratische Kettenreaktion in Gang zu setzen. Da reichen Deutschhaus, Steinhalle oder das „Haus des Erinnerns" natürlich nicht aus. Weshalb die Pläne für einen Neubau des Gutenberg-Museums unbedingt um eine Demokratiewerkstatt neben der Druckerwerkstatt ergänzt werden müssen. Damit jeder Schüler sein eigenes Grundgesetz in bleischwere Lettern setzen kann. Und wo bleibt eigentlich eine Democratic Coaching Area in der um Fairness bemühten O5-Arena? Demokratie darf es nicht zum Nulltarif geben. Die Erbauer des neuen Ludwigsstraßen-Shoppingkomplexes wissen also, was sie noch zu tun haben.

ALLGEMEINE ZEITUNG MAINZ 5. MAI 2021

„Arg provinzpossenhaft"

Mainzer FDP kritisiert Steinhallen-Pläne des Landtags, die die Ampelkoalition des Landes befürwortet

Von Michael Jacobs

MAINZ. Die Debatte um die künftige Nutzung der Steinhalle des Landesmuseums reißt nicht ab. Nachdem sich schon die CDU-Stadtratsfraktion gegen die Pläne des Landtags gewandt hat, im langjährigen Präsentationsort der römischen Steindenkmäler ein „Demokratielabor" einzurichten und Landtagspräsident Hendrik Hering Wortbruch vorwirft, kritisiert nun auch die Mainzer FDP das Vorhaben.

Nicht Profil mit neuem Themenfeld verwässern

Die Aufregung sei absolut nachvollziehbar, erklärt FDP-Fraktions- und Kreisvorsitzender David Dietz. Das Landesmuseum habe ein klares Profil, das nicht zuletzt durch die Steindenkmäler definiert sei. Warum jetzt plötzlich dieses Profil mit einem völlig neuen Themenfeld verwässert werden solle, sei nicht nachvollziehbar: „Diese ad-hoc-Entscheidung erscheint ein bisschen arg provinzpossenhaft." Dies auch, da nicht ersichtlich sei, wie das römische Erbe mit dem eher schnörkellosen Abgeordnetengestühl verbunden werden solle. Der damalige Landtagspräsident Mertes habe vor Beginn der Landtagssanierung und des Umzugs des

Im hinteren Bereich der Steinhalle mit dem Plenarsaal-Gestühl soll ein „Demokratieort" eingerichtet werden. *Archivfoto: Sascha Kopp*

Plenarsaals betont, dass es sich nicht um eine langfristige Maßnahme handeln sollte. Sein Nachfolger sollte sich an diese Zusage halten", so Dietz. Es sei begrüßenswert, wenn der Landtag „Demokratielabore" einrichten wolle. Das Vorhaben gelinge am besten dort, wo parlamentarische Demokratie gelebt wird: im echten, neuen Landtag. Gleichzeitig kündigte der Vorsitzende der freidemokratischen Stadtratsfraktion an, dass sich die FDP innerhalb der Koalition für eine „römische Initiative" stark machen werde.

Das könnte allerdings schwierig werden. Denn in dem Entwurf des von SPD, Grünen und den Parteifreunden von der Landes-FDP geschlossenen Koalitionsvertrags der neuen Landesregierung, der noch von den Parteitagen abgesegnet werden muss, ist von „römischen Initiativen" wenig die Rede. Stattdessen heißt es auf Seite 181: „Wir wollen die Steinhalle des Landesmuseums zu einem Ort der Demokratie und der politischen Bildung machen. Diesen Prozess werden wir in geeigneter Weise parlamentarisch begleiten und dabei auch modellhaft neue Beteiligungsformate testen wie beispielsweise Bürgerräte oder andere deliberative Ansätze."

Derweil hat sich auch der Deutsche Historikerverband in die Kontroverse eingeschaltet. In einem offenen Brief an Ministerpräsidentin Malu Dreyer macht sich die über 3000 Mitglieder starke Vereinigung für den Erhalt der Steinhalle als Präsentationsstätte der Sammlung römischer Steindenkmäler stark. „Das Funktionieren und die Weiterentwicklung von Demokratien in der globalen Welt sind ein sehr aktuelles Thema, sodass wir die Pläne, einen „Ort der Demokratie" zu schaffen, gut nachvollziehen können. Wir möchten jedoch nachdrücklich infrage stellen, ob ein Museum mit archäologischem und kulturgeschichtlichem Schwerpunkt dafür der richtige Platz ist", heißt es in dem Schreiben.

Entscheidung zur Umgestaltung überdenken

Der Verband appelliert mit Nachdruck an die Ministerpräsidentin, „die Entscheidung zur Umgestaltung der Steinhalle zu überdenken und den geplanten „Ort der Demokratie" an anderer und vielleicht passenderer Stelle entstehen zu lassen" und verweist in diesem Zusammenhang auch auf die Arbeit des wenige Meter vom Landesmuseum entfernt etablierten „Hauses des Erinnerns – für Demokratie und Akzeptanz." Damit könnte zudem vermieden werden, ein Gefälle zwischen der Bewahrung des kulturellen Erbes und einem lebendigen Lernort zur Demokratie entstehen zu lassen. Vielmehr müsse es doch darum gehen, durch eine angemessene Präsentation auch der römischen Geschichte das Bewusstsein dafür wach zu halten, dass die Leistungen unserer heutigen Demokratie ihre Wurzeln auch in diesem antiken Erbe haben.

FRANKFURTER ALLGEMEINE ZEITUNG 8. MAI 2021

STREIT UM MAINZER PLENARSAAL

Besatzer im Museum

VON MATTHIAS ALEXANDER - AKTUALISIERT AM 08.05.2021 - 13:54

Der Streit um den alten Mainzer Plenarsaal spitzt sich zu. Landtagspräsident Hering tut so, als seien Archäologen damit einverstanden, dass das Mobiliar das Landesmuseum vollstellt. Ist das wirklich so?

Wer die zynische Maxime des „teile und herrsche" zuerst auf den sprichwörtlichen Punkt gebracht hat, ist nicht geklärt. Vielleicht war es Machiavelli, vielleicht Ludwig XI., um ein Zitat aus klassischer Zeit handelt es sich bei „divide et impera" jedenfalls nicht. Dem Präsidenten des rheinland-pfälzischen Landtags kann es als Praktiker der Macht egal sein, er zeigt sich jedenfalls zufrieden mit dem Ergebnis eines Gesprächs, zu dem er die Spitzen der beiden deutschen Archäologenverbände unlängst eingeladen hatte.

Matthias Alexander
Redakteur im Feuilleton.

➕ Folgen

Vehement hatten Alfried Wieczorek und Patrick Schollmeyer – wie andere Vertreter historischer Disziplinen auch – Pläne kritisiert, den bisherigen Plenarsaal in Mainz zu erhalten und künftig als „Reallabor Demokratie" zu nutzen, in dem neue Verfahren der Bürgerbeteiligung erprobt werden sollen. Nicht gegen die Idee als solche sprachen sich die beiden Wissenschaftler aus, sondern nur gegen die Ortswahl. Der Plenarsaal soll in der Steinhalle des Landesmuseums bleiben, die ihm in den vergangenen fünf Jahren während der inzwischen abgeschlossenen Sanierung seines angestammten Sitzes im Deutschhaus als Übergangsquartier gedient hat.

Das aber bedeutet, dass die ehemalige kurfürstliche Reithalle auf Dauer nur zum kleineren Teil für den Zweck zur Verfügung stehen wird, der sie international bekannt gemacht hat – die Präsentation von herausragenden Fundstücken des römischen Mogontiacum, so der lateinische Name der Stadt, darunter die berühmte Jupitersäule, in Form einer Gräberstraße.

Nach dem Gespräch verschickte das Büro von Landtagspräsident Hendrik Hering (SPD) Ende vergangener Woche eine Pressemitteilung, derzufolge die Archäologenvertreter sich praktisch auf ganzer Linie hatten überzeugen lassen und zufrieden damit sind, an der Erarbeitung eines Konzepts beteiligt zu werden. Unter den anderen Gegnern des Projekts war das Entsetzen groß, und sie hielten damit nicht hinter dem Berg. Schollmeyer berichtet im Gespräch mit der F.A.Z. von harten Angriffen, er benutzt sogar den Begriff „Shitstorm". Er fühlt sich missverstanden, es bleibt allerdings im Unklaren, von wem. Dass die Darstellung des Landtagspräsidenten unwahr sei, sagt er nicht. Andererseits will er keine Zustimmung zu dessen Plänen geäußert, sondern eine ergebnisoffene Diskussion angemahnt haben. Schollmeyer spricht von einem runden Tisch, an dem nach Kompromissen gesucht werden soll.

Das richtet sich an die übrigen Gegner der Pläne, mit denen der Landtag vom Gast in der Steinhalle zu einer Art Besatzer mutiert. Die Altertumswissenschaftlerin Ulrike Ehmig hat eine Initiative auf der Internetseite openPetition gestartet, die sich für die vollständige Wiederherstellung der Halle als Museumsraum einsetzt. Die Petition zählt schon mehr als 2500 Unterstützer, gut achthundert davon aus Mainz.

Es sind zahlreiche renommierte Wissenschaftler darunter, nicht zuletzt Mitglieder der beiden Archäologenverbände, deren Vorsitzende sich mit dem Landtagspräsidenten getroffen hatten. In Kommentaren äußern sie sich kundig und klar. Ehmig ist zufrieden und nicht in der Stimmung, sich über einen runden Tisch ziehen zu lassen. „Es ist nicht die Sache der Petition, sich um ein ‚Abstimmen' von Verbänden respektive im gegebenen Fall um den Dialog von Personen, die als Vorsitzende von Verbänden zu einem Gespräch geladen waren, zu kümmern", teilt sie auf Anfrage mit.

(Fortsetzung nächste Seite)

Auch der Freundeskreis des Mainzer Landesmuseums spart nicht mit harten Worten. Die Vorsitzende Elisabeth Kolz hat im Gespräch mit dem Internetmagazin „Mainz&" von einem Wortbruch des Landtagspräsidenten gesprochen. Dessen Vorgänger habe offiziell zugesichert, dass es sich bei der Nutzung durch den Landtag nur um eine Interimslösung handele, von der beide Seiten profitierten, da die Halle dafür saniert worden sei. So aber verliere das Museum dauerhaft massiv an Ausstellungsfläche. Kolz monierte auch, dass die Öffentlichkeit viel zu spät von den Plänen informiert worden sei.

Es wäre in der Tat mehr als heikel, wenn der Landtag ausgerechnet sein Forum für Bürgerbeteiligung auf der Grundlage eines Akts der Überrumpelung etablieren würde. Die enorme Unterstützung für die Petition zeigt, dass sich nicht nur die Republik der Gelehrten gegen dieses moralisch verwerfliche und geschichtsvergessene Vorgehen wehrt, das den wichtigsten Mainzer Museumsraum zerstört.

Es wäre eine hübsche Pointe, wenn eine reale demokratische Debatte über das „Reallabor Demokratie" dazu führte, dass für das Labor ein anderer Standort gesucht werden muss. Man könnte dann geradezu von einem ideellen Grundstein für eine gehobene politische Kultur sprechen.

»Besatzer im Museum« (FAZ.NET vom 08.05.2021 von Matthias Alexander) © Alle Rechte vorbehalten. Frankfurter Allgemeine Zeitung GmbH, Frankfurt. Zur Verfügung gestellt vom Frankfurter Allgemeine Archiv

ALLGEMEINE ZEITUNG MAINZ 8. MAI 2021

AUF EINEN BLICK

SPD: Steine öffentlich zeigen

MAINZ (mij). Zur Kontroverse um die Steinhalle meldet sich jetzt auch die SPD-Stadtratsfraktion zu Wort. Seit dem begonnenen Umbau des Landtages 2016 war es nicht mehr möglich, die bedeutenden römischen Steinelemente aus der Sammlung des Landesmuseums zu sehen. Das sei ein großer Verlust für die Mainzer Stadtgesellschaft, denn diese Steine sind Teil unserer eigenen städtischen Geschichte, so die kulturpolitische Sprecherin der SPD-Stadtratsfraktion Martina Kracht und ihr Altstadt-Fraktionskollege Andreas Behringer.

Es solle jedoch nicht die gerechtfertigte Forderung nach einem Demokratieforum gegen die Forderung nach dem Zeigen Mainzer Geschichte ausgespielt werden. Gerade die steinernen Monumente seien auch in schwierigen Zeiten ein Zeichen für Reisefreiheit, Migration, religiöses tolerantes Zusammenleben und die kulturelle Offenheit der Stadt Mainz über die letzten Jahrtausende hinweg. „Nur sollten beide Forderungen auch zeitgleich verwirklicht werden. Das Demokratieforum könnte auch an einer anderen Stelle näher am Landtag oder im Landtag selbst realisiert werden". Der Landtag als originärer Ort sollte so erlebbar gemacht werden im oder in unmittelbarer Nähe des Landtages", schlagen Kracht und Behringer als eine mögliche Lösung des Konfliktes vor. Die Steinhalle selbst sei ein bedeutender Ort, sowohl konservatorisch als auch museal und der wahrhaftige Ort, um die römischen Steine zu zeigen. „Uns ist es wichtig, dass diese Steine schnellstmöglich wieder der städtischen Öffentlichkeit zugänglich gemacht werden können. Wenn das Land dies in der Steinhalle nicht mehr ermöglichen möchte, erwarten wir Vorschläge, wo in Mainz ein neuer Platz zum Zeigen der Monumente angedacht werden könnte", so Kracht und Behringer. Diese Zeugnisse der Mainzer Geschichte gehörten nicht ins Depot, sondern in die Öffentlichkeit.

ALLGEMEINE ZEITUNG MAINZ 10. MAI 2021

Schon von Goethe hochgelobt

Nagelprobe für demokratische Kulturpolitik: Droht wertvollen steinernen Zeugnissen des römischen Mainz der Weg in die Verbannung?

Von Peter Noelke

MAINZ. 1765/1766 vermachte der Mainzer Erzbischof und Kurfürst Emmerich Joseph von Breidbach-Bürresheim seinem mächtigen Nachbarn, dem Pfälzer Kurfürsten Karl Theodor, zirka 20 römische Steindenkmäler für dessen in Aufbau befindlichen Antiquarium in Mannheim. Der in Mannheim residierende Herrscher aus dem Hause Wittelsbach hatte als aufgeklärter Souverän verstanden, welche Bedeutung die Sammlung von Antiken, die Pflege von Wissenschaft und Kunst für sein Prestige in den aristokratischen und bürgerlichen Gesellschaften Europas sowie für die Identitätsstiftung in seinem aus sehr heterogenen Territorien zusammengesetzten Staates besaß.

GASTBEITRAG

Mainz aber war eines Teils der steinernen Zeugen seiner Geschichte als wichtigstes Militärzentrum im römischen Deutschland und wirtschaftlich wie kulturell bedeutende Siedlung am Mittelrhein, als Hauptort der kaiserlichen Provinz Obergermanien, beraubt! Die Mainzer Römersteine gehören heute zu den Attraktionen der Abteilung Archäologie der Reiss-Engelhorn-Museen in Mannheim.

Der Neubeginn des Sammelns und Forschens zum römischen Mainz ist mit der Person des Friedrich Franz Lehne (1771-1836) verknüpft. Als Professor der schönen Wissenschaften zu Mainz, Leiter von Bibliothek, Archiv und Museum der Stadt, als Ehrendoktor der Pariser Sorbonne, als „Grand notable de l'Empire" unter Napoleon hatte er sich ein solches Ansehen erworben, dass sich der konservative Goethe bei seiner Rheinreise 1815 von ihm die Reste des römischen Mainz und seiner archäologischen Funde zeigen ließ, wie er rühmend in seiner kulturpolitisch wichtigen Schrift „Über Kunst und Alterthum in den Rhein- und Mayn- Gegenden" (1816) hervorhebt. Reisegefährte war zeitweilig der Freiherr vom Stein.

Enge Verknüpfung mit den Anfängen der Demokratie

Dies ist umso bemerkenswerter, als Lehne zu den Pionieren bürgerlicher Freiheit und Selbstbestimmung in Mainz gehörte, in Schlüsselfunktionen der „Mainzer Republik" (1792) diente. Und auch in der Zeit von „Rheinhessen" der Darmstädter Großherzöge war er einer der Anwälte des Liberalismus im Lande, unter anderem als Herausgeber der „Mainzer Zeitung". Die Anfänge der Mainzer Römerstein-Sammlung sind also so verbunden mit einem Mainzer Demokraten der ersten Stunde.

So ist es schockierend zu erfahren, dass die Einrichtung des provisorischen Landtags in der Steinhalle des Landesmuseums nach der Rückkehr des Landtages in sein angestammtes saniertes Haus am Rhein verbleiben und als „Ort der Demokratie" fungieren soll. In der von der Generaldirektion Kulturelles Erbe Rheinland-Pfalz 2017 herausgegebenen anmutigen Schrift „Die Römer im Landtag" war doch von „übergangsweiser Umnutzung" die Rede! Und der Initiator dieses Projektes, einen Teil der einzigartigen Mainzer

Wertvolle Zeugnisse der historischen Mainzer Identität: Blick in die frühere Steinhalle. Das Schicksal der Sammlung ist derzeit ungewiss, es gibt Pläne für ein „Demokratielabor". Foto: GDKE

Römerstein-Sammlung – sie besitzt einen der weltweitgrößten Bestände an römischen Steindenkmälern, darunter die monumentale Säule für Jupiter – für die regulären Museumsbesucher wegzusperren und einen weiteren Teil in Depots in Verbannung zu belassen, soll nicht ein absolutistischer Landesherr oder ein Bischof sein. Die Zeugnisse der Geschichte und Kunst vollumfänglich der Bürgerschaft, ihren Gästen und nicht zuletzt der Wissenschaft und ihren Studierenden zugänglich zu machen und zu halten, gehört doch zu den Grundprinzipien demokratischer Kulturpolitik, die nicht verhandelbar sind.

Allerdings war zu beobachten, dass bereits vor dem Einzug des Landtags der Zugang zur Steinhalle unter früheren Direktionen mit anderen Schwerpunkten in Verkennung dieses Alleinstellungsmerkmals des Ensembles für die Region an Rhein und Main eingeschränkt wurde.

Wie steht es um den interkulturellen Diskurs?

Dem Landtagspräsidenten Hendrik Hering kommt ohne Zweifel das Verdienst zu, indirekt auf einen Mangel in der Kulturpolitik des Landes aufmerksam zu machen: Es fehlt in Mainz ein Haus der Geschichte des Landes. Im Freistaat Bayern ist ein solches seit Jahrzehnten höchst erfolgreich tätig, Baden-Württemberg ist nachgefolgt, Nordrhein-Westfalen bereitet ein solches unter der Ägide des Landtags an prominenter Stelle am Düsseldorfer Rheinufer vor. Gerade Bundesländer, die durch Besatzungsstatut aus verschiedenen Territorien geschaffen wurden und sich in mehr als einem halben Jahrhundert bewährt haben, verdienen ein solches Institut demokratischer Selbstvergewisserung, gesellschaftlicher Integration und des interkulturellen Diskurses.

DER AUTOR

▶ Prof. Peter Noelke lehrt an der **Universität Köln Archäologie**; von **1985 bis 2006 Direktor/Leitung des Museumsdienstes Köln**; war tätig für **die Bildungs- und Öffentlichkeitsarbeit** der Museen der Stadt Köln.

ALLGEMEINE ZEITUNG MAINZ 11. MAI 2021

„Demokratielabor" bereits vorhanden

Streit um Steinhalle: Initiative Römisches Mainz bietet Vermittlung an, übt aber auch Kritik

MAINZ (mij). Die Initiative Römisches Mainz (IRM) begrüßt, dass durch die aktuelle Debatte um die optimale der Präsentation der Steinhalle des Landesmuseums die Wertigkeit des Römischen Erbes für die Stadt Mainz und das Land Rheinland-Pfalz stark in das öffentliche Interesse gerückt wird.

Man unterstelle allen bisher vorgetragenen Positionen, dass sie jeweils das aus ihrer Sicht Beste im Sinne des Römischen Erbes anstrebten, so der Vorstand der IRM. Dabei entwickeln Archäologen und Kunsthistoriker, Museumsdirektoren und Kuratoren, Politiker und Bürgervertreter aus ihrer Sicht eine jeweils unterschiedliche Herangehensweise. ren Gestaltung in angemessener Weise öffentlich vorzustellen. Die IRM stehe bereit, zwischen den unterschiedlichen Interessen zu vermitteln und aktiv zu einer Lösung beizutragen.

Mehrere andere geeignete Orte für Demokratiekunde

Derweil weist der Gesamtverein der deutschen Geschichts- und Altertumsvereine in einem Schreiben an Ministerpräsidentin Malu Dreyer darauf hin, dass für die Vermittlung von Demokratiegeschichte in Mainz mehrere geeignete Orte wie das Deutschhaus und das Schloss zur Verfügung stehen.

Kritik an einseitiger Festlegung

Angesichts dieser in der Sache begründeten Konflikte hält die Initiative Römisches Mainz die einseitig vom Landtagspräsidenten getroffene Festlegung der weiteren Raumnutzung nicht für nicht sachangemessen. Grundsätzlich könne die IRM viele der vorgetragenen Positionen nachvollziehen. So auch die Idee eines Demokratielabors an diesem Ort, durch dessen Besuch Schulklassen mit dem Römischen Erbe der Stadt konfrontiert würden.

Dennoch hält es die IRM für erforderlich, dass jetzt in einem sachlichen Austausch dem Landesmuseum Gelegenheit gegeben werden muss, die von ihm entwickelten Vorstellungen zur weiteren

Von überregionaler Bedeutung

Zudem existiere wenige Meter vom Landesmuseum entfernt mit dem vor einigen Jahren eingerichteten „Haus des Erinnerns" bereits eine Art „Demokratielabor", das mit großem Erfolg die Arbeit der Vermittlung von Demokratiegeschichte und -bildung leiste. Deshalb unterstütze der Gesamtverein das Anliegen des Mainzer Altertumsverein, die barocke Reithalle als Raumeinheit für die umfassende Präsentation der in ihrer Gesamtheit überregional bedeutenden Römischen Sammlung zu erhalten.

Für den Erhalt der Steinhalle macht sich auch der Deutsche Geschichtslehrerverband in einem offenen Brief an Landtagspräsident Hendrik Hering stark.

ÖFFENTLICHER ANZEIGER BAD KREUZNACH 20. MAI 2021

„Wir sind das römischste Bundesland"

Innenminister will kulturelles Erbe des Landes bekannter machen – Lewentz will Kompromiss im Streit um Steinhalle

Von unserer Mitarbeiterin
Gisela Kirschstein

■ **Mainz.** Am 18. Mai hat das rheinland-pfälzische Innenministerium die Zuständigkeit für die Generaldirektion Kulturelles Erbe (GDKE) übernommen – nur einen Tag später unterstrich Innenminister Roger Lewentz (SPD), er sehe darin große Chancen für Synergien mit dem Bereich Stadtentwicklung: Das kulturelle Erbe des Landes strahle stark aus auf die kommunale Entwicklung, „wir wollen da Synergien stärken", sagte Lewentz beim Besuch des Mainzer Landesmuseums. „Für mich als Minister ist das ein Glücksmoment, diese Verantwortung haben zu dürfen."

Die GDKE war bisher dem Kulturministerium unterstellt, mit dem Wechsel des Kulturressorts zur neuen grünen Ministerin Katharina Binz wechselt die Zuständigkeit für Burgen, Denkmäler und Altertümer nun aber ins Innenministerium. „Wir wollen das in einer neuen Abteilung 'Kommunalentwicklung und Kulturelles Erbe' zusammenfassen", kündigte Lewentz an. Bereiche wie die Dorferneuerung könnten gut mit der Finanzierung des Erhalts des historischen Erbes zusammenfallen, wie das etwa entlang des römischen Limes bereits geschehe. 94 Millionen Euro stünden derzeit für die Stadtentwicklung im Etat.

Rheinland-Pfalz habe von der Römerzeit über das jüdische Erbe der sogenannten Schum-Städte Speyer, Worms und Mainz bis hin zur Sayner Hütte große Schätze zu bieten, sagte Lewentz weiter: „Wir sind das römischste Bundesland, das mit dem größten römischen Erbe nördlich der Alpen", betonte er: „Dieses Rheinland-Pfalz ist im wahrsten Sinne des Wortes steinreich." Und es könne noch viel mehr getan werden, um dieses reiche kulturelle Erbe „noch stärker nach vorn zu tragen".

Der Innenminister übernimmt mit der neuen Zuständigkeit aber auch die derzeit hitzig geführte Debatte um die Steinhalle des Mainzer Landesmuseums: 2016 zog hier der Mainzer Landtag mit dem Interimsplenarsaal ein, der damalige Landtagspräsident Joachim Mertes (SPD) versprach, die Steinhalle werde dem Museum zurückgegeben. Doch inzwischen will der Landtag das alte Plenargestühl in der Steinhalle belassen und als ein „Demokratielabor" für Zwecke der politischen Bildung nutzen.

Landtagspräsident Hendrik Hering (SPD) hatte die Pläne erstmals im August 2019 erwähnt – öffentlich vorgestellt wurden sie aber eigentlich nie. Seit Februar 2021 erhebt sich nun ein wahrer Proteststurm dagegen: Gleich in fünf offenen Briefen, zumeist direkt an Ministerpräsidentin Malu Dreyer (SPD), protestieren Archäologenverbände, Deutscher Historikerverband sowie weitere Geschichts- und Altertumsverbände und fordern die Rückgabe der Steinhalle als Heimat der bedeutendsten Sammlung römischer Steindenkmäler nördlich der Alpen. Eine Onlinepetition für den Erhalt der Steinhalle fand inzwischen mehr als 3700 Unterzeichner.

Diese Schätze „sollten nicht in Depots verschwinden", sagte Lewentz, er habe aber auch „Verständnis für den Wunsch, hier ein Demokratielabor zu entwickeln". Das geschichtliche Erbe „mit Orten der Demokratie zu verbinden, das scheint mir wichtiger denn je", betonte er. Er will nun Gespräche mit den Protagonisten führen, „man muss Wege finden, beides miteinander zu kombinieren", sagte Lewentz weiter: „Wir sind am Anfang der Diskussion, und wir wollen zu einem Ausgleich finden."

Die Steinhalle des Landesmuseums diente als Ausweichquartier des Landtags während der Sanierung des Deutschhauses. Jetzt soll dort ein dauerhafter „Ort der Demokratie" entstehen. Historiker und Archäologen fordern hingegen, dort wieder die Sammlung römischer Denkmäler zu präsentieren. Foto: dpa

MAINZ& 20. MAI 2021

Innenminister Lewentz will Kompromiss für Mainzer Steinhalle – GDKE und Landesmuseum: Hätten gerne Steinhalle als Ganzes bespielt

Von **Gisela Kirschstein** - 20. Mai 2021 ⊙ 292 💬 1

Am Dienstag konstituierte sich die neue Landesregierung in Rheinland-Pfalz, und die brachte gerade für die Kultur einige Wechsel mit sich: Das Kulturressort ging mit der neuen Ministerin Katharina Binz erstmals an die Grünen, die Zuständigkeit für die Altertümer des Landes aber wechselte ins Innenministerium. Innenminister Roger Lewentz (SPD) kündigte am Mittwoch an, Rheinland-Pfalz sei das römischste aller Bundesländer, das wolle er »noch stärker nach vorne tragen.« Im Streit um die Zukunft der Steinhalle wolle er »einen Kompromiss im besten Sinne des Wortes finden«, betonte Lewentz – die neue Leiterin der GDKE sowie die Chefin des Mainzer Landesmuseums machten zugleich auch gegenüber dem Minister klar: Sie hätten die Steinhalle gerne als Ganzes behalten.

Seit Februar tobt in Mainz eine heftige Debatte über die Zukunft der Steinhalle: Gleich in fünf Offenen Briefen, zumeist direkt an Ministerpräsidentin Malu Dreyer (SPD), protestieren Archäologenverbände, der Deutsche Historikerverband sowie weitere Geschichts- und Altertumsverbände gegen den Plan des Landtags, die Steinhalle nicht wie geplant dem Landesmuseum zurückzugeben, sondern das alte Plenargestühl eingebaut zu lassen und zu einem »Demokratie-Labor« zu machen. Etwa zehn Verbände und Initiativen fordern mittlerweile die Rückgabe der Steinhalle und ihre Nutzung als Präsentationsort für die als einmalig geltende Sammlung römischer Steindenkmäler, die 2016 dem Interims-Plenarsaal weichen mussten. Eine Online-Petition für den Erhalt der Steinhalle fand inzwischen mehr als 3.700 Unterzeichner und weit über 1.000 höchst kritische Kommentare.

Am Mittwoch lud Innenminister Lewentz nun zum Auftakt seiner Amtsübernahme ins Mainzer Landesmuseum, seit Dienstag ist der Minister zuständig für die Generaldirektion Kulturelles Erbe (GDKE) und damit auch für die Museen und Altertümer im Land. »Für mich als Minister ist das ein Glücksmoment, diese Verantwortung haben zu dürfen«, betonte Lewentz dabei. Rheinland-Pfalz habe von der Römerzeit über das jüdische Erbe der SchUM-Städte bis hin zur Sayner Hütte große Schätze zu bieten. »Wir sind das römischste Bundesland, das mit dem größten römischen Erbe nördlich der Alpen«, betonte der Minister: »Dieses Rheinland-Pfalz ist im wahrsten Sinne des Wortes steinreich.« Und es könne noch viel mehr getan werden, um dieses reiche kulturelle Erbe »noch stärker nach vorne zu tragen.«

Organisatorisch soll die GDKE im Innenministerium ihre neue Heimat in der Abteilung »Kommunalentwicklung und Kulturelles Erbe« finden, kündigte Lewentz an, er sehe darin große Chancen für Synergien mit dem Bereich Stadtentwicklung: Bereiche wie Dorferneuerung könnten gut mit der Finanzierung des Erhalts des historischen Erbes zusammenfallen, wie das etwa entlang des Römischen Limes bereits geschehe. 94 Millionen Euro stünden derzeit für die Stadtentwicklung im Etat, sagte Lewentz.

Auch die Debatte um die Steinhalle hatte den Minister offensichtlich schon erreicht: Er habe bereits Gespräche mit Landtagspräsident Hendrik Hering sowie mit dem Mainzer Oberbürgermeister Michael Ebling (beide SPD) geführt, sagte Lewentz und wolle auch mit den involvierten Verbänden reden. »Ich möchte die Gesprächspartner ernst nehmen«, betonte Lewentz, er werde »die Protagonisten« zu Gesprächen einladen. »Ich werbe dafür, dass wir uns auf den Weg machen, einen Kompromiss im besten Sinne des Wortes zu finden«, sagte er weiter.

Sein Ziel sei, dass die Steinhalle in der Verantwortung der GDKE bleibe, kündigte Lewentz weiter an, ein Teil der Fläche – die jetzige Lobby – werde als Ausstellungsfläche zurückgegeben werden müssen. Die Steinhalle habe große Schätze beherbergt, »die nicht in Depots verschwinden sollten«, sagte Lewentz, er habe aber auch »Verständnis für den Wunsch, hier ein Demokratielabor zu entwickeln.« Es müssten nun Wege gefunden werden, beides miteinander zu kombinieren, »wir sind am Anfang der Diskussion«, betonte er, »und wir wollen zu einem Ausgleich finden.«

Lewentz hatte sich im Landesmuseum zu Gesprächen mit der Spitze der GDKE und dem Mainzer Landesmuseum getroffen, beide Leiterinnen äußerten sich auf Mainz&-Nachfrage nun erstmals zu der Causa Steinhalle. »Wir hätten die Steinhalle gerne wieder als Ganzes bespielt«, sagte GDKE-Chefin Heike Otto ganz klar, »wir hätten gerne viel mehr Ausstellungsfläche«. Auch den Eltzer Hof hätte die GDKE gerne weiter genutzt, das Nachbar-Palais wurde aber 2018 vom Land an einen Investor verkauft, der dort Büro- und Ladenflächen schaffen will.

»Ich bin sehr froh, wenn es jetzt darauf hinausläuft, dass wir die Steinhalle weiter in unserer Zuständigkeit haben«, sagte Otto weiter – ursprünglich wollte der Landtag dort das Hausrecht behalten, das scheint nun aber vom Tisch zu sein. Sie verspreche sich viel davon, die historischen Objekte neu zu präsentieren und mit dem Thema Demokratie-Labor zu verbinden, sagte Otto weiter, die Ansprüche an Museen hätten sich verändert. »Man würde die Steinhalle heute nicht mehr so präsentieren wie vorher«, fügte sie hinzu. Es gelte nun aber auch, die Sammlungen des Landesmuseums »Stück für Stück in die Zukunft zu bringen.«

Die neue Leiterin des Mainzer Landesmuseums, Birgit Heide, unterstrich ebenfalls, es gelte nun herauszuarbeiten, wie das Museum seine Bestände wieder zeigen könne. »Als Museumsmensch und Archäologin wäre mein größter Wunschtraum gewesen, die ganze Steinhalle zurückzubekommen«, betonte Heide, etwa um Objekte wie die große Jupitersäule »hier wieder angemessen präsentieren zu können.« Es werde nun ein neues Konzept entwickelt werden, kündigte die Museumsleiterin an, die bisherige Lobby werde dabei »wieder ein musealer Raum, den wir auch für Veranstaltungen nutzen werden.«

Eine schnelle Umgestaltung wird es dabei aber nicht geben – noch bis 2025 soll im alten Plenargestühl im Landesmuseum der Mainzer Stadtrat tagen, solange das Mainzer Rathaus saniert wird. Das Museum werde aber auch nach Möglichkeiten suchen, das Haus stärker zu öffnen, den Innenhof zu beleben – auch mit einem Café – und »in den städtischen Raum hinein zu wirken«, sagte Heide weiter. Die bedeutende Sammlung von Steindenkmälern, »die möchten wir auch weiterhin hier zeigen«, fügte sie hinzu.

ALLGEMEINE ZEITUNG MAINZ 21. MAI 2021

Demokratisches und römisches Erbe Hand in Hand?

Großteil der Steinhalle geht laut Landtagspräsident an Museumsnutzung zurück

Von Maike Hessedenz

Der Teil des Areals, über den das Landesmuseum bald wieder frei verfügen kann. Fotos: Maike Hessedenz

Für den abgetrennten Tagungsort des Landtags gibt es die „Demokratielabor"-Idee.

MAINZ. Die Steinhalle im Landesmuseum soll weiterhin ein Ort bleiben, an dem römisches Erbe und Demokratie-Erlebnis Hand in Hand gehen. Landtagspräsident Hendrik Hering (SPD) lud jetzt die Presse an den Ort des Geschehens, um – angesichts der heftigen Debatten um den Verbleib des Parlaments-Gestühls in der Steinhalle – einen Einblick in seine Motivation zu geben. Er sei davon überzeugt, dass das Landesmuseum der richtige Ort sei, um einen Ort der Demokratie zu integrieren. „Demokratie ist eine gesamtgesellschaftliche Aufgabe", so Hering. „Ich wüsste keinen besseren Ort für das Plenarrund als diesen. Je mehr ich mich damit beschäftige, umso mehr bin ich der Überzeugung, dass Politik auch in ein Museum gehört. Die Dinge können hier im Wechselspiel mit historischen Elementen und Ausstellungsstücken begreifbar gemacht werden."

Wie Hering, Landtagsdirektorin Ursula Molka und Martin Florack, der beim Landtag das Projektbüro fürs Landesmuseum leitet, verdeutlichten, handele es sich bei der Fläche, auf der das Plenarrund zur Zeit und künftig seinen Platz habe, um insgesamt 420 Quadratmeter. 313 Quadratmeter entfallen dabei auf das Gestühl. Die Gesamtfläche der Steinhalle, die seit dem Einzug des Landtags-Parlaments geteilt ist, beträgt etwa 1400 Quadratmeter. Der vordere Teil, in dem zur Zeit neben einer Konferenzfläche noch ein Teil der römischen Steine ausgestellt ist, verfügt über knapp 1000 Quadratmeter. Das Landesmuseum habe insgesamt eine Fläche von 11 100 Quadratmeter, wovon etwa 5000 Quadratmeter reine Ausstellungsfläche seien. Dass die römischen Steine bald wieder in der Steinhalle ausgestellt werden, sei möglich – das allerdings sei dann Sache des Landesmuseums beziehungsweise der Generaldirektion Kulturelles Erbe (GDKE). „Der Landtag wird hier künftig nur Gast sein. Wir geben die Trägerschaft für die Steinhalle zurück." Das betreffe sowohl den Teil des Plenar-Gestühls wie auch den größeren vorderen Bereich, über den das Museum dann wieder frei verfügen könne. Dort sind laut Martin Florack zur Zeit etwa 100 Steine ausgestellt, vor dem Umbau seien das etwa 400 gewesen. Die berühmte Jupitersäule sei zur Zeit noch eingelagert – ob diese wieder Teil der Ausstellung werde, hänge ebenfalls vom künftigen Konzept der GDKE für die Halle ab. Dabei sei laut Fachleuten deutlich geworden, so Hering, dass es für die römischen Steine auch andere Präsentationsformen geben könne: „Das Römische Erbe muss besser präsentiert werden, als es bis 2016 hier der Fall war." Die Form, hunderte Steine in einer Halle nebeneinander zu stellen, sei möglicherweise ohnehin nicht mehr zeitgemäß. 1981 war die Steinhalle in der bisherigen Form eingerichtet worden.

Der positive Aspekt der Debatte um die Steinhalle sei daher, so Hering, dass das römische Erbe in Mainz dadurch eine nie da gewesene Aufmerksamkeit erlangt habe. Das könne eigentlich nur zu einer Win-Win-Situation führen. Zudem sei auch das Gestühl selbst ein Stück Zeitgeschichte: „Es war das erste Parlament in Deutschland, bei dem es gelungen ist, Parlament und Regierung auf Augenhöhe zu platzieren", erinnert Hering. „Mainz hat damals als erstes Landesparlament in Deutschland eine kreisförmige Anordnung des Plenums eingeführt." Andere Länder hätten sich daran dann ein Beispiel genommen. 1987 fand die erste Sitzung im Deutschhaus in genau diesem Plenargestühl statt. Da zudem in der Steinhalle über fünf Jahre Sitzungen des Landtags stattgefunden hätten, sei der Raum durchaus zum authentischen Ort der Demokratie geworden. Mehr noch: „Das Plenarrund ist mehr als ein funktionales Möbelstück. Es ist ein Kulturgut."

Dass das Gestühl erhalten werden solle, sei unstrittig. Dafür aber für eine beträchtliche Summe ein eigenes Gebäude zu errichten, könne kaum rentabel sein. Zumal der Landtag die Steinhalle bei deren Übernahme für 5,1 Millionen Euro saniert habe. „Als wir die Steinhalle 2014 besichtigt haben, war sie in einem bedauerlichen Zustand. Zwischen den Steinen standen Putzeimer, um das Wasser aufzufangen, das von der Decke getropft ist", erinnert er sich.

Wie viele Termine das Land in der Steinhalle wahrnehmen wolle, sei noch offen; klar sei für ihn allerdings, dass durch zusätzliches Publikum, das könnten Schülergruppen oder Tagungsgäste sein, auch mehr Besucher für das Landesmuseum generiert werden könnten. Denkbar ist offenbar außerdem, dass der vordere Teil, in dem die Steine wieder eine Heimat finden könnten, für Empfänge, für eine Art „Schaufenster" des Museums oder für andere Veranstaltungen genutzt werden soll.

DIE ZEIT 22. MAI 2021

Museen

Gegner der Pläne für Steinhalle schließen sich zusammen

27. Mai 2021, 13:20 Uhr / Quelle: dpa

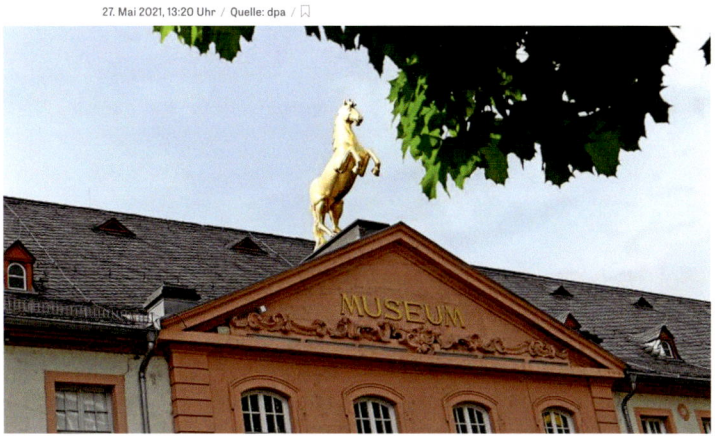

Blick auf das Landesmuseum Mainz. © Peter Zschunke/dpa-Zentralbild/dpa/Archivbild

Mainz (dpa) - Gegner der Pläne des Landtags Rheinland-Pfalz für die Einrichtung eines «Demokratielabors» in der Steinhalle des Landesmuseums Mainz haben sich zu einem gemeinsamen Bündnis zusammengeschlossen. In dem neuen Bürgerrat/Runder Tisch Steinhalle wollen zwölf Organisationen mit Sitz in Mainz eine Änderung der Pläne erreichen, wie das Bündnis am Donnerstag mitteilte.

Die Unterzeichner begrüßen in einer gemeinsamen Erklärung die Initiative von Landtagspräsident Hendrik Hering (SPD) zur Stärkung der Demokratie. Allerdings solle das «Demokratielabor» an einem anderen, hierfür besser geeigneten Ort entstehen.

In der Steinhalle des Landesmuseums war von 2016 bis Anfang dieses Jahres das Plenum des Landtags eingerichtet, für die Dauer der Sanierung des Landtagsgebäudes. Das dafür eingebaute Gestühl soll nach dem Willen des Landtags aber weiter für Veranstaltungen sowohl zur Demokratiebildung als auch des Landesmuseums genutzt werden.

Hauptforderung des Bündnisses ist die «Entfernung des Plenarsaalgestühls und der die Steinhalle in zwei Hälften trennenden Zwischenwand». Damit werde die Raumwirkung der 1200 Quadratmeter großen historischen Halle in erheblicher Weise beeinträchtigt. Stattdessen solle dort die «nördlich der Alpen einzigartige Sammlung römischer Steindenkmäler aus Mainz» in neuer Weise präsentiert werden.

Zu den Unterzeichnern gehören unter anderem der Landesverband der Deutschen Gesellschaft für Demokratiepädagogik, die Initiative Römisches Mainz, das Römisch-Germanische Zentralmuseum (RGZM) als Leibniz-Forschungsinstitut für Archäologie, der Mainzer Altertumsverein und der Landesverband des Verbands der Geschichtslehrer Deutschlands. Eine am 29. April gestartete Online-Petition für den Erhalt der Steinhalle zur Ausstellung der römischen Steindenkmäler hat inzwischen mehr als 4000 Unterschriften gesammelt.

ALLGEMEINE ZEITUNG MAINZ 22. MAI 2021

Römer, holt euch eure Stadt zurück!

Die Steinhalle erhitzt die Gemüter / Dabei liegt die Herausforderung doch ganz woanders

Von Maike Hessedenz

Wer bislang mit dem Begriff „Steinhalle" im Zusammenhang mit dem Mainzer römischen Erbe nichts anfangen konnte, der weiß spätestens jetzt, dass diese bis vor fünf Jahren der Ort war, an dem eine hochkarätige Sammlung antiker Steine beheimatet war. Höher könnten die Wellen angesichts der Ankündigung, das Plenargestühl als Demokratie-Labor im Landesmuseum zu belassen, kaum schlagen. Historiker überbieten sich in ihren Rufen nach einer angemessenen Präsentation der römischen Steine geradezu. Da wirkt es allerdings verwunderlich, dass nach der weltweit einzigartigen Sammlung an Steindenkmälern in den vergangenen fünf Jahren offenbar auch kein Hahn gekräht hat.

Die Forderungen nach einer angemessenen Präsentation der bedeutenden steinernen Zeitzeugen sind absolut gerechtfertigt. Mehr noch: Sie sind längst überfällig. Bereits vor der Sanierung und dem Umbau der Steinhalle für die Übergangsheimat des Landtags, war die Stein-Schau alles andere als zeitgemäß. Der Raum wurde allerdings dank seiner eindrucksvollen histori-

MEINE WOCHE

VON MAIKE HESSEDENZ

schen Kulisse schon immer gerne auch für kulturelle Veranstaltungen, seien es Lesungen oder Empfänge, genutzt.

Am Beispiel der Steinhalle und ihrer Exponate – von denen derzeit nur ein Bruchteil eher als „Deko" bei Terminen des Landtags dient – zeigt sich ein Problem, das Mainz seit Jahrzehnten nicht löst. Der unermessliche Wert, den das römische Erbe der Stadt beschert, wird nicht geschätzt. Da dümpelt ein Römisches Bühnentheater – das größte nördlich der Alpen – bis auf vereinzelte kosmetische Maßnahmen vor sich hin. Ein Konzept zur Wiederbelebung ist seit Jahren in Arbeit. Da sind die Römersteine in Zahlbach, die römische Gräberstraße in Weisenau, das römische Stadttor auf dem Kästrich – alles historische Kleinode, die allerdings noch nicht einmal von eingefleischten Mainzern auf Anhieb als Sehenswürdigkeiten bezeichnet werden würden. Es fehlt ein Gesamtkonzept zum römischen Mainz. In diesem müssen dringend auch die römischen Steine aus der Steinhalle eine Rolle spielen – und zwar nicht nur innerhalb der massiven Mauern des Museums. Die Idee, einen Ort der Demokratie im Landesmuseum zu schaffen, mag angesichts des bisherigen Profils des Museums befremdlich wirken; die Kritik ist in Teilen nachvollziehbar. Die Lösung kann allerdings nicht lauten, die Halle wieder in den Zustand von 1981 zurückversetzen zu wollen. Das Museum muss sich öffnen, braucht neue Konzepte für den 1000 Quadratmeter großen Raum der Steinhalle, der nicht vom 313 Quadratmeter großen Parlamentsmöbel belegt ist. Dabei ist es theoretisch nicht ausgeschlossen, auch künftig dort wieder hunderte Steindenkmäler zur Schau zu stellen. Fraglich ist nur, ob es Sinn macht.

Das technisch voll ausgestattete Plenarrund könnte indes im Landesmuseum zum bislang fehlenden Ort für Diskurs, Vorträge und Tagungen werden, kann somit eine Brücke in die Ausstellungen des Hauses – und möglicherweise auch zu den Steindenkmälern – schlagen, und das auch für Menschen, die sonst nicht den Weg ins Museum gefunden hätten.

 maike.hessedenz@vrm.de

ALLGEMEINE ZEITUNG MAINZ 22. MAI 2021

Das Runde muss ins Eckige

Kleine Mainzer Römerkunde: Von Bühnentheatern und Plenarsälen

Von Michael Jacobs

Es ging lange nicht mehr so rund im doch eher rheinwärts lang gestreckten Mainz. Und das trotz coronal eingerosteter Umzüge und der Tatsache, dass immer noch nicht alle Bürger beim Erwerb eines Wohnmobils zum Zuge kamen, um den heiß ersehnten Sommerurlaub praktisch wie eine motorisierte Weinbergschnecke à la „rolling Home" im Land der Barbaren jenseits des Limes verbringen zu können. Doch warum in die Ferne schweifen, wenn das gute alte Rom liegt so nah?

Wenn man ein bisschen historisch denkt, war Mainz vor nicht mal zweitausend Jahren die Top-Location für alle Lieblingsaktivitäten des Imperiums nördlich der Alpen. Ganze Legionen bauten ihre Zelte auf den sanften Hügeln des Kästrich auf, um in die wild verwegenen Welten der Germanen einzumarschieren, und die dort hausende, notorisch renitente Waldbevölkerung mehr oder weniger erfolgreich in die Schranken zu weisen. Nicht schlecht gefielen den frühen Mogontiacumern auch die Opfergelage für die große Mutter oder die Göttin Isis. Wobei den zugezogenen Lateinern Isis' ägyptischer Migrationshintergrund völlig schnuppe war, sofern sie sich ruhig verhielt und nicht beim Schmausen, Saturnalien und Orgien störte. Bleibenden Eindruck haben die Römer durch ihre fundamentalen Fertigkeiten auf dem Gebiet von Bauten jeglicher Art hinterlassen. Was auch den großen Erfolg der nachgeborenen Firma Gemünden in unserer schönen Stadt erklären mag. Allerdings wäre kein Toga-gezierter Baumeister auf die Idee gekommen, seine hart erarbeiteten Erzeugnisse – Tempel, Grabsteine, Jupitersäulen, etc. – in eine rechteckige Halle zu packen. Zum einen, weil beispielsweise der 20 Meter hohe Drususstein gar nicht reinpassen würde. Zum anderen, weil der Römer insbesondere runde, respektive halbrunde Sachen liebt. Triumphbögen etwa. Und vor allem den Entertainment-Exportschlager schlechthin: Kreis- oder halbkreisförmige Unterhaltungsmanegen, in denen sich zur Belustigung, beziehungsweise Triebabfuhr des Volkes, Gladiatoren die Köpfe einschlugen – Erregungsplattformen wie Facebook oder Twitter gab es damals ja noch nicht. Oder friedvollere Bühnentheater, von denen Mainz ein beachtliches Exemplar sein eigen nennt. Auf dem Jakobsberg nahe der Zitadelle sind die nur noch rudimentär ersichtlichen steinernen Halbrundränge von beherzten Archäologen, ganz ohne Hilfe des Landtags, vor Jahrzehnten freigelegt worden und befinden sich seitdem in einem erweiterten Lockdown. Zu ihrer Blütezeit im 4. Jahrhundert nach Christus fanden in der Open-Air-Bühne 10 000 Zuschauer Platz, zudem mit zügigem Aerosol-Abtrieb ausgestattet, selbst wenn der Nebenmann ungut nach Fischsoße roch. Wäre das Staatstheater als steinernes Frischluft-Rondell errichtet worden, man hätte sich all die Corona-Knebel und Teststellen gewiss sparen können. Aber man will heutzutage ja lieber im Trockenen sitzen. Wie in der Steinhalle.

Dort ist dem Landtagspräsidenten nun aufgegangen, dass das interimsmäßig installierte Plenarrund-Gestühl – ganz so wie die prächtigen Rundungen des römischen Bühnentheaters – ein historisch wertvoller Ort ist, an dem Römertum und Parlament „Salve" zueinander sagen, und folglich in ein Museum gehört. Gleichsam als diskursiver, museal antikisierender Rundumschlag von Vergangenheit und Gegenwart zum Ruhme der Generaldirektion kulturelles Erbe. Alea iacta est. Die Würfel sind gefallen (Gaius Iulius Caesar/Hendrik Hering). Es wäre aber nicht schlecht, im Plenarsaal-Bühnen-Rondell neben demokratischen Laborexperimenten die eine oder andere Komödie des großen römischen Dichters Plautus aufzuführen. Zumindest so lange, bis man das originale Theater aus seinem erbärmlichen Ist-Zustand erlöst. Ein bisschen Satire hätte das römische Erbe auch seitens des Landes verdient.

michael.jacobs@vrm.de

DPA / DIE ZEIT 27. MAI 2021

Gegner der Pläne für Steinhalle schließen sich zusammen

27. Mai 2021, 13:20 Uhr / Quelle: dpa /

Mainz (dpa) - Gegner der Pläne des Landtags Rheinland-Pfalz für die Einrichtung eines «Demokratielabors» in der Steinhalle des Landesmuseums Mainz haben sich zu einem gemeinsamen Bündnis zusammengeschlossen. In dem neuen Bürgerrat/Runder Tisch Steinhalle wollen zwölf Organisationen mit Sitz in Mainz eine Änderung der Pläne erreichen, wie das Bündnis am Donnerstag mitteilte.

Die Unterzeichner begrüßen in einer gemeinsamen Erklärung die Initiative von Landtagspräsident Hendrik Hering (SPD) zur Stärkung der Demokratie. Allerdings solle das «Demokratielabor» an einem anderen, hierfür besser geeigneten Ort entstehen.

In der Steinhalle des Landesmuseums war von 2016 bis Anfang dieses Jahres das Plenum des Landtags eingerichtet, für die Dauer der Sanierung des Landtagsgebäudes. Das dafür eingebaute Gestühl soll nach dem Willen des Landtags aber weiter für Veranstaltungen sowohl zur Demokratiebildung als auch des Landesmuseums genutzt werden.

Hauptforderung des Bündnisses ist die «Entfernung des Plenarsaalgestühls und der die Steinhalle in zwei Hälften trennenden Zwischenwand». Damit werde die Raumwirkung der 1200 Quadratmeter großen historischen Halle in erheblicher Weise beeinträchtigt. Stattdessen solle dort die «nördlich der Alpen einzigartige Sammlung römischer Steindenkmäler aus Mainz» in neuer Weise präsentiert werden.

Zu den Unterzeichnern gehören unter anderen der Landesverband der Deutschen Gesellschaft für Demokratiepädagogik, die Initiative Römisches Mainz, das Römisch-Germanische Zentralmuseum (RGZM) als Leibniz-Forschungsinstitut für Archäologie, der Mainzer Altertumsverein und der Landesverband des Verbands der Geschichtslehrer Deutschlands. Eine am 29. April gestartete Online-Petition für den Erhalt der Steinhalle zur Ausstellung der römischen Steindenkmäler hat inzwischen mehr als 4000 Unterschriften gesammelt.

Zahlreiche weitere Medien berichten über den Bürgerrat/Runden Tisch Steinhalle

- www.rheinpfalz.de/politik/rheinland-pfalz_artikel,-gegner-der-pl%C3%A4ne-f%C3%BCr-steinhalle-schlie%C3%9Fen-sich-zusammen-_arid,5208381.html
- www.rtl.de/cms/gegner-der-plaene-fuer-steinhalle-schliessen-sich-zusammen-4767575.html
- www.allgemeine-zeitung.de/politik/rheinland-pfalz/gegner-der-plane-fur-steinhalle-schliessen-sich-zusammen_23780756
- www.sueddeutsche.de/kultur/museen-mainz-gegner-der-plaene-fuer-steinhalle-schliessen-sich-zusammen-dpa.urn-newsml-dpa-com-20090101-210527-99-762333
- www.t-online.de/region/mainz/news/id_90108878/gegner-der-plaene-fuer-steinhalle-schliessen-sich-zusammen.html
- www.wormser-zeitung.de/politik/rheinland-pfalz/gegner-der-plane-fur-steinhalle-schliessen-sich-zusammen_23780756
- www.main-spitze.de/politik/rheinland-pfalz/gegner-der-plane-fur-steinhalle-schliessen-sich-zusammen_23780756
- web.de/magazine/regio/rheinland-pfalz/gegner-plaene-steinhalle-schliessen-35851456
- www.gmx.net/magazine/regio/rheinland-pfalz/gegner-plaene-steinhalle-schliessen-35851456
- www.volksfreund.de/region/rheinland-pfalz/gegner-der-plaene-fuer-steinhalle-schliessen-sich-zusammen_aid-58541815
- www.saarbruecker-zeitung.de/saarland/blickzumnachbarn/gegner-der-plaene-fuer-steinhalle-schliessen-sich-zusammen_aid-58541757

ALLGEMEINE ZEITUNG MAINZ 28. MAI

Quo vadis, Steinhalle?

Widerstand hält an: „Bürgerrat Runder Tisch" wendet sich gegen Begrenzungspläne

Von Michael Jacobs

Bereits seit 2018 arbeitet das Haus des Erinnerns erfolgreich als Lernort für Demokratie. *Archivfoto: hbz/Stefan Sämmer*

MAINZ. Der Widerstand gegen die Pläne von Landtagspräsident Hendrik Hering, einen Teil der Steinhalle des Landesmuseums mit dem dort interimsmäßig installierten Plenargestühl in einen Demokratieort umzufunktionieren, hält an. Auf Initiative des Mainzer Altertumsvereins (MAV) hat sich ein Bürgerrat „Runder Tisch Steinhalle", vertreten durch zwölf Einrichtungen und Institutionen formiert, der sich in einer Erklärung vehement gegen die Fremdnutzung wendet.

MAV-Vorsitzender Günther Knödler verweist auf die Historie der weltweit einzigartigen Sammlung. Einen beträchtlichen Teil der römischen Steindenkmäler habe der Altertumsverein erworben und 1910 der Stadt übergeben. Unter Oberbürgermeister Jockel Fuchs kam es

> Wir plädieren dafür, das Demokratie-Labor an einem anderen, hierfür besser geeigneten Ort entstehen zu lassen.
>
> **Bürgerrat Runder Tisch Steinhalle**

1967 zu einem Vertrag mit dem Land, die Sammlung als städtische Dauerleihgabe in geeigneter Form der Öffentlichkeit zugänglich im Landesmuseum zu präsentieren. Dieser Vertrag sei nun beschädigt. Durch den jetzt geplanten Verbleib des Plenarrunds in der Steinhalle gingen dem Landesmuseum Ausstellungsflächen in erheblichem Umfang verloren. Der Erhalt des kulturellen Erbes mit den international bedeutsamen Ensembles der Steinhalle mit ihren antiken, frühchristlichen und jüdischen Denkmälern werde gegen die politische Aufgabe der Demokratievermittlung an einem dafür unpassenden Ort ausgespielt. Wenn das in die Steinhalle transferierte Plenargestühl wirklich so historisch wertvoll sei, wie es der Landtagspräsident darstelle, frage er sich, warum man es nicht wieder im sanierten Deutschhaus installiert, sagt Knödler. In seiner Erklärung fordert der Bürgerrat die Entfernung des Plenargestühls samt der Einbauten, die mehr als die Hälfte der circa 1200 Quadrater großen Steinhalle belegten; eine umfassende Präsentation der nördlich der Alpen einzigartigen Sammlung als Erlebnisort des römischen Mainz für die Bürger und die Forschung; die Wiedereröffnung der seit 2004 geschlossenen archäologischen Sammlung; eine angemessene Präsentation der weiteren bedeutenden Museumsbestände sowie die ideelle und personelle Stärkung des Museums als einen Ort kulturpolitischer Weiterbildung. Man begrüße die Initiative des Landtagspräsidenten zur Stärkung der Demokratie, so die Unterzeichner, plädiere aber dafür, das „Demokratie-Labor" an einem anderen, hierfür besser geeigneten Ort entstehen zu lassen und gemeinsam mit Trägern der historisch-politischen Bildung, wie dem „Haus des Erinnerns", der Landeszentrale für politische Bildung und weiteren Konzepte zu entwickeln, die einer Stärkung der Demokratie wie der Wertschätzung von Lernorten der Demokratie dienen können.

Petition hat bislang über 4000 Unterstützer

Derweil hat das Ringen um die Wahrung und gebührende Präsentation des römischen Erbes der Stadt weltweit Wellen geschlagen. Über 4000 Unterstützer zählt eine von der Archäologin Ulrike Emig an der Berlin-Brandenburgischen Akademie initiierten Petition gegen eine Begrenzung der Sammlung. Darunter Stimmen und Kommentare aus Europa, den USA, Japan oder der Türkei, sagt der Mainzer Historiker Michael Matheus. In der wissenschaftlichen Welt gehe der Protest quer durch alle Fachbereiche und Altersstufen. Die Steinhallen-Pläne gefährdeten das Renommee der auf ihr römisches Erbe stolzen Stadt Mainz wie auch des Landes Rheinland-Pfalz als Kultur- und Wissenschaftsstandort.

Hans Berkessel, Vorsitzender der Stiftung „Haus des Erinnerns", moniert grundsätzlich die definitorische Unschärfe des vom Landtag angestrebten „Demokratielabors", während das 2018 in der Flachsmarktstraße in unmittelbarer Nähe zum Landesmuseum eröffnete „Haus des Erinnerns" erfolgreich Zeichen für Erinnerungs- und Demokratiekultur setze. An keiner Stelle sei der Landtag auf diese Einrichtung zugekommen. Er sehe keinen Aspekt, der der Steinhalle eine demokratiegeschichtliche Aura verleihe, meint Berkessel, das Plenarrund sei auch denkbar ungeeignet für die Arbeit mit jungen Menschen. Das „Haus des Erinnerns" als Lernort für Demokratie und Akzeptanz könne noch mehr leisten mit Unterstützung des Landes. Hinzu komme, dass der Plenarsaal im neu sanierten Landtagssitz des Deutschhauses in der Regel nur an zwei bis drei Tagen im Monat belegt sei und dass die Angebote der Kinder- und Jugendabteilung der Landtagsverwaltung hier und in weiteren Räumen des Deutschhauses seit vielen Jahren erprobt und erfolgreich umgesetzt würden.

Seitens des Landesmuseums und der Generaldirektion Kulturelles Erbe sind bislang keine konkreten Überlegungen bekannt, wie die römische Sammlung auch im Falle einer Raumbegrenzung künftig zeitgemäß präsentiert werden könnte.

ALLGEMEINE ZEITUNG MAINZ 1. JUNI 2021

Landesmuseum auf der Suche nach Identität

Mediterranes Flair, wechselnde Ausstellungen und ein „Reallabor Demokratie" – so könnte sich das Landesmuseum Mainz künftig präsentieren.

VON PETER ZSCHUNKE

MAINZ (dpa) Neue Mitte für die Museumslandschaft in Mainz: Mit Überlegungen zu einem „Museumscarré" soll das Landesmuseum ein klares Profil erhalten. Eine Machbarkeitsstudie hat Anstöße für die noch andauernden Überlegungen gegeben, die bis Ende des Jahres ihren Abschluss finden könnten. Dabei soll trotz Kritik von Historikern das in der Steinhalle eingerichtete Gestühl des bisherigen Landtagsplenums im Museum bleiben. „Bei der Entwicklung dieser Pläne haben wir keinen Zeitdruck", sagt Landtagspräsident Hendrik Hering (SPD). „Aber wir haben für die Zukunft eine Win-Win-Situation für Landtag und Museum vor Augen und eine langfristige gemeinsame Entwicklungsvision."

Der Begriff „Museumscarré" nimmt Bezug auf den Innenhof der 1766/67 errichteten Golden-Ross-Kaserne, die nach der vergoldeten Pferdefigur über dem Haupteingang benannt ist. „Bislang wird sein Potenzial nicht wirklich ausgeschöpft und er wirkt in der Regel reichlich öde und verlassen", heißt es in der Machbarkeitsstudie, die im vergangenen Jahr von Landtag, Kulturministerium und der Generaldirektion Kulturelles Erbe (GDKE) Rheinland-Pfalz in Auftrag gegeben wurde. Erstellt wurde sie von einem Büro von Ausstellungskuratoren und Museumsexperten in Basel, die bereits an Projekten in Koblenz, Trier, Frankfurt und Berlin mitgewirkt haben.

Die Autoren der Studie empfehlen als „erstes Ziel einer Vitalisierung des Areals", den Innenhof dauerhaft zu öffnen, „und mit einer Möblierung zu versehen, die zum Verweilen einlädt". Die angrenzenden Gebäudeteile sollen vor allem vom Landesmuseum Mainz genutzt werden – mit Gemäldegalerie, grafischem Kabinett, Kindermuseum und Ausstellungen. Die GDKE soll ein Schaufenster mit Einblicken in die Arbeit der Landesarchäologie erhalten. Und in der Steinhalle könnte ein „Reallabor Demokratie" des Landtags Rheinland-Pfalz Platz finden, für Tagungen, Workshops und Diskussionsveranstaltungen.

Im Mittelpunkt des „Reallabors Demokratie" soll das ehemalige Plenum des Landtags stehen, das den Abgeordneten seit 2016 für die Dauer der Sanierung des Deutschhauses als Übergangslösung diente. Die Herrichtung der Steinhalle für die Plenarsitzungen, vor allem die Sanierung des maroden Dachs,

Das Landesmuseum Mainz befindet sich in der historischen Golden-Ross-Kaserne aus dem 18. Jahrhundert, benannt nach der Pferdefigur auf dem Dach. Zusammen mit dem Landtag und der Generaldirektion Kulturelles Erbe Rheinland-Pfalz entwickelt das Museum zurzeit eine neue Gesamtkonzeption. FOTO: ZSCHUNKE/DPA

> „Wir haben für die Zukunft eine Win-Win-Situation für Landtag und Museum vor Augen und eine langfristige gemeinsame Entwicklungsvision."
> **Hendrik Hering (SPD)**
> Präsident des Landtags in Rheinland-Pfalz

war mit Kosten von insgesamt 5,1 Millionen Euro verbunden. Aus Sicht Herings ist das Gestühl des Plenums aus dem Jahr 1987 unbedingt erhaltenswert. Schließlich sei der Landtag Rheinland-Pfalz damals das erste Landesparlament mit einer kreisförmigen Anordnung des Plenums gewesen. „Dass sich Regierung und Parlament auf Augenhöhe gegenübersitzen, hat es in Rheinland-Pfalz mit diesem Gestühl zum ersten Mal gegeben."

In den vergangenen Wochen haben jedoch zahlreiche Archäologen und Historiker in ganz Deutschland kritisiert, dass die einstige kurfürstliche Reithalle aus dem 18. Jahrhundert nicht wieder für eine Präsentation der römischen Steindenkmäler zur Verfügung stehen soll. Eine Online-Petition gegen eine neue Nutzung des Ortes fand bislang mehr als 3800 Unterstützer. Mit einer Umwidmung der Mainzer Steinhalle verliere das Landesmuseum ebenso wie die Stadt Mainz ein wichtiges Alleinstellungsmerk-

mal, heißt es in der Petition.

„Wir sind sehr überrascht, mit welcher Vehemenz die Kritik an den Überlegungen zur Zukunft der Steinhalle vorgetragen wird", sagte Landtagspräsident Hering. „Wenn schließlich eine Gesamtkonzeption vorliegt, bin ich zuversichtlich, dass dann auch die bisherigen Kritiker damit zufrieden sind."

In den letzten Jahrzehnten hätten sich viele europäische Museen „von verschlossenen Kulturtempeln zu öffentlichen Orten entwickelt", heißt es in der Studie. Eine „Mediterranisierung urbaner Räume" habe diesen Prozess in den Sommermonaten noch verstärkt. So hätten auch Museen in Stuttgart und Wien zugkräftige Veranstaltungsreihen und Angebote für ihre Innenhöfe entwickelt. Der Innenhof im Mainzer „Museumscarré" könnte so auch für alle zu einem Ort der Begegnung werden.

Außerdem hofft Hering, dass es im Zuge der Neukonzeption einen Ort zur Darstellung der Landesgeschichte geben wird. „Mit Blick auf das 75-jährige Bestehen von Rheinland-Pfalz im kommenden Jahr wollen wir diese Lücke schließen."

„Wir haben die Chance, unseren Museumsstandort Mainz neu zu denken", sagt Heike Otto, Chefin der Generaldirektion Kulturelles Erbe Rheinland-Pfalz, zu der das Landesmuseum gehört. Dazu gehöre es auch, auf gesellschaftliche Veränderungen zu reagieren. „Ich bin mir sicher, wir haben mit unseren einzigartigen Exponaten das für das nötige Rüstzeug", sagt Otto. „Denn wir können Geschichten erzählen und Themen bespielen, die aktuell wichtig sind." Als Ergebnis der andauernden Überlegungen wünsche sie sich „ein attraktives, reizvolles Museum mit einem aktuellen und abwechslungsreichen Angebot für alle Generationen".

Produktion dieser Seite:
Mirko Reuther

ALLGEMEINE ZEITUNG MAINZ 1. JUNI 2021

„Man setzt Glaubwürdigkeit aufs Spiel"

Der ehemalige Kulturdezernet Peter Krawietz sieht in der Steinhallen-Kontroverse einen Wortbruch

MAINZ. Die Debatte um die künftige Nutzung der Steinhalle des Landesmuseums ebbt nicht ab. Jetzt meldet sich Peter Krawietz, langjähriges CDU-Stadtratsmitglied und von 1995 bis 2010 ehrenamtlicher Mainzer Kulturdezernent, zu Wort.

INTERVIEW

Herr Krawietz, die Diskussion um die Zukunft der Steinhalle wird recht einseitig geführt. Ist nicht eigentlich alles gesagt?

Auf die Frage „Ist nicht schon alles gesagt?" kann man nur antworten, dass trotz der vielen Aussagen und dringlichsten Appelle bis dato offensichtlich noch kein Einsehen, schon gar nicht ein Einlenken zu erkennen ist. Mich verwundert, dass man nicht befürchtet, einen Wortbruch zu begehen!

Wie kommen Sie auf Wortbruch?

Es stehen ja immerhin unvergessliche Erklärungen von prominenten Persönlichkeiten im Raum und nun setzt man wegen einer fixen Idee deren Glaubwürdigkeit aufs Spiel!

Von welchen Erklärungen sprechen Sie?

Landtagspräsident Joachim Mertes versprach 2016, dass die Steinhalle nach der Interimsnutzung durch den Landtag wieder ihrer ursprünglichen Bestimmung übergeben werde. Das bedeutet doch, dass die Steinhalle bereits eine Bestimmung hat. Dies wird durch weitere prominente Aussagen erhärtet: Am 27. Juli 2017 sagte der damalige Kultusminister Konrad Wolf anlässlich der Einführung der neuen Leiterin des Landesmuseums, Frau Dr. Heide, man habe eine Persönlichkeit gewählt, die die Fähigkeit besitzt, die herausragenden archäologischen Bestände des Landesmuseums wieder in die Dauerausstellung zu integrieren und publikumswirksam zu präsentieren. Der Minister wörtlich: „Allein der Bestand römischer Steindenkmäler ist einer der größten nördlich der Alpen und umfasst weit über 2000 Denkmäler. Der bedeutenden archäologischen Sammlung des Museums, aber auch den aktuellen Neufunden zukünftig den Raum zu geben, der ihrer Bedeutung entspricht, ist für mich aktuell eine der zentralen Aufgaben, vor der das Museum steht. Es ist aber gleichzeitig auch seine größte Chance, denn die Archäologie gehört mit Sicherheit zu den attraktivsten und bei den Besucherinnen und Besuchern gefragtesten Ausstellungsthemen."

Die Steinhalle des Landesmuseums vor dem Einbau des Plenarsaal-Gestühls.
Archivfoto: Sascha Kopp

Der von Ihnen zitierte Minister ist nicht mehr im Amt...

Ja, Minister kommen und gehen, aber deshalb verlieren doch vernünftige Aussagen ihre Gültigkeit nicht! Und die neue Direktorin versprach in jener Feierstunde aus klarer Einsicht in die Bedeutung der archäologischen Sammlung, diese langjährige Tradition stärken zu wollen.

Bemühungen um Erhalt und Präsentation der römischen Steindenkmäler sind ja nicht neu...

Das stimmt. Der gegenwärtige Protest gegen das drohende Steinhallenkonzept hat eine lange Tradition: Vor genau 500 Jahren hat der Mainzer Humanist Johann Huttich in seinem Buch „Collectanea Antiquitatum" 45 römische Steindenkmäler textlich und bildlich vorgestellt, von denen er befürchtete, dass diese „durch die Hand Ungebildeter zerstört werden". Dies schrieb er angesichts der mittelalterlichen Gewohnheit, Steindenkmäler einfach im aktuellen Baugeschäft wiederzuverwenden. Sicherlich war ihm aber auch sehr bewusst, welchen Zeugniswert die römischen Steindenkmäler

Peter Krawietz
Archivfoto: hbz/ Judith Wallerius

haben und wie stolz Mainz über ihre Existenz sein kann. So wäre es damals wie heute kulturpolitisch eine Dummheit, solche Alleinstellungsmerkmale im Depot abzustellen.

Also kein „Demokratielabor" in der Steinhalle?

Lehr- und Übungsstunden in Demokratie muss man im Parlament vor Ort abhalten, wo zwar - ganz lebensecht - auch unvernünftige Vorschläge gemacht werden, aber doch meistens nur vernünftige Entscheidungen getroffen werden. Der Römer würde jetzt sagen; Quod erit demonstrandum! - Was zu beweisen sein wird!

Das Interview führte Bernd Funke.

ALLGEMEINE ZEITUNG MAINZ 5. JUNI 2021

ÖDP für Erhalt der Steinhalle

MAINZ (mij). In der Kontroverse um die Zukunft der Steinhalle des Landesmuseums zeigt sich die ÖDP-Stadtratsfraktion skeptisch, was die Vereinbarkeit der Steinhalle als einerseits musealen Präsentationsort und Sitzungsraum für politische Gremien andererseits angeht. Die ÖDP teile die Einschätzung der Museumsverbände und Initiativen, die sich zu Wort gemeldet haben und sich für den Erhalt der Halle als Sammlungsort aussprechen.

„Nur Zwischenlösung für Landtag"

„Wir sind nicht nur von der Wichtigkeit der Steinhalle als Präsentationsort der bedeutsamen Sammlung Römischer Steindenkmäler überzeugt. Die Steinhalle hat an und für sich, als ehemalige Reithalle des Kurfürstlichen Marstalls, eine museale Bedeutung", erklärt Fraktionsvorsitzender Claudius Moseler. Der kulturpolitische Sprecher der ÖDP, Klaus Wilhelm, erinnert daran, dass „die Nutzung der Steinhalle als Sitzungsort für den Landtag ursprünglich ja auch nur als mittelfristige Zwischenlösung gedacht" war. Die Präsentation der Sammlung müsse jedoch – auch unabhängig von den Plänen des Landtages – aus didaktischer Perspektive dringend überarbeitet werden.

ALLGEMEINE ZEITUNG MAINZ 18. JUNI 2021

Petition zur Steinhalle

MAINZ (red). Am kommenden Samstag, 19. Juni, werden Mitglieder des Altertumsvereins und des Bürgerrates Steinhalle in der Adolf-Kolping-Straße/Nordausgang Römerpassage auf die noch zehn Tage laufende Petition für den umfassenden Erhalt der Steinhalle hinweisen und um Unterstützung werben. Der Stand wird von 10 Uhr bis 14 Uhr besetzt sein. Bislang hat die von der Archäologin Ulrike Emig an der Berlin-Brandenburgischen Akademie initiierten Petition 5000 Unterschriften erzielt.

BÜRGERRAT STEINHALLE 30. JUNI 2021

Erklärung des Bürgerrates Steinhalle, Mainz 30. Juni 2021 zur Petition »Für den Erhalt der Mainzer Steinhalle als museale Präsentationsfläche des LM Mainz«

In der kurzen Laufzeit von 60 Tagen haben unter den eingeschränkten Kommunikationsbedingungen der Pandemie 5904 Personen die von der Archäologin Ulrike Ehmig initiierte Petition unterstützt. Sie alle sprechen sich dafür aus, die Mainzer Steinhalle wie zugesagt dem Landesmuseum nach dem Auszug des Landtags wieder ungeschmälert zur Verfügung zu stellen. Nur so kann eine angemessene und zeitgemäße Präsentation der weltweit bekannten und einzigartigen Denkmäler aus der Antike, aber auch wichtiger Stücke aus frühchristlicher und jüdischer Zeit erfolgen. Die Unterschriften und rund 1400 Kommentare stammen nicht nur aus Mainz und Deutschland. Das Anliegen wird vielmehr unterstützt von Privatpersonen und Fachleuten aus über 30 Ländern in Europa, ferner den USA, Australien, Japan, China, Honkong etc. Bei der anstehenden Neugestaltung des Landesmuseums blickt folglich nicht nur die Region, sondern die gesamte (Fach-) Welt auf Mainz und Rheinland-Pfalz als Kultur- und Wissenschaftsstandort.

Die von der Plattform openPetition für Mainz gesetzte regionale Relevanzschwelle (Quorum) von 1.800 Unterschriften wurde klar (18%) übertroffen. Die Petition begrüßt die Pläne, demokratische Bildungs- und Erinnerungsarbeit zu intensivieren. Die Steinhalle, die als Gebäude des ehemaligen kurfürstlichen Marstalls ein denkmalgeschütztes Ensemble darstellt, ist dafür allerdings nicht der geeignete Ort. Ein »Demokratielabor« gehört nicht ins Museum.

Dem Bürgerrat Steinhalle gehören an:

- Deutsche Gesellschaft für Demokratiepädagogik e. V., Landesverband Rheinland-Pfalz
- Förderverein Stadthistorisches Museum Mainz e. V.
- Stiftung Haus des Erinnerns – für Demokratie und Akzeptanz Mainz
- Initiative Römisches Mainz e. V.
- Institut für Kunstgeschichte und Musikwissenschaft JGU
- Institut für Vor- und Frühgeschichtliche Archäologie JGU
- Mainzer Altertumsverein e. V.
- Rheinischer Verein für Denkmalpflege und Landschaftsschutz e. V.
- Römisch-Germanisches Zentralmuseum, Leibniz-Forschungsinstitut für Archäologie
- Verband der Geschichtslehrer Deutschlands e. V., Landesverband Rheinland-Pfalz
- Verein der Freunde des Landesmuseums e. V.
- Verein für Sozialgeschichte Mainz e. V.

SENSOR 6. JULI 2021

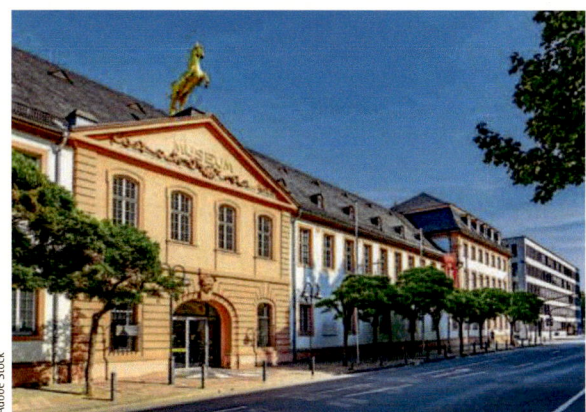

Kein Stein auf dem anderen

WIE DAS LANDESMUSEUM DER ZUKUNFT AUSSEHEN SOLL – UND VON DER EMPÖRUNG DARÜBER

Verbleibt das Plenar-Gestühl in der Steinhalle als „Demokratie-Labor"?

Der Innenhof des Landesmuseums soll mehr geöffnet werden

Eine Verkettung mehr oder weniger unglücklicher Umstände (Corona, Wahlen, neue Posten und deren Besetzungen) führten zu Jahresbeginn dazu, dass das Thema der Neuausrichtung des Landesmuseums offenbar nicht ausreichend kommuniziert wurde. Was stattdessen passierte, ist ein Zoff um die sogenannte Steinhalle des Museums, in der diverse römische Artefakte aufbewahrt und ausgestellt werden: etwa die bekannte Jupitersäule, der Augustuskopf oder der Bronzekopf der Göttin Rosmerta. Dazu gesellten sich 150 Gefäße, Amphoren und Mobiliar. Der größte Teil der in der Steinhalle untergebrachten römischen Relikte befindet sich im Besitz der Stadt Mainz. Sie werden vom Landesmuseum kuratorisch und konservatorisch betreut.

Aufschrei um die Steinhalle
Bisher hat sich der Großteil der Bevölkerung eher stiefmütterlich für diese Artefakte interessiert. Doch da der neue Landtag bald fertig ist und dann nicht mehr in der Steinhalle tagt, ist die Aufregung um diese nun umso größer. Denn die Steinhalle soll – geht es nach den Vorstellungen des Landtages bzw. Landes – verändert werden: Das Plenargestühl könnte dann dort verbleiben und als „Reallabor für Demokratie" samt Veranstaltungen dienen. Nicht zuletzt ist dies auch der Tatsache geschuldet, dass der Landtag zum einen nicht weiß, wohin mit seinem „alten" Gestühl, er zum anderen aber auch sehr viele Besucheranfragen hat und diese nicht ohne weitere Lokalität stemmen kann. Fast 30.000 Menschen besuchen jedes Jahr den Landtag. Das Interesse ist deutlich höher als das (Raum-13)Angebot, weshalb vielen Gruppen und Schulen abgesagt werden muss. Ein Brückenschlag zum Landesmuseum – auch thematisch zum Thema Demokratie – steht somit in doppelter Hinsicht im Raum. Der Plenarsaal in der Steinhalle umfasst dabei eine Fläche von rund 423 qm, die Steinhalle gesamt 1.400 qm. Das Landesmuseum verfügt – ohne die Steinhalle – über eine Fläche von fast 10.000 qm.

Notwendige Positionierung
Doch nicht nur die Steinhalle, das komplette Landesmuseum soll eine Neu-Positionierung erfahren und an Attraktivität gewinnen. Diesen Plan verfolgt das Land seit geraumer Zeit gemeinsam mit der Generaldirektion Kulturelles Erbe (GDKE). Teil des Plans ist auch das „Reallabor Demokratie", das mit neuen Formaten der Politikvermittlung einen Teil der Steinhalle bespielen könnte. Beim Reallabor geht es um Demokratieteilhabe durch neue Beteiligungs- und Diskussionsformen, um Demokratievermittlung in Form von Seminaren etwa, als auch um das Thema „Demokratie von Anfang an" mit Schulklassen oder für Studierende. Die Angebote des Landesmuseums könnten so auch die Bildungsprogramme des Landtags ergänzen.
Doch der Aufschrei ist groß: Durch den Verbleib des Plenargestühls würde die Ausstellung der römischen Steine und Exponate zu stark reduziert werden. Zahlreiche Initiativen und Vereine protestieren. Sogar eine Petition „Für den Erhalt der Steinhalle" wurde initiiert. Und auch einige Mainzer Parteien ziehen nach und üben Kritik oder schlagen für das Reallabor Alternativ-Standorte vor, etwa das Kurfürstliche Schloss. Dabei kennt kaum jemand das Konzept und die Idee hinter dem neu zu planenden Landesmuseum.

Idee Mainzer Museums-Karré
Bisher schlummerte das Landesmuseum etwas dahin in seinem Dornröschen-Schlaf. Ob es nun Kunstmuseum, Archäologisches Museum oder was auch immer ist, bleibt schwer erkennbar. Zwar beherbergt es die ältesten und wohl auch bedeutendsten archäologischen Funde der Region, doch neuere Funde verbleiben eher in der Landesarchäologie. Mit dem Römisch-Germanischen Zentralmuseum (RGZM) ist zudem ein weiterer starker Akteur in der Stadt aktiv – wenn auch mehr in der Forschung –, der nun seinen Neubau und damit ein eigenes archäologisches Forschungszentrum Nähe Cinestar / KUZ eröffnet: das „Archäologische Zentrum Mainz". Wo nähert man sich in Zukunft also am besten dem Thema Archäologie an, ohne sich gegenseitig Konkurrenz zu machen?
Hinzu kommen weitere Neu-Ausrichtungen in Mainz, etwa beim Naturhistorischen und Gutenberg-Museum, die die Notwendigkeit einer Profilierung und Positionierung des Landesmuseums erhöhen. Daneben hat das Landesmuseum wiederum Fläche eingebüßt, insbesondere mit dem Verkauf der Liegenschaft „Eltzer Hof".

(Fortsetzung nächste Seite)

Die Frage also, was den Kern der Identität des Landesmuseums ausmacht, ist und bleibt schwierig. Das Thema „Mainz und Rom" spielt sicher eine Rolle. Aber auch „Mittelalter", „Jüdisches Mainz", „Mainz und die Franzosen" sind weitere Themenfelder. Hinzu kommen eine aufgefrischte Gemäldegalerie, ein grafisches Kabinett und ein attraktives Kindermuseum, in dem bislang die sehr gut gemachte Ritter-Ausstellung lief. Zudem bieten sich der Innenhof und das Erdgeschoss für eine permanente Öffnung vonseiten der Großen Bleiche an, um den Hof und die umliegenden Angebote (Café, Empfang, Shop, Garderobe, Toiletten) aufzuwerten zum Verweilen einzuladen.

Die Artefakte des römischen Mainz sollten mehr hervorgehoben werden

In der Summe ergibt sich ein Lösungsweg für das Landesmuseum aus dem „Dilemma der Identität": Anstelle sich auf ein Modell zu versteifen, könnte es künftig schneller die Themen und auch die Zeiträume der Präsentation wechseln. Der klassische Rhythmus von „Dauerausstellung" und „Wechselausstellung" würde zugunsten von thematisch und zeitlich überraschenden Perspektivwechseln überwunden.

Damit verbunden bleibt allerdings die Herausforderung, für die in der Steinhalle gezeigten archäologischen Zeugnisse eine adäquate Präsentationsform zu finden und das möglicherweise mit Veranstaltungen zu verbinden. Verständlicherweise wurde dieser bereits einige Jahre zurückliegende Vorstoß des Landtags von der GDKE als auch der Museumsleitung mit „Zurückhaltung" aufgenommen. Die GDKE und das Landesmuseum hatten die Steinhalle jahrzehntelang bespielt und waren davon ausgegangen, sie bald wieder voll nutzen zu können. Dennoch: Es stehen nun eine Reihe von Veränderungen an. Heike Otto, die neue GDKE-Chefin, sieht dies auch als Chance: „Wir können unseren Museumsstandort neu denken. Wir haben die Chance, auf gesellschaftliche Veränderungen zu reagieren. Nutzen wir sie. Dafür möchten wir einen Konsens finden, der die Brücke von der Vergangenheit über die Gegenwart in die Zukunft schlägt. Als Ergebnis haben wir dann, so wünsche ich es mir, ein attraktives Museum mit einem aktuellen und abwechslungsreichen Angebot für alle Generationen." Auf vielen Seiten ist man demnach offen für Kompromisse, jedoch bei weitem nicht auf allen. Aktuell scheitert ein gemeinsames Konzept vor allem an den unterschiedlichen Interessen der Akteure und dem Kleinkrieg beim Thema Steinhalle.

Kompromiss?

Bis zum Herbst will eine Arbeitsgruppe nun ein detailliertes Gestaltungskonzept, insbesondere für die Steinhalle, erarbeiten. Auch Innenminister Roger Lewentz – in dessen Zuständigkeit die GDKE seit neuestem gehört – spricht von einem Kompromiss im besten Sinne. Zu den konzeptionellen und didaktischen Überlegungen, Schwerpunktsetzungen und möglichen gestalterischen Umsetzungen laufe eine interne Abstimmung, in die aber auch Freundeskreise und Verbände einbezogen seien.

Der plötzliche Aufschrei hat die Politik jedenfalls überrascht. Umso besser, dass nun eine hoffentlich fruchtbare Debatte angestoßen wird.

Noch im Laufe des Jahres wird der Landtag in das frisch sanierte Deutschhaus zurückkehren. Doch weil danach der Umbau des Rathauses an der Reihe ist, wird die Steinhalle sowieso noch eine Weile lang als Sitzungssaal erhalten bleiben – dieses Mal für den Mainzer Stadtrat.

David Gutsche

ALLGEMEINE ZEITUNG MAINZ 13. JULI 2021

MOGUNTINUS

Rom ist nah!

Wird Mainz das neue Rom? Nicht erst seit den nächtlichen Triumphmärschen von knapp 1700 in der Rheinmetroplole beheimateten Nachgeborenen des römischen Imperiums nach dem Gewinn der Fußball-Europameisterschaft scheint die Stadt sich mehr und mehr ihrer historischen Bestimmung anzunähern. Wer hätte noch vor ein paar Jahren gedacht, dass die Heimstatt römischer Grabsteine und Siegessäulen die modernen Moguntiacumer umtreibt, als ob's gestern gewesen wäre? Und ist nicht das geheimnisvolle Auftauchen einer unsichtbaren Römergarde, sogar mit funktionstüchtigem Streitwagen, das Indiz einer fortschreitenden Romanisierung der Bevölkerung? Selbst die Stadt scheint vor der nachhaltigen Strahlkraft Roms zu kapitulieren und hat am Bühnentheater weiteres Sitzgestühl aus unzerstörbarem Drahtgeflecht anbringen lassen. Möglicherweise als künftiges Demokratielabor im Stile des Forum Romanum. Sind die Tage des Rathauses gezählt?

ALLGEMEINE ZEITUNG MAINZ 8. JULI 2021

5900 Stimmen weltweit

Petition zum Erhalt der Steinhalle abgeschlossen

Von Michael Jacobs

MAINZ. Nach 60 Tagen Laufzeit ist die von der Archäologin Ulrike Ehmig initiierte Online-Petition zur ungeschmälerten Nutzung der Steinhalle des Landesmuseums nach Auszug des Landtags nun beendet. 5900 Personen, davon 2128 aus Mainz, sprachen sich gegen den von Landtagspräsident Hendrik Hering anvisierten Verbleib des ursprünglich als Interim installierten Plenargestühls in der insgesamt 1400 Quadratmeter messenden Halle aus.

Nur so könne eine angemessene und zeitgemäße Präsentation der weltweit bekannten und einzigartigen Denkmäler aus der Antike, aber auch wichtiger Stücke aus frühchristlicher und jüdischer Zeit erfolgen: So lautet die Auffassung des neu formierten „Bürgerrats Steinhalle", dem zwölf Institutionen, darunter der Verein der Freunde des Landesmuseums, der Mainzer Altertumsverein, die Stiftung „Haus des Erinnerns" oder das Römisch-Germanische Zentralmuseum angehören. Die Unterschriften und rund 1400 Kommentare stammten nicht nur aus Mainz und Deutschland, sagt der Historiker Michael Matheus. Das Anliegen werde zudem unterstützt von Privatpersonen und Fachleuten aus über 30 Ländern in Europa, den USA, Australien, Japan oder China. Bei der anstehenden Neugestaltung des Landesmuseums blicke nicht nur die Region, sondern die gesamte (Fach-)Welt auf Mainz und Rheinland-Pfalz als Kultur- und Wissenschaftsstandort.

Rund 420 Quadratmeter Fläche nimmt das Plenarrund in der insgesamt 1400 Quadratmeter großen Steinhalle des Landesmuseums ein. Archivfoto: Sascha Kopp

Die Petition begrüße die Pläne, demokratische Bildungs- und Erinnerungsarbeit zu intensivieren. Die Steinhalle, die als Gebäude des ehemaligen kurfürstlichen Marstalls ein denkmalgeschütztes Ensemble darstelle, sei dafür allerdings nicht der geeignete Ort. Ein „Demokratielabor" gehöre nicht ins Museum, unterstreicht der Bürgerrat. Die im Rahmen der Petition geäußerten Statements und Kommentare sowie eine Dokumentation des medialen Echos auf die Kontroverse um die Steinhalle soll jetzt in einer 180 Seiten umfassenden Broschüre veröffentlicht werden, die der Bürgerrat nach Fertigstellung an jedes Landtagsmitglied verteilen will. Nach wie vor ist ungeklärt, wie eine künftige, zeitgemäße Präsentation der einzigartigen steinernen Denkmäler in der Halle – mit oder ohne Plenargestühl – eigentlich aussehen soll.

Zufriedenstellende Konzepte erhofft sich der Bürgerrat bei einem Treffen mit Innenminister Roger Lewentz (SPD), in dessen Haus die Generaldirektion Kulturelles Erbe (GDKE) mittlerweile angesiedelt ist, nach der Sommerpause.

ALLGEMEINE ZEITUNG MAINZ 23. JULI 2021

Mit kulturellem Erbe Besucher locken

Seit Mai sind im Land zwei Ministerien für Kultur zuständig / Die Neuordnung ist umstritten – aber bietet sie auch eine Chance?

Von Johanna Dupré

MAINZ. Ein „besorgniserregendes Signal". Ein Ressortzuschnitt, der „der gesellschaftlichen Bedeutung der Kultur nicht gerecht" werde: Als im Mai mit dem Koalitionsvertrag bekannt wurde, wie die neue Landesregierung die Zuständigkeit für Kultur in Rheinland-Pfalz regeln will, sorgte das bei einigen Kulturvertretern nicht gerade für Begeisterung. Das bisherige Ministerium für Wissenschaft, Weiterbildung und Kultur gibt es seitdem nicht mehr. Es wurde quasi aufgelöst, seine Themenschwerpunkte neu verteilt – und um Kultur kümmern sich jetzt zwei verschiedene Ressorts: einerseits das Ministerium für Familie, Frauen, Kultur und Integration (MFFKI) unter der Leitung von Katharina Binz (Grüne); andererseits das SPD-geführte Innenministerium. Führt das nicht zu organisatorischen Problemen?

Nein, sagt Innenminister Roger Lewentz. „Die Trennlinien sind organisatorisch ganz einfach", und da wo es nötig ist, arbeite man auch über Ressortgrenzen hinweg eng zusammen. Generell hätten viele der anfänglichen Sorgen der Kulturschaffenden inzwischen entkräftet werden können, so Lewentz. Nicht zuletzt da die neue Kulturministerin Katharina Binz sich das Thema sehr zu eigen gemacht und zudem mit der Berufung des bisherigen Kultursommer-Leiters Jürgen Hardeck zum Kulturstaatssekretär „eine sehr schlaue Entscheidung getroffen" habe. „Damit haben jene, die zunächst einmal Fragezeichen im Kopf hatten, glaube ich, verstanden, dass eine ihrer Vertreter jetzt für den Bereich Kultur zuständig ist."

Lewentz' eigenes Haus kümmert sich seit Mai um den Bereich kulturelles Erbe: Die gesamte Generaldirektion Kulturelles Erbe (GDKE) – ihrerseits als Organisation verantwortlich für die Burgen, Schlösser und Altertümer des Landes, die drei Landesmuseen, sowie die Denkmalpflege und Landesarchäologie – ist seitdem beim Innenministerium angesiedelt. Was auf den ersten Blick viel-

Kulturelles Erbe muss geschützt werden – richtig präsentiert könne es aber auch Mehrwert generieren, sagt Innenminister Roger Lewentz. Ein erster Schritt dazu soll die Neukonzeption des Mainzer Landesmuseums sein. Doch zuvor muss der Streit um die dortige Steinhalle (im Foto, vor Einzug des Landtags) beigelegt werden.
Foto: GDKE

leicht etwas ungewöhnlich wirkt, ergibt für GDKE-Generaldirektorin Heike Otto durchaus Sinn. „Wir haben immer schon eng mit dem Innenministerium zusammengearbeitet, gerade im Bereich Burgen, Schlösser, Altertümer oder bei der Denkmalpflege", sagt sie. „Jetzt sind die Wege dafür noch kürzer." Dabei geht es insbesondere um Projekte, die kulturelles Erbe mit Stadt- oder Regionalentwicklung zusammendenken – ein Punkt, auf den auch Innenminister Lewentz in den kommenden Monaten ein besonderes Augenmerk legen will. „Wenn man Geschichte richtig präsentiert, einen Erlebnisfaktor daraus macht, kann man auch die regionale wirtschaftliche Ent-

wicklung positiv beeinflussen", sagt er – was gerade vor dem Hintergrund der Corona-Pandemie und der Sorgen um verwaiste Innenstädte wichtig werde. Die Idee: Kulturdenkmäler könnten, richtig in Szene gesetzt, als Anziehungspunkt Besucher und Touristen in die Stadt locken. Natürlich nicht auf Kosten des kulturellen Erbes als Wert an sich. „Es ist mir vollkommen bewusst, dass man sehr sorgsam und sorgfältig mit unserem kulturellen Erbe umzugehen hat", so Lewentz. „Das ist ja keine reine Vermarktungsgröße. Aber neben dem sorgfältigen, wissenschaftlichen, schützenden Umgang gibt es auch die Chance, Mehrwert zu generieren."

Potenzial erkennt Lewentz hier nicht zuletzt in der Landeshauptstadt. Sie habe vieles zu bieten, „das Menschen dazu bringen kann, Mainz zu besuchen": das Landesmuseum und die anderen Museen, das römische Erbe wie etwa den Drususstein oder das Römische Bühnentheater. All dies seien jedoch bisher eher solitäre Einzelpunkte. „Wenn die Stadt sich das vorstellen könnte – und da wären wir über Städtebaumittel mit drin –, kann man schauen, ob man hier nicht noch mehr sichtbar machen kann.", so Lewentz. Ein erster Schritt soll die geplante Neukonzeption des Mainzer Landesmuseums sein, die auch für GDKE-Chefin Heike Otto ein zentrales Anliegen ist. Den Streit, der sich hier um die Steinhalle und das geplante Demokratielabor entwickelt hat, hofft Lewentz durch Gespräche mit allen Beteiligten auflösen zu können. Beides – das römische Erbe und das Erlebbarmachen von Demokratie – sei immens wichtig. „Mainz bietet uns genug Platz, um in jeder Hinsicht eine Lösung zu entwickeln."

> *Wenn man Geschichte richtig präsentiert, einen Erlebnisfaktor daraus macht, kann man auch die regionale wirtschaftliche Entwicklung positiv beeinflussen.*
>
> Innenminister Roger Lewentz

Schon jetzt deute sich als Kompromiss ja an, dass das Demokratielabor nicht die ganze Steinhalle beanspruchen und das Landesmuseum diese zu großen Teilen auch künftig bespielen kann, sagt Heike Otto, die unter diesen Vorzeichen im Nebeneinander auch Positives entdeckt: Bei Themen wie Migration oder demokratische Teilhabe könnte das Museum so zeigen, wie diese sich aus der Antike kommend entwickelt haben – „und dann den Bogen in Richtung Gegenwart schlagen".

FRANKFURTER ALLGEMEINE ZEITUNG 31. AUGUST 2021

Flagge zeigen
Von Markus Schug

Auf die Frage, wie die im März 1793 ausgerufene Mainzer Republik zu bewerten ist, gibt es bis heute keine eindeutige Antwort. Die einen sehen in der Freiheitsbewegung das erste demokratische Staatsgebilde auf deutschem Boden; wenn man von der kurz zuvor in der Südpfalz gegründeten Republik Bergzabern einmal absieht. Andere wiederum halten den nur wenige Monate überlebenden Freistaat für ein mithilfe der Besatzer geschaffenes Unrechtssystem, durch das die linksrheinischen Gebiete mehr oder minder freiwillig Frankreich angegliedert werden sollten. Der seit Jahrzehnten geführte Historikerstreit um die Bedeutung der seinerzeit aufgestellten Freiheitsbäume und des in Mainz tagenden Rheinisch-Deutschen Nationalkonvents dürfte also weitergehen. Obwohl die Freifläche vor dem sanierten Deutschhaus schon 2013 als „Platz der Mainzer Republik" geadelt wurde.

Aus Sicht der rheinland-pfälzischen Landesregierung lässt sich die komplizierte Geschichte wohl am ehesten so erklären: Bei der Mainzer Republik handelte es sich um eine frühe und zumindest halbwegs demokratische Bewegung, die Jahrzehnte später zunächst das Hambacher Fest sowie schließlich auch die Tagung der Nationalversammlung in der Frankfurter Paulskirche ermöglichte. Dazu passt, dass im neu hergerichteten Plenarsaal des Deutschhauses nun auch eine restaurierte Hambacher Fahne wieder ihren Ehrenplatz hinter Glas erhalten soll. Vor dem sanierten Landtagsgebäude, das sich trotz der auf 73 Millionen Euro gestiegenen Baukosten nicht zu verstecken braucht, werden zudem die seit dem Hambacher Fest vertrauten deutschen Farben Schwarz, Rot und Gold als Kunst am Bau präsentiert.

Kein anderer Ort in der Stadt scheint somit geeigneter, um etwas über die Anfänge der Demokratie zu erfahren. Und immerhin wurden im Deutschhaus bis zum Beginn der Umbauarbeiten jährlich 30 000 Besucher gezählt. Umso unverständlicher ist es, dass vom Land laut darüber nachgedacht wird, die eigentlich nur als Übergangsquartier für die Abgeordneten gedachte Steinhalle des Landesmuseums auf Dauer in ein „Reallabor Demokratie" zu verwandeln.

FRANKFURTER ALLGEMEINE ZEITUNG 8. SEPTEMBER 2021

Hoffnung für die Steinhalle?
Minister Lewentz will neues Konzept für Landesmuseum / Landtagsgestühl soll bis 2024 für Stadtrat genutzt werden

Von Maike Hessedenz

MAINZ. Dürfen die Tausenden Unterzeichner der Petition, die sich gegen den Verbleib des Landtagsgestühls in der Steinhalle positioniert haben, hoffen? Wie berichtet, hatte Landtagspräsident Hendrik Hering (SPD) angekündigt, dass das Plenarrund, das vor der Sanierung aus dem Landtagsgebäude ausgebaut und in der Steinhalle eingebaut worden war, dort als „Demokratielabor" verbleiben solle. Der Widerstand hätte heftiger kaum ausfallen können – 5900 Menschen hatten zuletzt eine Petition unterzeichnet, ein Bürgerrat mit Vertretern zahlreicher Fach-Institutionen hatte sich gegründet.

Kann Innenminister Roger Lewentz (SPD), der seit Beginn der neuen Legislaturperiode für die Generaldirektion Kulturelles Erbe (GDKE) zuständig ist, jetzt den enormen Gegenwind ausbremsen? Ihm liege viel daran, das Landesmuseum im Sinne der GDKE zu nutzen, betont er im Gespräch mit dieser Zeitung. Allerdings, das räumt er ein, brauche das Museum ein neues Konzept. „Unser Konzept ist

Bis 2024 soll die Steinhalle für den Stadtrat genutzt werden. Danach soll ein neues Konzept Einzug halten. Foto: Maike Hessedenz

QUO VADIS, MOGONTIACUM?

über zehn Jahre alt", sagt er. Hier müsse ein Masterplan zur zeitgemäßen inhaltlichen, räumlichen und didaktischen Nutzung her. Und ein solcher Plan betreffe dann auch die Steinhalle. Das Landtagsgestühl, das zur Zeit dort untergebracht sei und dem Plenum während der Umbauphase des Landtagsgebäudes als Ausweichquartier diente, solle, so Lewentz, zumindest mittelfristig dort bleiben. Es gebe eine Vereinbarung mit der Stadt, dass der Stadtrat nun seinerseits das Plenarrund als Ausweichquartier nutzen könne, solange das Rathaus umgebaut werde. „Das betreffe voraussichtlich einen Zeitraum bis 2024." Die Zeit bis dahin solle dafür genutzt werden, ein Konzept für das Museum zu erarbeiten, erklärt der Minister. Dazu werde auch eine Fachberatung herangezogen – „wir möchten, dass das Landesmuseum künftig noch stärker ein Anziehungspunkt für das ganze Land wird."

Die Diskussion um die Steinhalle, die nach dem Bekanntwerden der Pläne für ein Demokratielabor im dortigen Landtagsgestühl laut geworden war, nehme er, betont er, ernst. Allerdings, betont er, müsse das Thema des römischen Mainz auch weit über die Museumsmauern hinaus gedacht werden. „Wir müssen über das römische Mainz insgesamt nachdenken", so Lewentz. Die Steinsammlungen, die es in Mainz gebe, seien „spektakulär", das solle man auch außerhalb des Museums erfahren können. Die kommenden drei Jahre sollten auch dafür genutzt werden, eine Umfeldanalyse des Museums einschließlich des Römischen Theaters samt Museum für Antike Schifffahrt und Römisch-Germanisches Zentralmuseum zu erstellen.

Wunsch: Gemeinsamer Weg statt verhärtete Fronten

Was die Steinhalle betrifft, so findet er: „Die Steinhalle soll zukünftig ganz, ganz überwiegend wieder durch die GDKE genutzt werden." Wie die Zukunft des Plenargestühls aussehe, könne er zum jetzigen Zeitpunkt noch nicht sagen. Klar sei, dass es einen Ort für die Geschichte der Demokratie in Mainz geben solle. Ob sich dieser in Form des Landtagsgestühls in der Steinhalle widerspiegeln werde oder woanders, sei noch offen. Heißt: Es sei durchaus auch eine Option, dass das Gestühl nicht in der Steinhalle verbleibt. „Ich lege sehr großes Herzblut in das Thema", sagt er. Dabei gehe es nicht darum, in einer Frontstellung zu verharren, sondern gemeinsam einen Weg zu finden, mit dem alle leben können. „Wir brauchen ein Konzept, das die Dinge spannend erlebbar macht", sagt er. Dabei müsse ein Mehrwert für die Stadt Mainz herausspringen. Dabei sei es einer losen Überlegung zufolge beispielsweise auch denkbar, dass einzelne Steindenkmäler oder auch Kopien davon im städtischen Raum ausgestellt werden – „als Hinführung zum Museum". Derlei Initiativen könnten den Standort des Römererbes in Mainz enorm aufwerten, sagt Roger Lewentz.

Professor Christian Vahl, unter anderem Vorsitzender der Initiative Römisches Mainz und Begründer der „Unsichtbaren Römergarde", hat indes bereits begonnen, das Landtagsgestühl zu bespielen. Mit einer Reihe namens „Forum Romanum" will er ein „neues Format zur Vermittlung kulturellen Erbes etablieren"". Vier Staffeln pro Jahr sind geplant, kommenden Donnerstagabend geht es um Bäder – römische wie neuzeitliche. Neben anderen Referenten spricht er selbst zum Thema „Die Geschichte der Toilette mit Spülanlage". Vahl selbst ist überzeugt von der Idee, das Landtagsgestühl zu bespielen: „Solange es noch kein neues Konzept gibt, sollte man die Halle nutzen", meint er. Was ein solches Konzept angehe, liege der Ball nun bei der GDKE, ganz konkret bei Museumsdirektorin Dr. Birgit Heide.

Auf mehrfache Anfrage dieser Zeitung will sich die Museumschefin selbst allerdings nicht zur Diskussion um das Plenargestühl oder die Zukunft der Steinhalle äußern. Die Veranstaltungsreihe Christian Vahls allerdings heißt sie offenbar gut. Sie sei „zuversichtlich, dass wir damit interessante Bezüge zwischen der Antike und unserer Gegenwart herstellen"", lässt sie sich in der Pressemitteilung der GDKE zitieren. ▶ KOMMENTAR

ALLGEMEINE ZEITUNG MAINZ 22. NOVEMBER 2021

Stadtrat soll neuen Tagungsort suchen

Bürgerrat Steinhalle stellt Dokumentation vor / Lewentz pocht auf Übergabe der Halle im Jahr 2024

Von Maike Hessedenz

MAINZ. Es waren 5900 Unterschriften von Menschen aus 39 Nationen von sechs Kontinenten, die sich gegen den Verbleib des Landtagsgestühls in der Steinhalle des Landesmuseums ausgesprochen hatten. Es gab ein riesiges Presseecho, es gründete sich der „Bürgerrat Steinhalle". Jetzt präsentiert der Bürgerrat eine umfangreiche Dokumentation zur Mainzer Steinhalle – die der Vorsitzende des Mainzer Altertumsvereins, Günther Knödler, an Innenminister Roger Lewentz überreichte. Das 176-seitige Buch ist ab sofort erhältlich. Es ist erschienen im Schnell & Steiner Verlag und kostet 16 Euro. ISBN: 978-3-7954-3696-4.

Den Termin der Übergabe allerdings nutzten Knödler, der Historiker Michael Matheus, Elisabeth Kolz, Chefin der Freunde des Landesmuseums, und andere, um bei Lewentz nachzuhaken. „Die Zweiteilung der Steinhalle passt uns nicht", unterstrich Knödler. „Wir setzen unsere Hoffnung in Sie", sagte er in Richtung des Ministers – der nämlich hatte unlängst in dieser Zeitung betont, dass es eine Vereinbarung mit OB Michael Ebling gebe, dass das Landtagsgestühl bis 2024 in der Steinhalle verbleiben solle, damit der Stadtrat es während der Sanierung des Rathauses als Tagungsort nutzen könne. Dass Ebling inzwischen verkündet hat, dass die Rathaussanierung sich bis 2027 ziehe, sei für diese Vereinbarung unerheblich, erklärte der Minister. „Wir müssen uns einig sein, dass 2024 dann auch 2024 heißt." Der Stadtrat müsse nach 2024 andere Tagungsorte finden – unter anderem habe er die Bürgerhäuser im Blick, deren Erneuerung schließlich maßgeblich vom Land mitgetragen worden sei.

Zum jetzigen Zeitpunkt sei man ohnehin dabei, zunächst ein neues Konzept für das Landesmuseum zu erstellen. Nach fast 14 Jahren sei die Ausstellungskonzeption in die Jahre gekommen. Hier müssten Experten neue Ideen entwickeln, die auch die Steinhalle und den Innenhof einbezögen. „Die Exponate sind Weltklasse und einzigartig", so Lewentz. „Wir müssen mit dem, was wir haben, massiv wuchern." Er habe Reisen nach Pompeji und an den Hadrianswall unternommen; „dort begegnet man uns auf Augenhöhe", sagte er. Sein Ziel sei es, nicht nur Rheinland-Pfalz als römischstes aller Bundesländer in Deutschland, sondern im Rahmen einer europäischen Initiative weit über die deutschen Grenzen hinaus in den Fokus zu rücken.

Was aus dem Landtagsgestühl werde, liege nicht in seiner Zuständigkeit. „Das Landtagsgestühl gehört dem Landtag, nicht der GDKE. Ich beteilige mich nicht an Vorschlägen für Dinge, die uns nicht gehören." Und: „Für mich ist es kein Dogma, dass das Landtagsgestühl irgendwo stehen muss", so der Innenminister – auch, wenn er die Notwendigkeit, der Demokratie und ihrer Geschichte ein Forum zu bieten, ganz klar betont.

▶ **KOMMENTAR**

Roger Lewentz (l.) nahm die Dokumentation zur Steinhalle von Günther Knödler entgegen. Foto: Sascha Kopp

ONLINE-ARTIKEL
SÜDDEUTSCHE ZEITUNG UND DIE ZEIT 25. NOVEMBER 2021

Lösung im Konflikt um Steinhalle des Landesmuseums in Sicht

Mitarbeiter und Abgeordnete des Landtags Rheinland-Pfalz gehen durch die Steinhalle. © Arne Dedert/dpa/Archivbild

Mainz (dpa/lrs) – Nach lebhaften Diskussionen über die Zukunft der Steinhalle im Landesmuseum Mainz zeichnet sich jetzt eine Lösung ab. Der Landtag besteht nicht länger darauf, die Einrichtung für den vorübergehenden Plenarsaal von 2016 bis Anfang 2021 weiter für Veranstaltungen zur Demokratiebildung zu nutzen.

In den nächsten Tagen seien bereits Gespräche zwischen Landtagsverwaltung und Innenministerium geplant, um die Zukunft des Plenargestühls zu besprechen, teilte ein Sprecher mit. Das Innenministerium ist für die Generaldirektion Kulturelles Erbe (GDKE) und damit für die Landesmuseen in Rheinland-Pfalz zuständig. «Die Landtagsverwaltung bietet GDKE und Museum an, das Gestühl auszubauen oder so lange wie gewünscht in der Steinhalle zu belassen», erklärte der Sprecher.

Damit wäre der Weg frei, um die historische Halle für eine neue Präsentation von Steindenkmälern aus der römischen Antike zu nutzen - in einer ansprechenden Präsentation, die deutlich macht, warum die Zeugnisse der Antike bis heute gesellschaftlich relevant sind. Zunächst hatte der Landtag vorgeschlagen, das für die Interimslösung eingebaute Gestühl weiter in einer Art «Demokratielabor» für Veranstaltungen zu nutzen.

Die ehemalige kurfürstliche Reithalle müsse dem Museum wieder vollständig zur Verfügung stehen, fordert der Historiker Michael Matheus, der sich in dem im Mai gegründeten Bürgerrat Steinhalle engagiert. «Nur so können dieser eindrucksvolle Raum sowie die weltweit beachteten Schätze und wichtigen Zeugnisse unserer Geschichte im Mainzer Landesmuseum in einer zeitgemäßen Form präsentiert werden.» Zusammen mit rund 5900 Unterzeichnern einer Online-Petition in diesem Sinne «erwarten die Mitglieder des Bürgerrates Steinhalle, dass nach dem Auszug des Mainzer Stadtrates das Parlamentsgestühl wie seinerzeit versprochen aus der Steinhalle entfernt wird», sagt Matheus.

Der Bürgerrat Steinhalle wurde im Mai von zwölf Vereinen, Gesellschaften und Institutionen eingerichtet. Die Initiative übergab Innenminister Roger Lewentz (SPD) Mitte November eine Dokumentation zu der Kontroverse. Bereits im September hatte Lewentz erklärt, dass die Steinhalle bis 2024 vom Mainzer Stadtrat genutzt werden könne - das Rathaus der Landeshauptstadt wird zurzeit umfassend saniert. In der Zwischenzeit könne eine Neukonzeption für das Landesmuseum entwickelt werden. Die Stadtratssitzungen sollen ab Anfang kommenden Jahres in der Steinhalle stattfinden.

© dpa-infocom, dpa:211125-99-134704/2

ALLGEMEINE ZEITUNG MAINZ 7. DEZEMBER 2021

Landtag will Gestühl ausbauen

Plenarmöbel in der Steinhalle könnte „sofort" weg – wenn nicht die Absprache zwischen Lewentz und Ebling wäre

Von Maike Hessedenz

MAINZ. Im Streit um die Steinhalle und das dort untergebrachte Landtagsgestühl entspannt sich die Lage weiter. Möglicherweise könnte das Landtagsgestühl sogar schon vor 2024 aus der Steinhalle des Landesmuseums ausziehen – das allerdings hängt davon ab, ob Innenminister Roger Lewentz und der Mainzer OB Michael Ebling (beide SPD) an ihrer Vereinbarung festhalten wollen: Wie berichtet, hatte Lewentz, der für die Generaldirektion Kulturelles Erbe (GDKE) zuständig ist, der Stadt Mainz zugesagt, dass diese die Steinhalle wegen der Sanierung des Rathauses bis 2024 für die Stadtratssitzungen nutzen kann.

> Wenn das von der GDKE so gewünscht ist, sind wir bereit, das Gestühl morgen auszubauen.
>
> Marco Sussmann,
> Pressesprecher des Landtags

Zunächst hatte der Landtag Rheinland-Pfalz den Wunsch geäußert, das Gestühl für ein „Demokratielabor" im Landesmuseum belassen zu wollen. Dagegen hatte sich heftiger Widerstand geregt – unter anderem ein Bürgerrat hatte sich gegründet und fast 6000 Unterschriften gesammelt.

Wie der Landtag Rheinland-Pfalz allerdings jetzt erklärt, sei es für ihn nun nicht länger notwendig, das Landtagsgestühl in der Steinhalle zu belassen. „Wenn das von der GDKE so gewünscht ist, sind wir bereit, das Gestühl morgen auszubauen",

Archivfoto: Sascha Kopp

Das Gestühl in der Steinhalle kann weg – dann kann die Halle neu konzipiert werden.

so Marco Sussmann, Pressesprecher des Landtags. Das sei dann allerdings die Entscheidung der GDKE und hänge von der Vereinbarung zwischen Lewentz und Ebling ab.

Was mit dem Gestühl nach dem Ausbau – sei das nun sofort oder erst 2024 – geschehe, sei unklar. Hierzu fänden bereits Gespräche zwischen den beteiligten Ministerien und dem Landtag statt. Die Idee von Landtagspräsident Hendrik Hering (SPD), das Plenargestühl, das aus dem alten Landtag stamme, für ein „Demokratielabor" nutzen zu wollen, gebe es weiterhin. „Diese Pläne sind noch nicht vom Tisch", so Marco Sussmann. Allerdings solle dieses Labor dann an anderer Stelle entstehen.

Wie berichtet, will das Mainzer Landesmuseum die kommenden Jahre nutzen, um ein neues Ausstellungskonzept zu erarbeiten. Nach fast 14 Jahren sei es an der Zeit, modernere Ideen umzusetzen. Die Neukonzeption solle auch die Steinhalle betreffen, hatte Roger Lewentz angekündigt.

Die Leiterin des Landesmuseums, Dr. Birgit Heide, betont im Gespräch mit dieser Zeitung ebenfalls, dass ihr Haus sich in vielen Bereichen neu aufstellen wolle. Um ein solches Konzept zu erarbeiten und zur Umsetzung zu bringen, seien mehrere Jahre notwendig. Vor allem auch baulich Veränderungen seien in der Steinhalle notwendig, so Birgit Heide. Unter anderem müsse der Raum, der über zwei Emporen verfügt, barrierefrei gestaltet werden, auch viele technische Fragen müssten geklärt werden. Dass sie sich freut, die Steinhalle wieder komplett für Zwecke der GDKE nutzen zu können, daraus macht sie kein Geheimnis. Was den zeitlichen Horizont betrifft, verweist sie allerdings ebenfalls an die Absprache zwischen Lewentz und Ebling.

„Wir können die Steinhalle künftig wieder für die Präsentation des reichen römischen Erbes, aber auch für ausgewählte Veranstaltungen, wie Vorträge und Konzerte, nutzen", sagt sie – auch kurzfristig sei das denkbar und wünschenswert. Langfristig allerdings müsse ein neues didaktisches und ästhetisches Konzept über das Museum samt Steinhalle gelegt werden.

Wie auch für Dr. Heike Otto, Chefin der GDKE, sei es ihr Ziel, künftig die gesamte Steinhalle wieder nutzen zu können; die Trennwand, die derzeit noch die sogenannte „Lobby" vom Gestühl trenne, solle mit der Neukonzeption verschwinden. „Die barocke Reithalle soll auch räumlich wieder erlebbar sein", wünschen sich beide.

Schon jetzt könne die Steinhalle insbesondere im vorderen Bereich, der nicht vom Gestühl belegt ist, neu gestaltet werden, um den Raum nutzen zu können. Auch die Jupitersäule, soll nach jetzigem Abschluss der mehrjährigen aufwendigen Restaurierung dort zukünftig wieder aufgebaut werden. Und - anknüpfend an einen Vorschlag Lewentz' - sei es ebenso denkbar, Kopien der Steine mit Schautafeln an ihren ursprünglichen Standorten im Stadtgebiet aufzustellen, damit die Verknüpfung zwischen städtischem Raum und dem Landesmuseum wieder stärker werde. „Wir haben Pfunde, mit denen man wuchern muss", sagt Heike Otto; die römischen Spuren in der Stadt müssten besser und anders sichtbar gemacht werden. Was die Steinhalle betrifft, so müsse es bei der künftigen Präsentation auch darum gehen, nicht nur mit der Vielzahl der Steine zu beeindrucken, sagt Heike Otto, „sondern damit, welche Geschichte die Steine zu erzählen haben".

Vor allem freue es sie, so Birgit Heide, dass die Steinhalle ab Januar wieder in die Zuständigkeit und Verwaltung der GDKE und somit des Landesmuseums übergehe – auch, wenn das Gestühl zunächst wohl noch dort verbleibe.

ONLINE-ARTIKEL
ALLGEMEINE ZEITUNG MAINZ 21. DEZEMBER 2021

Start › Alles&

Mainzer Steinhalle gerettet? – Stadt Mainz will Plenarsaal nicht weiter nutzen – Landtag: bereit Gestühl morgen auszubauen

Von **Gisela Kirschstein** – 21. Dezember 2021

Durchbruch im Konflikt um die Steinhalle des Mainzer Landesmuseums: Die Stadt Mainz verkündete am Dienstag überraschend, sie wolle die Steinhalle nicht weiter für Stadtratssitzungen nutzen. Damit ist der Weg frei für eine grundlegende Neukonzeption der ehrwürdigen Steinhalle, und zwar mit der Präsentation römischer Steindenkmäler. Aus dem Mainzer Landtag heißt es zudem: Man sei bereit, das alte Plenargestühl umgehend abzubauen. Für den Erhalt der Steinhalle als Präsentationsort des römischen Erbes hatte sich Ende November noch einmal nachdrücklich der „Bürgerrat Steinhalle" ausgesprochen und rund 6.000 Unterschriften an die Landesregierung übergeben – samt einer Dokumentation in Buchform.

Die Steinhalle des Mainzer Landesmuseums wurde seit 2016 als Interimsplenarsaal des Mainzer Landtags genutzt. – Foto: gik

Im April 2021 hatte der Freundeskreis des Mainzer Landesmuseums Alarm geschlagen: Der Landtag wolle die zum Landesmuseum genutzte Steinhalle nicht, wie ursprünglich zugesagt, an das Museum zurückgeben, sondern das in der Halle eingebaute Plenargestühl dort lassen und künftig als „Demokratielabor" nutzen. Man fühle sich „hinters Licht geführt", schimpfte die Vorsitzende Elisabeth Kolz, das römische Erbe von Mainz drohe im Depot zu verschwinden. Das hatte zu einem wahren Empörungssturm in der Wissenschaftsszene geführt, europaweit kritisierten Experten die Pläne von Landtagspräsident Hendrik Hering (SPD): Ein Demokratielabor sei ja eine gute und sinnvolle Idee, die Steinhalle jedoch der komplett falsche Ort – dieser herausragende und europaweit einmalige Präsentationsort für das römische Erbe in Mainz müsse erhalten bleiben, so die Forderung.

Ende November übergab eine Initiative aus 12 Institutionen, zusammengeschlossen in einem Bürgerrat, eine Petition mit mittlerweile 6.000 Unterschriften für den Erhalt der Steinhalle als Ausstellungsort für römische Steindenkmäler an Innenminister Roger Lewentz (SPD). Unter den Unterzeichnern seien Petenten aus 39 Ländern von sechs Kontinenten, sagte der Mainzer Geschichtsprofessor Michael Mateus bei der Übergabe, das zeige, dass die Debatte um den Verbleib des Plenargestühls „weltweit im Bewusstsein ist."

Übergabe der Dokumentation Mainzer Steinhalle samt Petition an Innenminister Roger Lewentz (SPD). – Foto: gik

Der Bürgerrat unterstrich dabei noch einmal, das Plenargestühl müsse wieder ausgebaut werden, die Zweiteilung der Steinhalle sei nicht akzeptabel – und der Raum müsse den Steindenkmälern zurückgegeben werden. „Wir beharren auf der Zusage, dass das Plenargestühl wieder rauskommt", betonte Mateus. Innenminister Lewentz, seit Main auch zuständig für die Generaldirektion Kulturelles Erbe, versicherte, er verstehe die Dimension der Debatte. „Die Exponate sind Weltklasse und einmalig, wir wollen viel mehr Menschen wieder darauf aufmerksam machen", betonte Lewentz – und versichert: Für ihn sei es „kein Dogma, dass das Gestühl wo auch immer stehen muss."

Der Mainzer Oberbürgermeister Michael Ebling (SPD) habe ihn aber „gebeten, bis 2024 die Steinhalle wegen des Rathausumbaus in der jetzigen Form nutzen zu können", sagte Lewentz zugleich, darüber habe man eine Vereinbarung getroffen. Doch die ist nun hinfällig: Am Dienstag teilte die Stadt Mainz überraschend mit, man werde „von einer weiteren Nutzung der Steinhalle ab sofort Abstand nehmen." Eigentlich habe man zwar den Plenarsaal in der Steinhalle als Ausweichquartier nutzen wollen, solange das Mainzer Rathaus saniert werde, doch wegen der Corona-Pandemie habe man in den vergangenen Monaten bereits mehrfach auf andere Mainzer Orte ausweichen müssen, um die Einhaltung der geltenden Hygieneregeln gewährleisten zu können.

Der Interims-Plenarsaal des Landtag Rheinland-Pfalz in der Steinhalle bei der konstituierenden Sitzung des Landtags am 18.05.2016. – Foto: gik

„Es gibt in Mainz über die Steinhalle hinaus Orte, an denen der Rat der Landeshauptstadt Mainz zu seinen Sitzungen zusammenkommen kann", teilte Ebling nun mit. Die Landeshauptstadt Mainz wolle einer vom Land Rheinland-Pfalz angedachten oder gewünschten Entwicklung der Steinhalle nicht im Wege stehen. Damit wäre nun der Weg frei für eine Neuordnung der Steinhalle, Lewentz hatte bereits angekündigt: Er wolle eine neue Konzeption für das gesamte Landesmuseum und auch für die Präsentation der römischen Denkmäler in der Steinhalle. „Wir brauchen eine neue Konzeption, da gehört zwingend die Steinhalle und der Innenhof dazu", sagte Lewentz Ende November – eine Neukonzeption könne auch kurzfristig an ein Expertengremium in Auftrag gegeben werden.

Und auch beim Landtag selbst rückt man nun von dem Konzept eines Demokratielabors in der Steinhalle ab: „Wir sind bereit, das Gestühl morgen auszubauen, wenn das gewünscht ist", sagte der Sprecher des Mainzer Landtags, Marco Sussmann, am Dienstag auf Mainz&-Anfrage. Die Idee eines Demokratielabors gebe es weiter, das müsse dann aber eben an anderer Stelle und in anderer Form umgesetzt werden. „Es waren Ideen, aber wenn das nicht auf Gegenliebe stößt, muss man entsprechend reagieren", sagte Sussmann zudem, der Landtag wolle keine Entwicklung blockieren.

Die alte Steinhalle des Landesmuseums vor dem Einbau des Plenargestühls und mit der alten Gräberstraße. – Foto: Landtag RLP

Damit werde einer zentralen Forderung des Bürgerrates Steinhalle Rechnung getragen, reagierte der Bürgerrat auf die neue Entwicklung: Es werde damit das wichtige Ziel erreicht, die Steinhalle im alleinigen Besitz des Landesmuseums zu erhalten und eine angemessene und zeitgemäße Präsentation der einmaligen historischen Denkmäler zu entwickeln. Die weiteren Entwicklungen werde der Bürgerrat Steinhalle „mit Interesse und engagiert verfolgen und begleiten", heißt es weiter. Man freue sich nun auf die Neukonzeption des Landesmuseums, von dessen Leitung „wird jetzt ein überzeugendes Konzept für die Neugestaltung des Hauses erwartet."

Und auch für die Frage, wo das alte Plenargestühl aus dem Jahr 1986 bleiben könnte, gibt es bereits Ideen: Ein Vertreter des Bürgerrates habe dafür im Gespräch mit Innenminister Lewentz vor der Sommerpause bereits das Hambacher Schloss ins Spiel gebracht, sagte Günther Knödler vom Bürgerrat. Im Jahre 2032 stehe das 200-jährige Jubiläum des Hambacher Festes an, das sei „nicht nur ein nationales, sondern ein europäisches Ereignis." Teile des Plenargestühls könnten dann „gleichsam als ‚Architekturzitat' dort, an dem herausragenden demokratiegeschichtlichen Ort in Rheinland-Pfalz, an eine wichtige Phase in der Geschichte der parlamentarischen Demokratie unseres Bundeslandes erinnern."

Info& auf Mainz&: Die Debatte um die Mainzer Steinhalle ist inzwischen in einer Dokumentation in Buchform zusammengefasst worden, den Band mit dem Titel „Die Mainzer Steinhalle" könnt Ihr zum Preis von 16,- Euro im Schnell und Steiner-Verlag erwerben – und zwar genau hier im Internet. Die Debatte um die Mainzer Steinhalle könnt Ihr noch einmal hier bei Mainz& nachlesen.

SÜDDEUTSCHE ZEITUNG
ZEIT ONLINE 21. DEZEMBER 2021

Mainz

Weg frei für römische Präsentation in der Steinhalle

21. Dezember 2021, 16:25 Uhr | Lesezeit: 1 Min.

Eher als bisher geplant kann das Landesmuseum Mainz wieder frei über die historische Steinhalle verfügen. Die Stadt Mainz erklärte am Dienstag ihren Verzicht...

Direkt aus dem dpa-Newskanal: Dieser Text wurde automatisch von der Deutschen Presse-Agentur (dpa) übernommen und von der SZ-Redaktion nicht bearbeitet.

Mainz (dpa/lrs) - Eher als bisher geplant kann das Landesmuseum Mainz wieder frei über die historische Steinhalle verfügen. Die Stadt Mainz erklärte am Dienstag ihren Verzicht auf den bislang bis 2024 vorgesehenen Standort für Stadtratssitzungen. Die Steinhalle wurde von 2016 bis Anfang 2021 als Zwischenlösung für Plenarsitzungen des Landtags genutzt.

„Das Landesmuseum Mainz wird ein neues, zeitgemäßes Konzept bekommen", sagte der für die Generaldirektion Kulturelles Erbe (GDKE) und damit für die Landesmuseen zuständige Innenminister Roger Lewentz (SPD). „Die Steinhalle wird ein wichtiger Teil dieser künftigen Nutzung sein." Bei der Erstellung des neuen Museumskonzepts mit inhaltlichen, räumlichen, gestalterischen und baulichen Anforderungen werde die GDKE ab kommendem Jahr von einem Büro unterstützt, das noch ausgewählt werden müsse.

Die Steinhalle diente vor der Nutzung als Plenarsaal der Präsentation römischer Steindenkmäler - in einer ähnlichen Aufstellung wie in der Antike. Nördlich der Alpen gebe es keine vergleichbare Präsentation lateinischer Inschriften, erklärte die Archäologin Ulrike Ehmig. Zu den Plänen für ein künftiges Konzept gehört der Vorschlag, die Steindenkmäler so zu zeigen, das deutlich wird, warum die Zeugnisse der Antike bis heute gesellschaftlich relevant sind.

„Es gibt in Mainz über die Steinhalle hinaus Orte, an denen der Rat der Landeshauptstadt zu seinen Sitzungen zusammenkommen kann", teilte Oberbürgermeister Michael Ebling (SPD) mit. „Die Landeshauptstadt Mainz möchte einer vom Land Rheinland-Pfalz angedachten oder gewünschten Entwicklung der Steinhalle nicht im Wege stehen."

Ursprüngliche Pläne des Landtags, in der Steinhalle mitsamt dem zurzeit dort befindlichen Plenargestühl eine Art „Demokratielabor" für Veranstaltungen einzurichten, stießen auf Kritik in der Zivilgesellschaft. Ein neu gegründeter Bürgerrat Steinhalle und die Initiatoren einer Online-Petition forderten, die ehemalige kurfürstliche Reithalle dem Museum wieder vollständig zur Verfügung zu stellen.

© dpa-infocom, dpa:211221-99-462392/5

ALLGEMEINE ZEITUNG MAINZ 22. DEZEMBER 2021

Stadtrat gibt Steinhalle frei

OB Michael Ebling will alternative Tagungsorte nutzen / Bürgerrat freut sich über „schönstes Weihnachtsgeschenk"

Von Maike Hessedenz

MAINZ. Happy End im Steinhallen-Streit: Die Steinhalle im Landesmuseum kann ab sofort wieder komplett durch die Generaldirektion Kulturelles Erbe, insbesondere durch das Landesmuseum, genutzt werden. Wie Oberbürgermeister Michael Ebling jetzt erklärt, werde der Stadtrat die Steinhalle nicht, wie bislang angekündigt, für seine Stadtratssitzungen nutzen. Das Landtagsgestühl, das dort zunächst für die Zeit der Sanierung des Landtags als Tagungsort diente, kann somit ausziehen.

Landtagspräsident Hendrik Hering hatte das Gestühl zunächst auch nach der Fertigstellung des Landtags dort belassen wollen, um ein sogenanntes „Demokratielabor" in der Steinhalle des Landesmuseums zu etablieren. Daraufhin hatte sich aus der internationalen Historikerszene heftiger Widerstand geregt – schließlich beherbergt die Steinhalle eine einzigartige Sammlung antiker Steine. Ein Bürgerrat hatte sich gegründet, fast 6000 Unterschriften hatte eine Petition zusammengebracht. Auch eine Publikation mit den Einwänden ist inzwischen erschienen. Die Staatskanzlei hat vor wenigen Wochen angekündigt, gerne bereit zu sein, das Gestühl jederzeit auszubauen. Dem stand bislang eine Vereinbarung zwischen Innenminister Roger Lewentz, der für die GDKE zuständig ist, und OB Michael Ebling entgegen: Demnach sollte das Gestühl noch bis 2024 in der Steinhalle verbleiben, um für den Stadtrat als Ersatz-Tagungsort für das in der Sanierung befindliche Rathaus zu dienen.

Jetzt betont Michael Ebling, dass die Stadt von diesen Plänen ab sofort Abstand nehmen möchte. Der Stadtrat habe bedingt durch die Coronapandemie in den vergangenen Monaten bereits mehrfach auf andere Mainzer Orte ausweichen müssen, um die Einhaltung der geltenden Hygieneregeln gewährleisten zu können.

Diese Orte sollen nun offenbar auch künftig als Ausweichquartier genutzt werden. „Es gibt in Mainz über die Steinhalle hinaus Orte, an denen der Rat der Landeshauptstadt Mainz zu seinen Sitzungen zusammenkommen kann", so Ebling. Die Landeshauptstadt Mainz möchte einer vom Land Rheinland-Pfalz angedachten oder gewünschten Entwicklung der Steinhalle nicht im Wege stehen. Wir danken dem Landesmuseum und dem Land Rheinland-Pfalz, dass wir zwischenzeitlich die Steinhalle sowie das Plenargestühl des Landtags nutzen durften", so der Oberbürgermeister.

Bei den Aktivisten des Bürgerrates löst die Neuigkeit Begeisterung aus. „Das verbuchen wir als Erfolg der Bemühung des Bürgerrats", sagen Günther Knödler, Vorsitzender des Mainzer Altertumsvereins, Elisabeth Kolz, Chefin der Freunde des Landesmuseums, und der Mainzer Historiker Michael Matheus. „Wenn das nicht das schönste Weihnachtsgeschenk ist", freut sich Elisabeth Kolz. Nun könne zeitnah mit der Neukonzeption des Landesmuseums begonnen werden; wenn das Gestühl nun wirklich ausziehe, sei das der Auftakt zum Neuanfang für das Landesmuseum, sagt sie.

Innenminister Roger Lewentz bremst die Begeisterung zwar ein wenig aus – schürt allerdings ebenfalls die Vorfreude auf die Neugestaltung des Museums. „Der Verzicht der Stadt Mainz auf die Nutzung der Steinhalle hat aktuell keine Auswirkungen auf die laufenden Überlegungen für das Landesmuseum Mainz", sagt er auf Anfrage dieser Zeitung. Das Landesmuseum werde ein neues, zeitgemäßes Konzept bekommen. „Die Steinhalle wird ein wichtiger Teil dieser künftigen Nutzung sein. Bei der Erarbeitung dieses Museumskonzepts, das inhaltliche, räumliche, gestalterische und bauliche Anforderungen zusammenführt, wird die Generaldirektion Kulturelles Erbe ab dem kommenden Jahr von einem noch auszuwählenden Büro unterstützt werden", so der Minister. Zuletzt hatten auch Museumsdirektorin Dr. Birgit Heide und GDKE-Chefin Dr. Heike Otto betont, dass sich das Haus neu aufstellen wolle. Bis zur Umsetzung eines neuen Konzeptes, das auch bauliche Veränderungen in der Steinhalle – unter anderem, um Barrierefreiheit herzustellen – mit sich bringe, seien einige Jahre vonnöten. Sowohl Birgit Heide wie auch Heike Otto waren am Dienstag urlaubsbedingt nicht zu erreichen. Wann das Gestühl nun tatsächlich abgebaut wird, ist noch offen. ▶ **KOMMENTAR**

Das Plenargestühl kann aus der Steinhalle ausziehen. Der Stadtrat will künftig andere Orte nutzen, um seine Sitzungen abzuhalten.
Archivfoto: Maike Hessedenz

ALLGEMEINE ZEITUNG MAINZ
31. DEZEMBER 2021

Wieder Bühne für die Steine

Margit Sponheimer, Fastnachts-Ikone und Mainzer Ehrenbürgerin

Eine wunderbare Nachricht war für mich, dass die Steinhalle wieder ihrer ursprünglichen Bestimmung übergeben werden kann. Nach den vielen Debatten um das Landtagsgestühl, habe ich mich sehr gefreut, als ich gehört habe, dass nun auch der Stadtrat die Halle nicht mehr benötigt. Daran haben die Bürger, die ein eindeutiges Votum abgegeben haben, ganz maßgeblichen Anteil. Endlich können die römischen Steine wieder die Bühne erhalten, die sie verdienen.

Foto: Sascha Kopp

ALLGEMEINE ZEITUNG MAINZ 6. JANUAR 2022

Die Römer in Mainz sichtbar machen

Mit der Zurückeroberung der Steinhalle für die GDKE gelingt dem Bürgerrat ein Paukenschlag / Das römische Erbe rückt mehr ins Bewusstsein

Von Maike Hessedenz

MAINZ. Das römische Mainz war in diesem Jahr wohl so stark im Fokus wie seit Langem nicht. Und das Jahr endete in vielerlei Hinsicht versöhnlich – auch, wenn die Römer noch immer nicht deutlich unterrepräsentiert im Stadtbild sind.

Im Blickfeld waren vor allem das Landesmuseum und die sogar international geführte Debatte um die Steinhalle. Eine Kontroverse, die schließlich ein Happy End fand.

Als Landtagspräsident Hendrik Hering im Frühjahr verkündete, dass er das Landtagsgestühl, das dort eigentlich nur als Ausweichquartier während des Landtagumbaus dienen sollte, in der historischen Steinhalle belassen will, kochten die Wogen hoch.

Ein Demokratielabor schwebte ihm an dieser Stelle vor, zudem sei das Gestühl ebenfalls historisch wertvoll, so der Landtagspräsident.

Aus der Historiker-Szene und den Reihen der Landesmuseums-Aktivisten kam heftigster Gegenwind. Schließlich beherbergt die Steinhalle eine weltweit ein- zigartige Sammlung antiker Denkmäler – die ohnehin bereits seit 2016, als der Landtag dort Einzug gehalten hatte, kaum noch im Bewusstsein der Mainzer war.

Der Mainzer Altertumsverein, der Verein der Freunde des Landesmuseums, der Historiker Michael Matheus, ehemaliger Direktor des Deutschen Historischen Instituts in Rom, das Haus des Erinnerns für Demokratie und Akzeptanz, Gästeführerin Judith König und viele weitere taten sich zusammen, gründeten einen Bürgerrat und sammelten Unterschriften.

Aus dem Hintertreffen wieder ins Rampenlicht

Fast 6000 Unterschriften und Einlassungen kamen zusammen, inzwischen ist eine umfangreiche Dokumentation im Verlag Schnell und Steiner erschienen, die die Debatte eindrucksvoll wiedergibt. Es war ein ausdauernder und leidenschaftlicher Kampf für die Steine – der vor allem auch einen positiven Effekt hatte. Die Steinhalle, die lange Jahre lediglich ein zwar beeindruckender, aber in seiner weltweit herausragenden Bedeutung ins Hintertreffen geraten war, wurde wieder ins Rampenlicht geholt – und mit ihr die Geschichte der Grabsteine, Architekturteile, Altäre oder des Dativius-Victor-Bogens.

Die Luft wurde mit zunehmender Dynamik der Diskussion dünner für die Landespolitik – schließlich schaffte Innenminister Roger Lewentz einen ersten Schritt, um die Kuh vom Eis zu holen, indem er mit dem Mainzer Oberbürgermeister Michael Ebling die Vereinbarung einging, dass der Mainzer Stadtrat das Gestühl noch bis 2024, wenn das Rathaus fertiggestellt sein soll, nutzen darf. Womit der Schwarze Peter bei OB Ebling lag – den dieser dann zum Ende des Jahres dann kurzerhand wegwischte. Und kurzerhand wegwischte. Und zum Ende des Jahres dann bekannt gab, genügend andere Orte zu finden, wo der Stadtrat seine Sitzungen abhalten kann; weswegen er die Steinhalle nicht weiter beanspruchen wolle.

Seit 1. Januar ist die Steinhalle somit wieder in der vollen Verantwortung und Verfügungsgewalt der Generaldirektion Kulturelles Erbe.

Jubel bei den Steinhallen-Aktivisten – auch darüber, dass sie bewiesen hatten, dass sich bürgerschaftliches Engagement lohnen kann.

Zweiter Spielort, der endlich eine Aufwertung erhalten hat: das Römische Theater. Nicht nur, dass dank der Initiative Römisches Mainz und den Rotariern um Christian Vahl wieder eine mit Beleuchtungselementen stilisierte Anmutung der Sitzreihen realisiert werden konnte; auch eine Infobox, die oberhalb des Theaters eingerichtet und eröffnet wurde, bringt ab sofort Schulklassen und Touristen das römische Mainz näher. Ausbaufähig ist das Angebot allemal. Aber auch dank Daniel Geißler, der seit diesem Jahr als erster hauptamtlicher Archäologe die Stelle des Projektmanagers fürs römische Erbe bei der Gebäudewirtschaft Mainz besetzt, kann die Römerstadt endlich neuen Schwung aufnehmen.

Sollte Mainz die Landesgartenschau ergattern können, wird es das römische Mainz sein, das im Fokus stehen und Touristen locken muss. Bis dahin ist noch viel zu tun.

Es kann nicht genug Akteure geben, die das römische Mainz in den Fokus holen – dabei mag auch die nicht immer ganz ernst zu nehmende „Unsichtbare Römergarde" des IRM-Chefs Christian Vahl ihren Anteil an der Sichtbarmachung des Erbes leisten. Drängender ist es allerdings, dass Innenminister Roger Lewentz seinen Versprechungen schon bald Taten folgen lässt und dafür sorgt, dass das römische Mainz in der Stadt deutlich erlebbarer wird, als es bislang war.

Die Steinhalle war seit 2016 zweigeteilt. In diesem Bereich dienten die Steine fast nur noch als Deko für Polit-Treffen. Hinter der grauen Wand im Bild befindet sich das Landtagsgestühl.
Archivfoto: Maike Hessedenz

Das Römische Theater ist zumindest stilisiert wieder in Teilen zu erahnen.
Archivfoto: hbz/Sämmer

ALLGEMEINE ZEITUNG MAINZ 13. JANUAR 2022

— **MOGUNTINUS** —

Weihnachtsbaumsterben

So viel Natur war selten in Mainzer Wohnstuben als im Dezember 2021. Weshalb der Entsorgungsbetrieb auch vom Ausmaß des Weihnachtsbaumsterbens überrumpelt wurde. 144 Tonnen des von Kugel- und Kerzenschmuck entblätterten nun Nutzlos-Holzes mussten uff de Gass eingesammelt werden. So viel, dass heute noch einmal nachgefasst werden muss. Was mit den oh so lauthals besungenen Tannenbäumen jetzt geschieht, weiß man nicht so genau, aber gewiss nur Nachhaltiges im Sinne des Klimanotstandes. Aus 144 Tonnen Holz könnte man etwa Dutzende von Plenarstühlen zimmern, und ein Ende wäre nicht abzusehen.

ALLGEMEINE ZEITUNG MAINZ 22. APRIL 2023

Neu-Konzeption für das Landesmuseum

Bis Anfang 2024 soll das Plenargestühl aus der Steinhalle verschwunden sein / Im Interview erläutert Innenminister Ebling Pläne

MAINZ. Seit 2021 ist die Generaldirektion Kulturelles Erbe (GDKE), zu der auch das Mainzer Landesmuseum gehört, dem Innenministerium zugeordnet. Wir sprachen mit Innenminister Michael Ebling (SPD) über die künftige Ausrichtung des Museums und die Zukunft der Steinhalle

Herr Ebling, seit Längerem gibt es Pläne, die Dauerausstellung, beziehungsweise die einzelnen Abteilungen des Landesmuseums neu zu konzipieren. Wie sehen diese Überlegungen konkret aus?

INTERVIEW

Wir wollen im Landesmuseum eine neue Konzeption umsetzen, sowohl für das didaktische als auch für das museale Konzept. Das werden wir mit dem Museumsteam und einer externen Beratung machen. Dazu gab es am 15. März eine Ausschreibung. Wir suchen in Büro, das bis Ende 2023 mit dem Team zusammen ein modernes Konzept erarbeitet. Mit wechselnden Ausstellungsmodulen wollen wir dabei Vielfalt in das Museumserlebnis bringen. Schwerpunkte werden dabei weiter die Kunstgeschichte und die Kulturhistorie mit der Archäologie sein. Wir wollen mit dem Landesmuseum aber immer auch die gesellschaftliche Relevanz haben. Das heißt, das Landesmuseum soll sich als ein Raum für Kulturveranstaltungen weiter öffnen.

Lange stand auch die Steinhalle im Fokus, in der Landtagspräsident Hendrik Hering das 2016 interimsmäßig eingebaute Gestühl des Landtags, der nun wieder im Deutschhaus tagt, belassen wollte. Als Oberbürgermeister hatten

Das Landesmuseum an der Großen Bleiche. Archivfoto: Yurthöven

Sie verkündet, dass auch der Mainzer Stadtrat das Plenarsaalgestühl nicht benötige und es in die Verfügungsgewalt der GDKE übergehe. Wird es nun abgebaut?

Ja. In der zweiten Hälfte 2023 wird das Gestühl ausgebaut. Mit dem Ausbau steht dann die Steinhalle Ende 2023, Anfang 2024 wieder komplett für das Landesmuseum zur Verfügung.

Wie soll die Steinhalle künftig genutzt werden?

Es handelt sich bei der Steinhalle um eine barocke Reithalle – und als solche soll sie auch wieder erkennbar sein. Sie wird künftig sowohl ein Präsentationsraum für die römischen Steine als auch ein Veranstaltungsraum sein. Wir werden die Steinhalle nicht wieder so einräumen, wie sie mal war, sondern dort die Höhepunkte präsentieren, etwa den Dativius-Victor-Bogen, die Jupiter-Säule oder das Orpheus-Mosaik. In der Steinhalle wird es künftig Raum für Veranstaltungen sowie eine neuartige Präsentation der römischen Steine geben.

Eines der Highlights im Landesmuseum war die große Mittelalterausstellung „Die Kaiser und die Säulen ihrer Macht" 2020/21. Ist eine ähnlich ambitionierte Ausstellung in naher Zukunft zu erwarten?

2023 gibt es erst einmal die Konzeptionsphase. Das heißt, wir machen uns Gedanken darüber, wie sich das Landesmuseum künftig präsentieren wird. Dafür sind in diesem Jahr Haushaltsmittel von 140.000 Euro und 2024 von 390.000 Euro vorgesehen. Geplant ist jedoch bereits eine Ausstellung zum rheinland-pfälzischen Welterbe mit einem besonderen Fokus auf die SchUM-Stätten, dem ersten jüdischen Welterbe in Deutschland.

Der Innenhof des Landesmuseums wird derzeit für Konzerte oder Veranstaltungen des Staatstheaters genutzt. Wie könnte der Platz für die Belange des Museums mittelfristig aufgewertet werden?

Der barocke Innenhof ist wunderschön. Es wäre sträflich, ihn nicht regelmäßig zu nutzen. Dazu müsste der Innenhof aber besser zugänglich gemacht werden. Veranstaltungen dort bieten einen niedrigschwelligen Zugang zum Museum selbst – und so könnten aus vielen Veranstaltungsbesucherinnen und -besuchern hoffentlich schon bald auch Museumsgäste werden.

Mit der Eröffnung des Leibniz-Zentrums für Archäologie in unmittelbarer Nähe von Römerschiffmuseum, römischem Bühnentheater und Drususstein ist ein Leuchtturm für die archäologische Forschung entstanden. Sollte sich das Land nicht stärker bei der Sichtbarmachung und Bewahrung des römischen Erbes in der Landeshauptstadt, wie etwa in Trier, engagieren?

Mit dem Welterbestatus, den Trier für einen Teil seiner römischen Relikte hat, und als ehemalige große Hauptstadt, spielt Trier in einer ganz besonderen Liga und das Land unterstützt massiv den Erhalt der römischen Bauten. Nichts-destotrotz ist das Leibniz-Zentrum für Archäologie, das Bund und Land erheblich mitgefördert haben, ein absolutes Schmuckstück und ein Besuchermagnet für Mainz. Mit dem LEIZA, dem Römerschiffmuseum und dem römischen Bühnentheater hat sich das geografische Schaufenster in Mainz verschoben. Mein Eindruck ist, dass es beim Bühnentheater in Mainz nicht an finanziellen Mitteln mangelt und ich ein finanzielles Engagement des Landes nicht als geboten ansehe. Das römische Mainz wird bei der Neukonzeptionierung des Landesmuseums einen wichtigen Beitrag leisten. Aber wir haben auch noch mehr zu bieten als die Römer, etwa die Zeit des Mittelalters als entscheidende Inkubationsphase für die Erfindung des Buchdrucks mit beweglichen Lettern oder auch das herausragende jüdische Erbe.

Hat die Neuausrichtung des Landesmuseums im Visier: Innenminister Michael Ebling.
Foto: Sascha Kopp

Das Interview führte Michael Jacobs.

ALLGEMEINE ZEITUNG MAINZ 22. AUGUST 2024

Landesmuseum soll moderner werden

Ab Sommer 2025 soll die komplette Steinhalle wieder für Ausstellungen genutzt werden. Foto: Lukas Görlach

Von Elisabeth Saller

MAINZ. Das rheinland-pfälzische Landesmuseum in Mainz soll moderner werden: Es soll ein neues Konzept erhalten, Räume werden neu gestaltet und Ausstellungsstücke, die seit 20 Jahren nicht mehr zu sehen gewesen waren, wieder den Besuchern gezeigt werden. Die Pläne dazu haben der rheinland-pfälzische Innenminister Michael Ebling (SPD) und Museumsdirektorin Birgit Heide am Mittwoch im Museum vorgestellt.

Ebling sprach von der „Rückeroberung der Steinhalle". Ein Teil dieses Raums war zwischenzeitlich vom Landtag als Plenarsaal genutzt worden, als das Landtagsgebäude saniert wurde. Auch der Mainzer Stadtrat hatte in der Halle bis Ende 2021 interimsweise getagt. Tische und Stühle wollte das Land erst dort lassen und den Raum als „Demokratielabor" nutzen. Das Museum dagegen wollte wieder Ausstellungen zeigen.

Inzwischen sind Bänke und Stühle aus der Steinhalle verschwunden. Dort sollen künftig wieder die römischen Schätze präsentiert werden. Vorher soll umgebaut werden, unter anderem soll der Raumteiler verschwinden. Auf Visualisierungen sieht man eine lichtdurchflutete Halle mit steinernem Bogen, der großen Mainzer Jupitersäule und bedeutenden Grabsteinen, dazwischen viel Platz für Besucher.

Schau zu jüdischem Erbe in der Steinhalle

Doch vor dem Umbau wird ab Sommer 2025 die Ausstellung „Jüdisches Erbe und Leben in Rheinland-Pfalz" gezeigt. Diese Schau soll später Dauerausstellung werden. Bis im hinteren Teil der Steinhalle wieder Steine präsentiert werden, „wird es ein paar Jahre dauern", meinte Heide. Die Pläne für den Umbau würden jetzt beginnen, wann er beendet sei, konnte sie nicht sagen. Die neue Steinhalle, „das Herzstück des Landesmuseums", soll Ebling zufolge „multifunktional" werden, auch Tagungen oder Konzerte sollen darin stattfinden.

Ab 2026 soll „Mainz kompakt" einen Überblick über die Sammlungen im Museum bieten und Touristen anlocken. Denn seit der Corona-Pandemie seien die Besucherzahlen „ein bisschen zurückgegangen", gab Heide zu. Weihnachtsbeleuchtung und Banner an der Fassade sollen ebenfalls für Aufmerksamkeit sorgen. Die 15 Jahre alte Dauerausstellung im Haus soll technisch und museumspädagogisch überholt werden. In Zukunft soll der Innenhof noch stärker für Veranstaltungen wie Konzerte, Opernaufführungen oder Weinfeste genutzt werden, der Minister sieht hier einen neuen „Hotspot von Mainz".

Heide will mehr auf digitale Formate setzen, auf VR-Brillen, die Geschichten lebendig werden lassen, und Angebote für Kinder erweitern. „Wir wollen die nächsten Jahre zum Ausprobieren nutzen", sagte sie. Aber auch: „Die Originale bleiben das wichtigste."

Das Mainzer Landesmuseum habe vier Alleinstellungsmerkmale, meinte die Direktorin und zählte auf: das römische Erbe in der Steinhalle, Mainz als mittelalterliche Metropole und Schum-Stadt, die 36 Kunstwerke, die Schenkung Napoleons sowie die Gemälde von Max Slevogt. Diese vier Schwerpunkte will Heide künftig miteinander verbinden, was einmalig in der internationalen Museumslandschaft sei. Ein Vorbild, an dem sich das Mainzer Landesmuseum bei seiner Neukonzeptionierung orientieren könnte, gebe es nicht, sagte sie. „Keines hat so ein Sammlungsspektrum wie wir."

Das Land Rheinland-Pfalz unterstützt die Neukonzeption, für das das Atelier Brückner aus Stuttgart beauftragt wurde, für die nächsten zwei Jahre mit 1,5 Millionen Euro. Während der Arbeiten soll das Landesmuseum geöffnet bleiben.

LESERBRIEFE

ALLGEMEINE ZEITUNG MAINZ 16. APRIL 2021

Zur Archäologen-Kritik an einer dauerhaften Ausstellung in der Steinhalle des Landesmuseums.

Kein Heringssalat in der Steinhalle

Landtagspräsident Hering möchte nach Auszug des Landtags die Steinhalle des Landesmuseums dauerhaft als Veranstaltungsort des Landtags beanspruchen und dort einen „Ort der Demokratie" einrichten. Fachkreise wie der Deutsche Archäologenverband sehen diese dauerhafte Okkupation eines der wichtigsten Ausstellungsräume des Museums äußerst kritisch. Auch der Mainzer Altertumsverein und jüngst der Verein der Freunde des Landesmuseums haben sich eindeutig gegen diese, dem Ansehen des Museums schädlichen, Pläne ausgesprochen. Unabhängig davon, dass eine Präsentation zur Demokratiegeschichte in Mainz sinnvoll wäre (aber bitte im Deutschhaus als dem authentischen Ort), darf man in diesem Kontext den zuständigen Minister Wolf an seine Worte vom Juli 2017 erinnern: „Allein der Bestand römischer Steindenkmäler ist einer der größten nördlich der Alpen und umfasst weit über 2000 Denkmäler. Der bedeutenden archäologischen Sammlung des Museums, aber auch den aktuellen Neufunden zukünftig den Raum zu geben, der ihrer Bedeutung entspricht, ist für mich aktuell eine der zentralen Aufgaben für die Zukunft, vor der das Museum steht." Dies gilt noch immer, zumindest in Fachkreisen. Wenn auch die neue Generaldirektorin, ihres Zeichens Archäologin, die Pläne eines Herrn Hering nun als „Stärkung des Museums" verkauft (oder verkaufen muss?), dann mag man sich vorstellen, welche Maulkörbe hier verteilt worden sind. Herr Minister Wolf, hören Sie auf die Fachleute, halten Sie Wort und lassen Sie nicht zu, dass Frau Dr. Otto als neue Generaldirektorin diesen Heringssalat als schwere Hypothek im neuen Amt nun auslöffeln muss.

Dr. Theodor Kissel
Sörgenloch

> »Herr Minister Wolf, lassen Sie nicht zu, dass Frau Dr. Otto als neue Generaldirektorin diesen Heringssalat als schwere Hypothek im neuen Amt nun auslöffeln muss.«
>
> Dr. Theodor Kissel

ALLGEMEINE ZEITUNG MAINZ 30. APRIL 2021

Zur Diskussion um eine Demokratieausstellung in der Steinhalle des Landesmuseums.

Nicht gegen Bedenken der Bürger

Als ehemaliger Leiter des Rabanus-Maurus-Gymnasiums Mainz weiß ich, welch große Bedeutung die in der Steinhalle ausgestellten römischen Denkmäler für die Lehrer der Fächer Geschichte, Latein und Religion hatten. Immer wieder haben sie ihre Unterrichtsstunden in das Museum verlegt, um die Schüler nicht nur in eine Epoche der Geschichte der Stadt Mainz, sondern der Geschichte des Imperium Romanum einzuführen. Die Schüler lernten zahlreiche Aspekte der römischen Kultur und Zivilisation kennen: Tod und Begräbnis, Religion, Herrschaft und Recht, Fremdherrschaft, Fremde und Einheimische. Ich selbst habe mit Gewinn an Fortbildungsveranstaltungen teilgenommen, die das Kultusministerium vor Ort für Lehrer angeboten hat. Ich bin sicher, dass niemand, der sich für die Steinhalle als Gedenkort für die römische Epoche unserer Geschichte einsetzt, die Bedeutung der Demokratie verkennt. Der Landtagspräsident sollte aber vielleicht seinen Plan nicht gegen die Bedenken vieler Bürger durchsetzen und sein Vorhaben mit dem Makel belasten, einen Ort der Erinnerung verdrängen zu wollen. Steht doch auch unser demokratischer Rechtsstaat noch auf Fundamenten, die die Römer gelegt haben.

Dr. Kurt Roeske
Ober-Olm

ALLGEMEINE ZEITUNG MAINZ 5. MAI 2021

Zur Debatte um die künftige Nutzung der Steinhalle.

Wieso Demokratie als „Reallabor"?

Erfreulicherweise entschließt sich der Landtag dazu, den Demokratie-Gedanken aktiv zur Geltung zu bringen und ins öffentliche Bewusstsein zu rücken. Die angemessene Örtlichkeit dafür ist das Deutschhaus, Sitz des Landtags, wo sich in den frisch renovierten Räumen sicher ein würdiger Platz dafür finden wird.

Warum nun aber ausgerechnet ein Museum diese Aufgabe übernehmen soll, erschließt sich mir nicht, zumal dadurch die Bedeutung des Anliegens erkennbar geschmälert wird. Rein praktische Gründe werden hoffentlich nicht den Ausschlag gegeben haben.

Dass mit einer teilweisen Umwidmung der Steinhalle eine kulturelle Attraktion ersten Ranges weit über die Grenzen von Mainz hinaus verloren ginge, braucht kaum noch erwähnt zu werden. Nicht minder problematisch muss auch die geplante Darstellungsform des Demokratie-Gedankens als Reallabor angesehen werden. Den Bürger zur aktiven Auseinandersetzung mit der Demokratie zu veranlassen, ist sicher eine gute Idee, dies aber als „Experimentierraum" und „Labor" zu konzipieren, ist verfehlt und weckt falsche Vorstellungen.

Demokratie ist keine Sache, mit der man Versuche anstellen und herumexperimentieren kann, sondern der Grundpfeiler unserer staatlichen und gesellschaftlichen Ordnung schlechthin, der etwas mehr Ernsthaftigkeit entgegen gebracht werden sollte. Auch die vorgesehene Verbindung mit einer Stätte allgemeiner kultureller Begegnung lässt diese Ernsthaftigkeit vermissen und missachtet die fundamentale und weit darüber stehende Bedeutung von Demokratie. Da scheinen die Perspektiven etwas durcheinandergeraten zu sein.

Es ist zu hoffen, dass in all diesen Fragen das letzte Wort noch nicht gesprochen ist.

Dr. Peter Lautzas
Mainz

ALLGEMEINE ZEITUNG MAINZ 11. MAI 2021

Zum in der Steinhalle des Landesmuseums geplanten „Demokratielabor", das die gewichtigen Sammlungen dort beiseite drängen würde.

Viele Alternativen sind denkbar

Mit Empörung verfolge ich die Diskussion um die Steinhalle. Als ehemaliger Museumspädagoge des Landesmuseums konnte ich bis 2014 hautnah verfolgen, wie die Politik mit einem der großartigsten Kulturorte des Landes umgeht. In den 10er Jahren ließ die Landesregierung die Steinhalle so heruntergekommen, dass sie geschlossen werden musste. Für die große Römerausstellung 2013 wurde nur das Dach abgedichtet, eine Sanierung wurde nicht genehmigt. Geld floss erst, als 2014 der Landtag dort sein Ausweichquartier einrichten wollte. Die Museumsverwaltung stimmte widerstrebend zu, versprach das Land doch die Rückgabe eines komplett sanierten, modernen Ausstellungssaals.

Davon will oder darf heute keiner mehr was wissen. Die Generaldirektion Kulturelles Erbe vergisst in ehrfürchtiger Erstarrung ihren Auftrag, die Archäologen signalisieren von vornherein Kompromissbereitschaft, eine Stellungnahme der Museumsdirektion steht aus, der Förderverein ist hilflos. Dass kleine Fische so viel Macht haben!? Nach der Heringsidee schwärmen plötzlich viele Verantwortliche von der Steinhalle, nachdem sie die Magie des Ortes dienstlich erleben durften; doch seinerzeit hat sich außer Justizminister Hartloff kein Mitglied der Landesregierung je als normaler Besucher blicken lassen. Die Steinhalle ist bereits ein bedeutender Ort der Kultur und Geschichte und braucht keine Aufwertung.

Den „Ort der Demokratie" hätte man leicht im Eltzer Hof unterbringen können, den hat das Land aber versilbert. Auch der Erthaler Hof wäre eine attraktive Adresse. Nur Hände weg von der Steinhalle! Gebt dem Landesmuseum seine Autonomie und seine Räume zurück! Geht verantwortungsvoll mit dem römischen Erbe um! Zeig Haltung, GDKE!

Dieter Becker
Mainz

ALLGEMEINE ZEITUNG MAINZ 19. MAI 2021

Zur Steinhalle.

Sprachlos

Die Empörung bei den Mainzern und in archäologischen Kreisen über die „Verhökerung" eines Teils der Steinhalle im Landesmuseum wächst. Mich macht vor allem sprachlos, dass der Deutsche Verband für Archäologie und der Deutsche Archäologenverband dem Anliegen vor allem des Landtags, ein „Reallabor Demokratie" in einem Teil der Steinhalle zu installieren, zugestimmt haben und eine gemeinsame Konzeption erarbeiten wollen. Die einmaligen römischen Exponate benötigen die ganze Steinhalle, wenn ihre zukünftige Präsentation publikumszugänglich und wissenschaftlich vertretbar sein soll. Dazu gehört auch eine Art „Reallabor Geschichte in kulturellem und gesellschaftlichem Kontext". Das würde der Vermittlung von Werten und Kenntnissen für das humane, globale Zusammenleben zugute kommen, ebenso wie das „Reallabor Demokratie". Aber Letzteres bitte an einem anderen Ort.

Gesine von Uslar
Mainz

ALLGEMEINE ZEITUNG MAINZ 20. MAI 2021

Zu Laborplänen für die Steinhalle des Landesmuseums.

Demokratie: Wozu ein „Labor"

Jetzt steht die unausgegorene Idee einer Umwidmung der Steinhalle auch noch im Koalitionspapier der Mainzer Ampel. Seid ehrlich und offen mit uns Bürgern, dann braucht ihr kein „Demokratielabor"! Haltet eure Versprechen und Zusagen, dann habt ihr auch unser Vertrauen. Ansonsten wächst unsere Politikverdrossenheit, bis wir euch nicht mehr wollen. Zeigt Anstand gegenüber den Mainzern und entschuldigt euch. Gebt dem Landesmuseum seine Autonomie zurück und macht eure Experimente woanders. Die Chance im Eltzer Hof habt ihr vergeigt, wie wär's mit dem Erthaler Hof? Der wartet auf eine angemessen Verwendung, und sei es als Demokratielabor. Aber Hände weg von der Steinhalle!

Dieter Becker
Mainz

Zum selben Thema.

Exklusives Zugriffsrecht?

Einerseits wird seit mehreren Tagen die geplante Umwidmung der Steinhalle des Landesmuseums in ein „Demokratielabor" diskutiert und heftig kritisiert. Mit der Umwandlung der Steinhalle und ihren Zeugnissen aus der Antike, für die viele andere Städte dankbar wären, würde ein in dieser Dichte einzigartiger Lern- und Bildungsort entgegen ursprünglicher Zusagen und gegen den Rat zahlreicher Experten ohne Not dauerhaft zerstört.

Zurecht wird darauf hingewiesen, dass die Stadt Mainz mit dem zentral gelegenen „Haus des Erinnerns – für Demokratie und Akzeptanz" bereits eine Bildungsstätte besitzt, die auch wegen ihrer hervorragenden pädagogischen Programme hinaus zunehmend Anerkennung erfährt. Andererseits möchte Kulturminister Konrad Wolf nun das Hambacher Schloss mit einem neuen „Maßnahmepaket" (Inhalt unbekannt) vor einer Vereinnahmung durch antidemokratische Kräfte, sprich durch die AfD, schützen. Als könne die Interpretation eines historischen Ortes durch passende Maßnahmen exklusiv gesichert werden. Erst wenn man diese beiden Initiativen im Vergleich zusammenbringt, dann wird der größere Zusammenhang deutlich, wie Landesregierung, Ressortminister und Landtagspräsident seit Jahren „ticken": Reflexartig wird sich auf alles gestürzt, was im weiteren Sinne mit sogenannter „Demokratieerziehung" und Verteidigung der Demokratie zu tun zu haben scheint. Vieles von dem ist aktionistisch und bislang wenig durchdacht. Auf Bürgerbeteiligung wird dabei – siehe Steinhalle – wenig Wert gelegt, ja, man scheint regelrecht Angst vor der begründeten Meinung selbstbewusster Bürger zu haben. Es macht wenig Sinn, demokratisches Denken und Handeln in einem „Labor" ohne konkrete Bezüge ausprobieren zu wollen. Demokratie gehört nicht ausgestellt, sondern vorgelebt.

Dr. Ralph Erbar
Mainz

ALLGEMEINE ZEITUNG MAINZ 5. JUNI 2021

Zum Römischen Erbe und Haus der Geschichte.

„Museumshügel"

Großartig wäre es, die römischen Exponate der Steinhalle und die anderen römischen Funde des Landesmuseum künftig in den Räumen der Zitadelle auszustellen. Mit Drususstein, römischem Theater, den Römerschiffen und dem Römisch-Germanischen Zentralmuseum würde auf der Zitadelle ein Zentrum für das römische Erbe in Mainz entstehen, das sich langfristig zu einem Zentrum für sämtliche Museen in der Stadt entwickeln könnte. Was für Frankfurt das Museumsufer ist, wäre für Mainz der Museumshügel. Die Räume des Landesmuseum, nahe an Landtag und Landesregierung, hätten dann vermutlich genügend Platz für ein großzügig zu gestaltendes Haus der Geschichte und Demokratie in Rheinland-Pfalz, das sich z.B. mit dem Haus der Geschichte Baden-Württemberg In Stuttgart messen lassen könnte. Die auf der Zitadelle ansässigen Behörden könnten sicher an einem anderen, attraktiven Ort der Stadt untergebracht werden.

Dr. Klaus Süsterhenn
Mainz

Zu Steinhalle und „Demokratielabor" im Landesmuseum.

Kultur-Attacke

Dass es in Mainz noch mehr Lernorte für Demokratie geben müsste, zeigt der Umgang mit der Umwidmung der Steinhalle in ein Depot für abgenutztes Mobiliar des Landtags: Weder vom OB noch von der Stadtverwaltung und erst gar nicht von den Mainzer Abgeordneten des Landtags und des Stadtrats ist etwas Maßgebliches zu diesem würdelosen Angriff auf die Mainzer Kulturszene zu hören.

Da sind mal ein Gebäude und eine Sammlung, die Mainz über seine engen Stadtgrenzen hinaus bekannt machen und und sich neben den Sammlungen in Trier oder Köln behaupten können. Das soll nun zum Lagerraum werden, nur weil der Landtag nicht weiß, wohin mit seinen offenbar noch gut erhaltenen Sitzmöbeln. Als Leihgeber für die Steinsammlung fühle ich mich bitter hintergangen und sehe mich zur Auflösung meines Leihvertrages mit dem Museum gezwungen.

Dr. Jürgen Hartmann

ALLGEMEINE ZEITUNG MAINZ 12. JUNI 2021

Zu den Plänen der Landesregierung, im Landesmuseum ein „Demokratielabor" einzurichten und dafür Teile des Steinhalle zu opfern.

Durchsichtig und wenig Substanz

Die Aussagen von Herrn Hering bieten wenig Substanz. Richtig ist, dass der Landtag mehr als 5 Jahre Gast in der Steinhalle war. Gut ist, dass der Landtagspräsident die Steinhalle nun dem Landesmuseum zurückgeben will. Anmaßend ist, dass er trotzdem dort sein „Demokratielabor" einrichten will. Interessant ist, dass keiner aus der neuen Landesregierung sich zu diesem beispiellosen Missbrauch des Gastrechts bekennt.

Offensichtlich merkt man auch dort, wie kleingeistig Herings Argumente für den Standort Steinhalle sind. Allen Ernstes stellt er die Spanplatten des runden Plenums auf eine Ebene mit den römischen Steindenkmälern.

Allzu durchsichtig geht es in Wahrheit nur um den Erhalt der teuren Einrichtung. Doch genau dafür gibt es keinen Platz in der Steinhalle. Waren die römischen Steine bis 2014 dicht an dicht angeordnet, braucht ein neues modernes Konzept erheblich mehr Raum. War bislang die reine Menge der Exponate beeindruckend, so werden künftig die bedeutendsten Stücke mehr Platz benötigen, um herausragend zu wirken. Heutige Betrachter ohne die Vorkenntnisse früherer Generationen müssen sich den Steinen räumlich und gedanklich nähern, sie von allen Seiten als Ganzes erfassen können, wenn sie die antike Mythologie und Symbolik der Reliefs nicht nur betrachten, sondern begreifen wollen. Die Räumung der Steinhalle ist unabdingbare Voraussetzung für eine zeitgemäße Präsentation.

Ein schlüssiges Konzept für die Zukunft des römischen Erbes in ganz Mainz obliegt allein den kompetenten und kreativen Fachleuten des Landesmuseums und der Landesarchäologie.

Politikern, Juristen und Verwaltungsbeamten ohne Qualifikation darf man diese anspruchsvolle Aufgabe nicht überlassen.

Darum gebt dem Landesmuseum die nötige Autonomie und den versprochenen Freiraum zurück!

Dieter Becker
Mainz

**ALLGEMEINE ZEITUNG MAINZ
29. JULI 2021**

**ALLGEMEINE ZEITUNG MAINZ
2. AUGUST 2021**

―― LESERBRIEFE ――

Zur Steinhalle.

Maulkorb?

Bei der Berichterstattung über die Neukonzeption des Mainzer Landesmuseums (Steinhalle und ein geplantes Demokratielabor) hört man Stellungnahmen des Innenministers und der GDKE-Chefin. Nie jedoch ist zu lesen, welche Vorstellungen die Leitung des Landesmuseums hierzu hat. Gibt es einen Museumsleiter, eine Museumsleiterin? Wenn ja, ist deren Stimme nicht erwünscht, gibt es einen Maulkorb vonseiten der vorgesetzten Behörden oder hat die Leitung keinen Standpunkt zur Gestaltung ihres Hauses? Beides wäre gleichermaßen verstörend.

*Adelheid Meißner
Mainz*

―― LESERBRIEFE ――

Zur Mainzer Steinhalle.

Kein Kompromiss

Ein Verbleib des Plenargestühls in der Steinhalle ist kein Kompromiss! Im Streit um die künftige Gestaltung der Steinhalle des Mainzer Landesmuseums hat Innenminister Roger Lewentz mehrfach öffentlich versprochen, sich für einen Kompromiss einzusetzen. Im Artikel in der AZ vom 23. Juli drückt er die Hoffnung aus, den Streit „durch Gespräche mit allen Beteiligten auflösen zu können". Daran ist aber GDKE-Chefin Heike Otto offenkundig nicht interessiert. Denn sie plädiert in diesem Artikel für einen Verbleib des ausgemusterten Plenargestühls in der Steinhalle sowie für ein dort zu installierendes „Demokratielabor" und bezeichnet genau dies als sich angeblich andeutenden Kompromiss.

Kein Wort davon, dass mit diesen Plänen dem Landesmuseum von demokratisch gewählten Politikern gegebene Zusagen gebrochen werden. Will sie als Archäologin es wirklich zulassen, dass die ohnehin zu knappen Ausstellungsflächen für eine zeitgemäße Präsentation von in den Depots schlummernden Steindenkmälern massiv reduziert werden? Ignoriert wird, dass sich in einer öffentlichen Petition tausende gegen dieses Vorhaben ausgesprochen haben. Kein Wort vom Bürgerrat Steinhalle, dem zwölf Mainzer Vereine und Institutionen angehören. Sie alle lehnen – wie die Mainzer SPD, CDU, FDP und ÖDP – diese Pläne ab. Gleichzeitig sprechen sie sich für das wichtige Anliegen demokratischer Bildungs- und Erinnerungsarbeit an einem anderen Ort aus. Nur so kann Mainz als Ziel von internationalem Kulturtourismus sowie als Kultur- und Wissenschaftsstandort gestärkt werden.

*Gabriele Turban-Lang
Mainz*

ALLGEMEINE ZEITUNG MAINZ
16. DEZEMBER 2021

LESERBRIEFE

Zur Steinhalle.

Nicht blockieren

Es geht ohne die Steinhalle des Landesmuseums. Der Stadtrat hat eindeutig vorgeführt, dass die Alte Lokhalle in der Mombacher Straße während der Sanierung des Rathauses ein geeigneter Tagungsort ist. Außerdem steht die Rheingoldhalle demnächst wieder zur Verfügung. Fazit: Warum soll die Steinhalle durch Stadtratssitzungen blockiert werden, anstatt der Wissenschaft und den Bürgern eine zügige Neukonzeption der gesamten Steinhalle und die umfassende Präsentation der römischen Denkmäler zu ermöglichen? Das wäre eine dem Bürgerbegehren entsprechende Entscheidung des Oberbürgermeisters und des Stadtrats und ein wirklich „historischer Tag".

Dr. Antje Kneisel
Mainz

STELLUNGNAHMEN

DEUTSCHER VERBAND FÜR ARCHÄOLOGIE 2. FEBRUAR 2021

PROF. DR. ALFRIED WIECZOREK
PRÄSIDENT

C 4, 8
68159 Mannheim
Telefon: +49 621 293 21 80
Telefax: +49 621 293 30 99

alfried.wieczorek@rem-mannheim.eu

Datum: 02.02.2021

Stellungnahme des Deutschen Verbandes für Archäologie e.V. und des Deutschen Archäologen-Verbandes e.V. zur geplanten Einrichtung eines Demokratiemuseums in der Steinhalle des Landesmuseums Mainz

Sehr geehrter Herr Landtagspräsident Hering,

Im Namen des Deutschen Verbands für Archäologie, der als Dachverband archäologischer Vereinigungen und fachverwandter Nachbarwissenschaften in Deutschland die Interessen von insgesamt 13, weltweit bestens vernetzten und angesehenen Fachverbänden mit insgesamt mehreren Tausend Mitgliedern vertritt, teilen wir Ihnen unsere Bedenken gegenüber Ihren Plänen bezüglich der Umgestaltung der Steinhalle des Landesmuseums Mainz mit.

Grundsätzlich begrüßen wir Ihre Initiative zur Gründung eines Demokratiezentrums unter Einbezug des derzeit am oben genannten Ort aufgebauten Plenarsaales. Es steht auch für uns außer Zweifel, dass es aktuell geboten ist, Schüler*innen, aber auch anderen Gruppen der Bevölkerung einen authentischen Raum zu bieten, in dem Demokratie erlebbar wird.

Wir sind jedoch dezidiert der Ansicht, dass die Steinhalle in Mainz hierfür definitiv nicht die geeignete Lokalität ist. Bereits der Raum an sich stellt trotz der verheerenden Kriegszerstörungen des Zweiten Weltkriegs ein Baudenkmal ersten Ranges dar, ist doch die kurfürstlich-erzbischöfliche Reithalle eine der größten Anlagen dieser Art im gesamten Heiligen Römischen Reich gewesen.

Hinzu kommt die weit über Mainz hinaus bekannte museologische Nutzung als sog. Stein-/Römerhalle. Dieses Ausstellungskonzept gilt zurecht als hoch bedeutend. In höchst authentischer Weise können Besucher*innen hier römische Steindenkmäler – darunter unter anderem ganze Bauten wie den berühmten Ehrenbogen des Dativius Victor und die noch bekanntere Mainzer Iuppitersäule für Kaiser Nero – in Originalgröße und ohne störende Schranken aus nächster Nähe betrachten. Die gesamte Ausstellung lädt zu einer Zeitreise der besonderen Art ein. Der Raum imitiert vollendet die urbane Struktur römischer Gräberstraßen und öffentlicher Plätze/Wege. Die Besucher*innen entdecken die ausgestellten Denkmäler so, wie sie auch ein*e antike*r Betrachter*in gesehen hat.

(Fortsetzung nächste Seite)

Dieses Ensembles genießt folglich sowohl bei den Museumsbesucher*innen als auch insbesondere in der internationalen Fachwelt hohes Ansehen. Es stellt in der gesamten einschlägigen Museumslandschaft ein nationales wie internationales Alleinstellungsmerkmal dar. Seine einzigartige Atmosphäre ist daher absolut schützenswert.

Die Zerstörung eines solch einmaligen Ausstellungsjuwels hätte unzweifelhaft ausgesprochen schädliche Auswirkungen auf die gesamte Mainzer Museumslandschaft. Der Ruf der Landeshauptstadt Mainz auf dem kulturellen Sektor wäre irreparabel beschädigt. Entsprechende Maßnahmen hätten unweigerlich ein nationales und internationales negatives Presseecho zur Folge. Gerade in einer Stadt wie Mainz – immerhin eine der ältesten römischen Gründungen in Nordeuropa – sollte das römische Erbe in besonderer Weise geschützt werden.

Wir sind uns mit Ihnen einig, dass die Mainzer Museumslandschaft weiter gestärkt werden muss. Dazu gehört ganz sicherlich auch Ihr Plan eines Demokratiezentrums. Dies darf aber keinesfalls zu Lasten bereits bestehender und weithin bekannter Institutionen gehen. Dass das Landesmuseum seit Jahren unter Raumnot leidet und in den vergangenen Jahren manche Einschränkungen hinnehmen musste, verschärft die Situation ohnehin.

Sehr gerne unterstützten wir Sie bei Ihren Bemühungen um die Etablierung eines Mainzer Demokratiezentrums und bei der Suche nach einem anderen geeigneten Raum. Dem Land Rheinland-Pfalz und der Stadt Mainz gereichte es zur Ehre, wenn es gelänge, diesen Interessenskonflikt einvernehmlich zu lösen. Es wäre eine absolute Bereicherung, könnte die Steinhalle in ihrer traditionellen Form am gewohnten Ort weiter bestehen und an einem anderen unserer Demokratie zu einem Begegnungsraum verholfen werden, dessen architektonischer und gestalterischer Rahmen diesem wichtigen Thema angemessen ist.

Wir bitten Sie daher ebenso herzlich wie eindringlich, Ihre Pläne grundsätzlich zu überdenken. Bewahren Sie bitte die berühmte Mainzer Steinhalle als überaus schützenswertes museologisches Kulturdenkmal für die Nachwelt!

Prof. Dr. Alfried Wieczorek
Deutscher Verband für Archäologie e.V.
Präsident

Dr. Patrick Schollmeyer
Deutscher Archäologen-Verband e.V.
Vorstandsvorsitzender

VEREIN DER FREUNDE DES LANDESMUSEUMS E. V. 12. APRIL 2021

Verein der Freunde
des Landesmuseums
Mainz e.V.

c/o
Generaldirektion Kulturelles Erbe
Rheinland-Pfalz
Direktion Landesmuseum Mainz
Große Bleiche 49-51
55116 Mainz

Verein der Freunde des Landesmuseums Mainz e.V. ∗ Große Bleiche 49-52 ∗ D-55116 Mainz

Fon +49(0)6131 2857-110
Fax +49(0)6131 2857-288

Herrn
Hendrik Hering
Präsident des Landtags Rheinland-Pfalz
Platz der Mainzer Republik 1

www.landesmuseum-mainz.de

55116 Mainz

Landesmuseum zu Besuch im Landesmuseum
oder
Das Landesmuseum Mainz darf nur am Wochenende „seine" Steinhalle betreten
oder
Eine einmalige Sammlung römischer Steindenkmäler als historische Dekoration für den Landtag (spräsidenten)?

Sehr geehrter Herr Landtagspräsident Hering,

wie Sie sehen können, gibt es Raum für zahlreiche Interpretationsmöglichkeiten bezüglich der künftigen Bestimmung der Steinhalle. Eine bereits im Frühjahr 2020 ausgehandelte, jedoch inhaltlich unbekannte Vereinbarung soll die künftige Weiterverwendung der Steinhalle festschreiben, die im Herzen der Mainzer als Teil „ihres" Landesmuseums tief verankert ist.

Nachstehend im Internet verfügbare Anfrage an die Verwaltung des Landtags Rheinland-Pfalz vom 21. Mai 2020 bezüglich des Inhalts der Vereinbarung, bekommt eine lapidare, nicht sachbezogene Antwort und den Status „abgeschlossen". Jedoch gibt sie interessante Hinweise auf Inhalt und Zeitplan.
Zitat: *„Mit der Einrichtung eines Demokratie-Museums in der Steinhalle ist die Einflussnahme des Landtags, vor allem seines Präsidenten, auf die neue inhaltliche Ausrichtung des Landesmuseums am Ende der großen Landesausstellung 2020/21, also ab April 2021 verbunden".*

Bedauerlicherweise muss festgestellt werden, dass zum Verhandlungszeitpunkt mit Herrn Metz, der in absehbarer Zeit ausscheidenden Leitung der GDKE, ein über dessen Amtszeit weit hinaus reichender Beschluss festgeschnürt wurde. Diesem Stil ist nichts hinzuzufügen. Außerdem ist es ein altbekanntes Mittel zum Zweck, einschneidende Beschlüsse hinter der Schutzwand anderer größerer Vorkommnisse zu fassen oder umzusetzen. Da bietet sich die alles überlagernde Corona-Situation bestens an.
In einem anderen, demokratischen Ereignis, wie einer Landtagswahl im April 2021, eine Schutzwand für eine vorzeitige Bekanntgabe dieses Plans zu vermuten, ist für einen fest in der Demokratie verankerten Vorstand schwer vorstellbar?

Nach der Landesverfassung Rheinland-Pfalz in Artikel 85, Absatz 3 übt der Landtagspräsident das Hausrecht und die Polizeigewalt im Landtagsgebäude aus. Da die Steinhalle künftig als eine Art „Wurmfortsatz" des eigentlichen Landtags anzusehen sein wird, geht das Hausrecht unbefristet an Sie über. Also ist das Landesmuseum künftig zu Besuch im „Demokratie-Museum"? Zu welchen Zeiten

dürfen die Besucher und die Freunde des Landesmuseums die Steinhalle mit Ihrer allmächtigen Erlaubnis artig betreten? Und was finden sie dort vor?

Wir zitieren aus dem öffentlichen Bericht zur Sanierung des Deutschhauses die Worte des ehemaligen, leider verstorbenen Landtagspräsidenten Joachim Mertes bei der Schlüsselübergabe für das Landesmuseum im Jahr 2016:
„Sicherlich treffen hier in der Steinhalle sehr unterschiedliche Charaktere von Parlament und Museum mitunter aufeinander. Doch das Schönste an dieser Gemeinschaft auf Zeit ist: Jeder hat etwas davon. Auf Neudeutsch: ***Es ist eine klassische Win-Win-Situation".***
Eine sehr deutliche Aussage, doch die Inhalte des „Schönsten" lösen sich gerade in **Nichts** auf. Die beschriebene Win-Win- Situation hat sich bereits nach kurzer Zeit zu einer eindeutigen Win-Situation zugunsten des Landtags(-präsidenten?) und zum gravierenden, vielleicht sogar existenzbedrohenden Nachteil unseres Landesmuseums verschoben. Die klar auf Zeit angelegte und öffentlich immer noch so kommunizierte Nutzung der Steinhalle – eingeschlossen die Rückgabe an das Landesmuseum - soll jedoch nach Abschluss der deutlich verteuerten Renovierung und nach Wiedereinzug in das Deutschhaus in geänderter Form durch den Landtag fortgeführt, die Steinhalle <u>nicht</u> frei geräumt und <u>nicht</u> dem Museum wie versprochen zur eigenen Nutzung zurückgegeben werden.

Hier trifft man auf die dritte Schutzwand. Hat der personelle Wechsel 2016 im Amt des Landtagspräsidenten begünstigt, dass eindeutige Vereinbarungen ins Leere liefen und konterkariert wurden?

(Aussage in Ihrer Demokratie-Reihe)
„Am Ende beschließt der Landtag, welche Politik für Rheinland-Pfalz gemacht wird, und er kontrolliert, ob die Regierung diese Entscheidungen gewissenhaft ausführt". Und welche Institution ist in diesem Sinn für die gewissenhafte Ausführung durch Landtagspräsidenten zuständig?

Andere Mainzer Museen rüsten teils massiv auf, das Landesmuseum verliert massiv an Fläche, wieder einmal.

Ist ein attraktives Landesmuseum Mainz politisch nicht mehr gewollt?

Kann hoheitliche Ignoranz eines der ältesten Museen Deutschlands derart gravierend beschneiden? Man ist versucht, von einer Marginalisierung des Landesmuseums zu sprechen.

Würde Frau Ministerpräsidentin Dreyer in ihrer Heimatstadt Trier solch eine Verstümmelung des dortigen Landesmuseums ohne Intervention hinnehmen?

Die archäologischen Monumente des Landesmuseums Mainz – auch die mit hoher finanzieller Unterstützung des Freundevereins in Restaurierung und momentan außer Haus befindliche „Große Mainzer Jupitersäule"- sind eben „monumental" und benötigen dementsprechend viel Platz. Wo ist die Ersatzfläche für diese bedeutende römische Steinsammlung, damit sie in toto im Landesmuseum präsentiert werden kann, um nicht aufgeteilt oder eingemottet zu werden? Wir fordern die Besichtigung dieser Schätze ohne Einschränkungen.

Im Jahr 2018 besuchten in Deutschland laut Institut für Museumsforschung rund 111,7 Millionen Besucher die Museen, ein Vielfaches der Besucher in Fußballstadien. Führende Museen und deren Direktoren überlegen, wie sie die Aufenthaltsqualität für die Besucher weiter verbessern können. In Mainz wird ein Absinken des kulturellen Niveaus geplant.

(Aussage in Ihrer Demokratie-Reihe)
„Der Landtag ist das Herzstück der parlamentarischen Demokratie in unserem Land"

Wir rufen Ihnen im Namen aller Vereinsmitglieder und sehr vieler noch ahnungsloser Bürger zu:

Die Steinhalle ist das Herzstück unseres Landesmuseums in Mainz

Das Landtagsgebäude wurde aus Steuermitteln zukunftsgerecht ausgestattet, damit es u.a. (Zitat) *bis hin zu den Bedürfnissen der über 35.000 Besucherinnen und Besucher, die alljährlich Landespolitik vor Ort erleben*, seine Funktion erfüllen kann. Stören Besucher in dem schicken, aus Steuergeldern erneuerten Landtagsgebäude? Soll ein großer Teil des Besucherstroms für viele Präsentationen flink in das „Demokratie-Museum" umgelenkt werden? Demokratie aus Konserve und Reagenzglas?

Der Vorstand des Vereins der Freunde des Landesmuseums beobachtet Ihre groß angelegte Initiative, die Begeisterung für die Demokratie (wieder) zu entfachen. Wenn die komplette Bestuhlung des Plenarsaals unerwarteter Weise nicht mehr im neu renovierten Landtag benötigt wird, könnte sie möglicherweise dieses Demokratie-Spiel zu unterstützen. Wenn „die Politik" so sehr daran interessiert ist, sollte sie nach einem geeigneten Platz für dieses Ensemble suchen, aber in diesem Zusammenhang nicht die Demokratiebegeisterung sehr vieler (Bildungs-)Bürger massiv beschädigen und gegen Null reduzieren.
Ein demokratisches Vorgehen kann dies nicht genannt werden.

Der Vorstand des Vereins der Freunde des Landesmuseums e.V. wurde erst gegen Ende März auf Anfrage in einer Vorstandssitzung von Frau Dr. Otto, Leitung GDKE, über das Vorhaben informiert und weist ausdrücklich auf diese unglaubliche Tatsache hin.
Der Vorstand ist ob des Inhalts und ob des späten Zeitpunkts empört.
Nur aus diesem Grund kann der Vorstand so spät seinen Protest einlegen.
Die Vereinsmitglieder wurden danach umgehend über diese Art des Vorgehens in einem Mitgliederbrief informiert.

Ein Interview in der Allgemeinen Zeitung Mainz vom 8. April 2021 mit Frau Dr. Otto weist im letzten Absatz kurz auf die geplante Weiterverwendung der Steinhalle hin.
Natürlich wird der Mainzer Bevölkerung dieser Plan (oder Coup?) als Vorteil für das Landesmuseum dargestellt. Das eindeutige Gegenteil ist der Fall.

Das Landesmuseum benötigt keine Initialzündung mit dem Wortmonster „Demokratielabor" unter der Führung und Aufsicht des Landtag(spräsidenten), damit der **„Rest"** (welcher Rest?) breiter aufgestellt wird. Die vielseitigen Sammlungen des Landesmuseums sind außerordentlich bedeutend. Es ist beschämend zu sehen, dass deren Präsenz erneut verkleinert werden soll und deren Gewinn für das kulturelle Niveau der Stadt Mainz und des Landes Rheinland-Pfalz von der Politik herab gewürdigt wird. Der Förderverein mit seinen kulturell sehr engagierten Mitgliedern ist entsetzt und fordert:

„Geben Sie dem Landesmuseum und den Mainzer Bürgern die Steinhalle komplett zurück"

Mit besten Grüßen

gez.
Der Vorstand der Freunde des Landesmuseums Mainz e.V.
im Namen aller Vereinsmitglieder

VERBAND DER HISTORIKER UND HISTORIKERINNEN DEUTSCHLANDS 3. MAI 2021

Verband der Historiker und Historikerinnen Deutschlands

Frankfurt a. M., 3. Mai 2021

Offener Brief an Malu Dreyer, Ministerpräsidentin des Bundeslandes Rheinland-Pfalz, zur Erhaltung der Steinhalle des Mainzer Landesmuseums als Präsentationsort der Sammlung römischer Steindenkmäler

Sehr geehrte Frau Ministerpräsidentin Dreyer,

mit großem Interesse verfolgen wir die Debatte um die Pläne, in der Mainzer Steinhalle einen „Ort der Demokratie" einzurichten. Wir schließen uns den Forderungen des Mainzer Altertumsvereins, des Deutschen Verbands für Archäologie, des Deutschen Archäologenverbandes wie auch des Vereins der Freunde des Landesmuseums an, die Steinhalle des Mainzer Landesmuseums als Präsentationsort der Sammlung römischer Steindenkmäler zu erhalten und auch die wichtigen frühchristlichen und jüdischen Grabsteine aus der Sammlung des Landesmuseums zeitgemäß zu präsentieren.

Das Funktionieren und die Weiterentwicklung von Demokratien in der globalen Welt sind ein sehr aktuelles Thema, so dass wir die Pläne, einen „Ort der Demokratie" zu schaffen, gut nachvollziehen können. Wir möchten jedoch nachdrücklich infrage stellen, ob ein Museum mit archäologischem und kulturgeschichtlichem Schwerpunkt dafür der richtige Platz ist. Für das Verständnis eines historischen Ortes der Demokratie ist es notwendig, die Geschichte eben nicht auf die Zeitgeschichte zu reduzieren, sondern unsere heutige politische Kultur in seiner eindrucksvollen historischen Tiefe zu verorten. Dazu gehört ganz zentral das römische Erbe der Stadt Mainz, das diese historische Dimensionierung in einzigartiger Weise repräsentiert und das daher auch international ein herausragendes Renommee besitzt. Mit dem Auseinanderreißen einer der bedeutendsten und umfangreichsten Sammlungen römischer Steindenkmäler wäre die Chance vertan, das reiche Erbe haptisch zugänglich zu machen und als Erinnerungsort mit besonderer historischer Atmosphäre im kulturellen Gedächtnis zu bewahren.

Deshalb appellieren wir mit Nachdruck an Sie, Ihre Entscheidung zur Umgestaltung der Steinhalle zu überdenken und den geplanten „Ort der Demokratie" an anderer und vielleicht passenderer Stelle entstehen zu lassen und verweisen in diesem Zusammenhang auch auf die Arbeit des wenige Meter vom Landesmuseum entfernt etablierten „Hauses des Erinnerns – für Demokratie und Akzeptanz." Damit könnte zudem vermieden werden, ein Gefälle zwischen der Bewahrung des kulturellen Erbes und einem lebendigen Lernort zur Demokratie entstehen zu lassen. Vielmehr muss es doch darum gehen, durch eine angemessene Präsentation auch der römischen Geschichte das Bewusstsein dafür wach zu halten, dass die Leistungen unserer heutigen Demokratie ihre Wurzeln auch in diesem antiken Erbe haben.

Mit freundlichen Grüßen

Eva Schlotheuber
Vorsitzende

GESAMTVEREIN DER DEUTSCHEN GESCHICHTS-UND ALTERTUMSVEREINE E.V. 4. MAI 2021

Gesamtverein der deutschen Geschichts- und Altertumsvereine e.V.

Dr. Johannes Mötsch, 1. Vorsitzender

Gesamtverein der deutschen Geschichts- und Altertumsvereine (www.gesamtverein.de)   Tel. 03693 / 478696

Dr. Johannes Mötsch, Leipziger Str. 10, 98617 Meiningen

Frau Ministerpräsidentin
Malu Dreyer
Staatskanzlei
Peter-Altmeier-Allee 1
55116 Mainz

Meiningen, 4. Mai 2021

Sehr geehrte Frau Ministerpräsidentin!

Der Gesamtverein der deutschen Geschichts- und Altertumsvereine ist 1852 in Dresden und Mainz gegründet worden. Er vertritt die gemeinsamen Interessen der über 200 Mitgliedsvereine. Darunter befindet sich auch der Mainzer Altertumsverein e.V., der zu den Gründern des Gesamtvereins gehört.

Aus Mainz hat man uns jetzt darauf hingewiesen, dass entgegen früheren Zusagen auch nach Rückkehr des Landtags in das restaurierte Deutschhaus das Gestühl des Landtages in der Steinhalle des Mainzer Landesmuseums verbleiben und diese als „Reallabor Demokratie" genutzt werden soll.

Die in der Steinhalle präsentierten römischen Steindenkmäler stellen eine der bedeutendsten Sammlungen ihrer Art nördlich der Alpen dar, die nicht in den Hintergrund gedrängt und auf die Rolle einer Kulisse beschränkt werden dürfen.

Für einen Ort der Demokratiegeschichte, der unbedingt sinnvoll ist, stehen in Mainz mehrere geeignete Orte wie das Deutschhaus und das Schloss zur Verfügung. Zudem existiert wenige Meter vom Landesmuseum entfernt mit dem vor einigen Jahren eingerichteten „Haus des Erinnerns Für Demokratie und Akzeptanz" bereits eine Art „Demokratielabor", das mit großem Erfolg und mit Bundesförderung die Arbeit der Vermittlung von Demokratiegeschichte und -bildung leistet. Deshalb unterstützt der Gesamtverein – auch in der Öffentlichkeit – das Anliegen des Mainzer Altertumsvereins:

- den Erhalt der in ihren historischen Dimensionen einmaligen barocken Reithalle als Raumeinheit, die durch den Interimseinbau des Plenarsaals derzeit erheblich verkleinert ist,
- die umfassende Präsentation der in ihrer Gesamtheit überregional bedeutenden Römischen Sammlung im Museum, als einem Ort, an dem das Römische Mainz in seiner Vielfalt und einmaligen Dichte erlebbar ist,
- die Wiedereröffnung der Vor- und Frühgeschichtlichen Sammlung und der Abteilung Römischer Funde (Glas, Metall, römischer Alltag, Neufunde),
- den Erhalt der gesamten bedeutenden Museumssammlung, die von der Vorgeschichte bis zur Gegenwart die gesamte menschliche Kulturgeschichte umfasst, in der nicht einzelne Abteilungen zugunsten anderer reduziert werden dürfen,
- ein Demokratieforum bzw. Demokratielabor nicht auf Kosten der Ausstellungsräume, sondern an einem anderen, dafür geeigneten Ort.

Deshalb würde ich mich sehr freuen, wenn mit Ihrer Unterstützung geeignete (getrennte) Lösungen für beide Projekte gefunden werden könnten.

Mit freundlichen Grüßen

(Dr. J. Mötsch)

1. Vorsitzender des Gesamtvereins

VEREIN DER FREUNDE DES LANDESMUSEUMS E. V. 5. MAI 2021

**Verein der Freunde des Landesmuseums e.V.
Stellungnahme 5. Mai 2021**

Der Verein der Freunde des Landesmuseums e.V. hat bereits mehrfach seine Ansicht zu den geplanten Veränderungen der Steinhalle an verschiedenen Stellen vertreten.

Grenzen
In der Art der Vorbereitung des Projektes „Reallabor Demokratie" hat die Politik diverse Grenzen überschritten, Wissenschaftler, Historiker und Bürger düpiert, Vertrauen verspielt, ein von vielen Seiten undemokratisch genanntes Verhalten gezeigt und vermittelt momentan den Anschein, eine anstehende Umsetzung des Projektes „Reallabor Demokratie" in der berühmten Steinhalle mit der selben offenkundigen Ignoranz durchzusetzen.

Maßlosigkeit und Schwarzbuch
Die Kosten der Sanierung des Landtagsgebäudes (mit neuer Bestuhlung) stiegen von 25 auf nahezu 70 Millionen Euro und der Landtag verweigerte zweimal die Errichtung eines Kostendeckels.

Zusätzlich zum Luxus Bau Landtag verlangt der Landtagspräsident jetzt die Weiternutzung der historischen kurfürstlichen Reithalle für seine „Demokratiezwecke".
Begründung für den neuen Anbau des Landtags (Zitat) „er solle insbesondere auch den Besuchern des Landtags dienen, welche sich künftig in zeitgemäßer Art und Weise über Geschichte, Aufgabe, Funktion und Arbeit dieser **„Herzkammer"** *der Demokratie informieren könnten".*

Museumscarré: verspätete Einsicht
Die Chance für ein plötzlich hoch gepriesenes Museumscarré wurde spätestens 2018 vertan, als das Land Rheinland-Pfalz trotz zahlreicher qualifizierter Einsprüche ein Mainzer Wahrzeichen, den Eltzer Hof für fünf Millionen Euro an einen Investor verkaufte, weil zuvor die Umsetzung der ausgezeichneten Pläne eines Kasseler Architektenbüros aufgrund der „hohen" Kosten von knapp 22 Millionen Euro für zu hoch betrachtet und daher abgelehnt wurden.
Jetzt soll ein Rumpf-Museumscarré auf Kosten des Landesmuseums entstehen.

Marginalisierung des Landesmuseums
Der Wegfall einer weiteren Ausstellungsfläche von ca. 1.200 Quadratmetern, der Verlust des Ausstellungspavillons im Innenhof, der Nutzungsfläche im barocken Adelspalais Eltzer Hof (Schaden für die bedeutende graphische Sammlung) und die geplante Umwandlung des Landesmuseums in ein politisches Anhängsel des Landtags führen zu dieser Annahme.
Wenn nach Lesesaal auch das Forum als Veranstaltungs- und Vortragssaal wegfiele, auch keine Konzerte von Villa Musica mehr stattfinden könnten, wäre das ein weiteres Armutszeugnis.

Verletzung des moralischen Grundverständnisses:
Die „Umwandlung" eines öffentlichen und gut dokumentierten Versprechens eines verstorbenen Vorgängers im Amt zur Rückgabe einer restaurierten Steinhalle an das Landesmuseums wird allgemein als Wortbruch aufgefasst.
Ein Gastrecht auf Zeit wird statt eines Dankes in eine Dauerbesetzung zur einseitigen Durchsetzung politischer Interessen umgewandelt.
Die Art und Weise der Beschlussfassung des Projektes in kleinstem Kreis mit einem in Kürze aus dem Amt scheidenden Generaldirektor der GDKE, die sorgsame Verdeckung bis nach der Landtagswahl, eine unter dem Druck der Presse eilig herausgegebene Pressemitteilung von Landtag und Ministerium für Wissenschaft, Weiterbildung und Kultur wie eine hochherrschaftliche Verkündigung, ist empörend.

(Fortsetzung nächste Seite)

Herzkammer des Landesmuseums: das komplette Ensemble Steinhalle
Dieses Empfinden haben neben den Freunden des Landesmuseums auch das Bürgertum der Stadt Mainz. Das Entsetzen konnten wir in den letzten Tagen überall entgegennehmen. Der Verein der Freunde des Landesmuseums geht von zahlreichen Austritten aus.

Ignoranz gegenüber Wissenschaft und Geschichte
Für kurzfristige politische Ideen eines kleinen Kreises (oder einer Person?) werden fundierte Argumente und eindeutige wissenschaftliche Erkenntnisse ignoriert. Eine Möblierung von 1987 wird als historisch klassifiziert und verdrängt ohne Rücksichtnahme einmalige, identitätsfördernde Kunstwerke in Depots.
Jupitersäule und Dativius Viktor Bogen gehören zusammen mit den Denkmälern aus dem römischen Mainz so komplett wie möglich in die Steinhalle. Neue Ausstellungkonzepte beleben die Museen.
Eine unwissenschaftliche Verdrängung ausgelöst durch politische Ambitionen wird vom Verein der Freunde abgelehnt.
Mit dem Geld der Steuerzahler wird dafür gesorgt, dass wertvollste Schätze nicht gezeigt werden.

Der Wunschtraum „Kunst und Kultur ohne Politik"
Kunst erleben und grundlegende historische Ereignisse in ansprechender Darstellung dargelegt zu bekommen, sollte an einem Ort frei von Politik stattfinden können!
„Der Zeit ihre Kunst, der Kunst ihre Freiheit" (Inschrift am Gebäude der Wiener Secession)
Kunst wird in der Geschichte leider immer wieder als Instrument für Bereicherung, Macht und Profilierung eingesetzt, dient aber regelmäßig als erstes Einsparpotential in Zeiten knapper Kassen.

Politikfreie Bildungszone
Warum will die Politik nicht verstehen, dass eine politikfreie Erholungszone dringend gewünscht wird? Sie trägt deutliche Mitverantwortung für die um sich greifende Politikverdrossenheit.

Historisch angemessener Platz für das Reallabor Demokratie
Der „Mainzer Jakobinerklub" wurde am 23. Oktober 1792 im Akademiesaal des Kurfürstlichen Schlosses in Mainz als Zusammenschluss deutscher Jakobiner gegründet.
Warum fordert der Landtagspräsident an dieser Stelle keinen Platz für den vorherigen Plenarsaal ein? Das römisch-germanische Zentralmuseum zieht aus: Eine ideale Gelegenheit?

Haltung
Warum verschließt sich die Politik diesen hochrangigen Argumenten?
Welche Größe gehört dazu, auf diese ausgewiesenen unabhängigen Fachleute zu hören und einen anderen, wirklich passenden Platz für das Projekt „Reallabor Demokratie" auszuwählen?

Es ist überaus beeindruckend zu sehen, wie sich hochrangige Historiker und Wissenschaftler aus Deutschland und Europa mit fundierten, nicht zu leugnenden Argumenten für das Ensemble aus historischer kurfürstlicher Reithalle in Verbindung mit den wertvollen römischen Steindenkmälern einsetzen.

Fazit

Die grundlegenden Aufgaben des im Jahr 1965 gegründeten Vereins der Freunde des Landesmuseums e.V. sind: Sammeln - Bewahren - Forschen – Vermitteln.
Der gewählte, ehrenamtlich tätige Vorstand steht stellvertretend für seine Mitglieder in der Erfüllung dieser Ziele.

Der Verein der Freunde des Landesmuseums e.V. kann die in einer Pressemitteilung bekanntgegebene Neukonzeption im Auftrag seiner Mitglieder nicht zu seinen Zielen zählen.

Der Verein der Freunde des Landesmuseums e.V. kann die Priorisierung politischer Ideen auf Kosten wertvoller Kulturgüter nicht akzeptieren.

GESELLSCHAFT FÜR NÜTZLICHE FORSCHUNGEN ZU TRIER E. V. 5. MAI 2021

Frau Ministerpräsidentin Malu Dreyer
Herrn Landtagspräsident Hendrik Hering
Landesregierung Rheinland-Pfalz
Staatskanzlei Rheinland-Pfalz
Postfach 3880
55028 Mainz

GESELLSCHAFT FÜR NÜTZLICHE FORSCHUNGEN ZU TRIER E.V.

Trier, den 5. Mai 2021

Steinhalle

Sehr geehrte Frau Ministerpräsidentin,
sehr geehrter Herr Landtagspräsident,

mit Mainz und Trier verfügt das Land Rheinland-Pfalz über zwei in Deutschland unvergleichbare Orte aus römischer Vergangenheit. Jede dieser beiden Städte hat ihren eigenen Charakter, Mainz als Legionsstandort und Hauptstadt einer militärisch geprägten Provinz, Trier mit seiner großartigen zivilen und administrativen Geschichte. Einzigartige archäologische Denkmäler zeugen davon.

Seit zwei Jahrhunderten haben an beiden Orten Bürger in historischen Gesellschaften mit großem Eifer für die Geschichte ihrer Heimat Denkmäler sichergestellt, gesammelt und aufbewahrt. In Trier war dies die 1801 gegründete Gesellschaft für nützliche Forschungen, ohne die es die Mehrzahl der römischen Baudenkmäler in Trier und Umgebung heute nicht mehr geben würde. In Mainz war dies der Altertumsverein. Beide Gesellschaften verbindet aufgrund ihrer gleichgerichteten Zielsetzung eine freundschaftliche Verbindung. Beide Gesellschaften haben in rezenten Verträgen mit dem Land Rheinland-Pfalz Vereinbarungen getroffen, nach denen das Land für die Überlassung der Denkmäler, unberührt der jeweiligen Eigentumsrechte, verantwortungsvolle Behandlung, Bewahrung und Präsentation für die Öffentlichkeit garantiert.

Mit Verwunderung und mit Sorge auch um unsere eigene Sammlung in Trier nehmen wir heute zur Kenntnis, dass Sie den Saal der römischen Steindenkmäler im Landesmuseum Mainz in einen „Ort der Demokratie" umwandeln wollen. Damit wird dem Landesmuseum Mainz mit seinem ehemals besonderen Präsentationskonzept im Steinsaal die Ihnen gewährte Gastfreundschaft für eine vorübergehende Aufnahme des Landtages des Landes Rheinland-Pfalz schlecht gedankt!

Der Vorstand der Gesellschaft für nützliche Forschungen zu Trier e.V., gegr. 1801, erwartet, dass auch Sie Ihrer Verantwortung gegenüber dem kulturellen Erbe in Rheinland-Pfalz gerecht werden. Zahlreiche Wissenschaftler und wissenschaftliche Organisationen haben Ihnen gegenüber aktuell den Wert der Steinsammlung im Landesmuseum Mainz betont und ihrer Empörung über dessen Auflösung deutlich Ausdruck gegeben. Der Vorstand der Gesellschaft für nützliche Forschungen fordert Sie auf, dem Steinsaal im Landesmuseum Mainz seinen Charakter zum Wohl der Denkmäler und zum Nutzen des Publikums zurückzugeben. Mit hoher Aufmerksamkeit werden wir Ihre Entscheidung verfolgen und im Kreis unserer ca. 800 Mitglieder bei Vorträgen, Führungen und in unseren Publikationen kommunizieren. Die Konsequenzen nicht zuletzt für unsere eigene Sammlung in Trier müssen wir bei unseren Erörterungen dabei stets im Blick behalten.

In Erwartung, dass Sie im Respekt vor den archäologischen Leistungen und Verdiensten unserer Vorfahren in unseren Gesellschaften und in Ihrer Verantwortung für die archäologischen Denkmäler in der Steinhalle des Landesmuseums Mainz Ihre Entscheidung eindeutig zu Gunsten der Denkmäler in der Steinhalle im früheren Zustand treffen, verbleiben wir
mit freundlichen Grüßen.

Für den Vorstand der Gesellschaft für nützliche Forschungen

Prof. Dr. Lukas Clemens
Vorsitzender

VERBAND DER GESCHICHTSLEHRER DEUTSCHLANDS E. V. 6. MAI 2021

Mainz, 06. Mai 2021

Offener Brief des Geschichtslehrerverbandes (Landesverband RLP) zur Erhaltung der Mainzer Steinhalle an den Landtagspräsidenten Hendrik Hering

Als Landesvertretung Rheinland-Pfalz des Geschichtslehrerverbandes fordern auch wir den Erhalt der Steinhalle des Landesmuseums in Mainz. Sie ist als zentraler Ausstellungsort, als Ort der (Hochschul-)Ausbildung sowie als außerschulischer Lern- und Forschungsort von europaweit herausragender Bedeutung.

Sie fasziniert und motiviert SchülerInnen, Studierende wie Lehrkräfte zur Auseinandersetzung mit der römischen Geschichte und fördert gerade auf Grund ihrer Vielfalt eine entdeckend-forschende Auseinandersetzung mit den Exponaten vor Ort. Die in Rheinland-Pfalz curricular verankerte Öffnung von Schule im Hinblick auf römische Wurzeln und Zeugnisse der Region gelingt über die Erkundung der Steinhalle mit hohem Lebensweltbezug. Zugleich birgt sie das besondere Potential, über eine Begegnung mit den römischen Steindenkmälern ein reflektiertes Bewusstsein für den Umgang mit und die Pflege des kulturellen Erbes in der Zukunft zu schärfen. Die Möglichkeit einer wissenschaftsorientierten Vermittlung kulturgeschichtlicher und archäologischer Zugänge zur römischen Geschichte in solcher Anschaulichkeit ist bemerkenswert und verdient es, in ihrer Fülle gerade für künftige SchülerInnen- und Studierendengenerationen erhalten zu bleiben. Die öffentliche Zugänglichkeit schafft nicht nur didaktisch wertvolle Anreize für außerschulische Exkursionen innerhalb von Rheinland-Pfalz, sondern auch darüber hinaus. Zugleich ist sie ein vielfach gewählter Begegnungsort im Rahmen von Schüleraustauschprogrammen, über den die Geschichtsträchtigkeit der Stadt Mainz mit besonderem Ausdruck auch im internationalen Rahmen zum Tragen kommt.

Demokratiegeschichte als Lehr- und Lerngegenstand ist wichtig und bedarf, insbesondere in ihrer historischen und erinnerungskulturellen Dimension, weiterer Förderung. Allerdings sollte die Steinhalle als Reservoir und Kommunikator des römischen Erbes hierfür nicht weichen müssen. Daher möchten wir dazu anregen, die Entscheidung über die zukünftige Nutzung der Steinhalle des Landesmuseums in diesem Sinne zu überdenken.

gez. Katharina Kaiser
Landesvorsitzende VGD RLP

gez. Anne Sophie Schumacher
Stellvertretende Landesvorsitzende VGD RLP

Verband der Geschichtslehrer Deutschlands e.V.
Landesverband Rheinland-Pfalz vgd-rlp@gmx.de

MAINZER ALTERTUMSVEREIN E. V. 10. MAI 2021

Mainzer Altertumsverein e.V. | Rheinallee 3B | 55116 Mainz

An die Ministerpräsidentin
des Bundeslandes Rheinland-Pfalz
Frau Malu Dreyer
Staatskanzlei -Postfach 3880
55028 Mainz

Mainzer Altertumsverein e.V.
Rheinallee 3B (Stadtarchiv)
55116 Mainz
Telefon: 06131/229442
Telefax: 06131/123569
E-Mail: info@mainzer-altertumsverein.de
www.mainzer-altertumsverein.de

Mainz, den 10.5.2021

Betr.: Zukunft der Steinhalle im Landesmuseum Mainz

Sehr geehrte Frau Ministerpräsidentin Dreyer,

sicher haben Sie in den letzten Wochen die überaus zahlreiche Kritik am Vorhaben des Herrn Landtagspräsidenten Hering zur Einrichtung eines sog. Demokratielabors gehört bzw. gelesen. Auch wir, der Mainzer Altertumsverein, haben sowohl im vergangenen Jahr wie in 2021, immer wieder in Gesprächen und Schreiben versucht, das Vorhaben in dieser Art zu verhindern.

Der Mainzer Altertumsverein fühlt eine starke Mitverantwortung für die römischen Sammlungen, hat er doch diese vornehmlich im 19.Jahrhundert gesammelt und zusammengestellt, im 20. Jahrhundert an die Stadt Mainz übergeben, und schließlich hat die Stadt diese mittels Treuhandvertrag, noch unter Jockel Fuchs, an das Land übertragen. Dieser Vertrag aus 1967 beinhaltet für das Land die Verpflichtung, die Sammlungen zu präsentieren und sowohl der Wissenschaft als auch der Öffentlichkeit zugänglich zu machen.

Insoweit sehen wir, sollte die Sammlung reduziert und große Teile ins Depot genommen werden, eine Vertragsverletzung, die so nicht hingenommen werden kann. Diesen Standpunkt vertritt wohl auch OB Ebling, und sogar die SPD-Stadtratsfraktion hat jetzt in diese Richtung Stellung bezogen.

Anbei senden wir Ihnen auch unsere am 28.4.2021 in der AZ veröffentlichte Stellungnahme, zur freundlichen Kenntnisnahme.

Sehr geehrte Frau Ministerpräsidentin, bitte greifen Sie ein, wir sind nicht gegen das Demokratielabor, aber nicht unter diesen Umständen und nicht an diesem Ort.

Mit freundlichen Grüßen
Mainzer Altertumsverein

Vorstand:
Günther Knödler (1. Vorsitzender), Dr. Frank Teske (1. Schriftführer),
Prof. Dr. Wolfgang Dobras (2. Schriftführer), Peter Jost (Schatzmeister)

Bankverbindung:
Mainzer Volksbank, Konto 22099014, BLZ 55190000
IBAN DE93 5519 0000 0022 0990 14, BIC MVBMDE55

MOMMSEN - GESELLSCHAFT E. V. 16. MAI 2021

MOMMSEN-GESELLSCHAFT E.V.
VERBAND DER DEUTSCHSPRACHIGEN FORSCHERINNEN UND FORSCHER
AUF DEM GEBIETE DES GRIECHISCH-RÖMISCHEN ALTERTUMS

UNIVERSITÄT ZU KÖLN, INSTITUT FÜR ALTERTUMSKUNDE, ALBERTUS-MAGNUS-PLATZ, 50923 KÖLN

Frau Ministerpräsidentin Malu Dreyer
Herrn Landtagspräsident Hendrik Hering
Landesregierung Rheinland-Pfalz
Staatskanzlei Rheinland-Pfalz
Postfach 3880
55028 Mainz

Der Erste Vorsitzende
Univ.-Prof. Dr. Jürgen Hammerstaedt

Telefon +49 (0)221 470-2242
Sekretariat +49 (0)221 470-2520
Fax +49 (0)221 470-5931
Mail ala19@uni-koeln.de

Köln, 16. Mai 2021

Erhalt der Steinhalle am Landesmuseum Mainz

Sehr geehrte Frau Ministerpräsidentin,
sehr geehrter Herr Landtagspräsident,

im Namen der Mommsen-Gesellschaft, des Berufsverbands von über 750 deutschsprachigen Forscherinnen und Forschern auf dem Gebiet des Griechisch-Römischen Altertums, fordere ich Sie auf: bitte überdenken Sie Ihr Vorhaben der Einrichtung eines „Ortes der Demokratie" in der Steinhalle des Landesmuseums in Mainz und geben Sie unbedingt der 2015 ja eigentlich nur für eine vorübergehende Nutzung durch den Landtag geräumten Halle wieder ihre ursprüngliche Funktion zurück!

Mit der Steinhalle besaß die Landeshauptstadt Mainz einen regional, überregional und sogar europaweit bekannten Ausstellungsort antiker Steindenkmäler, der ein breites Publikum aus allen Alters- und Bildungsklassen faszinierte. Bei der Betrachtung der vielfältigen Monumente entstand nicht nur ein lebendiges Bild von der antiken Stadt Mainz, die kurz vor der Zeitenwende gegründet und eine lange Zeitspanne ihrer Geschichte, fast ein halbes Jahrtausend, vom Römischen Reich geprägt wurde. Gerade durch die Pandemieerfahrungen, die im Bildungssektor einen deutlichen Vorschub der digitalen Vermittlung historischer Kenntnisse mit sich brachten, ist überall ein Bewusstsein für die wichtige real-räumliche Erfahrung historischer Monumente gewachsen. Ebenso wie in den Architektursälen im Berliner

(Fortsetzung nächste Seite)

Pergamonmuseum war die Aufstellung von Steinmonumenten in ihrer gesamten Höhe – etwa die eindrucksvolle Jupiter-Säule – ein Markenzeichen der Mainzer Steinhalle. Das Ensemble der in ihr zusammengestellten Steinzeugnisse vermittelte darüber hinaus die augenfällige, und somit unwiderlegbare Erkenntnis der ethnischen und gesellschaftlichen Vielfalt der damaligen Bewohnerschaft. Die Inschriften und oft sogar die bildliche Gestaltung der Objekte ließ die gesellschaftliche Integration und den sozialen Aufstieg von Personen oder Familien nachvollziehen, die als Fremde oder Angehörige unterer Gesellschaftsschichten nach Mainz gekommen waren. Als Vorsitzender eines Berufsverbandes, dessen Mitglieder vor allem im Bereich der Klassischen Philologie, der Alten Geschichte und der Archäologie forschen, könnte ich noch viele andere wichtige Argumente für die Bedeutung der Steinhalle anführen. Doch beschränke ich mich auf das eben genannte Beispiel: dass ausgerechnet ein so wertvoller Anschauungsort, der wie kein anderer historisch fundierte Anregungen zur Reflexion über Integration und kulturelle Vielfalt liefert und in einer über viele Jahrhunderte nachzuverfolgenden Anschaulichkeit dokumentiert, einem „Ort der Demokratie" weichen soll, ist den Mitgliedern der Mommsen-Gesellschaft, wie die zahlreichen Zuschriften einhellig bekunden, nicht nachvollziehbar und befremdlich.

Ich wünsche mir dringend, dass mein Schreiben, ebenso wie die zahlreichen Appelle weiterer Organisationen und Privatpersonen, in denen bereits mehrere sehr sinnvolle alternative Räumlichkeiten für den „Ort der Demokratie" zur Erwägung gegeben wurden, Sie dazu bewegt, der Steinhalle wieder ihre ursprüngliche Funktion als historischer Anschauungsort von Steinmonumenten zurückzugeben.

Mit freundlichem Gruß

Jürgen Hammerstaedt

DEUTSCHE GESELLSCHAFT FÜR DEMOKRATIEPÄDAGOGIK E. V. 19. MAI 2021

Deutsche Gesellschaft für Demokratiepädagogik e.V. Rheinland-Pfalz
Hans Berkessel • Joh.-Hinrich-Wichern-Str. 3 • 55218 Ingelheim a.R.

**Minister des Innern und für Sport
des Landes Rheinland-Pfalz
Herrn Roger Lewentz
Schillerplatz 3 - 5
55116 M a i n z**

Deutsche Gesellschaft für
Demokratiepädagogik e.V.

Landesverband Rheinland-Pfalz
Vorsitzender Hans Berkessel
Johann-Hinrich-Wichern-Str. 3
55218 Ingelheim

Telefon: +49 (0)6132 84 970
Fax: +49 (0)6132 87 927

hans.berkessel@aol.com

www.degede.de

19. Mai 2021

Dringender Appell: zur Auseinandersetzung um die künftige Nutzung der Steinhalle des Landesmuseums

Sehr geehrter Herr Minister,

lieber Herr Lewentz,

mit großer Sorge habe ich die Auseinandersetzungen um die künftige Nutzung der Steinhalle des Landesmuseums in Mainz verfolgt, die sich nach der gemeinsamen Presseerklärung des Kultusministeriums und der Landtagsverwaltung durch kritische Einwände von verschiedenen Seiten entwickelt und inzwischen reichen Nachhall in den Medien gefunden hat.

In Sorge bin ich gleichermaßen als Historiker und Pädagoge deshalb, weil ich die Gefahr sehe, dass hier zwei wichtige Positionen gegeneinander ausgespielt werden könnten: einerseits der ungeschmälerte Erhalt des kulturellen Erbes in Gestalt eines nahezu einzigartigen und international bedeutsamen Ensembles der „Steinhalle" des Landesmuseums mit der Sammlung von antiken, frühchristlichen und den künftig hoffentlich noch stärker berücksichtigten jüdischen Denkmälern; andererseits der Verbleib des während der provisorischen Nutzung als Plenarsitzungssaal des Landtags eingebauten Plenarrunds im Rahmen von zusätzlichen Veranstaltungsangeboten des Landtags unter dem noch nicht genauer definierten Label „Reallabor Demokratie", von dessen Planung wir im Haus des Erinnerns – für Demokratie und Akzeptanz auch erst aus der Presse erfahren haben. So sehr in der aktuellen politischen und gesellschaftlichen Situation jede proaktive Unterstützung der Demokratiearbeit zu begrüßen ist, so stellt sich zugleich die Frage, ob die Steinhalle des Landesmuseums hierfür der geeignete, ja naheliegende Ort ist.

Als Historiker und Pädagoge bin ich sowohl als Person, als auch in meiner Funktion als *Vorsitzender der Stiftung Haus des Erinnerns – für Demokratie und Akzeptanz Mainz* und des *Landesverbandes der Deutschen Gesellschaft für Demokratiepädagogik (DeGeDe)*, gebeten worden, zu der oben skizzierten Entwicklung und den sich daran entzündeten Auseinandersetzungen öffentlich Stellung zu nehmen. Bevor ich dies tue und um die Kontroverse nicht weiter anzuheizen, wende ich mich zunächst mit einem Apell an Sie, sich als nun auch für die Belange der GdKE zuständiger Minister der Angelegenheit persönlich anzunehmen, und mit einem Vermittlungsangebot an Sie. Wie Sie wissen, bin ich seit über 30 Jahren beruflich, vor allem aber ehrenamtlich im Bereich der historisch-politischen Bildung engagiert, habe u. a. von 1998 bis 2000 auf einer Abordnungsstelle, auf der Grundlage eines fraktionsübergreifenden Beschlusses des Landtags, den Bereich „Jugend und Schule" bei der Landtagsverwaltung auf- und ausgebaut, die Zahl jugendlicher Besucher*innen in dieser Zeit mehr als

(Fortsetzung nächste Seite)

verdoppelt und bundesweit beispielhaft neue interaktive Angebote mit Workshops, Plan- und Rollenspielen, der vor- und nachbereiteten Teilnahme an Ausschusssitzungen sowie digitale Veranstaltungsformate entwickelt. Von 2002 bis 2007 habe ich für Rheinland-Pfalz das bundesweite Programm *Demokratie lernen und leben* geleitet und federführend dessen nachhaltige Sicherung und den Transfer mit Hilfe eines bundesweit einmaligen Netzwerkes aus staatlichen und zivilgesellschaftlichen Institutionen und mit den darauf aufbauenden *Demokratie-Tagen Rheinland-Pfalz* auf den Weg gebracht und bis 2018 verantwortlich geleitet, aus dem sich dann ja unter Ihrer Betiligung und mit maßgeblicher Unterstützung Ihres Hauses unser Landesbündnis *Demokratie gewinnt!* entwickelt hat. In dieser Zeit habe ich nicht nur zahlreiche Publikationen zur Demokratiegeschichte, historisch-politischen Bildung und Demokratiepädagogik veröffentlicht, sondern auch tausende junger Menschen sowie Lehrer*innen und andere Multiplikator*innen in Tagungen, Seminaren, Workshops, Plan- und Rollenspielen ganz praktisch betreut. Dieses Engagement wurde 2016 durch die Auszeichnung mit dem Bundesverdienstkreuz gewürdigt. Auf der Grundlage dieses breiten Erfahrungsschatzes erlaube ich mir eine Analyse der Situation und einen Lösungsvorschlag zu der skizzierten Konfliktsituation:

1. **Kulturelles Erbe bedroht oder in Frage gestellt?** Mit der Umwidmung von Teilen der Steinhalle besteht nach dem einhelligen Urteil von Archäologen, Historikern, des Mainzer Altertumsvereins, des Freundeskreises des Mainzer Landesmuseums und inzwischen vieler weiterer nationaler Verbände, wie etwa des renommierten Historikerverbandes, die Gefahr, dass so eine angemessene Präsentation der einzigartigen und in der Fachwelt weit über Mainz hinaus renommierten Steindenkmäler-Sammlung verhindert werden würde. Dies könnte nicht nur eine Beschädigung des Ansehens des Landesmuseums und der Stadt Mainz als Dauerleihgeber der Sammlung, sondern letztlich auch der Landesregierung und des Landtags zur Folge haben.

2. **Steinhalle/Landesmuseum als authentischer (Erinnerungs-)Ort der Demokratiegeschichte?** Die Steinhalle kann weder als Gebäude des ehemaligen kurfürstlichen Marstalls, noch in der Umgebung von historischen Objekten aus der Römerzeit eine demokratiegeschichtliche Symbolik begründen, in der „die moderne parlamentarische Demokratie für alle Altersgruppen erfahr- und begreifbar" wird. Dieses Defizit kann auch der Verbleib der provisorisch eingebauten Parlamentssitze nicht beseitigen. In Mainz gibt es andere authentische demokratiehistorische Erinnerungsorte: das Deutschhaus als Veranstaltungsort des ersten gewählten Parlaments auf deutschem Boden und Sitz des rheinland-pfälzischen Landtags (Adresse: Platz der Mainzer Republik 1) oder das Schloss, in dem 1792/93 der Mainzer Jakobinerklub tagte.

3. **Landesmuseum als „Reallabor Demokratie"?** In den bisherigen öffentlichen Aussagen von Seiten des Landtags ist noch nicht erkennbar, was darunter genau zu verstehen ist. Gleichwohl erscheint die Vorstellung, hier einen (zusätzlichen) „ständigen Ort der Demokratie" zu schaffen, mindestens erklärungsbedürftig. Während eine Dauerausstellung mit diesem Themenschwerpunkt hier eher schwer vorstellbar ist, kann es natürlich kaum Einwände gegen zusätzliche Veranstaltungen des Landtags an diesem Ort – über die Angebote in Deutschhaus und Abgeordnetenhaus hinaus – geben. Interaktive Veranstaltungen wie Workshops, Seminare, Rollen- und Planspiele und offene Gesprächsangebote, die der pädagogisch-didaktisch ja nicht beliebige Begriff des „Labors" nahezulegen scheint, würden durch das Raumangebot der Steinhalle und die fest eingebauten Parlamentssitze allerdings eher behindert als erleichtert, und eine authentisch-parlamentarische Atmosphäre wird sich inmitten eines Teils der römischen Artefakte wohl kaum einstellen. Hinzu kommt, dass der Plenarsaal im neu sanierten Landtagssitz des Deutschhauses in der Regel nur an zwei bis drei Tagen im Monat belegt ist, und dass die Angebote der Kinder- und Jugendabteilung der Landtagsverwaltung hier und in

(Fortsetzung nächste Seite)

weiteren Räumen des Deutschhauses seit vielen Jahren erprobt und erfolgreich umgesetzt werden.

4. **Vermittlungsangebot**: Alle Akteur*innen auf dem Feld der historisch-politischen Bildung und der Demokratiepädagogik – das ist meine feste Überzeugung – sind an einem quantitativen und qualitativen Ausbau der diesbezüglichen Angebote interessiert und begrüßen insoweit die Initiative des Landtagspräsidenten. Mit dem *Haus des Erinnerns – für Demokratie und Akzeptanz Mainz (HdE)* gibt es in Mainz aber inzwischen einen weithin angesehenen und (abgesehen vom aktuellen Stillstand während der Corona-Pandemie) auch häufig frequentierten Ort und auch entsprechende, in der Praxis erprobte Konzepte nicht nur der Erinnerungsarbeit, sondern auch der Demokratiebildung und des offenen demokratischen Diskurses für breite Zielgruppen aus der Bürgergesellschaft, die inzwischen z. B. auch Angebote für Polizei und Bundeswehr umfassen. Dabei stehen in unserem pädagogischen Programm kinder- und jugendgerechte, interaktive Formate im Vordergrund, die deren Mitwirkung sichern. Gerade im letzten Jahr ist mit der Gründung und kontinuierlichen Betreuung des *Jugendforums Demokratie* ein neues, partizipatives Element hinzugekommen.

Wie Sie aus dem beigefügten Jahresbericht 2020 entnehmen mögen, haben wir trotz der Pandemie unsere Aktivitäten nicht nur aufrechterhalten, sondern durch zahlreiche digitale Angebote ergänzen können. Mit Hilfe der Bundesmittel aus dem Programm *Demokratie leben!* haben wir inzwischen zwei festangestellte Mitarbeiterinnen sowie eine Gruppe von uns ausgebildeter und unterstützter Pädagoginnen und Pädagogen, die auf Honorarbasis unsere vielfältigen Angebote insbesondere für junge Menschen umsetzen.

Ein „Demokratielabor" im eigentlichen Sinne des Wortes existiert also bereits, und unsere Angebote können, bei entsprechender Unterstützung durch zusätzliche personelle und finanzielle Ressourcen, jederzeit ausgeweitet und im *Haus des Erinnerns – für Demokratie und Akzeptanz*, aber auch in Räumen des Landtags oder des Landesmuseums angeboten werden. Wir gehen davon aus, dass auch andere Trägerinstitutionen der historisch-politischen Bildung, wie z. B. die Landeszentrale für politische Bildung oder – für die Zielgruppe der Lehrer*innen und Schüler*innen – das Pädagogische Landesinstitut (PL) oder das Mainzer ILF, zur Zusammenarbeit bereit sind.

Gerade in diesen Tagen haben wir in Kooperation mit dem Bildungsministerium und dem Institut für Geschichtliche Landeskunde an der Universität Mainz (IGL) sowie mit Mitarbeiter*innen des PL und Mitgliedern des Geschichtslehrerverbandes ein Projekt auf den Weg gebracht, bei dem nach den Sommerferien mehrere Exemplare der Plakatversion unserer IGL/HdE-Ausstellung *Auf dem Weg zur modernen Demokratie – die Mainzer Republik* an die Schulen ausgeliehen werden sollen, begleitet von Einführungsveranstaltungen und einem Katalogband, der neben den Ausstellungstafeln Textbeiträge aus dem Begleitprogramm und einen didaktischen Anhang mit Unterrichtsmaterialien enthält.

Wir würden uns sehr freuen, wenn unser konstruktiver Vermittlungsvorschlag aufgenommen und damit zum Erhalt der Sammlung der Steinhalle ebenso beitragen könnte wie zum Ausbau unserer demokratischen Bildungs- und Gesprächsangebote im Land.

Mit den besten Grüßen

ALTERTUMSVEREIN WORMS E. V. 22. MAI 2021

ALTERTUMSVEREIN WORMS E.V.
GESELLSCHAFT DER FREUNDE RHEINISCHER GESCHICHTE UND KULTUR

Anerkannte Denkmalpflegeorganisation

Geschäftsstelle Raschihaus
Hintere Judengasse 6 · 67547 Worms

Sekretariat	T. 06241-853-4701
Dr. Irene Spille	T. 06241-46950
Dr. Burkard Keilmann	T. 06241-595314

info@altertumsverein-worms.de
www.altertumsverein-worms.de

Altertumsverein Worms e.V. · Hintere Judengasse 6 · 67547 Worms

Frau Ministerpräsidentin
Malu Dreyer
Staatskanzlei Rheinland-Pfalz
Postfach 3880
55028 Mainz

Worms, den 22.5.2021

Sehr geehrte Frau Ministerpräsidentin,

die Pläne des Landtagspräsidiums, die Steinhalle des Mainzer Landesmuseums künftig als „Reallabor Demokratie" zu nutzen, hat im Wormser Altertumsverein blankes Entsetzen hervorgerufen.

Inzwischen berichtet die Homepage des Landtags von einer gemeinsamen Erklärung des Landtagspräsidenten und der Vorsitzenden der beiden überregionalen archäologischen Verbände vom 29.04.2021 zur Weiterentwicklung des Museums und der Steinhalle zum „Mainzer Museumscarré".

Dem Text ist zu entnehmen, dass beide Seiten große Anstrengungen unternehmen wollen, um künftig Jugendliche noch mehr als bisher für die Demokratie zu begeistern und gleichzeitig die Mainzer Museumslandschaft aufzuwerten.

Leider versäumt es die Erklärung, die Öffentlichkeit darüber zu informieren, wie die geplante Optimierung erfolgen kann: Ziel ist es, in der ehemaligen Steinhalle „mit dem originalen Plenargestühl einen Raum (zu) schaffen, der die moderne parlamentarische Demokratie für alle Altersgruppen erfahr- und begreifbar macht."

Doch mit dem Umzug des Parlaments in sein angestammtes Domizil verliert das nicht mehr benötigte Gestühl seinen Charakter als Original. Es wird zum Museumsstück, das die Räumlichkeiten weiterhin einschränkt. Außerdem können – wie eine Machbarkeitsstudie bereits vorschlägt (S. 13) – die antiken Schätze der früheren Steinhalle künftig (außer an Wochenenden) nur während der Schulferien besucht werden.

Der Wormser Altertumsverein befürchtet, dass die Jugendlichen künftig bei ihrem Besuch die ehemalige Steinhalle keineswegs als authentischen Ort einer „erfahr- und begreifbaren" Demokratie erkennen. Sie werden enttäuscht sein und den Ort als das nehmen, was er ist, nämlich als Museum, während die realen politischen Entscheidungen an anderer Stelle fallen.

(Fortsetzung nächste Seite)

Selbst die beiden Vertreter der Archäologie gehen nach dem Gespräch mit dem Landtagspräsidenten nur noch davon aus, dass die Steinhalle mit ihren wichtigen Ausstellungsstücken „im Kern Bestand haben" wird.

Auch hier erschließt sich für den Altertumsverein nicht, worin die von beiden erhoffte „zusätzliche Aufwertung" bestehen soll.

Wir sind der Auffassung, dass man den Charakter der alten Steinhalle als **Erinnerungsort** völlig verkennt, wenn man nur die Glanzstücke der Ausstellung belassen, den Rest aber in einem provisorischen Lager im Freien verschwinden lassen will. Vermittelt uns nicht gerade die Fülle des dort gebotenen Materials eine Ahnung vom Zusammenleben von Menschen ganz unterschiedlicher Herkunft in unserer Heimat hier am Rhein? Baut nicht unsere Kultur gerade auf ihren Wertvorstellungen auf?

Ein ehemaliger Mainzer Schüler, Carl Zuckmayer, sah in der Erinnerung an diese Vergangenheit der eigenen Familie eine identitätsstiftende Kraft, die helfen kann, gerade auch einem totalitären und rassistischen System zu widerstehen:

> „Vom Rhein. Von der großen Völkermühle. Von der Kelter Europas … Da war ein römischer Feldhauptmann, ein schwarzer Kerl, braun wie ne reife Olive, der hat einem blonden Mädchen Latein beigebracht. Und dann kam ein jüdischer Gewürzhändler in die Familie, das war ein ernster Mensch, der ist noch vor der Heirat Christ geworden und hat die katholische Haustradition begründet. – Und dann kam ein griechischer Arzt hinzu oder ein keltischer Legionär, ein Graubündner Landsknecht, ein schwedischer Reiter, ein Soldat Napoleons …"
> (Zuckmayer, Des Teufels General, 1. Akt).

Künftig werden solche Erinnerungen den Jugendlichen wohl verwehrt bleiben. Sollten die bisherigen Planungen in die Realität umgesetzt werden, können Schülergruppen bald an Unterrichtstagen noch nicht einmal den verbleibenden Kernbestand der Antikensammlung in der Steinhalle besuchen.

Sehr geehrte Frau Ministerpräsidentin, aus Sicht des Wormser Altertumsvereins werden die bisher kommunizierten Pläne den in der Besprechung vom 29.04.2021 formulierten Zielen in keiner Weise gerecht.

Wir bitten Sie dringend: Nehmen Sie den Wunsch der Jugendlichen, Demokratie an einem **authentischen** Ort zu erleben, wirklich ernst und tragen Sie außerdem dafür Sorge, dass die einzigartige römerzeitliche Sammlung der Steinhalle auch künftig als Erinnerungsort an die Geschichte unserer Region allen Interessierten uneingeschränkt zugänglich bleibt.

Mit freundlichem Gruß

Dr. Burkard Keilmann
Vorsitzender des Altertumsvereins Worms e.V.

STADTHISTORISCHES MUSEUM MAINZ 26. MAI 2021

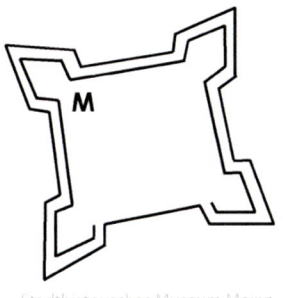

26.5.2021

Mit größtem Bedauern, ja Entsetzen hat das Stadthistorische Museum Mainz von den Planungen des Landtagspräsidenten erfahren, die Steinhalle des Landesmuseums in Teilen zu einer Stätte der Demokratie-Vermittlung umzuwidmen. Es erscheint uns unverantwortlich, ein solch bedeutendes und einzigartiges Zeugnis römischer Geschichte von nationaler Bedeutung, das auch der Stadt Mainz beachtliches Ansehen bringt, in dieser Weise seiner Wirkung zu berauben. Wir legen entschiedenen Protest gegen die geplante Umwidmung ein und fordern den Erhalt der Steinhalle in ihrer ursprünglichen Form.
Dr. Peter Lautzas

BÜRGERRAT STEINHALLE MAINZ 26. MAI 2021

Mehr Demokratie wagen – aber nicht durch Verdrängung kulturellen Erbes in der Steinhalle des Landesmuseums

Erklärung des Bürgerrates/Runder Tisch „Steinhalle"

Seit 2016 nutzt der Landtag von Rheinland-Pfalz die sogenannte Steinhalle des Landesmuseums Mainz als Ausweichquartier für seine Plenarsitzungen, da das historische Landtagsgebäude, das Deutschhaus, zu sanieren war. Der größte Teil der international bedeutenden Sammlung römischer Steindenkmäler wurde zuvor aus der Steinhalle ausgeräumt, damit der Plenarsaal und eine Lobby für den Landtag installiert werden konnten. Einen sehr beträchtlichen Teil dieser römischen Steindenkmäler hat der Mainzer Altertumsverein erworben und 1910 der Stadt übergeben. Das Land präsentiert diese Sammlung (seit 1967 als Dauerleihgabe der Stadt) im Landesmuseum, darunter befinden sich so einzigartige Denkmäler wie der Grabstein des Mainzer Reeders Blussus und seiner Frau Menimane, der repräsentative Bogen des Ratsherrn Dativius Victor und die große Jupitersäule zu Ehren des Kaisers Nero.

Anders als ursprünglich zugesagt, will der Landtagspräsident nach der 2021 abgeschlossenen Sanierung des historischen Landtagsgebäudes die Steinhalle nicht wieder dem Landesmuseum Mainz zurückgeben, sondern auch zukünftig als Veranstaltungsort zur Vermittlung von Demokratie nutzen, wodurch das Landesmuseum Ausstellungsflächen in erheblichem Umfang verlöre.

In der Sorge, dass hier zwei wichtige politische Aufgaben in einer demokratischen Gesellschaft gegeneinander ausgespielt werden:

(Fortsetzung nächste Seite)

(Fortsetzung nächste Seite)

einerseits der umfassende Erhalt kulturellen Erbes eines nahezu einzigartigen und international bedeutsamen Ensembles der „Steinhalle" des Landesmuseums mit der Sammlung von antiken, frühchristlichen und den künftig hoffentlich noch stärker berücksichtigten jüdischen Denkmälern,

anderseits die Präsentation, Bewahrung und Vermittlung von Demokratie, begriffen als „Reallabor Demokratie"

setzen sich die Unterzeichner daher sehr entschieden für die folgenden Ziele ein:

1) Entfernung des Plenarsaalgestühls und der die Steinhalle in zwei Hälften trennenden Zwischenwand, da die Raumwirkung der ca. 1.200 qm großen Steinhalle, der historischen Reithalle des kurfürstlichen Marstalls, durch diese Einbauten in erheblicher Weise beeinträchtigt wird und das Plenargestühl mehr als die Hälfte der Ausstellungsfläche belegt,
2) eine umfassende, weiterentwickelte Präsentation der international bedeutenden, nördlich der Alpen einzigartigen Sammlung römischer Steindenkmäler aus Mainz in der Steinhalle als einem Ort, an dem das Römische Mainz in seiner Vielfalt und einmaligen Dichte erlebbar ist, für Mainzerinnen und Mainzer, Mainz-Besucher*innen und die internationale Forschung,
3) die Wiedereröffnung der seit 2004 geschlossenen Archäologischen Sammlung mit wertvollen Beständen aus der Vorgeschichte, der Römerzeit und dem Mittelalter, die Ausstellung von römischen Neufunden sowie die Wiedereröffnung der Prinz-Johann-Georg-Sammlung,
4) eine angemessene Präsentation auch der weiteren bedeutenden Museumsbestände, die die menschliche Kunst- und Kulturgeschichte von der Steinzeit bis zur Gegenwart umfassen, bei der kein Bereich zugunsten anderer Bereiche geopfert werden darf,
5) das Museum mit seinen vielfältigen Sammlungen als unentbehrlichen und aktuellen Ort kulturpolitischer Weiterbildung für die Kunst- und Kulturgeschichte, insbesondere auch für die Landesgeschichte ideell, aber auch räumlich und personell zu stärken.

Die Unterzeichner begrüßen die Initiative des Landtagspräsidenten zur Stärkung der Demokratie. Allerdings darf das Landesmuseum Mainz, das in den letzten 20 Jahren bereits erhebliche Ausstellungsflächen verloren hat, nicht dafür genutzt werden, im Gegenteil die kulturellen Verluste würden der Umsetzung eines Demokratie-Labors eher schaden.

Wir plädieren dafür, das Demokratie-Labor an einem anderen, hierfür besser geeigneten Ort entstehen zu lassen und gemeinsam mit Trägern der historisch-politischen Bildung wie dem Haus des Erinnerns – für Demokratie und Akzeptanz Mainz, der Landeszentrale für politische Bildung und weiteren Konzepte zu entwickeln, die einer Stärkung der Demokratie (auch im Sinne von Bildungs- und Präventionsarbeit) wie der Wertschätzung von Lernorten der Demokratie dienen können.

<u>Unterzeichner</u>
Deutsche Gesellschaft für Demokratiepädagogik e.V., Landesverband Rheinland-Pfalz
Förderverein Stadthistorisches Museum Mainz e.V.
Stiftung Haus des Erinnerns – für Demokratie und Akzeptanz Mainz
Initiative Römisches Mainz e.V.
Institut für Kunstgeschichte und Musikwissenschaft JGU
Institut für Vor- und Frühgeschichtliche Archäologie JGU
Mainzer Altertumsverein e.V.
Rheinischer Verein für Denkmalpflege und Landschaftsschutz e.V.
Römisch-Germanisches Zentralmuseum, Leibniz-Forschungsinstitut für Archäologie
Verband der Geschichtslehrer Deutschlands e.V., Landesverband Rheinland-Pfalz
Verein der Freunde des Landesmuseums e.V.
Verein für Sozialgeschichte Mainz e.V.

Mainz, den 26.05.2021

ARCHÄOLOGISCHE GESELLSCHAFT IN HESSEN E. V. 2. JUNI 2021

Archäol. Ges. Hessen * Schloss Biebrich/Ostflügel * 65203 Wiesbaden

Frau Ministerpräsidentin
Malu Dreyer
Staatskanzlei Rheinland-Pfalz
Postfach 3880
55028 Mainz

**Archäologische Gesellschaft
in Hessen e.V.**

Rosbach v.d.H.
2. Juni 2021

Zukunft der Steinhalle im Landesmuseum Mainz

Sehr geehrte Frau Ministerpräsidentin Dreyer,

Die Römische Kultur hat in zahlreichen Ländern Europas die Grundlagen gelegt, in denen heute das demokratische Bewusstsein auch hierzulande verankert ist. Ohne die vielfältigen schriftlichen Zeugnisse der Römer (erhalten vorwiegend auf Steindenkmälern), mit denen die Schrifttradition auf deutschem Boden überhaupt erst geschaffen wurde, wären die aktuellen Zusammenhänge von rechtlichen, institutionellen, organisatorischen, religiösen, sozialen, ethnischen und historischen Denkweisen heutiger demokratischer Strukturen überhaupt nicht zu vermitteln. Den zentralen historischen Lernort für diese Zusammenhänge in Deutschland, die Steinhalle im Landesmuseum Mainz mit ihrer nördlich der Alpen einzigartigen Sammlung, gegen das vom Landtagspräsidenten H. Hering erstrebte „Reallabor Demokratie" auszutauschen, hieße, dieses seiner wesentlichen Grundlagen zu berauben und zugleich der an der römischen Vergangenheit interessierten Bevölkerung und der Fachwelt viele wichtige Denkmäler zu entziehen. Wir bitten Sie, sehr geehrte Frau Ministerpräsidentin, mit Nachdruck darum, sich dafür zu verwenden, dass es nicht dazu kommt, sondern die Steinhalle in der kurfürstlichen Reithalle integral erhalten bleibt.

Die Archäologische Gesellschaft in Hessen e. V. und ihre 1.600 Mitglieder, von denen viele auch ehrenamtlich tätig sind, verbinden vielfältige Kontakte zu Mainz, ebenso ein traditionell stark ausgeprägtes Interesse an seiner römischen und mittelalterlichen Vergangenheit. Mogontiacum war nicht nur das politische und militärische Zentrum einer großen direkt dem Kaiser in Rom unterstellten Provinz, sondern zugleich auch die Metropole ihres wichtigen rechtsrheinischen Vorfeldes, das weite Teile des heutigen Hessen umfasste. Dativius Victor, der Stifter des berühmten Mainzer Ehrenbogens, beispielsweise, war Ratsherr der Gebietskörperschaft der Taunensier mit dem Hauptort Nida, der heutigen Frankfurter Nordweststadt. Die bürgerschaftliche Sammlung in Mainz mit der großen Zahl der in Jahrhunderten zusammengekommenen Steindenkmäler bildet auch für die Hessische Bevölkerung den zentralen Referenzort für diese bedeutenden Denkmäler.

Als Präsident der Archäologischen Gesellschaft in Hessen e. V. darf ich mich heute auf meinen ersten Vorgänger in dieser Funktion beziehen, Herrn Dr. phil. Hans Wagner (1915–1996) – seinerzeit hessischer Landtagspräsident – der damals für die Sicherung und Erforschung der archäologischen Vergangenheit Hessens kämpfte und daran interessierten Bürgerinnen und Bürgern in der Archäologischen Gesellschaft eine Heimat gab.

Mit freundlichen Grüßen

Dr. phil. Karl-F. Rittershofer
(Präsident)

Geschäftsstelle:	Präsident:	Bankverbindung:	Internet:
Schloss Biebrich/Ostflügel	Dr. phil. Karl-F. Rittershofer	Sparkasse Gießen	www.aghessen.de
65203 Wiesbaden	Kapersburgstr. 21	BLZ 513 500 25; BIC: SKGIDE5FXXX	info@aghessen.de
Tel. (06 11) 69 06-1 31	61191 Rosbach v.d.H.	Konto-Nr. 223 005 304	
Fax (06 11) 69 06-1 37	rittershoferkf@gmx.de	IBAN: DE57 5135 0025 0223 0053 04	
	Tel. (0171) 9515904		

TERRAPLANA E. V. GESELLSCHAFT FÜR ARCHÄOLOGIE IM HESSISCHEN RIED 16. JUNI 2021

terraplana e.V.
Gesellschaft für Archäologie im Hessischen Ried
Geschäftsstelle: Sandbergstr. 23, 64285 Darmstadt

Frau Ministerpräsidentin
Malu Dreyer
Staatskanzlei Rheinland-Pfalz
Postfach 3880
55028 Mainz

Darmstadt
16. Juni 2021

Zukunft der Steinhalle im Landesmuseum Mainz

Sehr geehrte Frau Ministerpräsidentin,

Mit Befremden verfolgt der Verein *terraplana* e.V. – Gesellschaft für Archäologie im Hessischen Ried die Pläne des Landtagspräsidenten H. Henning, die Steinhalle innerhalb des Landesmuseums Mainz in ein „Reallabor Demokratie" umzuwandeln.

Unser Verein widmet sich der Förderung der Archäologie und Bodendenkmalpflege sowie der wissenschaftlichen Erforschung archäologischer Funde und Befunde im Hessischen Ried. Ein besonderer Schwerpunkt liegt seit 15 Jahren in der Erforschung der römischen Zeit, in der das Ried unmittelbar zum Vorland der Provinzhauptstadt Mogontiacum/Mainz gehörte und wo ein großer Teil der Nahrungsmittelversorgung der in Mainz wohnenden Bevölkerung sowie stationierten Legionen gewonnen wurde.

Die Spuren des römischen Militärs sowie der Zivilbevölkerung mit Händlern und Handwerkern sind im Ried durch vielfältige Hinterlassenschaften, insbesondere Kleinfunde allgegenwärtig. Diese werden von unseren Mitgliedern, zu denen Fachwissenschaftler, Fachstudenten, ehrenamtliche Denkmalpfleger und interessierte Laien zählen, beispielsweise bei Ausgrabungen entdeckt und dokumentiert.

Neben dem kulturhistorischen Wert, den die Steindenkmäler, die in der Steinhalle über Jahrzehnte ausgestellt wurden, aufgrund der Fülle an Inschriften besitzen, sind besonders die bildlichen Darstellungen von Soldaten und den zivilen Personen der verschiedenen römischen Gesellschaftsklassen sowie die Abbildungen von Mobiliar und Gebäuden von unschätzbarem Wert. Denn die Objekte, die wir bei Feldbegehungen und Ausgrabungen finden, sind auf den Steinen in ihrem originalen Kontext wiedergegeben und helfen uns somit zu Verstehen wofür und wie sie vor 2000 Jahren verwendet wurden.

Der Besuch der Steinhalle, die alle unsere Mitglieder noch in ihrem früheren Zustand kennen, ist im Rahmen von Exkursionen immer eine große Bereicherung gewesen, da es in unserer Region keinen besseren Ort gab, an dem so konzentriert römische Personen mit ihrer Sachkultur greifbar waren und man eine sehr gute Vorstellung vom römischen Alltag erhielt. Der didaktische Wert des Ensembles „Steinhalle" ist ganz besonders für Kinder und Jugendliche sehr hoch. Nicht zuletzt basieren viele Rekonstruktionen von Kleidungen und Werkzeugen, die unser Verein für Vorführungen angefertigt hat, auf den Vorbildern, die auf den Steinen in Mainz zu sehen sind.

Als Bürger, die sich engagiert für den Erhalt unseres archäologischen kulturellen Erbes im Hessischen Rieds einsetzen, treten wir als Verein *terraplana* e.V. auch entschieden dafür ein, dass die Steinsammlung des Landesmuseum Mainz wieder ihren notwenigen Raum erhält und vollumfänglich der Öffentlichkeit präsentiert werden kann.

Mit freundlichen Grüßen,

Dr. Markus Helfert, (1. Vorsitzender)

BÜRGERRAT STEINHALLE PRESSEERKLÄRUNG, 10. NOVEMBER 2021

ERKLÄRUNG DES »BÜRGERRATES STEINHALLE« ZUR VERÖFFENTLICHUNG »DIE MAINZER STEINHALLE. DOKUMENTATION EINER ÖFFENTLICHEN KONTROVERSE 2021.«

Dem Landtag von Rheinland-Pfalz wurde für die Dauer der Renovierung des Deutschhauses ein Gastrecht im Steinsaal des Mainzer Landesmuseums eingeräumt. Nach dem Umzug des Parlaments in das neu gestaltete Gebäude sollte dem Landesmuseum die Steinhalle wieder vollständig zur Verfügung gestellt werden. Als 2021 bekannt wurde, dass der Landtag die Steinhalle nicht wie zugesagt zurückgeben, sondern dort dauerhaft ein „Demokratielabor" einrichten wollte, kam eine öffentliche Diskussion in Gang.

In einer innerhalb von 60 Tagen weltweit von rund 5900 Unterschriften unterstützten Online Petition „Für den Erhalt der Mainzer Steinhalle als museale Präsentationsfläche des Landesmuseums Mainz" haben sich alle Unterzeichnenden aus 39 Nationen auf sechs Kontinenten gegen die Pläne ausgesprochen, ein „Demokratielabor" in der Steinhalle einzurichten. Die Mitglieder des im Mai 2021 konstituierten „Bürgerrats Steinhalle", dem zwölf Vereine, Gesellschaften und Institutionen aus Mainz angehören, plädieren dafür, die Mainzer Steinhalle nach dem Auszug des Landtags wie zugesagt dem Landesmuseum wieder ungeschmälert zur Verfügung zu stellen. Zugleich begrüßen sie die Intensivierung demokratischer Bildungs- und Erinnerungsarbeit an einem anderen, hierfür besser geeigneten Ort und in inhaltlich-konzeptioneller Abstimmung mit bereits erfolgreich existierenden Angeboten wie etwa dem Haus des Erinnerns zu realisieren.

Der Bürgerrat legt nun die Petition zusammen mit einem Pressespiegel sowie Stellungnahmen von Gesellschaften, Vereinen und Parteien in einer gedruckten Version vor. Enthalten sind u. a. alle online abgegebenen Unterschriften und Kommentare. Mit den Instrumenten der offenen Petition, des Bürgerrates sowie der Dokumentation zur öffentlichen Kontroverse werden zeitgemäße Möglichkeiten bürgerschaftlichen Engagements und demokratischer Kommunikation zugunsten kulturell wichtiger Zeugnisse unserer Geschichte praktiziert. Dabei respektieren die Mitglieder des Bürgerrates die Entscheidungsprozesse der parlamentarischen Demokratie, beharren aber darauf, dass diese auf der Einhaltung von gegebenen Zusagen gewählter Volksvertreter und auf überzeugenden Argumenten basieren. Sie stehen für die weitere konstruktive, auch öffentliche Debatte zum Thema, die diesen Namen verdient, bereit. Mit Interesse wird zur Kenntnis genommen, dass der unterdessen für das Landesmuseum zuständige Innenminister Roger Lewentz zu verstehen gab: „Es sei durchaus auch eine Option, dass das Gestühl nicht in der Steinhalle verbleibt." (AZ, 8. 9. 2021). Der Mainzer „Bürgerrat Steinhalle" wird die nun vorliegende Veröffentlichung denen zur Verfügung stellen, welche über die künftige Nutzung der Steinhalle politisch entscheiden, so Herrn Minister Roger Lewentz am 17. November 2021 sowie den Mitgliedern des in diesem Jahr neu gewählten Landtags Rheinland-Pfalz.

Die Mainzer Steinhalle. Dokumentation einer öffentlichen Kontoverse 2021, herausgegeben in Verbindung mit dem Bürgerrat Steinhalle, Mainzer Altertumsverein e. V., Verein der Freunde des Landesmuseums Mainz e.V. und dem Haus des Erinnerns für Demokratie und Akzeptanz von Ulrike Ehmig, Judith König, Michael Matheus. 176 Seiten, 2021, Schnell & Steiner (Verlag), 978-3-7954-3696-4 (ISBN). Euro 16.

Mitglieder des »Bürgerrates Steinhalle«:

- Deutsche Gesellschaft für Demokratiepädagogik e.V., Landesverband Rheinland-Pfalz
- Förderverein Stadthistorisches Museum Mainz e.V.
- Haus des Erinnerns – für Demokratie und Akzeptanz Mainz
- Initiative Römisches Mainz e.V.
- Institut für Kunstgeschichte und Musikwissenschaft JGU
- Institut für Vor- und Frühgeschichtliche Archäologie JGU
- Mainzer Altertumsverein e.V.
- Rheinischer Verein für Denkmalpflege und Landschaftsschutz e.V.
- Römisch-Germanisches Zentralmuseum, Leibniz-Forschungsinstitut für Archäologie
- Verband der Geschichtslehrer Deutschlands e.V.
- Verein der Freunde des Landesmuseums e.V.
- Verein für Sozialgeschichte Mainz e.V.

Mainz, den 10. 11. 2021

PARTEIEN

FDP KREISVERBAND MAINZ 3. MAI 2021

Freie Demokraten — Mainz FDP

KREISVERBAND

Römisches Erbe besser herausstellen

📅 3. Mai 2021
📁 Pressemitteilungen

Diskussion über Nutzung der Steinhalle zum Startschuss einer „römischen Initiative" nutzen

Nach der Ankündigung des amtieren Präsidenten des rheinland-pfälzischen Landtags, Hendrik Hering (SPD), die so genannte Steinhalle des Landesmuseums künftig als „Ort der Demokratie" nutzen zu wollen und dafür die wertvollsten Steindenkmäler des römischen Mainz´ dauerhaft zu entfernen, hat für lebhafte Debatten gesorgt. Zu Recht, wie der Fraktions- und Kreisvorsitzende der Mainzer FDP, David Dietz findet.

„Die Aufregung ist absolut nachvollziehbar. Das Landesmuseum hat ein klares Profil, das nicht zuletzt durch die Steindenkmäler definiert ist. Warum jetzt plötzlich dieses Profil mit einem völlig neuen Themenfeld verwässert werden soll, ist nicht nachvollziehbar", findet Dietz. „Diese ad-hoc-Entscheidung erscheint ein bisschen arg provinzpossenhaft." Dies auch, da nicht ersichtlich sei, wie das römische Erbe mit dem eher schnörkellosen Abgeordnetengestühl verbunden werden solle.

Die Steinhalle, eine ehemalige kurfürstliche Reithalle, hatte bis zur Nutzung durch den Landtag unter anderem die Jupitersäule für Kaiser Nero und den Ehrenbogen des Dativius Victor beherbergt. „Der damalige Landtagspräsident Mertes hatte vor Beginn der Landtagssanierung und des Umzugs des Plenarsaals betont, dass es sich nicht um eine langfristige Maßnahme handeln sollte. Sein Nachfolger sollte sich an diese Zusage halten", so Dietz. Es sei begrüßenswert, wenn der Landtag „Demokratielabore" einrichten wolle. „Das Vorhaben gelingt am besten dort, wo parlamentarische Demokratie gelebt wird: im echten, neuen Landtag!"

„Römische Initiative" starten

Gleichzeitig kündigte der Vorsitzende der freidemokratischen Stadtratsfraktion an, dass sich die FDP innerhalb der Koalition für eine „römische Initiative" stark machen werde. „Das römische Mainz können und müssen wir noch besser zur Geltung bringen. Gemeinsam mit den vielfältigen Akteurinnen und Akteuren, die sich diesem Thema auch ehrenamtlich verschrieben haben, können wir zum Beispiel auch die Bewerbung zur Landesgartenschau für diesen Zweck nutzen", meint Dietz.

CDU KREISVERBAND MAINZ 5. MAI 2021

» CDU fordert, ursprüngliche Bestimmung der Steinhalle wiederherzustellen

CDU fordert, ursprüngliche Bestimmung der Steinhalle wiederherzustellen

05.05.2021 PRESSEMITTEILUNG DER FRAKTION

Steinhalle sollte nur interimsweise vom Landtag als Plenarsaal genutzt werden; nun steht der Vorwurf des Wortbruchs im Raum

Nachdem der damalige Landtagspräsident Joachim Mertes im Jahr 2016 versprochen hat, dass die Steinhalle nach der Interimsnutzung durch den Landtag wieder seiner ursprünglichen Bestimmung übergeben werde, kann davon bei seinem Nachfolger Hendrik Hering nun keine Rede mehr sein. Stattdessen plant das Land die Teilnutzung durch ein „Reallabor Demokratie".

Wie der kulturpolitische Sprecher der CDU-Stadtratsfraktion Dr. Markus Reinbold erklärt, zeige die Empörung der Freunde des Landesmuseums, des Mainzer Altertumsvereins und des Deutschen Verbandes für Archäologie, dass von einer transparenten Planung unter Einbeziehung aller relevanten Gruppen nicht die Rede sein könne. Für ihn stehe der Vorwurf des Wortbruchs im Raum. „Soll ein Demokratiebewusstsein gedeihen, wenn gleichzeitig das einzigartige römische Erbe in Gestalt wertvoller Steindenkmäler wie der Jupitersäule zum Teil versteckt wird?", fragt Dr. Reinbold. Außer Allgemeinplätzen liege bislang keinerlei Konzept zur zukünftigen Nutzung der Steinhalle vor. „Die Verlautbarung der Generaldirektion Kulturelles Erbe zur Neukonzeption der gemeinsamen Nutzung durch Landtag und Landesmuseum klingt eher nach einem Sammelsurium, bei dem historisch wertvolle antike Relikte der alten Bestuhlung des Mainzer Landtags weichen sollen und dem Museum umfangreiche Ausstellungsflächen verloren gehen", so Dr. Reinbold. Die Positionierung der Museumsdirektorin sei öffentlich nicht bekannt.

„Fest steht: Vertrauen ist zerstört worden, die Einbeziehung des Freundeskreises bleibt bislang ein Lippenbekenntnis", betont Dr. Reinbold. Auch die Öffentlichkeit habe ein Recht darauf, frühzeitig und transparent nicht nur über die Planungen informiert, sondern auch am Diskussionsprozess beteiligt zu werden. Demokratieförderung sei wichtig und habe in Mainz mit dem „Haus des Erinnerns – für Demokratie und Akzeptanz" einen sichtbaren Ort. „Wer Demokratie glaubhaft fördern will, sollte zudem in seinem eigenen Wirkungsbereich damit anfangen: nämlich der Einbeziehung der Öffentlichkeit und ehrenamtlich engagierter Bürgerinnen und Bürger – und nicht mit Entscheidungen nach Gutsherrenart!", kritisiert Dr. Reinbold. Noch sei es nicht zu spät, die Position auf Seiten des Landes zu überdenken und einen Konsens mit den Kritikern herzustellen. Dies werde nur gelingen, wenn die Steinhalle wieder ausschließlich musealen Zwecken zur Verfügung stehe.

SPD KREISVERBAND MAINZ 7. MAI 2021

SPD-FRAKTION: MAINZER ERBE ZEIGEN UND AKTIV ERLEBBAR MACHEN

eingetragen in: SPD-Stadtratsfraktion

Seit dem begonnenen Umbau des Landtages im Jahr 2016 war es nicht mehr möglich, die bedeutenden römischen Steinelemente aus der Sammlung des Landesmuseums zu sehen. „Das ist ein großer Verlust für die Mainzer Stadtgesellschaft, denn diese Steine sind Teil unserer eigenen städtischen Geschichte", erklären die kulturpolitische Sprecherin der Mainzer SPD-Stadtratsfraktion, Martina Kracht, und ihr Fraktionskollege aus der Altstadt, Andreas Behringer. „An dieser Stelle soll jedoch nicht die gerechtfertigte Forderung nach einem Demokratieforum gegen die Forderung nach dem Zeigen Mainzer Geschichte ausgespielt werden."

Beide Forderungen sind für die SPD-Stadtratsfraktion wichtige Anliegen. Gerade die steinernen Monumente seien auch in schwierigen Zeiten ein Zeichen für Reisefreiheit, Migration, religiöses tolerantes Zusammenleben und die kulturelle Offenheit der Stadt Mainz über die letzten Jahrtausende hinweg. „Nur sollten beide Forderungen auch zeitgleich verwirklicht werden. Das Demokratieforum könnte auch an einer anderen Stelle näher am Landtag oder im Landtag selbst verwirklicht werden. Der Landtag als originärer Ort sollte so erlebbar gemacht werden im oder in unmittelbarer Nähe des Landtages", schlagen Martina Kracht und Andreas Behringer als eine mögliche Lösung des Konfliktes vor.

Die Steinhalle selbst ist ein bedeutender Ort, sowohl konservatorisch als auch museal und der wahrhaftige Ort, um die römischen Steine zu zeigen. „Uns ist es wichtig, dass diese Steine schnellstmöglich wieder der städtischen Öffentlichkeit zugänglich gemacht werden können. Wenn das Land dies in der Steinhalle nicht mehr ermöglichen möchte, erwarten wir Vorschläge, wo in Mainz ein neuer Platz zum Zeigen der Monumente angedacht werden könnte", so Kracht und Behringer weiter. „Denn diese Zeugnisse der Mainzer Geschichte gehören nicht ins Depot, sondern in die Öffentlichkeit."

ÖDP KREISVERBAND MAINZ 2. JUNI 2021

Für die ÖDP-Fraktion hat die Steinhalle als Sammlungs- und Präsentationsort Priorität

ÖDP-Stadtratsfraktion teilt die Einschätzung der Museumsverbände und Initiativen

In der Causa Steinhalle sind zwar potentielle Pläne der Landesverwaltung abzuwarten, die ÖDP-Stadtratsfraktion bleibt jedoch skeptisch was die Vereinbarkeit der Steinhalle als, einerseits musealen Präsentationsort und Sitzungsraum für politische Gremien andererseits, angeht. Die ÖDP-Stadtratsfraktion teilt die Einschätzung der Museumsverbände und Initiativen, die sich zu Wort gemeldet haben und sich für den Erhalt der Halle als Sammlungsort aussprechen.

Dr. Claudius Moseler

„Wir sind nicht nur von der Wichtigkeit der Steinhalle als Präsentationsort der bedeutsamen Sammlung Römischer Steindenkmäler überzeugt. Die Steinhalle hat an und für sich, als ehemalige Reithalle des Kurfürstlichen Marstalls, eine museale Bedeutung", erklärt Dr. Claudius Moseler, Vorsitzender der Stadtratsfraktion der ÖDP. Kulturpolitischer Sprecher der ÖDP, Klaus Wilhelm erinnert daran, dass „die Nutzung der Steinhalle als Sitzungsort für den Landtag ursprünglich ja auch nur als mittelfristige Zwischenlösung gedacht" war. Die Präsentation der Sammlung müsse jedoch – auch unabhängig von den Plänen des Landtages – aus didaktischer Perspektive dringend überarbeitet werden." „Wir dürfen den Wert des Römischen Erbes für unsere Stadt Mainz nicht zugunsten eines potentiellen Demokratielabors, für das es außerdem auch sehr viel geeignetere Orte gäbe, verkennen", mahnt Dagmar Wolf-Rammensee, ÖDP-Stadträtin.

ONLINE-PETITION

DEUTSCHE PETITION

Für den Erhalt der Mainzer Steinhalle als museale Präsentationsfläche des Landesmuseums Mainz

Die Römische Steinhalle in Mainz ist eine der wichtisten Sammlungen lateinischer Inschriften aus der Antike in ganz Europa. Die Steinhalle war in den letzten 5 Jahre weitgehend leergeräumt, so dass dort das Parlament von Rheinland-Pfalz tagen konnte, solange der Plenarsaal umgebaut wurde. Jetzt sollte dies zurückgebaut werden. Der Mainzer Landtagspräsident aber will die Steinhalle nicht mehr als einmalige Ausstellungsfläche römischer Inschriften zurückgeben, sondern - statt in großer Zahl Inschriften zu präsentieren - ein "Demokratieforum" einrichten (es berichtete u.a. die FAZ am 21.4.2021, ferner Mainz& am 22.4.2021.

Die Mainzer Steinhalle ist nicht der richtige Ort für ein "Reallabor Demokratie", weder als Gebäude des ehemaligen kurfürstlichen Marstalls, noch im Umgeben mit Objekten aus einer Epoche, die nicht zur Intention, "einen Raum, der die moderne parlamentarische Demokratie für alle Altersgruppen erfahr- und begreifbar" zu machen, passen. https://www.landtag.rlp.de/de/aktuelles/detail/news/detail/News/landesmuseum-mainz-neue-kulturelle-und-politische-landmarke/-/-/

Mainz verfügt mit dem Schloss, in dem 1792/93 der Mainzer Jakobinerclub tagte und dem Deutschhaus, dem Sitz des rheinland-pfälzischen Parlaments, sehr wohl über passende Orte, die zudem den nötigen Freiraum bieten. Gegenüber der Mainzer Steinhalle wurde zudem vor wenigen Jahren das „Haus des Erinnerns - für Demokratie und Akzeptanz" (https://www.haus-des-erinnerns-mainz.de/) eingerichtet.

Begründung

Die epigraphische Welt und die gesamten Altertumswissenschaften verlieren mit der Umwidmung der Mainzer Steinhalle ein zentrales Wissenslabor, einen Ort der Nachwuchsausbildung und der Zukunftsförderung, ferner ein wichtiges Schaufenster in unmittelbare antike Lebenswelten und Diversitäten. Es gibt nördlich der Alpen keine vergleichbare Präsentation lateinischer Inschriften.

Mainz verschwindet mit den Planungen des Landtags aus der Wahrnehmung eines ganzen Wissenschaftszweiges.

Es wird keine Exkursionen von Archäologen und Historikern aus Deutschland und dem Ausland mehr in das Landesmuseum geben, denn die Steinhalle ist dessen Herzstück. Sie ist von internationalem Rang und wird dies ausschließlich in der ehemaligen Form, nämlich der Präsentation einer überwältigend großen Zahl unmittelbarer Zeugnisse antiker Menschen, bleiben. Die Reduktion auf "kulturelle Highlights" verkennt den Aussagewert 2000 Jahre alter Grabinschriften, von Ehrungen für Götter, von Bauinschriften etc. Allein die Vielfalt und Vielzahl nimmt den Besucher ein, zeigt ihm die Parallelen und Unterschiede zur heutigen Welt. Nur die Diversität der antiken Zeugnisse vermittelt einen wirklichen, differenzierten Einblick in das Leben vor 2000 Jahren, informiert umfassend und lässt Antike nicht zu einer reduzierten Schaubühne, einer Kulisse ohne Inhalt und Wert werden.

Mit einer Umwidmung der Mainzer Steinhalle verliert das Mainzer Landesmuseum, die Stadt Mainz, ein identifikatives Alleinstellungsmerkmal.

Nicht viele europäische Städte waren bereits vor 2000 Jahren Hauptstadt und sind es noch heute - und noch weniger von ihnen haben einen derart reichen Schatz von Zeugnissen vorzuweisen, in denen man noch heute "normalen" antiken Menschen so nahe kommt, wie Mainz mit seiner Steinhalle.

Vielen Dank für Ihre Unterstützung, **Dr. Ulrike Ehmig** aus Leipzig

Frage an den Initiator

ENGLISH PETITION

The Steinhalle (Hall of Roman Stone Monuments) in Mainz is one of the most important collections of Latin inscriptions from antiquity in all of Europe. The Hall stood largely empty for the past 5 years to allow the Parliament of Rhineland-Palatinate to meet there while the plenary hall was being rebuilt. Now this should be dismantled. The president of the state parliament in Mainz, however, does not want to return the Hall to its status as a unique exhibition space of Roman inscriptions. Instead of presenting inscriptions in large numbers, he wishes to set up a "democracy forum" (this was reported among other news outlets, by the *FAZ* on 21 April 2021 **https://zeitung.faz.net/faz/feuilleton/2021-04-21/macht-platz-beim-jupiter/600143.html?GEPC=s3**, and *Mainz&* on 22 April 2021 **https://mainzund.de/wir-fuehlen-uns-hinters-licht-gefuehrt-freundeskreis-mainzer-landesmuseum-steinhalle-fuer-roemische-funde-erhalten/#comments**).

The Steinhalle in Mainz is not the right place for a "real laboratory of democracy," neither as the building that formerly housed the Elector's stables, nor surrounded by objects from an era that do not suit the intention to present "a space that makes modern parliamentary democracy experienceable and comprehensible for all age groups". **https://www.landtag.rlp.de/de/aktuelles/detail/news/detail/News/landesmuseum-mainz-neue-kulturelle-und-politische-landmarke/-/-/**

With the castle, where the Mainz Jacobin Club met in 1792/93, and the Deutschhaus, seat of the Rhineland-Palatinate parliament, Mainz certainly has suitable locations that also offer the necessary open space. In addition, a few years ago the "House of Remembrance - for Democracy and Acceptance" (**https://www.haus-des-erinnerns-mainz.de/**) was established opposite the Steinhalle in Mainz.

Begründung

With the rededication of the Mainz Hall of Roman Stone Monuments, the epigraphic world and the entire field of classical studies will lose a central knowledge laboratory, a place dedicated to training young scholars and promoting the future, as well as an important direct window onto ancient life and diversity. There is no comparable presentation of Latin inscriptions north of the Alps.

The state parliament's plans erase Mainz from the perceptions of an entire branch of scholarship.

There will be no more excursions to the Landesmuseum by archaeologists and historians from Germany and abroad, because the Steinhalle is its very heart. It enjoys international standing and will continue to do so only in its previous form, by presenting a vast number of direct testimonies by and about people from antiquity. The reduction to "cultural highlights" fails to recognize the expressive value of 2000-year-old funerary inscriptions, of tributes to gods, of building inscriptions, etc. The diversity and multitude of the inscriptions alone is not enough to take away the visitor's interest. The diversity and multiplicity alone captivate visitors and show them the parallels and differences to today's world. Only the diversity of the ancient testimonies provides genuine, nuanced insights into life as it was lived 2000 years ago, with comprehensive information, which prevents antiquity from being reduced to mere theater, a backdrop without content and value.

If the Steinhalle is repurposed, the Landesmuseum and the city of Mainz will lose an identifiable unique selling point.

Not many European cities were capital cities 2000 years ago and still are today, and even fewer of them have such a rich treasure of testimonies to show as Mainz does in its Hall of Roman Stone Monuments, where one can still get close to "normal" ancient people.

Vielen Dank für Ihre Unterstützung, **Dr. Ulrike Ehmig** aus Leipzig

Frage an den Initiator

PÉTITION EN FRANÇAIS

La salle des stèles romaines de Mayence **"Mainzer Steinhalle"** est l'une des plus importantes collections d'inscriptions latines de l'Antiquité de toute l'Europe. Depuis cinq ans, la salle des stèles était en grande partie vide afin que le Parlement de Rhénanie-Palatinat puisse s'y réunir pendant la reconstruction de sa salle plénière. A l'heure actuelle, la salle doit être reconstruite dans son état d'origine. Cependant le président du parlement du Land de Mayence ne veut pas rendre la salle des stèles romaines à sa fonction initiale d'espace d'exposition, tout à fait exceptionnel, des inscriptions romaines, - au lieu d'y permettre la présentation des inscriptions dans leur grand nombre – il veut y établir un "Forum de la démocratie" (plusieurs articles de presse ont relaté ces faits: cf. FAZ du 21.4.2021 **https://zeitung.faz.net/faz/feuilleton/2021-04-21/macht-platz-beim-jupiter/600143.html?GEPC=s3**, en outre cf. Mainz& du 22.4.2021 **https://mainzund.de/wir-fuehlen-uns-hinters-licht-gefuehrt-freundeskreis-mainzer-landesmuseum-steinhalle-fuer-roemische-funde-erhalten/#comments**).

La salles des stèles n'est certainement pas le bon endroit pour un laboratoire de la démocratie, ni en tant que bâtiment des anciennes écuries du prince-électeur, ni entouré par des objets d'une époque qui ne correspondent pas à la fonction d'un "espace prévu pour permettre à tous les groupes d'âge d'expérimenter et de comprendre la démocratie parlementaire moderne." **https://www.landtag.rlp.de/de/aktuelles/detail/news/detail/News/landesmuseum-mainz-neue-kulturelle-und-politische-landmarke/-/-/**

Avec le château où le club des Jacobins de Mayence s'est réuni en 1792/93, et le "Deutschhaus", siège du parlement de Rhénanie-Palatinat, Mayence dispose en effet de lieux appropriés pouvant également offrir les espaces ouverts nécessaires. En outre, on a déjà créé il y a quelques années, une "Maison de la Mémoire – pour la démocratie et la tolérance" en face de la salle des stèles de Mayence (**https://www.haus-des-erinnerns-mainz.de/**).

Begründung

Avec le changement de destination de la **"Steinhalle"** le monde épigraphique et l'ensemble du domaine des études classiques perdront un lieu de savoir fondamental, un lieu de formation des jeunes chercheurs et de promotion de l'avenir, ainsi qu'une importante vitrine des mondes antiques et de leur diversité . Il n'existe pas de présentation d' inscriptions latines comparable au nord des Alpes.

Avec la réalisation des plans du parlement, Mayence disparaîtra alors comme centre de transmission de toute une branche de la science.

Il n'y aura plus d'excursions d'archéologues ni d'historiens allemands et étrangers au Landesmuseum, car la salle des stèles en est le cœur. Elle est d'envergure internationale et ne peut exclusivement le rester que sous sa forme antérieure, à savoir comme lieu de présentation d'un très grand nombre de témoignages directs sur la société antique. La réduction aux "Highlights de la culture" ignore la valeur expressive des inscriptions placées sur des tombes de 2000 ans, des hommages aux dieux, des inscriptions sur les bâtiments, etc. La variété et la multiplicité des objets d'exposition suffisent à susciter l'intérêt du visiteur. Elles seules captivent le visiteur, lui montrent les parallèles et les différences avec le monde d'aujourd'hui. Seule la diversité des vestiges antiques permet de donner un aperçu réel et différencié de la vie d'il y a 2000 ans, d'informer de manière exhaustive et de ne pas laisser l'antiquité devenir une scène réduite, une toile de fond sans contenu ni valeur.

Avec la reconversion de la salle des stèles de Mayence, le musée de la ville et la ville elle-même perdront leur identité [et un argument économique majeur].

Peu de villes européennes qui furent des capitales il y a 2000 ans le sont encore aujourd'hui - et parmi celles-ci, encore moins ont comme Mayence, avec sa **"Steinhalle"** un tel trésor de témoignages archéologiques à montrer et qui permette encore aujourd'hui de se rapprocher autant des gens "ordinaires" de l'antiquité romaine. /

Merci beaucoup pour votre soutien.

Vielen Dank für Ihre Unterstützung, **Francoise Sauer** aus Mainz

PETIZIONE ITALIANA

La "Römische Steinhalle" di Magonza è un museo che racchiude una delle più importanti collezioni di iscrizioni latine dell'antichità in tutta Europa. Questa cosiddetta "Sala delle Pietre" negli ultimi 5 anni è rimasta in gran parte vuota, di modo che il Parlamento della Renania-Palatinato potesse riunirsi nei suoi spazi mentre la sala plenaria veniva ristrutturata. Ora questo museo aspetta di essere riportato alla sua funzione originale.

Tuttavia, il presidente del Parlamento non vuole restituire la "Römische Steinhalle" alla comunità di Magonza in quanto spazio espositivo di iscrizioni romane, e - invece di allestire una mostra permanente di iscrizioni - intende stabilire un "Forum della Democrazia" (si vedano gli articoli nei quotidiani: **https://zeitung.faz.net/faz/feuilleton/2021-04-21/macht-platz-beim-jupiter/600143.html?GEPC=s3**, **https://mainzund.de/wir-fuehlen-uns-hinters-licht-gefuehrt-freundeskreis-mainzer-landesmuseum-steinhalle-fuer-roemische-funde-erhalten/#comments**).

La "Steinhalle" di Magonza non è il luogo adatto per un "Forum della Democrazia". Si tratta di un edificio delle ex scuderie del principe elettore, il cui scopo non è quello di accogliere oggetti di un'epoca che non si adattano all'intenzione di "uno spazio che rende la moderna democrazia parlamentare sperimentabile e comprensibile per tutte le fasce d'età". (**https://www.landtag.rlp.de/de/aktuelles/detail/news/detail/News/landesmuseum-mainz-neue-kulturelle-und-politische-landmarke/-/-/**)

Il Castello, dove il club giacobino di Magonza si riunì nel 1792/93, e il cosiddetto "Deutschhaus", la sede del Parlamento della Renania-Palatinato, sono invece dei luoghi adatti che offrono anche spazi all'aperto per questo tipo di allestimento. Inoltre, alcuni anni fa è stata fondata la "Casa della Memoria per la Democrazia e l'Accettazione" (**https://www.haus-des-erinnerns-mainz.de/**) proprio di fronte alla "Steinhalle" di Magonza.

Begründung

Con la riconversione della "Mainzer Steinhalle", il mondo epigrafico e l'intero campo degli studi classici perderanno un laboratorio fondamentale della conoscenza nonché la possibilità di formazione di giovani studiosi e la promozione del futuro, così come un'importante vetrina della vita antica e della diversità. A nord delle Alpi non esiste alcun allestimento museale di iscrizioni latine comparabile.

Se i piani del Parlamento della Renania-Palatinato saranno attuati, la città di Magonza rischia di scomparire dalla percezione di un intero ramo della scienza.

Non vi saranno più escursioni al "Landesmuseum" da parte di archeologi e storici tedeschi e stranieri, perché la "Steinhalle" è il suo fulcro. Solo grazie al suo allestimento originario, essa potrà mantenere uno standard internazionale, presentando un numero incredibile di testimonianze dirette di persone vissute nell'antichità. La riduzione a "highlights culturali" ignora il valore espressivo delle iscrizioni tombali di 2000 anni fa, dei tributi agli dei, delle iscrizioni rinvenute sugli edifici, ecc. La diversità e la molteplicità delle testimonianze catturano il visitatore, gli mostrano i paralleli e le differenze con il mondo di oggi. Solo la diversità delle testimonianze antiche fornisce una visione reale e differenziata della vita di 2000 anni fa, informa in maniera completa e non lascia che l'antichità diventi un palcoscenico ridotto, uno sfondo senza contenuto e valore.

Con la riconversione della "Mainzer Steinhalle", la città di Magonza perde un museo unico nel suo genere.

Non molte capitali europee possono vantare una storia lunga 2000 anni. E sono ancora meno le città che hanno un così ricco tesoro di testimonianze come Magonza raccolte nella "Steinhalle", dove è possibile avvicinarsi alle persone "normali" vissute nell'antichità.

Vielen Dank für Ihre Unterstützung, **Prof. Dr. Michael Matheus** aus Mainz

Frage an den Initiator

PETICIÓN EN ESPAÑOL

La Sala de Piedra Romana de Maguncia es una de las colecciones de inscripciones latinas de la antigüedad más importantes de toda Europa. El Salón de Piedra ha estado prácticamente vacío durante los últimos 5 años, para que el Parlamento de Renania-Palatinado pudiera reunirse allí mientras se reconstruía el salón de plenos. Ahora hay que deconstruir esto. El presidente del parlamento estatal de Maguncia, sin embargo, no quiere devolver la sala de piedra como espacio único de exposición de inscripciones romanas, sino -en lugar de presentar inscripciones en gran número- establecer un "foro de la democracia" (informó entre otros el FAZ el 21.4.2021, además Mainz& el 22.4.2021.

La Steinhalle de Maguncia no es el lugar adecuado para una "verdadera democracia de laboratorio", ni como edificio de las antiguas caballerizas electorales, ni rodeado de objetos de una época, que no se ajustan a la intención de "un espacio que haga experimentable y comprensible la democracia parlamentaria moderna para todos los grupos de edad".

https://www.landtag.rlp.de/de/aktuelles/detail/news/detail/News/landesmuseum-mainz-neue-kulturelle-und-politische-landmarke/-/-/

Con el castillo, donde se reunió el Club Jacobino de Maguncia en 1792/93, y la Deutschhaus, sede del parlamento de Renania-Palatinado, Maguncia cuenta efectivamente con lugares adecuados que también ofrecen el espacio abierto necesario. Además, hace unos años se creó la "Casa del Recuerdo - para la Democracia y la Aceptación" (https://www.haus-des-erinnerns-mainz.de/) frente a la Steinhalle de Maguncia.

Begründung

Con la reedición de la Mainzer Steinhalle, el mundo epigráfico y todo el campo de los estudios clásicos perderán un laboratorio central de conocimientos, un lugar para la formación de jóvenes estudiosos y la promoción del futuro, así como un importante escaparate de la vida antigua inmediata y de la diversidad. No existe una presentación comparable de inscripciones latinas al norte de los Alpes.

Mainz desaparece de la percepción de toda una rama de la ciencia con los planes del parlamento estatal.

No habrá más excursiones al Landesmuseum por parte de arqueólogos e historiadores alemanes y extranjeros, porque la Sala de Piedra es su corazón. Es de carácter internacional y lo seguirá siendo exclusivamente en su forma anterior, es decir, la presentación de un número abrumadoramente grande de testimonios directos de personas antiguas. La reducción a "aspectos culturales destacados" ignora el valor expresivo de las inscripciones de tumbas de 2000 años de antigüedad, de los homenajes a los dioses, de las inscripciones de los edificios, etc. La sola variedad y multiplicidad quita interés al visitante. Sólo la diversidad y la multiplicidad cautivan al visitante, le muestran los paralelismos y las diferencias con el mundo actual. Sólo la diversidad de los testimonios antiguos proporciona una visión real y diferenciada de la vida de hace 2000 años, informa exhaustivamente y no deja que la antigüedad se convierta en un escenario reducido, un telón de fondo sin contenido ni valor.

Con la reedición de la Sala de Piedra de Maguncia, el Museo Estatal de Maguncia, la ciudad de Maguncia pierde un punto de venta único e identificable.

No son muchas las ciudades europeas que ya eran capitales hace 2000 años y lo siguen siendo hoy en día, y menos aún las que cuentan con un tesoro de testimonios tan rico, en el que todavía se puede estar tan cerca de los antiguos "normales" como Maguncia con su Sala de Piedra.

Vielen Dank für Ihre Unterstützung, **Prof. Dr. Michael Matheus** aus Mainz

Frage an den Initiator

AUFRUFE

VEREIN FÜR NASSAUISCHE ALTERTUMSKUNDE UND GESCHICHTSFORSCHUNG E. V.

Verein für Nassauische Altertumskunde und Geschichtsforschung e. V.

HOME > AKTUELLES

- VEREIN
- AKTUELLES
- VORTRÄGE
- EXKURSIONEN
- TAGUNGEN
- NASSAUISCHE ANNALEN
- PUBLIKATIONEN
- MITGLIEDSCHAFT
- PARTNER
- KONTAKT

Nassauische Annalen 132/2021 pünktlich erschienen!

Der Band enthält 17 Beiträge vom Mittelalter bis zur jüngeren Vergangenheit und ist wieder mit vielen Farb- und Schwarzweiß-Abbildungen ausgestattet. Unseren Mitgliedern wurde der Band mit der Post zugeschickt. Eine Abholung im Lesesaal des Hessischen Hauptstaatsarchivs ist wegen der Pandemie-Einschränkungen leider nicht möglich.

Das hier gezeigte Frontispiz entstammt einem Beitrag über Jugendstil und Lebensreformbewegung in Wiesbaden.

→ Info

Jahreshauptversammlung: Leider noch kein Termin

Unsere traditionelle Jahreshauptversammlung Ende Mai konnte wegen der Corona-Situation leider auch 2021 nicht stattfinden. Wir hoffen nunmehr, im Herbst 2021 die Versammlung nachholen zu können.

Steinhalle im Landesmuseum Mainz

Die bedeutende Sammlung antiker Steindenkmäler im Landesmuseum Mainz soll nach Plänen des Landtags Rheinland-Pfalz einem "Demokratielabor" weichen. Dagegen richtet sich eine Initiative führender Persönlichkeiten und Einrichtungen der Altertumswissenschaften. Unser Verein möchte die Initiative unterstützen. Nähere Informationen und die Möglichkeit, die Petition zu unterzeichnen, finden Sie hier:

→ Petitionsseite

DEUTSCHER ALTPHILOLOGENVERBAND

Petition "Für den Erhalt der Mainzer Steinhalle als epigraphisches Museum":

Aktuell - Themen

https://www.openpetition.de/petition/online/fuer-den-erhalt-der-mainzer-steinhalle-als-museale-praesentationsflaeche-des-lm-mainz

Als Altphilologen in Rheinland-Pfalz werden Sie und Ihre Kolleginnen und Kollegen die Mainzer Steinhalle selbst aus eigener Anschauung kennen und nutzen. Wenn Sie die Petition unterzeichnen oder / und weiterverbreiten wollen, würde ich mich - als Mainzerin, Archäologin und Epigraphikerin (ich leite derzeit an der Berlin-Brandenburgischen Akademie der Wissenschaften das 1853 von Theodor Mommsen begründete Vorhaben Corpus Inscriptionum Latinarum, die umfassendste und systematischste Sammlung und Edition lateinischer Inschriften aus der römischen Antike) - sehr darüber freuen. Für einen Austausch stehe ich jederzeit zur Verfügung.

Mit freundlichem Gruß, und Dank, Ulrike Ehmig.

Die Römische Steinhalle in Mainz ist eine der wichtigsten Sammlungen lateinischer Inschriften aus der Antike in ganz Europa. Die Steinhalle war in den letzten 5 Jahre weitgehend leergeräumt, so dass dort das Parlament von Rheinland-Pfalz tagen konnte, solange der Plenarsaal umgebaut wurde. Jetzt sollte dies zurückgebaut werden. Der Mainzer Landtagspräsident aber will die Steinhalle nicht mehr als einmalige Ausstellungsfläche römischer Inschriften zurückgeben, sondern - statt in großer Zahl Inschriften - zu präsentieren ein "Demokratieforum" einrichten (es berichtete u.a. die FAZ am 21.4.2021 https://zeitung.faz.net/faz/feuilleton/2021-04-21/macht-platz-beim-jupiter/600143.html?GEPC=s3, ferner Mainz & am 22.4.2021 https://mainzund.de/wir-fuehlen-uns-hinters-licht-gefuehrt-freundeskreis-mainzer-landesmuseum-steinhalle-fuer-roemische-funde-erhalten/#comments).

Die Mainzer Steinhalle ist nicht der richtige Ort für ein "Reallabor Demokratie", weder als Gebäude des ehemaligen kurfürstlichen Marstalls, noch im Umgeben mit Objekten aus einer Epoche, die nicht zur Intension, "einen Raum, der die moderne parlamentarische Demokratie für alle Altersgruppen erfahr- und begreifbar" zu machen, passen.

https://www.landtag.rlp.de/de/aktuelles/detail/news/detail/News/landesmuseum-mainz-neue-kulturelle-und-politische-landmarke/-/-/

Mainz verfügt mit dem Schloss, in dem 1792/93 der Mainzer Jakobinerclub tagte und dem Deutschaus, dem Sitz des rheinland-pfälzischen Parlaments, sehr wohl über passende Orte, die zudem den nötigen Freiraum bieten. Gegenüber der Mainzer Steinhalle wurde zudem vor wenigen Jahren das „Haus des Erinnerns - für Demokratie und Akzeptanz" (https://www.haus-des-erinnerns-mainz.de/) eingerichtet.

SENSOR 30. APRIL 2021

AKTUELL

30. April 2021 15:06 | sensor | ⌕ 2 Kommentare

Open Petition „Für den Erhalt der Mainzer Steinhalle als museale Präsentationsfläche des LM Mainz"

Es rumort um die geplante „Besetzung" der Steinhalle im Landesmuseum durch den Landtag sowie ihre Umwandlung in ein „Demokratie-Museum" (wir berichteten). Die Mainzer Archäologin und Epigraphikerin Ulrike Ehmig hat nun eine Open Petition „Für den Erhalt der Steinhalle als museale Präsentationsfläche des LM Mainz" initiiert https://www.openpetition.de/petition/online/fuer-den-erhalt-der-mainzer-steinhalle-als-museale-praesentationsflaeche-des-lm-mainz.

Ehmig leitet an der Berlin-Brandenburgischen Akademie der Wissenschaften das 1853 von Theodor Mommsen begründete Vorhaben des *Corpus Inscriptionum Latinarum*, die bedeutendste und systematischste Sammlung und Edition aller lateinischer Inschriften aus der römischen Welt. Aufgrund ihrer Herkunft wurde sie in der letzten Woche öfters von Kollegen auf die Situation angesprochen. Bisher haben mehrere Mainzer Bürger und einige Fachwissenschaftler aus dem Bereich der Altertumskunde unterzeichnet und die Situation kommentiert. Man darf gespannt sein, wie es weitergeht.

VERBAND DER GESCHICHTSLEHRER DEUTSCHLANDS E. V. 17. MAI 2021

Petition zur Erhaltung der Steinhalle des Landesmuseums Mainz

Wir unterstützen die Petition zur Erhaltung der Steinhalle im Mainzer Landesmuseum, die von der Epigraphikerin und Archäologin Ulrike Ehmig gestartet wurde - >>openPetition - und der sich unser Nachbarverband Rheinland-Pfalz sowie der Verband der Historiker und Historikerinnen Deutschlands mit offenen Briefen angeschlossen haben, gegen das Projekt einer vollkommenen Umgestaltung und Umnutzung als "Demokratie-Labor" - auch wenn die Steinhalle seit 2016 schon vorübergehend vom Landtag genutzt wurde. Die Sammlung archäologischer Relikte aus der Römerzeit hat überregionale Bedeutung.

So sehr die Förderung der Erinnerung an die jüngere deutsche Demokratiegeschichte wichtig und richtig ist, so wenig ist zu verstehen, warum die Erinnerung an eine weiter zurückliegende Epoche, in der der Begriff der Republik entstanden ist, dahinter zurückstehen und eine Ausstellung, die an die Römerzeit erinnert, von diesem Ort verschwinden soll. Die Demokratien der Neuzeit haben sich bei ihrer Entstehung auf das antike Vorbild berufen, in den USA, in der Französischen Revolution..., auch dies gehört zu einer Erinnerungskultur der Demokratie, wenn dies auch in den archäologischen Objekten nicht direkt zum Ausdruck kommen mag.

17.5.2021

VEREIN DER FREUNDE DES LANDESMUSEUMS MAINZ E.V. 6. MAI 2021

c/o
Generaldirektion Kulturelles Erbe
Rheinland-Pfalz
Direktion Landesmuseum Mainz
Große Bleiche 49 - 51
55116 Mainz

Fon +49(0)6131 2857-110
Fax +49(0)6131 2857-288

www.landesmuseum-mainz.de

Verein der Freunde des Landesmuseums Mainz e.V. * Große Bleiche 49-52 * D-55116 Mainz

An die
Mitglieder der Freunde
Landesmuseums Mainz

E-Mail Adressen

06. Mai 2021

2021 Online-Information LMMZ Nummer 4 für Mitglieder

Liebe Freunde des Landesmuseums!

der Vorstand der Freunde des Landesmuseums will Sie erneut über die aktuelle Entwicklung zur Steinhalle informieren, wiederum über die E-Mail Adressen.

Auf Einladung des Landtagspräsidenten, hatte der Vorstand des Vereins der Freunde des Landesmuseums am Mittwoch, den 5. Mai 2021, ein Gespräch mit Herrn Landtagspräsidenten Hering, mit Frau Molka, Direktorin am Landtag und Herrn Dr. Florack, Leitung Projetbüro am Landtag.
Die Vertretung des Landtags stellte die Vorzüge einer Vernetzung der Arbeit mit dem Landesmuseum dar. Der Vorstand legte gleich zu Beginn eine Stellungnahme vor, die die Meinung der Mitglieder unseres Vereins zusammenfasste und nutzte die Themen für das Gespräch seinerseits. Damit Sie als Mitglieder informiert sind, fnden Sie anbei die genannte Stellungnahme. Auf das Fazit wurde am Schluß des Gesprächs explizit hingewiesen, mit dem Hinweis, ungenaue Pressemeldungen zu vermeiden. Ebenso hat der Vorstand den Anwesenden mitgeteilt, dass diese Stellungnahme den Mitgliedern zur Kenntnis gegeben wird.
Es wurde von Seiten des Landtags eine Zusage zur Teilnahme an der außerordentlichen Mitgliederversammlung gegeben. Bitte nutzen Sie die Chance einer Teilnahme am 31. Mai 2021 und tragen Sie präzise Fragen vor (siehe Einladung).

Das (Wein-)Kulturland Rheinland-Pfalz verzichtet in der nächsten Legislaturperiode auf das Ministerium für Wissenschaft, Weiterbilgung und Kultur und verteilt die Sachgebiete auf andere Ministerien. Wenn Sie nach der Kultur suchen, dann steht diese an dritter Stelle im geplanten Ministerium für Familie, Frauen, Kultur und Integration.
Bekommt „Integration" einen weiteren Sinn? Kann man bereits von der bevorstehenden Integration unseres Landesmuseums in das Museumscarré unter der Führung des Landtags(-präsidenten) sprechen? Da das Projekt des Landtagspräsidenten im Koalitionsvertrag fest geschrieben wurde, steht es wohl unter dem Schutz der Ministerpräsidentin?

Bitte nutzen Sie und Ihr Bekanntenkreis dringend die online-petition! Es fehlen Stimmen aus Mainz.
https://www.openpetition.de/petition/online/fuer-den-erhalt-der-mainzer-steinhalle-als-museale-praesentationsflaeche-des-lm-mainz

Herzliche Grüße
Ihre

P.S. Es steht ein neuer Artikel in Mainz&
Streit um Steinhalle: Archäologen widersprechen Landtag – Mainzer FDP: „Ad-hoc-Entscheidung provinzpossenhaft" | Mainz& (mainzund.de)

H / SOZ / KULT 18. MAI 2021

Petition: Für den Erhalt der Mainzer Steinhalle als museale Präsentationsfläche des LM Mainz

/ Nachrichten

https://www.openpetition.de/steinhalle

Von

Michael Matheus

In der nachstehenden Petition geht es um die Zukunft der Steinhalle im Mainzer Landesmuseum und eine der dort viele Jahre präsentierten wichtigsten Sammlungen lateinischer Denkmäler und Inschriften aus der Antike in ganz Europa. Sie dokumentieren auch in besonderer Weise die über Jahrhunderte währenden besonderen Beziehungen zwischen Italien und Deutschland. Die Denkmäler verweisen auf heute noch aktuelle Themen wie Migration, Reisefreiheit, Sprachenvielfalt und religiöse Toleranz. In den letzten fünf Jahren war die Steinhalle weitgehend leergeräumt, um während der Sanierung des Deutschhauses dem Landesparlament von Rheinland-Pfalz eine zeitlich befristete Tagungsmöglichkeit zu bieten. Seinerzeit wurde zugesagt, dass es sich um ein Provisorium handle, und die Steinhalle dem ohnehin über viel zu knappe räumliche Möglichkeiten verfügenden Mainzer Landesmuseum ungeschmälert rückerstattet werde. Jetzt soll – wie dank einer erst seit Mitte April 2021 in Gang gekommenen öffentliche Debatte allgemein deutlich wird - das ausgelagerte Gestühl des Plenarrunds in der Steinhalle dauerhaft verbleiben. Eine angemessene Präsentation der weltbekannten Sammlung (sie umfasst nicht nur herausragende antike sondern auch bedeutende frühchristliche und nicht zuletzt jüdische Zeugnisse) wird nach einer Realisierung der jetzigen Pläne nicht mehr möglich sein.

Die Planungen werden damit begründet, in der Steinhalle einen Ort der demokratischen Bildungsarbeit bzw. ein „Demokratielabor" zu etablieren. Dieses Anliegen wird von einer großen Mehrheit grundsätzlich begrüßt und geteilt. Die Steinhalle ist nach Ansicht der meisten allerdings für eine solches Vorhaben – wie unterdessen auch von führenden Experten demokratischer Bildungsarbeit betont wird - ungeeignet. Zudem existiert wenige Meter von der Steinhalle entfernt mit dem „Haus des Erinnerns – für Demokratie und Akzeptanz" bereits ein wichtiger Ort demokratischer Bilddungs- und Erinnerungsarbeit, der gestärkt werden könnte und sollte. Es kommt darauf an, beide wichtigen Ziele, die Präsentation der Sammlung in dem singulären Ambiente einer kurfürstlichen barocken Reithalle und demokratische Erinnerungs- und Bildungsarbeit nicht gegeneinander auszuspielen.

Am 29. April wurde eine online-Petition gestartet, die sich gegen die aktuellen Pläne wendet. Sie wird nach wenigen Tagen von über 3500 Personen aus Mainz, Rheinland-Pfalz sowie dem In- und Ausland unterstützt. Auch wichtige nationale Fachverbände, zuletzt der Historikerverband, der Verband der Geschichtslehrer Deutschlands sowie der Gesamtverein der Deutschen Geschichts- und Altertumsvereine e.V. haben deutlich gegen die bestehenden Pläne Stellung bezogen.

Sie können sich über die aktuelle Debatte auf den Seiten der Petition informieren, dieser entweder zustimmen oder eine gegenteilige Position formulieren. Dabei können Sie Ihre Unterschrift namentlich oder ohne Nennung des Namens, mit oder ohne Kommentar öffentlich machen. Wir möchten Sie ermuntern, diese Möglichkeit eines realen „Demokratielabors" zu nutzten.

https://www.openpetition.de/steinhalle

Redaktion

Veröffentlicht am
18.05.2021

Beiträger
Michael Matheus

Zitation

Klassifikation

Epoche(n)
Epochal übergreifend

Region(en)
Europa

Thema
Kulturgeschichte und -wissenschaft

Weitere Informationen

Typ
Petitionen

RÖMISCHES INSTITUT DER GÖRRES-GESELLSCHAFT 23. MAI 2021

Die Steinhalle in Mainz - Petition zum Erhalt

Laut Presseberichten und privaten Informationen steht zur Diskussion, die "Steinhalle" in Mainz, die eine der wichtigsten Sammlungen antiker, frühchristlicher und jüdischer Inschriften der römischen Rheinprovinzen birgt, zur politischen Bildung umzunutzen. Dies stößt international auf Verwunderung wegen der europäischen Bedeutung dieses Museums. Die Steinhalle steht wie wenige andere Gedächtnisorte für die römische Kultur. Es wäre eine böse Ironie, wenn in einer der ältesten römischen Städte Deutschlands diese durch das Kriegsbombardement geretteten Kulturdenkmäler aus dem Zentrum der Öffentlichkeit verschwinden würden.

ZUR PETITION

FACHSCHAFT ARCHÄOLOGIE JGU 14. JUNI 2021

Unterschriftenpetition für den Erhalt der Mainzer Steinhalle als museale Präsentationsfläche

Für den Erhalt der Mainzer Steinhalle als epigraphisches Museum
Die Römische Steinhalle in Mainz ist eine der wichtigsten Sammlungen lateinischer Inschriften aus der Antike in ganz Europa.
Die Steinhalle war in den letzten 5 Jahre weitgehend leergeräumt, so dass dort das Parlament von Rheinland-Pfalz tagen konnte, solange der Plenarsaal umgebaut wurde. Jetzt sollte dies erneut umgebaut werden. Der Mainzer Landtagspräsident aber will die Steinhalle nicht mehr als einmalige Ausstellungsfläche römischer Inschriften zurückgeben, sondern dort ein "Demokratieforum" einrichten.
Die epigraphische Welt und die gesamten Altertumswissenschaften verlieren mit der Umwidmung der Mainzer Steinhalle ein zentrales Wissenslabor, einen Ort der Nachwuchsausbildung und der Zukunftsförderung, ferner ein wichtiges Schaufenster in unmittelbare antike Lebenswelten und Diversitäten.
Es gibt nördlich der Alpen keine vergleichbare Präsentation lateinischer Inschriften.
Mainz verschwindet mit den Planungen des Landtags aus der Wahrnehmung eines ganzen Wissenschaftszweiges. Es wird keine Exkursionen von Archäologen und Historikern aus Deutschland und dem Ausland mehr in das Landesmuseum geben, denn die Steinhalle ist dessen Herzstück.
Sie ist von internationalem Rang und wird dies ausschließlich in der ehemaligen Form, nämlich der Präsentation einer überwältigend großen Zahl unmittelbarer Zeugnisse antiker Menschen, bleiben.
Die Reduktion auf "kulturelle Highlights" verkennt den Aussagewert 2000 Jahre alter Grabinschriften, von Ehrungen für Götter, von Bauinschriften etc.
Mit einer Umwidmung der Mainzer Steinhalle verliert das Mainzer Landesmuseum, die Stadt Mainz, ein für die städtische Identität zentrales Alleinstellungsmerkmal. Nicht viele europäische Städte waren bereits vor
2000 Jahren Hauptstadt und sind es noch heute - und noch weniger von ihnen haben einen derart reichen Schatz von Zeugnissen vorzuweisen, in denen man noch heute "normalen" antiken Menschen so nahe kommt, wie Mainz mit seiner Steinhalle.
Falls ihr auch der Meinung seid, die Mainzer Steinhalle solle im Museum als Ausstellungsfläche frei zugänglich bleiben, wären wir sehr dankbar, wenn ihr unterschreiben würdet.
https://www.openpetition.de/petition/online/fuer-den-erhalt-der-mainzer-steinhalle-als-museale-praesentationsflaeche-des-lm-mainz

DIE PETITION IN ZAHLEN UND INHALTEN

Die Plattform openPetition weist als Ergebnis der Petition »Für den Erhalt der Mainzer Steinhalle als museale Präsentationsfläche des Landesmuseums Mainz« 5.904 Stimmen aus, 2.128 hiervon für Mainz.[1] Die Zahlen sind allerdings nicht exakt, sondern leicht zu modifizieren. Bereits der Download der Unterschriften zeigt fünf Stimmen weniger, also 5.899, die Durchsicht der Listen führt schließlich zur Endzahl 5.896. Die Reduzierung resultiert daraus, dass acht Personen die Petition zweimal unterzeichnet haben; openPetition erkennt dies automatisch, wenn Name und Adresse in identischer Form eingetragen werden. Das erklärt den Unterschied der Zahlen auf der Plattform selbst. In drei der acht Fälle wichen die doppelten Einträge allerdings durch Beifügung von akademischen Titeln oder zweiten Vornamen voneinander ab, so dass sie nicht vom System, sondern erst bei der unmittelbaren Durchsicht erkannt wurden.

Nicht verständlich ist die Angabe der Unterschriften aus Mainz: Die online ausgewiesene Zahl von 2.128 divergiert deutlich von jener, die sich aus der Download-Liste und ihrer Durchsicht ergibt. Demnach haben 2.235 Personen mit einer Adresse in Mainz, also über 100 mehr als ausgewiesen, die Petition unterzeichnet. Das entspricht einem Anteil von 38% an allen Unterschriften bzw. 45% im Blick auf die Stimmen aus Deutschland.

Die Unterzeichnenden stammen aus 39 Nationen auf sechs Kontinenten (Europa mit 99%, Nord- und Südamerika, Asien, Australien, Afrika):

Die geographisch breite Unterstützung reflektiert in hohem Maße das Engagement von Wissenschaftlerinnen und Wissenschaftlern, die die Mainzer Steinhalle in der Vergangenheit selbst besucht haben, die dort präsentierten Inschriften aus ihren Arbeiten kennen und die Bedeutung der Sammlung einzuschätzen wissen. Die Solidarität umfasst Fachvertreterinnen und Fachvertreter aller Disziplinen, die sich mit dem Leben von Menschen in vormodernen Epochen befassen (v.a. Lateinische und Griechische Philologie, Ägyptologie, Archäologie, Alte Geschichte), aber auch benachbarter Fächer wie Rechtsgeschichte, Religionsgeschichte und Theologie, Mittelalter- und Neuzeitgeschichte. Die ebenfalls starke Unterstützung aus den Sozial-, Natur- und Ingenieurwissenschaften zeigt, dass die Beschneidung zentraler Arbeitsmittel und -räume für alle in Wissen-

Kontinent	Land	Anzahl
Europa	Belgien	24
	Dänemark	1
	Deutschland	4936
	Estland	1
	Finnland	6
	Frankreich	106
	Griechenland	18
	Irland	2
	Italien	132
	Kroatien	2
	Liechtenstein	1
	Luxemburg	6
	Niederlande	112
	Norwegen	3
	Österreich	165
	Polen	10
	Portugal	17
	Rumänien	11
	Schweden	6
	Schweiz	74

Kontinent	Land	Anzahl
	Serbien	1
	Slowakei	1
	Slowenien	2
	Spanien	52
	Tschechien	5
	Türkei	47
	Ungarn	17
	Vereinigtes Königreich	67
Nordamerika	USA	42
	Kanada	10
Südamerika	Bolivien	1
	Surinam	1
Asien	Japan	4
	China	4
	Hongkong	1
	Israel	2
	Libanon	1
Australien	Australien	4
Afrika	Südafrika	1

1 https://www.openpetition.de/petition/statistik/fuer-den-erhalt-der-mainzer-steinhalle-als-museale-praesentationsflaeche-des-lm-mainz (letzter Aufruf 28.7.2021).

schaft und Forschung Tätigen essenzielles Thema ist. Weit mehr als jede dritte Stimme für den Erhalt der Mainzer Steinhalle als museale Präsentationsfläche des Landesmuseums Mainz stammt von in Mainz ansässigen Bürgerinnen und Bürgern. In vielen Kommentaren wird deutlich, dass hier geborene oder auch nur zeitweise am Ort lebende Personen die römischen Zeugnisse, die in der Steinhalle ausgestellt waren, als zentralen Identifikationsfaktor der Stadt betrachten. Diese Bemerkungen, wie auch eine überwältigende Zahl an Kommentaren, die Unterzeichnende aus den übrigen Teilen Deutschlands formulieren, machen evident, dass gerade die für das römische Mainz typische Fülle an überlieferten Steinen, das ist, worauf die Menschen stolz. Ebenso wird klar, dass in diesen Inschriften und Monumenten die heute beschworene gesellschaftliche Vielfalt derer, die vor 2000 Jahren ihre Vorfahren am Ort waren, am deutlichsten greifbar wird. Kein einziger der 1.463 Kommentare spricht sich gegen Pläne aus, der Demokratie im Land Rheinland-Pfalz mehr Ausdruck zu verleihen und Darstellungsmöglichkeit zu geben.

Abgelehnt wird hingegen einstimmig der Verbleib des ehemaligen Landtagsgestühls in der Steinhalle und ihre teilweise Umfunktionierung für ein sogenanntes Demokratielabor und andere Aufgaben als jene der musealen Präsentation römischer Zeugnisse aus Mainz. Viele alternative Standorte werden vorgeschlagen, Demokratie so auf das Deutlichste praktiziert.

Ulrike Ehmig

AUSGEWÄHLTE BEISPIELE MAINZER INSCHRIFTEN

GRABSTEIN DES SATURNUS

Die staatlich geförderte und nicht selten auch mit gewaltsamen Aktionen einhergehende Ausbreitung des Christentums als dominante Religion in bis dahin durch andere Religionen und Kulte geprägten Landschaften schuf während der Epoche des Imperium Romanum sowie in den folgenden mittelalterlichen Jahrhunderten wichtige Grundlagen der europäischen Kultur. Die archäologische Fundsituation und die erhaltenen Monumente zum frühen Christentum in Mainz zeigen, dass im mittelrheinischen Bereich zunächst wohl nur die romanische Oberschicht christianisiert war und diese auch nur zögerlich und relativ spät zum Christentum übertrat. Dass ein Christ des 5. Jahrhunderts »Saturnus« heißt und damit einen nichtchristlichen Namen trägt, zeigt die Verhältnisse schlaglichtartig. Dabei ist das frühe Christentum im Rheinland kaum durch Schriftquellen, viel deutlicher aber durch archäologische Funde und Steininschriften fassbar.

> HIC· IACET SATVRNVS VIX(it) ·BENE
> VIXIT AN(nos) IX
> PIVS PA(ter) [POSVIT....]
>
> Hier liegt Saturnus, der glücklich lebte.
> Er lebte 9 Jahre.
> Sein frommer Vater [setzte diesen Stein]

Die Grabplatte (H 50, B 78, T 12 cm) wurde 1908 im Bereich der heutigen St. Albans-Kirche im Gebiet oberhalb des römischen Theaters von Mainz gefunden, wo sich außerhalb der Stadtmauern ein spätantikes Gräberfeld befand, das auch durch andere Funde belegt ist.

Das Christogramm mit Alpha und Omega in einem von zwei Tauben flankierten Kranz weist das Grab als das eines Christen aus. Freilich eines Christen, dem die Eltern noch den Namen eines paganen Gottes gegeben haben: Saturn ist der römische Gott des Ackerbaus, der Obst- und der Weinkultur. Die Grabplatte wird allgemein ins 5. Jahrhundert datiert.

Hans Reinhard Seeliger

IM BESTEN ALTER VERSTORBEN: DER GRABSTEIN DES LEGIONÄRS CAIUS COELIUS PASSUS

Die 1,85 m hohe Stele aus Kalkstein besteht aus einem dreieckigen mit pflanzlichem Dekor versehenen Giebel und dem Feld mit der Inschrift, das durch eine Girlande nach unten abgeschlossen wird. Der Stein läuft in einem Standzapfen aus, mit dem er im Boden verankert war. Die Inschrift nennt Name, Status, Herkunft, Dienstgrad, Alter und Dienstjahre des Verstorbenen: Caius Coelius Passus diente in der Legio IIII Macedonica, die um das Jahr 40 n. Chr. aus Spanien nach Mainz verlegt worden war. Der Legionär stammte aus dem heutigen Toulouse in Südfrankreich. Er verstarb aus unbekannten Gründen im Alter von 30 Jahren in seinem 8. Dienstjahr in Mogontiacum, wo er in einer der Nekropolen der bedeutenden römischen Garnisons- und Provinzhauptstadt seine letzte Ruhestätte fand.

Der Grabstein des Caius Coelius Passus wurde 1961 beim Aushub einer Baugrube an der Weichselstraße in der Mainzer Oberstadt gefunden und in der Folge von der Familie Hartmann dem Landesmuseum übergeben.

Wie so viele andere Mainzer Steindenkmäler wird der Grabstein des Caius Coelius Passus seit Jahren im Depot des Landesmuseums aufbewahrt.

Grabstein des Caius Coelius Passus, der seinerzeit von der Familie Hartmann dem Landesmuseum übergeben worden ist.

Hans-Markus von Kaenel

»Meine Familie hat dem Mittelrheinischen Landesmuseum drei römische Grabsteine als Schenkung überlassen. Wir fragen uns jetzt, ob mit der Umwidmung der Steinhalle nicht der Schenkungsgrund beziehungsweise der Schenkungszweck weggefallen ist. Den Leihvertrag über einen vierten Grabstein habe ich im Hinblick auf die Absichten des Landtags und die willfährige Haltung von Museum und Generaldirektion Kulturelles Erbe vorsorglich gekündigt.«

Jürgen Hartmann

ALS RHEINSCHIFFER ZU GELD GEKOMMEN

Blussus, Sohn eines Mannes namens Atusirus, starb im Alter von 75 Jahren. Sein Grabstein wurde 1848 bei Weisenau gefunden. Die Darstellung macht deutlich, dass es Blussus zu seinen Lebzeiten im frühen 1. Jh. n. Chr. als einheimischer Kelte mit offenkundig guten Kontakten zu den römischen Machthabern zu etwas gebracht hatte: Er übernimmt die römische Sitte, einen steinernen Grabstein zu setzen. Hierauf zeigt er sich auf der Vorderseite gemeinsam mit seiner Frau Menimane und seinem spezifisch römisch benannten Sohn Primus in lokal typischer Bekleidung und hält einen Geldbeutel in der linken Hand. Womit er sein Geld verdiente, macht – ganz außergewöhnlich, denn normalerweise haben Grabsteine nur

eine Schauseite – die Rückseite des Steins deutlich. Blussus war nauta, Rheinschiffer, und ein solches Schiff in Aktion ist mit Kajüte und Besatzung zentral abgebildet. Vielleicht belieferte Blussus damit die in Mainz stationierten Soldaten und die Verwaltung des Heeresbezirkes, aus dem im fortgeschrittenen 1. Jahrhundert die Provinz Obergermanien wurde.

Ulrike Ehmig

IN MAINZ ÜBERRASCHEND VERSTORBEN: DIE GRABINSCHRIFT DES ZOSIMUS, VORKOSTER DES KAISERS DOMITIAN

Im Jahre 83 n. Chr. verlegte Kaiser Domitian seine Residenz für einige Zeit nach Mainz, um von hier aus einen Feldzug gegen die germanische Stammesgruppe der Chatten im Gebiet der heutigen Wetterau und in Nordhessen zu leiten. Ziel war es, die Gefahr zu beseitigen, die die Chatten für die Kontrolle des Mittelrheins durch Rom darstellten. Gleichzeitig bot der Feldzug dem Kaiser die Gelegenheit, seine militärischen Tugenden unter Beweis zu stellen, sich »volksnah« in den Provinzgebieten zu zeigen und den prestigeträchtigen Siegestitel Germanicus zu übernehmen.

Im großen Gefolge des Kaisers kam auch Tiberius Claudius Zosimus, ein kaiserlicher Freigelassener, nach Mainz. Über seine Position und Schicksal gibt seine 1967 in Mainz gefundene Grabinschrift Auskunft. Zosimus übte eine wichtige Vertrauensposition zum Schutze des Kaisers aus. Er war Vorsteher (procurator) der Gruppe der Vorkoster (praegustatores), die die für die kaiserliche Tafel bereiteten Speisen vor dem eigentlichen Mahl vorzukosten hatten, um einen Giftanschlag auf den Kaiser zu verhindern. Aus Gründen, die wir nicht kennen, verstarb Zosimus während des Aufenthaltes des Kaisers in Mainz und wurde hier, fern seiner in Rom lebenden Familie, bestattet. Ganz einzigartig ist, dass eine zweite Inschrift für ihn in Rom gefunden wurde. Sie war von seiner Frau und seiner Tochter veranlasst worden und stimmt in ihrem ersten Teil mit der Mainzer Inschrift überein.

Hans-Markus von Kaenel

RAV AMRAM AUS DER HEILIGEN STADT JERUSALEM

Auf dem Gelände der ehemaligen Landwirtschaftsschule an der Fritz-Kohl-Straße, in unmittelbarer Nähe zum Denkmalfriedhof, wurden 2007 Reste von über 20 mittelalterlichen jüdischen Grabsteinen geborgen. Einige dieser Steine werden seit Kurzem im Landesmuseum ausgestellt, wo sie die Sammlung der ältesten erhaltenen Epitaphien aus dem Rheinland ergänzen. Unter den neu gefundenen Steinen ragt einer heraus, der einen Namen trägt, der aus anderen jüdischen Quellen bekannt ist: Der in der Inschrift Genannte ist Rav Amram aus der heiligen Stadt Jerusalem. Er gehörte seinerzeit zu den bedeutendsten Gelehrten in Mainz. Gestorben ist er, wie die Inschrift hervorhebt, am 31.8.1086 während eines ansonsten durch keine andere Quelle bezeugten Pogroms (»Tag des Zorns«) in Mainz.

Andreas Lehnardt

MAINZER SZENEN AUS DEM SOLDATENLEBEN

Viele in Mainz gefundene Steine mit Inschriften und Reliefdarstellungen geben einen Einblick in das Leben der in der Garnisonsstadt Mogontiacum in großer Zahl stationierten Soldaten. Eine, zeitweise sogar zwei Legionen, Flottensoldaten sowie zusätzliche Infanterie- und Reitereinheiten (cohortes und alae) machten Mainz zu einem der bedeutendsten militärischen Machtzentren des Römischen Reiches. Von einer in der zweiten Hälfte des 1. Jh. errichteten Säulenhalle, die im oder vor dem Legionslager auf dem Kästrich stand, stammen mehrere Sockel mit Darstellungen aus dem Alltag der Legionäre. Der hier abgebildete Sockel zeigt zwei Legionäre im Kampf. Beide sind mit einer Tunika und breitem Gürtel bekleidet, tragen einen Helm und in der Linken den Rechteckschild (scutum). Der vordere Soldat hält in der Rechten sein Kurzschwert (gladius), bereit gegen einen Gegner zuzustechen. Der zweite Soldat trägt ein pilum, eine Wurflanze mit großer Durchschlagskraft, von denen jeder Legionär zwei mit sich führte. Mit seinem Schild deckt er die ungeschützte linke Seite des vor ihm stehenden Kameraden.

Dieses und weitere Mainzer Sockelreliefs sind ihrer Anschaulichkeit und Einzigartigkeit wegen vielfach in Publikationen abgebildet worden. Ein Bild aber kann die Anschauung des Originals niemals ersetzen.

Hans-Markus von Kaenel

ZU HOCH FÜR DIE STEINHALLE – DIE GROSSE MAINZER JUPITER-SÄULE

Gut 9 m hoch ist die mit reichem Bildwerk versehene Kalkstein-Säule, die Bewohner der Mainzer Zivilsiedlung in den Jahren zwischen 63 und 67 n. Chr. »dem besten und größten« Gott Jupiter errichtetet haben. Das Monument ist zu groß, um zusammen mit der obenauf zu ergänzenden 3,4 m hohen Jupiterstatue in der Steinhalle als Ganzes aufgestellt zu werden. Kopien dieses wohl berühmtesten Mainzer Monuments stehen in Originalgröße auf dem Deutschhausplatz in Mainz, beim Limeskastell Saalburg im Taunus, im Musée d'Archéologie Nationale in Saint-Germain-en-Laye unweit von Paris sowie im Museo della Civiltà Romana in Rom. Das 1904/05 in der Mainzer Neustadt entdeckte, in seiner Bedeutung herausragende Bildwerk war im 4. Jh. n. Chr. in über 2.000 handgroße Bruchstücke zerschlagen und im Boden deponiert worden. Die Säule besteht aus zwei übereinander angeordneten Sockelsteinen, fünf nach oben hin schlanker werdenden Säulentrommeln und einem Kapitell mit Abschlussstein, auf dem eine Statue des Jupiters aus vergoldeter Bronze stand, von der nur wenige Fragmente von Schuh und Blitzbündel, dem Attribut des Jupiters, erhalten sind. Sockel und Säulenschaft zeigen 28 verschiedene Gottheiten und Personifikationen aus der Götterwelt.

Die Große Mainzer Jupiter-Säule wurde zum Vorbild für viele später errichtete Jupiter-Säulen. Die Bildhauer der Mainzer Säule, führende Vertreter der Provinzialkunst am Rhein, haben ihr Werk signiert; es handelte sich um das Brüderpaar Samus und Severus, Söhne eines Mannes namens Venicarus. Nach der auf dem oberen Sockelstein angebrachten Inschrift haben die Bewohner der Mainzer Zivilsiedlung (canabae) dem Jupiter Optimus Maximus für das Wohlergehen des Kaisers Nero dieses Monument aufgrund eines öffentlichen Aktes (publice) gestiftet und zwar in den Jahren zwischen ca. 63 und 67 n. Chr. Mit den canabae war die Siedlung rundum den Fundort der Säule am sog. »Dimesser Ort« nahe dem heutigen Zollhafen gemeint.

Die originalen Teile der Großen Mainzer Jupiter-Säule sind bereits seit 2014 nicht mehr in der Steinhalle zu sehen. Gespannt wartet die Fachwelt auf die Ergebnisse der seitdem durchgeführten interdisziplinären Forschungen und der Besucher auf die Möglichkeit, das berühmte Monument wiederzusehen.

Hans-Markus von Kaenel

AN DER SEITE DES NACHFOLGERS

Augustus hatte wenig Glück mit denen, die er zu seinen Nachfolgern machen wollte und die bis dahin seine Politik als Feldherrn umsetzen sollten. Einer nach dem anderen starb und so musste er 4 n. Chr. in den sauren Apfel beißen und seinen Stiefsohn Tiberius, zu dem das Verhältnis schwer zerrüttet war, adoptieren und als mutmaßlichen Nachfolger präsentieren.

Wie sehr Tiberius sich bei den anschließenden Feldzügen auf Mainz stützte, wird durch den Grabstein eines seiner engsten Mitarbeiter fassbar. Dieser, ein gewisser Cnaeus Petronius Asellio, gehörte dem zweiten Stand des Reiches, den Rittern, an und hatte schon zwei Offiziersposten im römischen Heer innegehabt. Jetzt erhielt er den Titel »praefectus fabrum«, wörtlich Leiter der Handwerker. Wahrscheinlich hatte die Bezeichnung aber gar nichts mehr mit Legionshandwerkern zu tun, sondern war ein Relikt aus längst vergangener republikanischer Zeit. Entscheidend war, dass es in einem Heer nur einen solchen ritterlichen Offizier beim Oberbefehlshaber gab. Das machte ihn zu einem der zentralen Berater und Vertrauten eines solchen Befehlshabers. Als Asellio aus unbekannten Gründen bei den Feldzügen des Tiberius im 1. Jahrzehnt nach Christus starb, errichtete man ihm in Mainz ein Monument in bester italischer Handwerksmanier.

Rudolf Haensch

KEIN KULTURBANAUSE

Septimius Severus wusste ganz genau, wem er sein Kaisertum verdankte, nämlich seinen Soldaten. Die mit der Ermordung seines Sohnes Caracalla einsetzenden kurzen, oft gewaltsam endenden Regierungszeiten verstärkten die Bedeutung der Soldaten und derer, auf die sie hörten. Einer der ersten, der dies um 218 n. Chr. zu einem bis dahin unerhörten Aufstieg ausnutzte, war ein gewisser Claudius Aelius Pollio, der es in kürzester Zeit von der Stellung als centurio zum Statthalter der Provinz Germania superior brachte. Das war bis dahin ein Aufstieg gewesen, der sich nur in drei Generationen vollziehen konnte. Der Grund für die Karriere Pollios war allem Anschein nach eine einzige Tat: Pollio war entscheidend dafür gewesen, dass nach dem Sieg Elagabals über Macrinus der Sohn des Macrinus festgenommen und so eine große Gefahr für Elagabal beseitigt wurde. Elagabal setzte Pollio in der Folgezeit überall dort als Statthalter ein, wo Truppen meuterten oder an der Schwelle zur Meuterei standen. Aber der Aufsteiger par excellence unterschied sich in manchem gar nicht von seinen hochadligen Vorgängern in Mainz. Das Ehrenmonument, mit dem ihm wichtige Gruppen in seinem Statthalterstab dankten – weil er so überaus integer sei – unterschied sich überhaupt nicht von den Ehrungen anderer Gouver-

neure. Inschriftliche Monumente waren dem neuen Mann aus der neuen Gruppe genauso wichtig wie den alten Eliten.

Rudolf Haensch

KEINE BESETZUNG

Nach der Ermordung der Kaiser Commodus und Pertinax in den ersten drei Monaten des Jahres 193 n. Chr. standen sich vier Prätendenten gegenüber.

Nach wechselnden Allianzen und Blitzfeldzügen des Septimius Severus begann Ende 195 der Showdown zwischen den beiden Überlebenden, Severus und Clodius Albinus. Albinus hatte bis dahin dem Geschehen weitgehend passiv von Britannien aus zugesehen. Jetzt setzte er auf den Kontinent über und versuchte, Gallien und Germanien zu erobern. Dabei leistete ihm die civitas Trevorum, das heutige Trier, Widerstand und wurde durch die Severus ebenfalls treue Mainzer Legion von der Belagerung befreit. Es war dies zweifelsfrei ein wichtiger Baustein zum letztlichen Erfolg des Severus.

Trier dankte der Mainzer Legion mit einem in Mainz errichteten Monument »ob obsidione liberata« – weil sie von der Belagerung befreit worden war. Wie passend für die Situation um die Steinhalle!

Rudolf Haensch

HANNA, TOCHTER DES HERRN YEHUDA

Zu den herausragenden Steinfunden, die im Landesmuseum Mainz seit Jahren auch in der Steinhalle ausgestellt werden, gehören einige der ältesten jüdischen Grabsteine Mitteleuropas. Sie wurden im 19. Jahrhundert bei Bauarbeiten in der Stadt gefunden, wo sie in anderen Bauwerken nach ihrem Raub vom mittelalterlichen jüdischen Friedhof, dem Judensand, verbaut worden waren. Ein bemerkenswerter Stein bewahrt eine teilweise abgeschlagene römische Inschrift, die am Rand des hebräischen Schriftfeldes erhalten ist. Der Stein war also bereits im Mittelalter von Juden wiederverwendet worden. Möglicherweise war er zuvor Teil eines Grabes auf der römischen Nekropole an der Mombacher Straße gewesen. Die hebräische Inschrift erinnert an eine ansonsten unbekannte Hanna, Tochter des Herrn Yehuda, die im Alter von nur 19 Jahren im Jahre 1292 verschied.

Andreas Lehnardt

IN DER STEINHALLE WIEDER AUFERSTANDEN – DER DATIVIUS VICTOR-BOGEN

Bei Abbrucharbeiten nahe des Gautors kamen um die Wende zum 20. Jh. zahlreiche in den Fundamenten der spätrömischen Stadtbefestigung vermauerte Bauteile eines Bogens und einer Halle zum Vorschein. Mit der Einrichtung der Steinhalle in der ehemaligen kurfürstlichen Reithalle bot sich Jahrzehnte später die Möglichkeit, den mit Reliefdekor und einer Inschrift versehenen 6,5 m hohen Bogen aus Originalteilen zu rekonstruieren. Der Inschrift zufolge hatte Dativius Victor, Ratsherr der civitas Taunensium und ehemaliger Priester (sacerdotalis), den Mainzern einen Bogen (arcus) und eine Halle (porticus) gestiftet. Dieser Bau wurde durch seine Söhne und Erben Victorius Ursus und Victorius Lupus fertiggestellt.

Das Bauwerk stammt aus den Jahren um die Mitte des 3. Jh., einer Zeit, in der germanische Stammesgruppen das rechtsrheinische Gebiet von Mogontiacum bedrohten. Dativius Victor gehörte der Führungsschicht in der Provinz an und lebte als Mitglied des Rates, der für die Gebietskörperschaft der Taunensier zuständig war, in deren Hauptort NIDA (heute Frankfurt-Heddernheim); Ländereien in der Wetterau bildeten die Grundlagen seines Wohlstandes. Als einflussreiche Persönlichkeit war Dativius Victor auch im nahen Zentrum Mogontiacum präsent, dem Sitz des Provinzstatthalters von Obergermanien und der Kommandozentrale der hier stationierten Legio XXII Primigenia Pia Fidelis. In der Provinzhauptstadt hatte er wohl auch seine priesterlichen Funktionen ausgeübt. Wie es von einem reichen Mitbürger erwartet wurde, trat Dativius Victor der Mainzer Bevölkerung gegenüber als großzügiger Stifter auf und ließ eine Säulenhalle in prominenter Lage in der Nähe des Legionslagers auf dem Kästrich errichten. Dativius Victor starb vor Vollendung des Baues, um dessen Fertigstellung sich dann seine beiden Söhne kümmerten. Der repräsentative mit der Säulenhalle verbundene Bogen wurde so zum posthumen Ehrenmonument für Dativius Victor.

Hans-Markus von Kaenel

UNTERZEICHNENDE MIT KOMMENTAR

Insgesamt haben 1.462 Unterzeichnende ihre Unterschrift mit einem Kommentar versehen.

" Parce que je suis archéologue et je pense qu'il est important que la culture soit à la portée de tous.
Franck Abert, Strasbourg (FR)

" Weil ich die Nutzung der Halle als »Demokratielabor« lediglich als Lagerraum für alte Konferenzmöbel empfinde.
Thomas Abt, Mainz

" Politik muss ihre Versprechen (vorübergehende Nutzung) einhalten.
Martin Adam, Mainz

" Ich bin in Mainz zur Schule gegangen, habe in Mainz studiert und betrachte Mainz als meine Heimat in Deutschland. Die Steinhalle ist eine wichtige Plattform für die Präsentation des römischen Erbes der Stadt.
Christoph Adamski, South Salem NY (US)

" Because the importance of Roman culture for the Rhein-Main region and the city of Mainz is far more important historically, culturally and politically than a megalomaniac decision of a single politician!
Panagiotis Agapitos, Oberursel

" Ich denke, dass die Steinhalle ein wichtiges Alleinstellungsmerkmal für die Archäologie in Mainz ist.
Irene Ahl, Ingelheim

" Das Museum ist der ideale Standort für die Steinhalle. Die Ausstellung sollte unverändert erhalten bleiben.
Dieter Ahlers, Worms

" Essentieel cultuur behoud!
Jarko Aikens, Maastricht

" Behoud en zichtbaarheid van cultureel erfgoed is voor mij belangrijk.
Lex Albers, Woerden

" Demokratie gehört in den Landtag und nicht ins Museum. Die Beschneidung des Platzes in der Steinhalle würde eine Missachtung der Bedeutung der Exponate darstellen.
Alfred Allard, Mainz

" Die Steinhalle ist ein bedeutendes und zentrales Element des Museums und darf keine Verfügungsmasse darstellen.
Maria Allard, Mainz

" Ob der großen Bedeutung der Steinsammlung.
Anette Allebrand, Nierstein

" Die Steinhalle gehört zum Gedächtnis der Stadt Mainz und muss für kommende Generationen in ihrem historischen Impetus für die Identität von Mainz erhalten bleiben. Nach dem Motto, wo kommen wir her, wo gehen wir hin. »Der Kunst ihre Freiheit, der Freiheit ihre Kunst.« (Wiener Secession).
Monika Allmann-Sparrer, Mainz

" Por ser un Patrimonio de valor universal, que enriquece a la ciudad de Maiz, a Alemania y a todos.
Martin Almagro Gorbea, Madrid (ES)

" Undurchsichtige politische Kuddelmuddelentscheidungen sind nie gut. Die Volksvertreter sind gewählt und nicht selbsternannt. Sie haben sich dazu verpflichtet, im Sinne der Demokratie und seinen Mitgliedern zu entscheiden. Mit diesem Vorstoß wird die Demokratie zum Außenseiter, die an dieser Entscheidung verantwortlichen Politiker setzen sich selbst damit ein negatives Denkmal. Sollen die vielleicht auch irgendwann einmal in der Steinhalle stehen mit der Aufschrift: so starb langsam die Demokratie...
Susanne Altmeyer, Mainz

" Por la relevancia de la institución y por sus contenidos epigráficos.
Antonio Alvar Ezquerra, Madrid (ES)

" Die Mainzer Steinhalle war bisher eines der wichtigsten altertumswissenschaftlichen Exkursionsziele, das auch aus Köln kommenden Studenten in einer ganz einzigartigen Form eine antike Welt, eine antike Lebenswelt und deren Äußerungen vorführen konnte. Es gibt in Deutschland sicher keinen vergleichbaren Ort, wohl auch sonst nicht nördlich der Alpen.
Walter Ameling, Köln

" Kultur behalten!
Luc Amkreutz, Leiden (NL)

" Was man sich »geliehen« hat, das gibt auch wieder zurück. Das gehört sich einfach.
Günther Anderer, Mainz

" Europa ist unser Haus, Ort unserer Identität und die ist zum entscheidenden Teil in der Kultur begründet. Wir erwarten von der Politik, dass sie dies vertritt und schützt. Kunstwerke brauchen eigene Räumlichkeiten in denen sie sich vermitteln und in denen sie wissenschaftlich bearbeitet werden. Die Politik braucht Arbeitsräume, die praktischen Zwecken dienen. – Die gibt es überall genug.
Marija Dragica Anderle, Zittau

❝ Ich bin ein großer Fan des Museums. Die »frühere« Steinhalle vor Einzug der Politik war etwas ganz Besonderes. Das Parlament kann im Grunde in jeder geeigneten Halle tagen und wieder in den Landtag ziehen irgendwann, wenn alles vorbereitet ist. Es ist vollkommen überflüssig, dieses Mainzer Kleinod zu okkupieren.
Thomas Andres, Mainz

❝ Weil nicht nur die Seefahrt notwendig ist, sondern auch das Studium der Geschichte, so wie von Kurt Tucholski beschrieben: »Wer die Enge seiner Heimat begreifen will, der reise. Wer die Enge seiner Zeit ermessen will, studiere Geschichte«.
Suse Andresen, Darmstadt

❝ Ass. Professor, Alte Geschichte und Epigraphik, Universität Athen.
Sophia Aneziri, Athens (GR)

❝ Steinerne Inschriften sind vielfach die einzigen noch erhaltenen Zeugnisse vergangener Epochen. Die didaktisch sehr gut aufbereitete Präsentation von Inschriften und anderen beeindruckenden steinernen Objekten von Weltrang in der Mainzer Steinhalle habe ich mit Religions- und Ethikkursen der gymnasialen Oberstufe, Bekannten und ausländischen Gästen immer gerne besucht. Den Besuchern konnte ich damit einen plastischen und dadurch gut nachvollziehbaren Einblick in unsere lokale und nationale, ja europäische Geschichte geben. Diese Möglichkeit soll es an diesem Ort unbedingt auch in Zukunft wieder geben.
Tobias Angert, Hanau

❝ Weil ich von der Steinhalle des Landesmuseums beeindruckt war und bin und sie als etwas Einzigartiges erachte, das man nicht mit anderen Zielen vermischen sollte. Dafür finden sich andere Räume.
Torben Anschau, Buseck

❝ Historisches muss erhalten bleiben. Kein Politzentrum im historischen Museum!
Dirk Antoni, Hochheim

❝ Por valorar la cultura clásica, clave de la identidad de Maguncia!
Carmen Aranegui, Godella (ES)

❝ The heritage of the remote past is a finite quantity; what survives and has been curated by scholars over the past 200 years deserves to be at the heart of our ways of valuing this past.
Zofia Archibald (GB)

❝ For the preservation of the cultural European heritage, and for the continuation of the great German tradition of specialistic scholarship.
Radu Ardevan, Cluj-Napoca (RO)

❝ Eine Umwidmung der Steinhalle in ein überall derzeit in die Mode gekommenes sogenanntes »Demokratieforum« wäre ein weiterer Schlag ins Gesicht unserer Geschichte und Kultur.
Jens Gustav Arndt, Hanau

❝ Als Student im Seniorenstudium – Alte Geschichte, Schwerpunkt Römische Geschichte, wäre der Verlust der Halle kaum in Worten auszudrücken. Die Halle muss bleiben!
Dieter Arnold, Mörstadt

❝ Römische Steinhalle soll ein Museum bleiben. Man kann doch einen anderen und geeigneten Platz finden für Democracy Forum.
Hakan Arslanbaba, Kütahya (TR)

❝ Ich plädiere für den Erhalt der Römischen Steinhalle als Kulturstätte.
Jutta Arzt, Mainz

❝ Si tratta di una raccolta di beni culturali di grande importanza!
Mario Ascheri, Siena (IT)

❝ Weil die Antike angemessene Repräsentationsflächen braucht, gerade in Mainz.
Markus Asper, Berlin

❝ Erhalt der Mainzer Kultur!
Mecit Atik, Mainz

❝ Archäologin.
Marina Sigrid Auer, Bremen

❝ Für die Schätze, die man hat, muss man Verantwortung übernehmen und diese zum Scheinen bringen.
Sabine August, St. Gallen (CH)

❝ Die Steinhalle des Landesmuseums ist ein wichtiges Zeugnis unserer Geschichte. Sie darf nicht für ein politisch motiviertes Wollen geopfert werden.
Herbert Auschrat, Mainz

❝ Unglaublich, wie die Politik versucht, in der Bevölkerung eine breite Bildung und Geschichtsbewusstsein zu unterdrücken. Ein weiterer Schritt hin zu: je dümmer das Volk, desto leichter ist es zu regieren! Es sollen hier anscheinend die Wurzeln unserer Kultur bewusst verborgen (vernichtet) werden!!! Eine Schande für diese kulturlosen Politiker!!!
Heidelinde Autengruber-Thüry, Göttlesbrunn (AT)

❝ Almanya Mainz'daki, içerisinde Latince yazıtlardan oluşan bir kolleksiyon bulunan, Römische Steinhalle yapısının restore edildikten sonra ilgili yöneticiler tarafından tekrar aynı amaçla kullandırılmak istenmemesi.
Can Avcı, Istanbul (TR)

❝ Es ist ein besonderer Ort, erhaltet ihn!!!
Martin Babica, Vilshofen

❝ Ich bin dafür dass die Mainzer Steinhalle als Museale Präsentationsfläche des LM Mainz erhalten bleibt.
Manfred Bachnick, Mainz

❝ Es geht um die Selbständigkeit des Landesmuseums.
Peter Bächstädt, Mainz

❝ Als Altsprachler, Humanist und ehemaliger Schüler des Rhabanus-Maurus-Gymnasiums in Mainz fühle ich mich verpflichtet, dem Petitionsanliegen zuzustimmen.
Klaus Detlef Baldus, Rösrath

❝ Weil Erinnerungen ein wesentlicher Beitrag für unsere Lebensqualität bedeutet und aus manchen Ereignissen auch Entscheidungen resultieren.
Jürgen Balewski, Saulheim

❝ Ausgerechnet der Mainzer Landtag unterstützt durch dieses Vorhaben die weit verbreitete Tendenz zur allgemeinen Geschichtsvergessenheit und Kulturlosigkeit.
Christa Balharek, Karlsruhe

❝ Temporäre Nutzer einer Immobilie müssen doch nach der Nutzung einen (vorher definierten) Zustand wieder herstellen. Oder gilt das nur für nicht privilegierte Nutzer?
Martin Baltusch, Oppenheim

❝ Die Steinhalle ist ein Kulturgut und nicht für ministerielle Zwecke zu missbrauchen!
Ursula Baltz-Otto, Mainz

❝ Wichtige Zeugen zum Kulturerhalt sollen prioritär für die künftige Generationen geschützt werden.
Eszter Bánffy, Frankfurt am Main

❝ Kultur wertschätzen!
Patrick Baron, Roßdorf

❝ Erst wird der Bau eines archäologischen Zentrums gestoppt, dann die Steinhalle zum Plenarsaal umfunktioniert, was jetzt ein Dauerzustand bleiben soll. Der Eltzer Hof wurde einem Investor zugeschlagen statt dem Museum zu dienen. Gute Kulturpolitik sieht anders aus!
Peter Barthelmes, Mainz

❝ Combattre l'ignorance, promouvoir la connaissance et l'histoire!
Céline Barthélemy-Sylvand, Caen (FR)

❝ Das ist ein Willkürakt gegen das Museum, gegen den man sich wehren muss.
Stefan Bartilla, Praha (CZ)

❝ Weil ich nicht möchte, dass die Steinhalle unverfälscht bleibt und nicht als Kulisse für ein Projekt benutzt wird, das sicherlich ehrenwert ist, aber genauso an einem anderen Ort (dem Landtag?) umgesetzt werden kann.
Dominik Bartoschek, Mainz

❝ Weil Veranstaltungsräume in der Innenstadt wichtig sind.
Susanne Bartram, Boppard

❝ Die römischen Grabsteine in Mainz sind ein einzigartiges Ensemble, das die Interkulturalität der Römischen Armeen bezeugt. Sie muss unter allen Umständen bestehen bleiben!!!
Andrea Basler-Egg, Mainz

❝ So eine Idee kann nur von jemanden kommen, der die Steinhalle nur oberflächlich kennt.
Christoph Bathelt, Wien (AT)

❝ Der Erhalt eines derartig wichtigen Denkmals der römischen Antike darf nicht zeitgeistiger billiger politischer Pseudo-Tugendhaftigkeit geopfert werden!
Dietmar Bauer, Wiener Neustadt (AT)

❝ Dies rheinland-pfälzische Landesregierung hält sich nicht an ihr Versprechen: Während des Umbaus des Landtags im Deutschhaus ist das alte Landtagsmobiliar mit an den Ausweichstandort Steinhalle gewandert; versprochen wurde, dass nach der Renovierung des Landtags die Steinhalle wieder ihrem ursprünglichen Zweck zugeführt wird. Das soll nun mit einem Federstrich zunichte gemacht werden. Die Landesregierung handelt geschichtsvergessen und ohne fachliche Expertise!
Michael Bauer, Mainz

❝ Man muss auf der Hut sein. Allerorten werden Kultureinrichtungen und historische Denkmäler für vermeintlich »Wichtigeres« geopfert. Mir scheint, hier soll einfach eine Chance für die Umnutzung der Steinhalle genutzt werden – jetzt, wo sie eh schon leergeräumt ist. Es gilt zu bedenken: Ein offener und bewusster Umgang mit unserer Historie ist Bestandteil der gesellschaftlichen Bewusstseinsbildung. Das wiederum ist Grundlage für eine gefestigte demokratische Ordnung. Das erschließt sich vielleicht nicht jedem sofort, weil es ein eher stiller, dafür aber umso nachhaltigerer Vorgang ist. Eine museale Einrichtung für ein Demokratiezentrum zu opfern, ist in dieser Hinsicht aber paradox und folglich abzulehnen.
Michael Baur, Aalen

❝ Ohne Geschichte keine Gegenwart, keine Zukunft!
Winfried Baumgart, Mainz

❝ Weil das Land Rheinland-Pfalz zu seiner Verantwortung für Mainz als Römisches Kulturerbe ohne Wenn und Aber stehen muss. Mainz verdankt seine Entstehung dem Römischen Imperium: ohne Rom kein Mainz. Rheinland-Pfalz hätte heute keine Landeshauptstadt mit dem Namen Mainz. Nur wer seine Vergangenheit pflegt, kann weiter in die Zukunft gehen.
Dieter Baumgartner, Mainz

❝ Die Steinhalle war und ist ein Provisorium. Liebe Politiker, bedankt euch für euer »Asyl » und geht wieder in eure »Heimat.« Überlasst die Geschichte den Historikern und bemüht euch um Gegenwart und Zukunft.
Jürgen Bayer, Wörrstadt

❝ Antike in das Museum, Demokratielabor in den Landtag. »Demokratie« stammt aus der Antike – ohne Erinnerung an die Wurzeln verwelkt die Blüte.
Jens Bayer-Gimm, Mainz

❝ Müzecilik, sergileme, arkeoloji, epigrafi.
Daniş Baykan, Edirne (TR)

❝ Die Steinhalle ist für die Präsentation und den umfassenden Bildungsauftrag des Museums wichtig.
Harald Bechstein, Friedberg

❝ Als Lehrer der Fächer Latein und Geschichte ist mir die Erhaltung dieses außerschulischen Lernorts von einzigartiger Bedeutung für die Begegnung von Schülern mit authentischen Zeugnissen antiker Kultur auf deutschem Boden außerordentlich wichtig.
Gereon Becht-Jördens, Schriesheim

❝ Die Idee des Raumes für die Demokratie ist zweifellos SEHR gut und gerade in diesen Zeiten SEHR wichtig. Ich bin aber der Meinung, dass dafür ein NEUER Raum gefunden werden kann und nicht das Etablierte aufgegeben oder umgezogen werden muss.
Gabriele Beck-Busse, Berlin

❝ Wer die Gegenwart und Zukunft begreifen möchte, darf die Vergangenheit nicht vergessen.
Bernd Becker, Wiesbaden

❝ An der Museumsleitung und dem wissenschaftlichen Team vorbei soll hier die unausgegorene Idee eines Politikers gegen alle Widerstände durchgesetzt werden. Verbandsvertreter lassen sich die Hälse wenden und die GDKE verleugnet ihren Auftrag, die Erhaltung des kulturellen Erbes. Sie nimmt dem Mainzer Landesmuseum den letzten Rest an Autonomie, das ist für alle Museen ein hohes Gut. Die Steinhalle ist ein bedeutender Ort in der Mainzer Kulturlandschaft. Ihre Rückgabe war zugesagt. Mainzer, kämpft um eure Steinhalle, Politik hat darin keinen Platz. Der findet sich viel besser im Erthaler Hof.
Dieter Becker, Mainz

❝ Bin durch und durch Geschichtsfan... besonders römische Geschichte z.B. Leben am Obergermanischen-Rätischen Limes.
Franz-Josef Becker, Neuwied

❝ Völlig klar, dass die Steinhalle als Museum erhalten werden muss! Standort und Art der Repräsentation sind optimal.
Franz-Josef Becker, Oppenheim

❝ Absolut bedeutendes Kulturgut!!!
Mario Becker, Wehrheim

❝ Museum soll Museum bleiben.
Norbert Becker, Mainz

❝ Schöne Erinnerungen an Konzerte in diesem Rahmen. Mainz ist arm an Museen.
Rosa Becker, Mainz

❝ Weil die Kolossalität der Steinhalle auch Schulkindern einen erlebbaren Eindruck von der Größe unseres Erbes gibt. Weil Mainz das Caput Germaniae ist. Weil die Mainzer stolz sein sollen, so etwas in ihren Mauern zu bergen!!
Axel Behne, Stade

❝ Man muss nicht alles platt machen, ganz besonders nicht solches, das als würdige Präsentationsfläche gilt.
Jochen Behrendt, Mainz

❝ Eine so einzigartige historische Sammlung sollte unbedingt bewahrt werden.
Alexandra Beilharz, Heidelberg

❝ Mainz hat eine durchgängige Geschichte seit der Römerzeit und sollte dieses einmalige Erbe auch zeigen.
Emil Beitlich, Mainz

❝ Weil mir der Erhalt eines sehr spezifischen kulturellen Erbes wichtig ist.
Klaus Belke, Wien (AT)

❝ La Steinhalle de Mainz es una colección epigráfica de enorme valor patrimonial que merece estar abierta a los ciudadanos. Resulta difícil comprender en 2021 que se plantee en conflicto entre el acceso a la cultura y al patrimonio cultural, y los lugares de reunión política.
Francisco Beltrán Lloris, Zaragoza (ES)

❝ Das Landesmuseum sollte sein Flächen unbedingt wieder selbst nutzen!
Marika Bender, Mainz

❝ 1. Wegen der Bedeutung der Steindenkmäler. 2. Vorhandene Einrichtung der Demokratiebildung sollen gestärkt werden. 3. Es ist der öffentlichen Hand unwürdig, sich für einige Zeit als Gast einzuziehen und dann entgegen den Vereinbarungen einfach zu bleiben.
Hanspeter Bennwitz, Mainz

❝ Perché mi occupo di epigrafia, sebbene non romana.
Franco Benucci, Padova (IT)

❝ Keine Zweckentfremdung des Präsentationsraumes des Landesmuseums.
Evamaria Berg, Mainz

❝ Die räumliche Verbindung zum Museum und die Steindenkmäler sind einzigartig.
Hans-Werner Berg, Wuppertal

❝ Geschichtswissenschaft hat ohnehin einen schweren Stand. Es sollten nicht auch noch einmalige Forschungs- und Präsentationsflächen verschwinden.
Lisa Bergann, Bielefeld

❝ Als Fachkollege und Museumskurator.
Frank Berger, Frankfurt am Main

❝ Die barocke ehemalige Reithalle ist ein idealer musealer Ort für die Präsentation der bedeutenden Zeugnisse, die dort bisher ihren Platz gefunden haben. Dagegen sollte der »Lernort für Demokratie«, dessen Wichtigkeit nicht in Frage gestellt wird (!), einen Ort finden, der einen engeren Bezug zu demokratischen Prozessen hat. Die Verbindung beider Einrichtungen in diesem Gebäude schränkt insbesondere das Museum in seinen Präsentationsmöglichkeiten erheblich ein.
Thomas Berger, Mainz

❝ Steinhalle hat historischen Wert und soll nicht für Politwerbung enteignet und missbraucht werden. Dafür gibt es genug andere Orte.
Viktor Berger, Mainz

❝ Es ist vollkommen okay, dass die Steinhalle vorübergehend dem Landtag zur Verfügung gestellt wurde, damit die Demokratie funktioniert. Es kann aber nicht sein, dass bedeutende Kulturdenkmäler auf Dauer dem Blick des interessierten Betrachters entzogen werden. Die Inschriften und Bilder auf den Steinen in den oberen Regalen sind nur mit einem Fernglas wahrzunehmen. Niemand käme auf die Idee, die Mona Lisa in 15 Meter Höhe zu hängen, um die Sammlung im Louvre platzsparender zu organisieren.

Günther Berker, Rödermark

❝ Der Erhalt des einzigartigen kulturellen Erbes, dass das Ensemble der Steinhalle mit der Sammlung von antiken, frühchristlichen und jüdischen Denkmälern darstellt, darf nicht gegen den richtigen und notwendigen Ausbau von Demokratieförderung und Demokratiebildung ausgespielt werden.

Hans Berkessel, Ingelheim

❝ Ich bin Geschichtslehrer.

Julian Bernd, Bingen

❝ Die Zeit vor uns hat uns zu dem gemacht, was wir heute sind.

Maria Berner, Riedersbach (AT)

❝ Apoyo a la iniciativa!

Piero Berni Millet, Barcelona (ES)

❝ Weil Inschriften ein zentrales Medium der römischen Kultur waren, aber nur selten adäquat ausgestellt sind – die ursprüngliche Mainzer Aufstellung war sehr anregend!

Christof Berns, Hamburg

❝ Die Mainzer Steinhalle ist als Sammlung von römischen Inschriften der Rhein-Main-Region von unersetzbarer Bedeutung. Sie gibt Gelegenheit, die Bilderwelt und Sprache dieser Monumente aus nächster Nähe zu studieren. Deswegen auch war die Steinhalle in der Vergangenheit ein beliebtes Ziel von Exkursionen des Instituts für Klassische Philologie der Goethe-Universität Frankfurt. Auch Latein- und Geschichtsklassen Frankfurter Gymnasien haben die Vorteile der Steinhalle genutzt.

Hans Bernsdorff, Frankfurt am Main

❝ Es handelt sich um Mainzer Geschichte und wertvolle Sammlungen.

Alfred Best, Mainz

❝ Bei jedem Besuch in MZ war ich früher dort und warte jetzt schon ein halbes Jahrzehnt auf die Wiedereröffnung. Wichtig ist auch die zentrale Lage an Politik und Rhein als Symbol, dass kulturelles Erbe in Rheinland-Pfalz im Mittelpunkt seht und wertgeschätzt wird. Ein Verdrängen ins Abseits muss verhindert werden!

Roger Best, Arzbach

❝ This is a collection of Europewide importance. It should not be restricted to the view of researchers.

William Paul Beston, Stanstead Abbotts (GB)

❝ Wenn man gastfreundlich für eine gewisse Zeit aus einem bekannten Grund aufgenommen wird, geht man als höflicher Mensch, so wie vereinbart, und versucht nicht, mit scheinheiligen Argumenten den eigenen Haushalt zu entlasten, weil man keine Vorsorge getroffen hat.

Matthias Beth, Mainz

❝ Roman heritage should be able to view, to study, to enjoy, to tell stories about.

Mariella Beukers, Utrecht (NL)

❝ Eine moderne Präsentation der Inschriftensteine, die Vielfalt und Mobilität der römischen Welt veranschaulicht, wäre wünschenswert und nachhaltig, wenn gut gemacht. Für ein Demokratieforum gibt es vielleicht auch andere Orte.

Jens Beutmann, Chemnitz

❝ Die großartige Sammlung der antiken Steine und das Haus insgesamt sollten allen insgesamt bestens präsentiert zugänglich bleiben für ältere und besonders auch für jüngere Interessenten.

Liesemarie Bickoni, Hochheim

❝ Erhaltung eines Orts zur Präsentation wichtigen Kulturguts.

Tobias Bidlingmaier, Tübingen

❝ Aus einem nicht nachvollziehbaren Vorgang versucht die Landesregierung von Rheinland-Pfalz, Teile der Steinhalle im Landesmuseum für politische Veranstaltungen Zweck zu entfremden. Die Regierung hat ausreichend Möglichkeiten sich an markanten Orten zu präsentieren.

Brigitte Bielak, Mainz

❝ Weil es mir übel ankommt, wenn Kultur, Bildung und Wissenschaft zugunsten der Politik geopfert werden soll. Das ist ein schlechtes Zeichen für die Gesellschaft, die gegen Bildungsmangel mit allen Mitteln ankämpfen soll.

Manfred Bietak, Langenlois (AT)

❝ Demokratie ist die Ausstellung einer ursprünglich privaten Sammlung.

Johannes Binsfeld, Trier

❝ Weil es sich um eine bedeutende Sammlung handelt, die der Öffentlichkeit weiter präsentiert werden muss.

Bettina Birkenhagen, Perl

❝ Die Ausrangierung dieses einmaligen Kulturgutes ist ein Verbrechen gegen die Europäische Geschichte und Kultur. Gerade in unserer kurzlebigen Zeit, die durch Social Media und Fake-News geprägt ist, sind Museen wie die Mainzer Steinhalle essentiell.

Martin Birkhäuser, Basel (CH)

❝ Die in der Steinhalle ausgestellten Funde sollten in der Form weiter den Besuchern*innen gezeigt werden.

Berthold Birringer, Heidesheim

❝ The Steinhalle is an excellent resource for the study of epigraphy and sculpture in general and vital to students of the Roman army, whether professional or amateur.

M. C. Bishop, Pewsey (GB)

❝ Die Steinhalle muss bleiben. Und nichts anderes!!

Dietmar Bittner, Mainz

❝ Die Steinhalle ist der wichtigste Erinnerungsort der römischen Kaiserzeit auf deutschem Boden.

Jürgen Blänsdorf, Essenheim

❝ Als Kultur- und Weinbotschafter mit Rheinhessen fest verbunden – museumspädagogisch werden Brücken geschaffen, die Generationen verbinden – wichtige Zeitzeugen mit Menschen zusammen zu bringen.
Claudia Bläsius-Wirth, Guntersblum

❝ Die Erhaltung der Steinhalle in ihrer vorherigen Form, in Erinnerung an ihren Initiator, Dr. Karl-Viktor Decker, ist mir ein Bedürfnis.
Angelika Maria Blahak, Selzen

❝ Låt Mainz förbli en kulturstad!
Anna Maria Blennow, Lund (SE)

❝ Geschichtsverständnis, Toleranz.
Christoph Blesl, Nußdorf ob der Traisen

❝ Als Historiker und jemand, der für Jahre zuständig für eine große Museumssammlung war, kenne ich auch den Wert und die Bedeutung der Mainzer Sammlungen.
Bernd Blisch, Flörsheim

❝ Die Steinhalle ist ein wesentliches Dokument der Mainzer Geschichte. Sie gehört in vollständiger Größe wieder hergestellt. Und soll in Gänze allen Mainzer Bürgerinnen und Bürgern zugänglich sein!!
Inge Blitz, Mainz

❝ Schüler müssen auch weiterhin die Möglichkeit haben, diese einzigartigen Exponate zu sehen. Wir brauchen mehr Kultur in Mainz, nicht weniger!!
Michael Bockius, Mainz

❝ Begründung.
Matthias Böckel, Klingenmünster

❝ Aus den vielerlei vorgebrachten Gründen der Gegner.
Jürgen Böhm, Mainz

❝ Diese Steinhalle ist das Kernstück der kulturhistorisch so bedeutenden römischen Abteilung im Landesmuseum Mainz. Sie sollte unbedingt ausschließlich für die Präsentation dieser wichtigen Originale vorbehalten bleiben.
Elke Böhr, Wiesbaden

❝ Die Steinhalle ist eine Einheit und in der Form einmalig. Es ist ein wichtiger Bestandteil von unserem Mainzer Erbe.
Beatrix Böttcher, Nierstein

❝ Die Steinhalle präsentiert die römische Vergangenheit in Mainz vorbildlich und soll als museale Einheit erhalten bleiben.
Rolf Böttcher, Nierstein

❝ Damit die Steinhalle des Landesmuseums Mainz auch in Zukunft ihrem altertumswissenschaftlich klangvollen Namen gerecht wird: »Hic saxa loquuntur.« – Doch nicht: Hier reden (weiterhin) die Politiker. Und oft genug reden sie mit kurzer Halbwertszeit überraschend anders als noch vor fünf Jahren daher.
Christoph Böwing, Leipzig

❝ Demokratie muss gelebt, nicht museal dargestellt werden. Alte Geschichte ist die Grundvoraussetzung unserer Demokratie.
Irmgard Bogenstahl, Hannover

❝ Wer sich nicht mit der Vergangenheit auseinandersetzt, wird die Gegenwart nicht verstehen und blind in die Zukunft laufen.
Hans-Peter Bohland, Mainz

❝ Ich bin für den Erhalt der Steinhalle, da sie sowohl für wissenschaftliche als auch touristischen Belange wichtiger Bestandteil des (römischen) Mainz ist.
Ute Bolender, Mainz

❝ Die Steinhalle scheint auch mir der richtige Ort, die römischen Relikte von Mainz zu präsentieren.
Bärbel Bollinger-Spang, Ransbach-Baumbach

❝ Erhalt der Steinhalle.
Harald Borbe, Mainz

❝ Aufstellung der Steindenkmäler ist wichtig, um einen Aspekt der Geschichte sinnfällig zu machen, der bis heute zu den kulturellen Grundlagen unseres Landes gehört.
Nicola Borger-Keweloh, Bremerhaven

❝ Mi riconosco pienamente negli intenti della petizione.
Francesco Borghero, Capoterra (IT)

❝ Als Historikerin und Wissenschaftlerin der alten und mittelalterlichen Welt ist mir die Sammlung in der Römischen Steinhalle besonders wichtig.
Laura Borghetti, Mainz

❝ Die eingeschränkte Nutzbarkeit der Steinhalle war schon während der Renovierung des Deutschhauses eine nur schwer erträgliche Beeinträchtigung der Zugänglichkeit des römischen Erbes von Mainz. Solange damit dem Landtag ein Ausweichquartier auf Zeit geboten wurde, konnte man sich immerhin damit abfinden, nicht aber mit der Perpetuierung des Zustands durch die Einrichtung eines erst kürzlich erfundenen Demokratieforums an diesem Ort. Blussus und Romanius haben in der Steinhalte ältere Rechte. Die Idee, gerade hier ein »Demokratieforum« (was immer darunter zu verstehen sein möge), einzurichten, zeugt von einer Geschichtsvergessenheit, die die Idee eines Demokratieforum (das schon in seinem Namen auf unser griechisch-römisches Erbe verweist) geradezu konterkariert. Die Steinhalle im Landesmuseum ist auch im Hinblick auf den architektonischen Rahmen ein idealer Ort zur Präsentation der teilweise großformatigen Exponate, ein Rahmen, den andere bedeutende Altertumsmuseen wie Trier und das RGM Köln nicht vorweisen können. Das Demokratieforum kann an einem beliebigen Ort installiert werden, die Steinhalle ist einzigartig. Die Zweitverwendung einiger Sitzmöbel ist kein Grund, die Bedeutung eines der bedeutendsten epigraphischen Museen in Deutschland dauerhaft zu beschädigen.
Ralf Born, Ingelheim

❝ Versprochen ist versprochen! Der Auszug wurde zugesichert.
Hans-Dieter Borowski, Mainz

❝ En dehors du fait que les collections du musée comptent parmi les plus importantes du monde romain occidental, je suis consterné par la noire bêtise des élites locales qui sont capables d'envisager sans complexe la possible disparition d'un patrimoine de valeur inestimable.
Jean-Perre Bost, Gradignan (FR)

❝ Schon als Kind, vor 50 Jahren, hat mich die Ausstellung des Landesmuseums fasziniert. Es wäre ein herber Verlust für das römische Mainz, wenn hier die Wirkung der wuchtigen Zeugen unserer Wurzeln verloren gingen.
Lothar Both, Mainz

❝ Wir müssen die Reste unserer römischen Vergangenheit bewahren und präsentieren. Für was das Bundesland Rheinland-Pfalz einen zweiten »Plenarsaal« braucht ist nicht nachvollziehbar.
Richard Both, Mainz

❝ Kunst und Kultur sollte für alle zugänglich sein!
Béatrice Bourrat-Flöck, Mainz

❝ Whether they realised it or not, it is important for everyone, not just me.
Ali Oğuz Bozkurt, Istanbul (TR)

❝ Die Steinhalle ist ein wichtiges Dokument des heute unsichtbaren Mainz. Hier wird Geschichte sichtbar gemacht!
Thomas Brachert, Mainz

❝ I have been to Mainz and know the importance of the ›Steinhalle‹ collection. Its presence adjacent to the ›Plenarsaal des rheinland-pfälzischen Landtags‹ provides a powerful reminder of Mainz's cultural heritage to today's administration.
John Bradley (GB)

❝ Die Steinhalle dokumentiert in hervorragender Form das römische Erbe der Stadt Mainz und darüber hinaus. Das ist der falsch Platz für ein Demokratieforum – das kann auch an einer anderen Stelle eingerichtet werden.
Klaus-Georg Brager, Boppard

❝ Die Steinhalle mit ihren einmaligen Funden ist für Mainzer Museumsbesucher, Schulen und auswärtige Besucher ein wichtiges Zeitzeugnis unserer Vergangenheit, somit allgemeines Kulturgut und außerdem anschaulich für die hohe Handwerkskunst in der Antike. Sie muss unbedingt für alle zugänglich sein und bleiben.
Gloria Brand, Mainz

❝ Als Universitätsprofessor für Alte Geschichte, selbst Epigraphiker, kann ich nur den Kopf schütteln angesichts der Mainzer Pläne.
Hartwin Brandt, Bamberg

❝ Archäologische Museen und Stätten festigen die Beziehung der lokalen Bevölkerung mit ihrer Vergangenheit – geben Wurzeln und historische Dimension. Eine solche Ausstellungsfläche sollte unbedingt erhalten bleiben. Sie ist auch ein Magnet für Besucher von außerhalb und könnte als Vorstufe zu Gutenberg gewertet werden. Wenn es für das Demokratie-Zentrum gute Alternativen gibt, sollten diese genutzt werden.
Katharina Brandt, Athens (GR)

❝ Die Mainzer Steinhalle ist eine wichtige Institution und ein beliebter Anlaufpunkt bei einem Besuch von Mainz und unbedingt erhaltenswert in der ursprünglichen Funktion.
Brigitte Brandts, Recklinghausen

❝ Rückgewinnung der ursprünglichen Ausstellungsfläche für die bedeutende römische Steinsammlung. Schaffung weiterer Ausstellungsflächen wären sinnvoll und nötig.
Ida Elisabeth Bratner, Mainz

❝ Weil für den Erhalt des kulturellen Erbes zu sorgen ist. Ein »Demokratielabor« kann anderweitig eingerichtet werden.
Wolfgang Bratner, Mainz

❝ Diese einzigartige Sammlung antiken Kulturgutes sollte in seiner Gesamtheit bestehen bleiben und weiterhin als solche in der Steinhalle präsentiert werden.
Inge Brauburger, Nieder-Olm

❝ Der Erhalt der Steinhalle ist für das römische Mainz von großer kultureller Bedeutung!
Hans Albert Braunbeck, Mainz

❝ This is one of the most important museums in the Roman Empire and the Stone Hall is its highlight, a wonderful collection of Roman inscriptions which tell us so much about how the Roman Empire, and in particular the Roman army, worked. A ›democratic forum‹ could be placed anywhere.
David Breeze (GB)

❝ Die Kultur hat in der Corona-Krise stark gelitten. Daher braucht es jetzt mehr Präsenz der Kultur in der Öffentlichkeit und nicht weniger. Die Politik sollte sich intensiver Gedanken machen, wo sie ihr Demokratie-Labor präsentieren kann.
Jürgen Breier, Hahnheim

❝ Angemessene Präsentation herausragender Kulturgüter muss möglich sein.
Sonja Breustedt, Königstein

❝ Der Ignoranz der Politiker in Sachen Geschichte und Kultur muss Widerstand entgegengesetzt werden!
Andreas Britz, Bellheim

❝ I am myself a classical scholar with an appreciation of the fundamental importance of inscriptions for our understanding of antiquity, and of the need to train future generations of scholars in their use.
Roger Brock, Leeds (GB)

UNTERZEICHNENDE MIT KOMMENTAR

❝ Aus Überzeugung der Bedeutung des öffentlich-geschichtlichen Erbes, welches nicht einigen wenigen vorbehalten sein sollte, sondern als Mahnung und Erinnerung an das Wachsen einer Demokratie allen zugänglich bleiben muss.
Klaus Brokamp, Emstek

❝ Muss als musealer Raum erhalten bleiben.
Günter Brosda, Mainz

❝ Keine neoliberale Umwidmung eines bewährten und erhaltenswerten musealen Kulturraums archäologischer Artefakte!
Olaf Brühl, Berlin

❝ Bei der Sammlung von römischen Steindenkmälern, die in der Halle gezeigt werden, handelt es sich um eine der herausragendsten, wichtigsten und ältesten ihrer Art in Deutschland. Mainz selbst zählt mit zu den ältesten heute noch existierenden Städten Deutschlands. Eine Schließung der Steinhalle würde einer Bankrotterklärung gegenüber der geschichtsträchtigen Vergangenheit von Mainz bedeuten!
Daniel Burger-Völlmecke, Mainz

❝ Die römischen Relikte aus Stein, Keramik, Bronze und die Glassammlung, die eine der bedeutendsten nördlich der Alpen ist, sollten nach dem Auszug des Landtages aus der Steinhalle wieder in der kompletten Halle präsentiert werden. Selbst dieser große Raum kann nur einen Teil der Fundstücke repräsentativ zeigen. Deshalb sollten nicht noch mehr dieser Zeugen der Römerzeit in den Archiven verschwinden. Das ist mein Wunsch.
Günter Busch, Mainz

❝ Aus der Geschichte können und dürfen wir in allen Aspekten lernen. Dazu muss sie präsent sein und gehört in ein ansprechendes Gebäude. Ein Demokratielabor kann in einem alten Bunker untergebracht werden. Das würde direkt die Belastbarkeit von Demokratiemodellen testen helfen.
Peter Busch, Hannover

❝ Wie kann man nur darüber nachdenken so eine wichtige Institution aus Mainz zu entfernen?!
Silke Busch, Mainz

❝ Für die Erfahrung von antiker Geschichte sind Inschriften das wichtigste Medium. An keiner Stelle kann der Dialog so unmittelbar stattfinden. Die Mainzer Halle hatte stets eine Vorbildfunktion in diesem Bereich und macht eine der wichtigsten Sammlungen zugänglich.
Stephan Busch, Trier

❝ Der hiesigen historischen Vergangenheit gehört die ihr zustehende Aufmerksamkeit.
Werner Busch, Mainz

❝ È fondamentale per l'acculturazione e la formazione scientificostorica delle nuove generazioni, e la trasmissione del prezioso patrimonio valoriale ad esse connessa.
Èlia Calilli, Folignano (IT)

❝ Patrimoine scientifique et culturel exceptionnel.
Jean-Michel Carrié, Paris (FR)

❝ The collection of inscribed Roman monuments in Mainz is large and extremely important for an understanding of Roman life, death, society and culture in Mainz. It is the best collection in Germany. It is a valuable research resource that deserves to be preserved, viewed, and studied by the public and the scholarly community. The Römisch-Germanisches Zentralmuseum is full of copies and casts of Roman objects, but the Landesmuseum monuments are all originals of international importance. It would be an international scandal to lose the collection or keep it HIDDEN as it has been for several years!!!
Maureen Carroll, York (GB)

❝ Ja, und das sofort.
Mirko Caspary, Wuppertal

❝ Als Professor in Heidelberg habe ich durch Besuch der Mainzer Steinhalle viele Studenten für die Antike begeistern und ein lebendiges Bild vom Leben im römischen Reich vermitteln können.
Angelos Chaniotis, Princeton NJ (US)

❝ Als Historiker und engagierter Kulturvertreter zusätzlich zu meinem Beruf sehe ich den Erhalt der Steinhalle für archäologische Zwecke als unentbehrlich, insbesondere, dass es in Mainz bereits Demokratie-Orte in der Nähe gibt.
Jean-Noël Charon, Koblenz

❝ Erhalt der ganzen Steinhalle ist wichtig für die vollständige Präsentation aller Steindenkmäler aus römischer Zeit und ihrer Bedeutung für die Stadt Mainz.
Alfred Christoffer, Mainz

❝ Das Museum muss ein Museum bleiben. Die wertvollen Exponate gehören wie früher in die Steinhalle! Für das geplante »Reallabor Demokratie« wird sich doch sicher noch Raum im momentan aufwendig renovierten Landtag finden.
Horst Ciechowski, Heidesheim

❝ Ich bin Nachwuchswissenschaftler im Fachbereich Klassische Archäologie und Epigraphik.
Lorenzo Cigaina, Regensburg

❝ Erhaltung antiker wertvoller Fundstücke. Präsentation zum Verständnis der Geschichte. Zugang für alle.
Christine Claus, Mainz

❝ Ich will wieder die »alten Steine« im Museum sehen können.
Bärbel Clemens, Wiesbaden

❝ Roman empire heritage along the Rhine European artery should be nurtured.
Kim Cohen (NL)

❝ I am an epigraphist.
Victor Cojocaru, Iasi (RO)

❝ The Roman inscriptions are an internationally important collection that present the special place of the city in European history, and the long tradition of display and large display area are also a typical and greatly enhance the visitor experience.
Robert Collins, Newcastle upon Tyne (GB)

❝ I am a huge fan of roman military history. I live close by and have visited many times. A shame to not keep them locally where found.

Eric Conant, Wiesbaden

❝ 1. Pacta sunt servanda. Wer einen Raum geliehen bekommen hat, sollte ihn nach Ende der Leihzeit zurückgeben, auch wenn es ihm dort gefallen hat. 2. Das Demokratiezentrum ist nicht auf einen bestimmten Ort angewiesen, die archäologische Sammlung hingegen doch.

Albrecht Cordes, Königstein

❝ Per preservare un luogo di storia e di cultura, i cui reperti antichi restino disponibili e comprensibili a visitatori nel futuro.

Martina Corgnati, Milano (IT)

❝ Please, maintain this worldwide unique collection and venue.

Altay Coskun, Waterloo (CA)

❝ Concordo con il testo e le finalità della petizione!

Giovannella Cresci, Torino (IT)

❝ Because it's for the preservation of a museum exhibition.

Alida-Ozana Crisan (NL)

❝ Lebendige Demokratie findet im Landtag statt, nicht im Saal eines Museums.

Elisabeth Custodis, Mainz

❝ Die öffentliche Präsentation von Zeugnissen der römischen Geschichte vor Ort und im Museum ist dringend notwendig.

Paul-Georg Custodis, Mainz

❝ Soutenir les humanités.

Hélène Cuvigny, Paris (FR)

❝ In einer Zeit, in der die Demokratie auch gerade in ihrer wissenschaftlichen Ausprägung angegriffen wird, kann es einfach nicht wahr sein, dass noch mehr Wissenschaft abgebaut wird. Hinzu kommt, dass gerade die Geschichte und nicht zuletzt die des Altertums ein großes Stück des Fundamentes ist, auf dem wir und unsere freiheitliche Gesellschaft stehen. Nicht von ungefähr haben die Diktaturen auf deutschem Boden im 20. Jahrhundert auch immer diese Bereiche angegriffen, massiv unter Druck gesetzt und eingestampft. Diese Form der Wissenschafts- und Kulturfeindlichkeit ist auch immer Demokratiefeindlichkeit. Egal welche Feigenblätter hier herhalten müssen.

Marcus Cyron, Schöneiche

❝ Die römischen Steindenkmäler aus Mainz sind exzeptionell. Sie gehören zum überaus eindrucksvollen Erbe der Römerstadt Mainz und können in Deutschland in quantitativer Hinsicht allenfalls mit Museen wie dem Römisch-Germanischen Museum in Köln verglichen werden. In qualitativer Hinsicht stellt jedoch die Inschriftensammlung ein Alleinstellungsmerkmal dar, das zugleich ein überaus lebendiges Laboratorium der Forschung ist – das kann ich aus eigener Anschauung sagen. Vom Erhaltungszustand und der Bedeutung her gibt es vergleichbare Bestände sonst nur noch südlich der Alpen. Die Überlegungen, die Bestände nur noch an wenigen Tagen im Jahr zugänglich zu machen, verkennen die Bedeutung dieser Sammlung als Zeugnisse einer Geschichte, die Mainz nicht nur mit Italien, sondern dem Herrschaftsgebiet des ehemaligen Imperium Romanum verbindet. Die Steindenkmäler sollten daher schnellstmöglich wieder an ihren angestammten Platz zurückkehren und sowohl der breiten als auch der fachwissenschaftlichen Öffentlichkeit wieder durchgängig zugänglich gemacht werden. Sollte dies nicht geschehen, würde dies ohne Zweifel einen erheblichen Schaden für den Kulturstandort Mainz mit seiner einmaligen historischen Tiefenerstreckung bedeuten, der ganz sicherlich weit über die Grenzen der Landeshauptstadt und des Landes Rheinland-Pfalz hinaus wahrgenommen würde.

Ortwin Dally, Roma (IT)

❝ Als Mitarbeiterin eines Museums setze ich mich für den Erhalt des Kulturgutes für nachfolgende Generationen ein.

Christine Daniel, Heilbronn

❝ Die Exponate der Steinhalle sind wichtige Zeugnisse unserer Geschichte, die in geeigneter Weise aufbewahrt und der interessierten Öffentlichkeit zugänglich gemacht werden sollten. Deshalb sollte die Zweckentfremdung der Räume, wie ursprünglich vereinbart, beendet werden. Außerdem halte ich nichts davon, getroffene Vereinbarungen nicht einzuhalten, zumal kein zwingender Grund hierfür erkennbar ist.

Lena-Maria Dannenberg-Mletzko, Mainz

❝ Pour la formation des étudiants et la recherche cette collection est d'une grande importance pédagogique et valeur scientifique. Elle constitue aussi un patrimoine culturel unique et un but de visite incontournable à Mayence.

Véronique Dasen, Pensier (CH)

❝ Die Steinhalle gehört zur römischen (Kunst)Geschichte und nicht zur Demokratie. Die gehört zum Landtag!!

Elisabeth Daum-Kreysch, Mainz

❝ La culture est à tout le monde ; rendre au musée épigraphique ses salles est un devoir. Pas d'esprits libres sans culture ; pas de démocratie sans culture.

Axelle Davadie, Strasbourg (FR)

❝ It makes Mainz even more special.

Jennifer Davies, Mainz

❝ Preservar a memória é valorizar o passado, compreender o presente e construir o futuro de forma consciente e livre.

João Manuel Filipe de Gouveia Monteiro, Cernache (PT)

❝ Sauvegarde du patrimoine.

De Palacio, Semuren-Auxois (FR)

❝ Um den Charakter und die Raumansprüche des Museums zu erhalten.

Katharina de Reuver, Mainz

❝ Perché insegno epigrafia e perché sono materiali importanti da conservare e far conoscere anche oltre la comunità degli studiosi.

Flavia De Rubeis, Venezia (IT)

❝ The Steinhalle is a unique resource that the city of Mainz and the state of Rheinland-Pfalz have generously offered up for the rest of the world to enjoy and benefit from. It is a major reason for visiting Mainz, whether as a researcher (as I have done), a student (as students from my university, UCD Dublin, have done) or as a tourist (as I have done with family and friends). There must be many other places where the proposed Haus des Erinnerns and Reallabor Demokratie could be better located.

Philip de Souza, Dublin (IE)

❝ Als französischer Historiker, Archäologe und Epigraphiker mache ich mir große Sorgen um die Zukunft der Lapidarsammlungen des Landesmuseums Mainz. Sie müssen sowohl für alle Besucher als auch für Forscher zugänglich bleiben. Die archäologischen Sammlungen von Mainz sind außergewöhnlich und ein Aktivposten für die Förderung des regionalen und lokalen Kulturerbes. Wenn die Sensibilisierung der Bürger für die Demokratie absolut legitim ist. Die Berufung des Landesmuseums Mainz und seiner Lapidargalerie ist daher zu respektieren. Das Museum ist nicht für eine andere Nutzung geeignet und muss seine eigene Rolle bei der Bewusstseinsbildung spielen.

Bertrand Debatty, Paris (FR)

❝ Die römische Steinhalle bietet das optimale Ambiente für die Ausstellung antiker Schriften und ähnlichem. Diese Nutzungsmöglichkeit sollte priorisiert und beibehalten werden.

Silke Dehe, Hunzel

❝ Es ist wichtig, dass es weiterhin einen Ausstellungsort für die Geschichte der römischen Kultur und Lebensart in Mainz gibt, weil es sich hierbei um ein kulturelles Erbe der Römer am Rhein handelt und die Römer viel für diese Region getan haben.

Maximilian Deißler, Ingelheim

❝ Museum sollte komplett Museum bleiben.

Ulrike Delcker-Heidbüchel, Mainz

❝ Conservation et présentation de sources historiques anciennes à tout public.

Christiane Delplace, Athis-Mons (FR)

❝ Römisches Mainz muss vollständig und für jedermann zugänglich erhalten bleiben allerdings egal an welchem Ort in Mainz.

Friedrich Demmler, Mainz

❝ Einzigartiges gegen Beliebiges einzutauschen macht keinerlei Sinn! Wenn die Landesregierung ein Reallabor Demokratie möchte, kann sie hier praktisch mit Beteiligung statt topdown beginnen.

Mark Dengler, Bad Kreuznach

❝ Weiterhin Erhalt zu den alten Nutzungsmöglichkeiten.

Anita Dennebaum, Mainz

❝ I care about using cultural heritage structures for their intended purpose and transferring them to future generations.

Birtan Sinan Depe, Istanbul (TR)

❝ Préservation du patrimoine!

Germaine Depierre, Dijon (FR)

❝ Die Steinhalle ist eine einzigartige Sammlung römischer Kultur nördlich der Alpen und zählt zum Kulturerbe Deutschlands.

Eckhard Deschler-Erb, Köln

❝ Es fühlt sich ein bisschen so an, als würde das Museum gekapert. Die Gastfreundschaft ausgenutzt. Hätte das Museum den Landtag »reingelassen« wenn das vorher so kommuniziert worden wäre? Ich glaube nicht.

Monika Devant, Mainz

❝ This is one of the most important epigraphic collections of the world.

Margarita Díaz-Andreu, Barcelona (ES)

❝ Einzigartige Präsentation römischer Inschriften nördlich der Alpen.

Hildegard Dick, Geisenheim

❝ As a scholar, I greatly value this epigraphic collection.

Eleanor Dickey, Oxford (GB)

❝ Es ist wichtig »Vergangenheit auch in der Zukunft« zu erhalten, und an passender Stelle zu präsentieren.

Tamara Diehl, Nieder-Olm

❝ Als Mainzer und Mitglied des Mainzer Altertumsvereins ist mir die Pflege des kulturellen römischen Erbes in Mainz ein wichtiges Anliegen. Die Fremdnutzung der Steinhalle durch den Landtag hat die angemessene Präsentation Mainzer Steindenkmäler schwer behindert. Statt einen wesentlichen Teil der Steinhalle weiterhin zu usurpieren, sollte der Landtag besser angemessene Haushaltsmittel bereitstellen, um das Mainzer römische Erbe in moderner Form museal zu präsentieren.

Wolfram Diehl, Mainz

❝ Die römischen Artefakte in der Steinhalle sind einmalig und zeigen die Bedeutung von Mainz in der Römerzeit. Ein Demokratieforum kann man an jedem anderen Ort einrichten. Im restaurierten Landtag sollte dafür Platz sein.

Hans Joachim Dieler, Mainz

❝ Es ist von extrem hoher Bedeutung, das Bewusstsein für den Facettenreichtum der antiken Welt, mit all den Fremdheiten und dem vermeintlich Bekanntem, zu präsentieren, damit auch künftige Generationen die Chance haben, sich ein Bild von der Antike zu erarbeiten, das möglichst nah an den Zeugnissen der Vergangenheit ist und nicht durch eine Auswahl vermeintlicher Schaustücke vorherbestimmt wird.

Holger Dietrich, Schorndorf

❝ Erhalt von Kultur.
Josi Dingeldein, Mainz

❝ Die Exponate der Steinhalle sind einzigartig nördlich der Alpen. Da das römische Erbe in der Stadt Mainz ohnehin nicht das Alleinstellungsmerkmal darstellt, das es verdient hätte, wäre es m.E. unbedingt angebracht, die Steinhalle ausschließlich für dieses einmalige Erbe zu nutzen.
Gaby Dierbach-Pfiffer, Mainz

❝ Der Erhalt der Steinhalle in seinem ursprünglichen Sinn, z.B. Erhalt des römischen Erbes.
Ursula Dittewig, Mainz

❝ Archäologin.
Ilka Dittrich, Augsburg

❝ Persoonlijke motivatie.
Ron Djoniman (NL)

❝ Aus den logischen Gründen, wie man sich denken kann, Erhaltung!
Maria do Rosario Gabriel, Mainz

❝ Ich bin gegen die gewagte Unterdrückung der Geschichte und die traditionelle Werte, die im Museum beherbergt sein sollten.
Maria Dobozy, Tucson AZ (US)

❝ Gerade aus der röm. Geschichte kann man lernen, was »Globalisierung« und »Oligarchisierung« für Folgen zeitigt. Aus der Geschichte könnte man lernen – die wäre das beste Demokratielabor. Die Steinhalle muss wieder entpolitisiert werden.
Joachim Dörr, Mainz

❝ Ich bin in Mainz geboren und aufgewachsen! Mainz lebt nicht nur auf seinen Plätzen, es atmet auch mit seiner Geschichte.
Thomas Dötsch, Dorfen

❝ Vermittlung des historischen Erbes gehört zwingend zur Demokratievermittlung und muss ein Forum haben.
Marcus Dohnicht, Berlin

❝ Mir liegen Demokratiebildung und der Erhalt der Steinhalle am Herzen. In Mainz gibt es deutlich bessere Orte für Demokratiebildung, die wichtiger denn je ist. Mit dem Haus des Erinnerns – für Demokratie und Akzeptanz existiert in unmittelbarer Nachbarschaft zum Landesmuseum bereits ein Ort, an dem proaktive Demokratiebildung geleistet wird – und dies für ein breites Zielpublikum! Die einzigartige Steinhalle sollte erhalten bleiben. Statt diesen Ort umzugestalten, um dort ein »Demokratielabor« zu errichten, sollte die Arbeit des Hauses des Erinnerns – für Demokratie und Akzeptanz gestärkt werden.
Cornelia Dold, Mainz

❝ Eine derart eindrucksvolle Ausstellung sollte unbedingt erhalten bleiben. Lernorte für Demokratie gibt es bereits an anderer Stelle in Mainz.
Marita Dold, Vallendar

❝ U.a. weil die über 2000 Jahre alten Grabinschriften ein wichtiges Zeugnis über die kontinuierliche Interkulturalität unserer Region ablegen.
Ingeborg Domes, Ingelheim

❝ Es handelt sich um eine Rarität.
Manfred Domrös, Mainz

❝ Des réunions politiques peuvent se faire dans des salles neutres. Elles n'ont pas besoin du cadre exceptionnel de la Mainzer Steinhalle qui doit être constamment accessible au grand public international.
Pauline Donceel-Voûte, Marcheen-Famenne (BE)

❝ Importa preservar tão precioso espólio, deveras singular para o estudo da época romana.
José Manuel dos Santos Encarnação, Cascais (PT)

❝ Demokratie ist wichtig. Sie kann aber nicht auf Kosten der schon zurückgestuften Ausstellungsräume der Geschichte insbesondere der Antike und das auch noch in Mainz, geschehen. Als ehemaliges Mitglied des Wissenschaftlichen Fachbeirates zur Gedenkarbeit in Rheinland-Pfalz habe ich die Anstrengungen der Landesregierungen sowie des Landtages begrüßt, als es um den Aufbau der Gedenkstätten in Osthofen und Hinzert ging. Ich habe aber kein Verständnis, wenn nun mit dem aus meiner Sicht fadenscheinigen Argument des Aufbaus eines »Demokratieforums« dringend benötigter Ausstellungsraum ungenutzt wird. Auch die »alte Geschichte« ist ein sehr wichtiger Baustein zur Erhaltung der Demokratie. Als heutiger Präsident der Historischen Sektion des Großherzoglichen Institutes, bin ich mehr denn je der Überzeugung, dass die »Römische Steinhalle« in Mainz in ihren ursprünglichen Zustand (eventuell in zeitlich angepasster Weise) zurückgeführt werden muss.
Paul Dostert, Luxembourg (LU)

❝ Der Erhalt von Kulturgütern ist eine Generationenaufgabe. Flächen für dieses Erinnern zu verkleinern kommt dem Bildungsauftrag nicht nach. Die Einrichtung eines Demokratielabors ist sicher auch sinnvoll. Aber nicht anstatt, sondern als add on. Vielleicht hätte man hierfür im Rahmen der Renovierung des Landtages Fläche schaffen sollen. Dann ist man auch direkt bei denen, die demokratisch gewählte Vertreter sind.
Philipp Drees, Mainz

❝ Der Erhalt der Kulturgüter in einem entsprechenden Museum ist wichtig. Die Umwidmung der Mainzer Steinhalle wäre ein Verlust für die gesamten Altertumswissenschaften, da ein wichtiges Schaufenster in die antiken Lebenswelten verloren ginge.
Klaus Dreesen, Gladbeck

❝ As an historian of the Roman Empire, I see the petition as the only way of preserving a unique scholarly resource.
John F. Drinkwater, Sheffield (GB)

❝ Weil es eine einzigartige Ausstellung war, die an keinem anderen Ort nur annähernd zu finden ist. Außerdem war es zugesagt, die Halle zurückzubauen.
Hans-Joachim du Roi, Montabaur

❝ WIR sind das Volk!!

Conny Duchmann, Mainz

❝ Ik ben geïnteresseerd in de oudheid, zowel historisch als archeologisch. Ik leer Latijn. Oude inschriften moeten vrij kunnen worden bestudeerd.

Rob Duijf, Wormerveer (NL)

❝ Eine »Umwidmung« ohne Absprache mit den Betroffenen vorzunehmen sieht nicht nach einem demokratischen Vorgehen aus.

Martin Dumont, Mainz

❝ Maintien d'un espace d'exposition essentiel à la compréhension de l'histoire de Mayence antique et du monde romain rhénan.

Xavier Dupuis, Saint Ilpize (FR)

❝ Die Steinhalle ist ein wichtiger Teil des ohnehin chronisch unterfinanzierten Museums und ein Aushängeschild für das Mainzer Landesmuseum. Gedenkorte der Demokratie kann man überall einrichten. aber bitte nicht auf Kosten der Archäologie und zu Lasten des Museums.

Michael Durst, Neuss

❝ Ich habe die Präsentation in der Steinhalle der vielen Monument aus römischer Zeit immer gerne für Besucher in unsere Pläne einbezogen, denn Mainz hat eine der größten Sammlungen (wenn nicht gar DIE größte) von römischen Grabmälern, Artefakten und weiteren Zeugnissen in Deutschland.

Susan Durst, Zornheim

❝ Überflüssige Frage.

Wolfgang-Michael Duschl, Mainz

❝ Because science is more important that political »fantasies«, and for many not only archaeologists collection of inscriptions in Mainz is very important.

Piotr Dyczek, Warszawa (PL)

❝ Die Gründe sind klar im Text benannt. Doch sehe ich als Hochschullehrer auch die dringende Notwendigkeit, Schüler, Studenten mit den originalen Objekten der römischen Vergangenheit zu konfrontieren. Das gilt umso mehr für Mainz–Mogontiacum, das seine Existenz Rom verdankt. Einen wesentlichen, sprechenden Teil dieser Vergangenheit nicht mehr zu präsentieren, ist fast ein Akt der Barbarei.

Werner Eck, Bergisch Gladbach

❝ Die Steinhalle ist für mich seit Jahrzehnten eine der schönsten und wichtigsten Kulturstätten von Mainz. Sie hatte immer eine besondere Atmosphäre, und es wurden dort Konzerte gegeben, in denen ich mit alter klassischer Musik mitwirkte. Sie hat eine gute Akustik und ist hell. Dadurch lassen sich viele Einzelheiten der teilweise etwas verwitterten Ausstellungsstücke gut erkennen. Meine Söhne liebten die Halle ebenfalls sehr schon als Kleinkinder!

Marion Ecke, Mainz

❝ Mir sind Mainz und seine einzigartige Geschichte sehr wichtig. In den letzten Jahren konnte ich gerade einmal an einem Tag der offenen Tür die Steinhalle besuchen. Dass den Besuchern auch in Zukunft die »Mainzer Kronjuwelen« auch nur eingeschränkt zum Besuch zur Verfügung stehen soll, kann ich nicht akzeptieren.

Elisabeth Eckes, Mainz

❝ Weil sich Politiker an die Verträge halten sollen und weil ich pro Kunst bin!!!!

Rosita Eckl, Heidesheim

❝ Es macht mich betroffen, dass sich die Landesregierung aus egoistischen und narzisstischen Gründen, um sich noch wichtiger zu fühlen (Motto »Wir schreiben Geschichte«), der Öffentlichkeit eine historische Sehenswürdigkeit vorzuenthalten.

Mara Eden, Freinsheim

❝ Die römischen Grabsteine in Mainz sind ein einzigartiges Ensemble, das die Interkulturalität der Römischen Armeen bezeugt.

Markus Egg, Mainz

❝ Die Wurzeln unserer Demokratie reichen bis zu den Römern zurück. Daher sollte man dieser Zeit ausreichend Raum geben sich zu präsentieren. Die Steinhalle mit ihren Exponaten ist ein Begriff in der Bevölkerung. Die Funktion der Steinhalle kann nicht durch die Entscheidung Weniger eliminiert werden.

Herbert Egner, Mainz

❝ Weil es um den Erhalt eines einzigartigen historisch und kulturell bedeutsamen Raumes geht, der nicht durch eine künstlich herbeigeführte und inhaltlich unpassende Zweitnutzung entwertet und zweckentfremdet werden sollte.

Simone C. Ehmig, Mainz

❝ Ich finde die Argumentation von Professor Matheus, dass die römischen Ausstellungsstücke einmalig sind und weiterhin in ihrer Gesamtheit gezeigt werden sollten, sehr überzeugend.

Regine Ehret, Mainz

❝ Die Steinhalle ist einzigartig und sollte nicht zerstört werden.

Monica Ehses-Breitbach, Mainz

❝ Interesse an der Arbeit mit antiken Inschriften.

Heiner Eichner, Wien (AT)

❝ Die Zusammenstellung der Inschriften ist in Europa nahezu einmalig und sollte als Schwerpunktaufgabe gesehen werden. Rom bietet wenig Anlass dazu, es mit demokratischen Prozessen zu verknüpfen.

Jürgen Eigenbrod, Bad Ems

❝ The Museum's unique contribution to the world's shared intellectual should be preserved.

Claude Eilers, Hamilton (CA)

❝ Weil die Mainzer Geschichte Raum zur Erinnerung haben soll auch für unsere Kinder und Enkel und noch viel länger.
Gisela Magdalena Eisenack, Mainz

❝ Eine außerordentliche Kulturstätte darf nicht einfach aufgelöst werden. Ich bin mir sicher, es gibt genügend Alternativen für einen Veranstaltungsraum.
Marcel El-Ezzi, Mainz

❝ Schon im Studium (Geschichte und Römische Archäologie der Provinzen) ist uns die Steinhalle im Mainzer Landesmuseum als zentrales Beispiel nahegebracht worden. Zahlreiche angehende Archäologinnen, Epigraphiker und Historikerinnen haben hier gelernt, antike Schriften zu entziffern. Sie haben mehr über die Geschichte der Stadt Mainz und ihrer Menschen gelernt. Die Steinhalle zu entfernen, wäre ein Schlag ins Gesicht der Landesgeschichte.
Barbara Ellermeier, Nastätten

❝ Die Steinhalle ist einzigartig und über die Grenzen Deutschlands hinaus bekannt. Das Landesmuseum Mainz würde ein Alleinstellungsmerkmal von herausragender Bedeutung verlieren.
Julia Ellinghaus, Wuppertal

❝ Weil wir meine Heimatstadt mit ihren kulturellen Zeugnissen wichtig ist.
Simone Emmelius, Mainz

❝ Als Autor und Szenograf für Ausstellungen auch im Landesmuseum bin ich überzeugt, dass das Anliegen ›Demokratielabor‹ nicht an diesen musealen Ort gehört, die Absicht geradezu konterkariert. Niemand wäre umgekehrt bereit, die Exponate der Steinhalle dauerhaft im Foyer des Landtags aufzustellen. Die Widmung ›Demokratielabor‹ scheint mir aus eher vordemokratischen Zeiten zu stammen: Hier darf der Bürger üben, was in der Landtagsarbeit seine Erfüllung findet? Oder optimieren hier die Abgeordneten transparenteres und verantwortliches Kommunikationsverhalten gegenüber ihren Wählern, dem Souverän? Ein ›Demokratielabor‹ ist dringend nötig, bevor die Volksparteien komplett museal werden. Es gehört in einen offenen Landtag und sollte nicht vom selbstverordneten pädagogischen Auftrag leben, sondern Formen permanenter politischer Interaktion zwischen Bürgern und ihren gewählten Vertretern entwickeln. Daran würde ich gerne mitarbeiten.
Alfred Engler, Mainz

❝ Ein Gastrecht über Jahre in Anspruch zu nehmen und dann die Räumlichkeiten quasi zu okkupieren, um ein wesentliches Stück Antike einfach wegzuräumen, empfinde ich als leichtsinnig und dem kulturellen Verständnis nicht dienlich.
Birgit Ensminger-Busse, Bad Münster-Ebernburg

❝ Museen müssen unpolitisch bleiben. Jeder qm, der dem Museum entzogen wird verhindert, dass weniger Historisches der Öffentlichkeit gezeigt werden kann.
Josef Erhardt, Sinzig

❝ Bu müzede Latince yazıtlar sergilenmelidir. İnsanların bunları görmeye hakları vardır. Ortak kültürel mirastır.
Emre Erten, İstanbul (TR)

❝ Because these Latin inscriptions are an important heritage, not only for specialists in epigraphy or historians, but for us all.
Raymond Essers (NL)

❝ Der Einzug eines politischen Gremiums in die Steinhalle betrachte ich als völligen Unsinn, eine absolute Zweckentfremdung! Die Ausstellung der Steinhalle hat nach dem Einzug des Landtags lange genug nachgelassen, die schönen Exponate wurden dadurch in den Hintergrund gedrängt. Politik hat in der Steinhalle thematisch nichts zu suchen.
Dominique Ettewiller, Mainz

❝ Man kann ein »Forum für Demokratie« nicht mit einem Wortbruch beginnen.
Hasko Externbrink, Mainz

❝ Önemli!
Melisa Eylül, Sakarya (TR)

❝ Die Steinhalle gehört einfach zu Mainz.
Rudolf Eyrond, Fellbach

❝ Die Steinhalle ist ein wichtiges Zeugnis des römischen Erbes von Deutschland und Europas. Und alte Möbel gehören auf den Müll. Und wenn etwas edukativ gemacht werden soll: einen neuen Raum schaffen und nicht einen bereits genutzten Raum verwenden, der seinen eigenen Zweck hat.
Matthias Fabian (NL)

❝ Die römischen Steindenkmäler sind ein wichtiges Erbe von Mainz, Deutschland und Europa.
Svenja Fabian, Nijswiller (NL)

❝ Ich komme gebürtig aus Mainz und der Erhalt ist mir sehr wichtig!
Tyra Falta, Gotha

❝ L'épigraphie latine est une source capitale pour mes recherches à l'Université de Liège.
Etienne Famerie, Liege (BE)

❝ Die offenkundige Ignoranz mit der hier gegen eine renommierte kulturelle Einrichtung vorgegangen wird, muss öffentlich gemacht werden.
Peter Fasold, Frankfurt am Main

❝ Die Kulturlandschaft in Deutschland wird zwar immer wieder propagiert, de facto wird sie aber schleichend zerstört. Museen müssen als Bewahranstalten des kulturellen Erbes in ihrer ganzen Breite erhalten und gefördert werden.
Andreas Faßbender, Bad Neuenahr-Ahrweiler

❝ Weil man in dieser Landesregierung offenbar völlig den Bezug zur Region und der darin lebenden Bevölkerung verloren hat, ganz zu schweigen von dem fachlichen Fauxpas.
Ulrike Faßbender, Mainz

❝ Die einmalige Sammlung muss der interessierten Öffentlichkeit erhalten werden und zugänglich sein.
Mariella Fehl, Budenheim

❝ Mainz hat ein in Deutschland einzigartiges und umfangreiches römisches Erbe, vor allem durch die Grabsteine und Monumente des Legionslagers und des vicus, die in einem würdigen historischen Rahmen präsentiert werden sollten. Es gibt so viele andere geeignete Orte für die Demokratieerziehung in Mainz, dass man nicht die Präsentation der römischen Vergangenheit dafür einschränken muss.
Sylvia Fein, Mainz

❝ Le Musée de Mayence est l'un des musées les plus importants pour la période romaine des Gaules et Germanies.
Alain Ferdière, Laillyen-Val (FR)

❝ Interés en el valor del patrimonio y la epigrafía.
Concepcion Fernández Martinez, Bormujos Sevilla (ES)

❝ Conosco bene il valore storico e archeologico della collezione epigrafica di Magonza.
Daniele Ferraiuolo, Napoli (IT)

❝ Die römische Kultur ist die Basis Europas, solche Originale sollten in musealer Umgebung zu betrachten sein.
Joachim Fessler, Flörsheim

❝ Die Steinhalle sollte mit den römischen Steindenkmälern (Reliefs, Sarkophage etc.) der Öffentlichkeit zugänglich bleiben.
Gabriele Feulner, Bayreuth

❝ Weil unsere Kinder und Enkel dieses Museum und die Bedeutung kennenlernen müssen.
Inge Lore Fiebig, Mainz

❝ Als ehemaliger Absolvent des Humanistischen Gymnasiums in Basel plädiere ich dafür, dass diese in Europa wichtige Sammlung lateinischer Inschriften aus der Antike erhalten bleibt und in Zukunft möglichst vielen Besuchern nahegebracht werden kann.
Roland Finckh, Binningen (CH)

❝ Die Steinhalle ist als Museum ein Ort, der für die kulturelle Identität von Mainz und ganz Deutschland ausnehmend wichtig ist. Man kann die einzigartige Sammlung epigraphischer Zeugnisse aus der Antike nicht von ihrem angestammten, überall bekannten Präsentationsraum trennen.
Achim Finkenauer, Ober-Olm

❝ Stellenwert des Landesmuseums und der römischen Zeugnisse.
Hartmut Fischer, Mainz

❝ Für einen deutschen Latinisten wie mich ist der Erhalt des römischen Erbes in Deutschland, und an einem so wichtigen Ort, wie Mainz es in der Römerzeit war, von zentraler Bedeutung.
Klaus-Dietrich Fischer, Wiesbaden

❝ As a traditional institution of art, it should remain as such.
Moshe Fischer, Tel Aviv (IL)

❝ Erhalt eines einmaligen, internationalen Kulturdenkmals.
Emanuel Fleischer, Linz (AT)

❝ Wenn diese Nachricht ein Aprilscherz war, dann keiner der besseren Sorte. Wenn nicht, dann erübrigt sich jede Stellungnahme.
Robert Fleischer, Mainz

❝ This display of Roman inscriptions is a vital part of both German and Roman heritage.
Harriet I. Flower, Princeton NJ (US)

❝ Steinhalle Mainz ist eine europaweit einzigartige epigraphische Sammlung.
Christof Flügel, München

❝ Man darf unsere Geschichte nicht einfach »zur Seite kehren«!
Hans-Günter Förster, Bad Dürkheim

❝ Begründung des Petitionsaufrufs: »Die epigraphische Welt und die gesamten Altertumswissenschaften verlieren mit der Umwidmung der Mainzer Steinhalle ein zentrales Wissenslabor, einen Ort der Nachwuchsausbildung und der Zukunftsförderung, ferner ein wichtiges Schaufenster in unmittelbare antike Lebenswelten und Diversitäten. Es gibt nördlich der Alpen keine vergleichbare Präsentation lateinischer Inschriften.«
Anna-Barbara Follmann-Schulz, Bonn

❝ Diese Landesregierung braucht allein schon auf Grund des hier entschieden abzulehnenden Ansinnens de facto ein »Demokratielabor«, um zu erfahren, was Demokratie bedeutet! Dieser Entschluss wurde entgegen der Vereinbarung (»vorübergehend, provisorisch sei der Landtag dort zu Hause«) und GEGEN den Bürgerwillen getroffen. Frau Dreyer hat genügend Räumlichkeiten dafür, die Steinhalle gehört absolut NICHT dazu!!!
Hans-Joachim Forell, Mainz

❝ Weil wieder alle Bürger Zugang zu diesem Ort bekommen sollten.
Achim Forst, Mainz-Kostheim

❝ The collection is unique and should be preserved.
Edith Foster, Ashland OH (US)

❝ Ich bin selbst Althistoriker und Epigraphiker und halte die Steinhalle im Wissen um den historischen Wert epigraphischer Sammlungen für unbedingt erhaltenswert.
Florian Rudolf Forster, Frankfurt a. M.

❝ Es findet sich sicher für dieses Projekt ein anderer Standort rund um den Landtag, themenbezogen!!
Patricia Fortier-Maire, Mainz

❝ Die Präsentation der Steinobjekte in einer heutigen Ansprüchen an Museen entsprechenden Gestaltung ist erforderlich. Die Präsentation und ein Diskussionsforum in einem Raum halte ich für nicht ausstellungskonform.
Georg Frank, Berlin

❝ Die Steinhalle im Landesmuseum Mainz bietet einen unvergleichlich guten Überblick über römische Steindenkmäler und Inschriften. Sie eignet sich deshalb hervorragend zur Ausbildung von Archäologen und Althistorikern.

Norbert Franken, Kempen

❝ Ich halte es für grotesk, dass sich ein Landtag, dem Gastrecht in einem Museum gewährt wird, Bleiberechte anmaßt und damit wertvollsten historischen Bestand ersetzen will. So funktioniert weder Demokratie noch musealer Erhalt.

Martin Franta, Mainz

❝ Der Wechsel macht an diesem Standort keinen Sinn, die Exponate sind auch wichtig.

Martin Franz, Mommenheim

❝ Erhalt einer der zentralen Lehreinrichtungen lateinischer Epigraphik.

Alexander Free, München

❝ Die epigraphische Sammlung Mainz ist eine der bedeutendsten Sammlungen Deutschlands.

Regula Frei-Stolba, Aarau (CH)

❝ Weil es sich um ein Museum handelt, nicht um einen Ersatz-Landtag.

Alexander Freiherr von Hormuzaki, Mainz

❝ Ich möchte Quatsch verhindern.

Philipp Freiherr von Hutten, Lohr

❝ Da ich selbst Alte Geschichte studiere und das Studium der Epigraphik darin einen wichtigen Bestandteil des Studiums bildet, ist mir sehr daran gelegen, die Steinhalle als Ort der Ausbildung von Nachwuchswissenschaftlern zu erhalten. Doch auch für die weitere Öffentlichkeit ist ein solches Antikenmuseum interessant. Daher sollte es in der bisherigen Form erhalten bleiben.

Hannes Freitag, Heidelberg

❝ Ich habe 30 Jahre für und mit den Denkmälern in der Steinhalle und im LMM gearbeitet und mich in mehreren Publikationen (CSIR u.a.) mit den Monumenten auseinandergesetzt. Mich macht der Plan, die Steinhalle als Ort der Wissenschaft derart verkommen zu lassen, sehr betroffen. Wenn ein Demokratie-Forum notwendig ist, wird sich gewiss ein geeigneterer Ort in Mainz finden lassen.

Hans G. Frenz, Babenhausen

❝ Die Steinhalle muss erhalten bleiben!

Peter Freudenthal, Mainz

❝ Die Neuausrichtung und -präsentation der römischen Exponate in der Steinhalle wurden durch die temporäre Installation des Landtages zurückgestellt. Jetzt sollen diese Pläne beschnitten, wenn nicht sogar unmöglich gemacht werde. Das Demokratie-Labor hätte man auch vor Ort im neuen Landtagsgebäude installieren können. Unzumutbare Pläne!

Ellen Frey, Mainz

❝ Stellenwert des Landesmuseum und besonders der Römischen Zeugnisse.

Erika Friderichs, Mainz

❝ Es ist für mich wieder einmal unglaublich, wie politische Entscheidungen über die Köpfe von Betroffenen hinweg gefällt werden, ohne deren Belange zu gewichten. Noch dazu scheint hier Historie und Kultur der Stadt Mainz einfach so hinweggefegt werden zu können. Dieser unerhörte Vorgang empört mich.

Ulrike Friedrich, Mainz-Kostheim

❝ Ich unterstütze nachdrücklich diese Petition zum Erhalt der Mainzer Steinhalle als Präsentation des LM Mainz weil dies nicht nur der ursprünglich angestammte und anerkannte Ort für die Sammlung war, sondern weil mir das Argument der Beibehaltung des jetzigen Zustands als vorgeschoben erscheint.

Dieter Friedrichs, Velbert

❝ Erhalt eines Baudenkmals.

Helga Friess, Wachtberg

❝ Weil sie sachlich richtig ist und ich den politischen Umgang mit dieser Frage erschreckend uninformiert und antipartizipatorisch finde.

Andreas Frings, Bodenheim

❝ Das ist unser Erbe. Und versprochen ist versprochen, gerade in dieser Zeit, wo Politiker eigentlich nur noch lügen und betrügen.

Christian Fuchs, Aschaffenburg

❝ Die Kultur wird laufend zurückgedrängt und vor allem die Archäologie. Sie hat den kleinsten Teil vom Kuchen und wird ständig weiter beschnitten. Unsere Geschichte ist wichtig und Teil unserer Identität, sie verdient etwas mehr Aufmerksamkeit.

Sylvia Fuenfschilling, Weil am Rhein

❝ Wegen der künstlerisch-historischen Bedeutung der Steinhalle einerseits und wegen der Glaubwürdigkeit von Politik andererseits. Der Landtag beginge nichts weniger als Wortbruch, wenn er das ihm großzügig eingeräumte mehrjährige Gastrecht in der Steinhalle des Landesmuseums nach erfolgter Sanierung des eigenen historischen Gebäudes nicht beenden sollte.

Marcel Fürstenau, Berlin

❝ Die geplante dauerhafte Umwidmung des größten Ausstellungsraums des Mainzer Landesmuseums zeugt von einer unglaublichen Ignoranz der Verantwortlichen gegenüber dem kulturellen Erbe von Stadt und Region. Eine Schande für Rheinland-Pfalz!

Michael Fuhr, Flensburg

❝ Habe in Mainz Kunsterziehung studiert, mein Kunstgeschichte-Examen bei Prof. Fritz Ahrens gemacht.

Gerhard Fuhrmann, Hamburg

❝ Die Mainzer Steinhalle ist ein historisches Juwel über die Landesgrenze hinaus.

Alex R. Furger, Basel (CH)

❝ Weil ich die Bedeutung der Steinhalle als Teil des Landesmuseums in der ursprünglichen Nutzung wichtig finde. Ein Demokratie Forum ist für mich nicht mit den engeren Zielen des Landesmuseums verbunden und wäre an anderer Stelle zum Beispiel dem Hambacher Schloss (insofern noch nicht dort ähnliches etabliert ist) eher aufgehoben.
Bernhard Fussel, Mainz

❝ Sinnvolle und bewährte Präsentation der hervorragenden Dokumente der Germania Romana muss erhalten bleiben!
Maximilian Fussl, Salzburg (AT)

❝ Ich finde die Aufbewahrung der historischen Werte sehr wichtig. Die Geschichte darf nicht gefälscht werden.
Wirth Gábor, Budapest (HU)

❝ Die Steinhalle ist das Zeugnis der Ursprünge von Mainz ... & die Stadt liegt mir am Herzen :-)
Mathias Gall, Mainz

❝ Denkmäler müssen erhalten bleiben für die Nachkommen!
Dieter Gallee, Mainz

❝ Da storico, condivido pienamente le motivazioni culturali della petizione.
Stefano Gasparri, Padova (IT)

❝ Die Steinhalle muss in ihrem gesamten Umfang erhalten bleiben. Wertigkeit und Ausdruck der Exponate können nur so zur Geltung kommen.
Heinrich Gast, Mainz

❝ Für den Erhalt der Archäologischen Kultur in Rheinland-Pfalz. Für das Bürgerrecht auf Teilhabe an der kulturellen Vergangenheit.
Kirsten Gebhard, Berlin

❝ Aus beruflichem und privatem Interesse.
Jonas Gehring, Mannheim

❝ Im Auftrag vom Historischen Verein Bauland. Enge Verbindung in römischer Zeit Osterburken – Legionslager Mainz.
Regina Geier, Osterburken

❝ Erhaltung eines einzigartigen Kulturdenkmals.
Angelo Geissen, Pulheim

❝ Die Geschichte muss neben der und für die Gegenwart einen dringenden Bestand haben! Nicht zuletzt die so beispielhafte römische Geschichte.
Friederike Gemünden, Ingelheim

❝ Weil die Steinhalle zu den ganz besonderen Mainzer Orten gehört, an denen die Geschichte der Stadt begreifbar wird.
Anne Generlich, Mainz

❝ Als langjähriger Mainzer ist mir das kulturelle Gesicht der Stadt wichtig.
Christopher Genss von Greverode, Wien (AT)

❝ Mein Mann und ich sind Mitglieder des Vereins der Freunde des LM und sind der Meinung, dass die Steinhalle als Präsentation der römischen Vergangenheit der Stadt Mainz nicht zweckentfremdet werden darf.
Antonie Gerceker, Ingelheim

❝ Die römische Geschichte von Mainz im Landesmuseum darf nicht radikal reduziert werden; das Museum als Landeseinrichtung kann sich kaum wehren, deshalb ist der Widerstand durch Bürger*innen und Kolleg*innen umso wichtiger.
Jan Gerchow, Frankfurt am Main

❝ Die Steinhalle sollte weiter ausschließlich historischen Zwecken gewidmet sein und zur Verfügung stehen.
Joachim Gerhard, Ingelheim

❝ Zusagen müssen eingehalten werden, auch und erst recht von der Politik. Es hieß, nach Rückkehr in den Landtag wird die Steinhalle ihrer eigentlichen Funktion als Ausstellungshalle der römischen Grabdenkmäler zgl. Jupitersäule etc, zurückgegeben.
Christiane Gerhardt, Mainz

❝ In Mainz wird leider nicht genug dafür getan, die Kultur zu erhalten. Sowohl für den Tourismus, als auch für die Jugend und kommende Generationen sollte jedes Kulturdenkmal geschützt und bewahrt werden.
Ute Gerke, Mainz-Kastel

❝ Es ist wichtig, dass die Steinhalle wieder für die Ausstellung genutzt werden kann.
Ulrike Gerster, Mainz

❝ Die Steinhalle gehört zum Museum, sie ist bestückt mit kostbaren Zeugnissen Mainzer römischer Geschichte. Auch eine kulturelle, wertvolle Begegnungsstätte.
Ingeborg Gerwinn, Oberndorf

❝ Die Steinhalle des Landesmuseums ist seit vielen Jahren eine gelungene Ausstellung zur römischen Vergangenheit der Stadt. An selber Stelle nun einen zusätzlichen Ort des Gedenkens und Erinnerns zu schaffen relativiert das jeweilige Gedenken. Die Steinhalle wurde zudem nur temporär ›untervermietet‹ mit der Zusage, die alte Nutzung wieder vollständig aufzunehmen. Mir ist es wichtig, an diese Zusage zu erinnern und zu verhindern, dass ein einmaliger Ort wie die Steinhalle zerstört wird.
Alexandra Geurts, Mainz

❝ Mich erinnert das an die chinesische Kulturrevolution. Wie sagte doch der Große Vorsitzende Mao Zedong? »Zerschlagt die Vier Alten«: Alte Denkweisen, alte Kulturen, alte Gewohnheiten und alte Sitten.
Jochen Giesler, Brühl

❝ Mooi museum moet niet verloren gaan cultureel erfgoed moet gekoesterd blijven, altijd.
B. F. Gigengack, Utrecht (NL)

❝ Weil ich die Reiseführer verstehe, mit dem Satz am Schluss des Artikels. Zudem steht das Thema des Wortbruches im Raum.
Matthias Giger, Unterrindal (CH)

❝ Weil ich mir die Steinhalle in ihrem vorherigen Zustand zurückwünsche.
Helmut Glanzer, Oppenheim

❝ Ich bin vom Landesmuseum begeistert und würde es begrüßen, wenn die Steinhalle bald wieder für das Publikum im alten Zustand zugänglich ist.
Inge Glanzer, Oppenheim

❝ Römerzeit, ein Teil der länderübergreifenden gemeinsamen europäischen Kultur!
Franz Glaser, Klagenfurt (AT)

❝ Erhalt der Steinhalle als Museumspräsentationsfläche, weiterhin Ausstellen der Steine möglich machen!
Sophia Glaszner, Lörzweiler

❝ Die Entwicklungsmöglichkeit und Gestaltungsfreiheit des Museums darf nicht durch Fremdnutzung eingeschränkt werden, auch wenn das Thema der Fremdnutzung lobenswert erscheint. Einen inhaltlichen Kontext gibt es nach meiner Kenntnis nicht. Sicherlich gibt es besser geeignete Räumlichkeiten für das »Demokratie-Labor« in Mainz. Oder sollte die Weiterverwendung der Bestuhlung das eigentliche Argument für diese unsinnige Planung sein?
Ute Glimmann, Mainz

❝ Für mich ist die Steinhalle ein wesentlicher Bestandteil des Museums und sollte mit Politik nicht in Verbindung gebracht werden. Es wurden dort Fundstücke aus der Region präsentiert, dort gehören sie auch hin.
Christina Göhring, Mainz

❝ Für den Erhalt der Geschichte.
Alfred-Ernst Gohdes, Kronberg

❝ Schluss mit solchem Kultur-Banausentum!
Gerd Goliberzuch, Damme

❝ Habe familiäre Bindungen zur Stadt Mainz und bin als an der römischen Antike Interessierter oft in der Steinhalle gewesen, als diese noch zur Ausstellung der Inschriften genutzt wurde. Die geplante Nutzungsänderung sehe ich als kulturellen Verlust an, den es zu verhindern gilt.
Christian Gollasch, Krefeld

❝ Museum bleibt!
Kirill Golovchenko, Mainz

❝ Professeur d'Archéologie de la Gaule et du nordouest européen – Université de Paris Nanterre.
Ricardo González Villaescusa, Achères (FR)

❝ Los lapidarios son parte importante del patrimonio histórico de Europa.
Joaquin Gorrochategui, Vitoria-Gasteiz (ES)

❝ Ein wunderbarer Ort um die römische Historie Mainz´ zu würdigen.
Antje Gorski, Bochum

❝ Ich kenne und schätze das sehr besondere Ambiente der Steinhalle aus zahlreichen Besuchen in Mainz! Die Gesamtheit der Präsentation in dieser Form bietet dem Besucher eine »römische Zeitinsel« und für Mainz einen besonderen Besuchsmagneten, welcher auch der historischen Rolle der Stadt in römischer Zeit als Flottenstützpunkt gerecht wird!
Markus Gorski, Bochum

❝ Weil ich finde, dass der Verlust der Präsenz des Historischen diesem Land nicht gut tut.
Ulrich Gotter, Konstanz

❝ To keep accessible to the public one of the great collections of Roman provincial sculpture.
Erik Graafstal, Utrecht (NL)

❝ Die Steinhalle mit ihren römischen Exponaten hat ein hervorragendes Alleinstellungsmerkmal, das nicht beliebig geschmälert werden darf.
Kurt Graeben, Mainz

❝ Associate Professor (National and Kapodistrian University of Athens).
Karla Grammatiki, Athens (GR)

❝ Ich habe auch mit Studierenden aus Österreich dieses einmalige Ensemble römischer Kulturzeugnisse schon öfter besucht und war von der Art der Präsentation stets eingenommen. An keinem Ort kommt man diesen Zeugnissen aus dem römischen Altertum so nahe.
Herbert Graßl, Krumpendorf (AT)

❝ Ich habe die Steinhalle während meines Studiums und meiner beruflichen Tätigkeit mehrfach genutzt. Sie ist weithin einmalig und sollte unbedingt erhalten bleiben.
Stefan Grathoff, Hachenburg

❝ The Mainz Museum and the Roman stone inscriptions have been a highlight of almost every research trip I take to Germany. As a Roman archaeologist and researcher of Roman social history ›from the bottom up‹ (i.e., the regular people living in antiquity) this collection is unparalleled.
Elizabeth M. Greene, London (CA)

❝ Die Steinhalle ist ein einmaliger Präsentationsraum, der der enormen Bedeutung der Stadt Mainz für die römische Geschichte Deutschlands einen passenden Rahmen verleiht, um heutigen und künftigen Generationen das Studium dieses zentralen wie vielseitigen Kapitels in der Genese Europas zu ermöglichen.
Jochen Griesbach, Würzburg

❝ The importance of the collection across many areas of research of the Roman Empire. It is vital, it is displayed as one full collection.
Bill Griffiths, North Shields (GB)

❝ Diese Petition spielt für mich aus beruflichen Gründen eine besondere Rolle, da ich mich im Rahmen meiner PhD-Dissertation an der Universität Luxemburg mit der Mainzer Hauslegion, sprich der 22. Legion, auseinandersetze. Nirgendwo sonst nördlich der Alpen gibt es eine solch beeindruckende Ansammlung an Soldatengrabsteinen und militärischen Denkmälern aus der Römerzeit. Sie bieten einen beeindruckenden Einblick in die militärisch geprägte Kultur einer Weltmacht, die das Leben des heutigen Europa in einer bisher unvergleichlichen Weise kulturell geprägt hat. Soldaten, und mit ihnen Frauen, Kinder, Kaufleute und Handwerker aus dem gesamten Römischen Reich haben sich in Mainz versammelt und zeigen den Menschen des heutigen Europa, dass eine grenzenlose und akzeptierte Mobilität und Migration bereits vor 2000 Jahren von Statten ging, und dies im Herzen der heutigen EU. Die Mainzer Steinhalle nimmt deshalb nicht nur aus akademischer Sicht eine herausragende Rolle ein, sondern zeigt dem modernen Europäer hautnah, dass die Idee eines vereinten und grenzenlosen Europas schon von den Römern gefördert wurde. Herkunft, Hautfarbe und Religion spielten keine Rolle, wobei diese Akzeptanz als Vorbild dienen sollte. Mainz war und sollte weiterhin stolz auf seine römische und dadurch äußerst bunte Vergangenheit sein. Ferner sollte man Bedenken, dass der Grundgedanke einer Demokratie sicherlich nicht darin besteht, die Zeugnisse vergangener Kulturen einfach beiseite zu räumen und in Vergessenheit geraten zu lassen. Die Menschen von heute sind aufgrund Ihrer Vergangenheit zu dem geworden, was Sie sind. Und wenn man sich – verständlicherweise – in der Öffentlichkeit darüber echauffiert, dass der Islamische Staat die Altertümer des Orients zerstört hat, dann sollte man es doch auch vermeiden, die eigenen Altertümer wegzusperren. Es dürfte Orte geben, die wesentlich geeigneter sind, um ein sicherlich sinnvolles Demokratieforum einzurichten.

Thierry Groff, Mersch (LU)

❝ Weil die Steinhalle in ihrer ursprünglichen Konzipierung ein einzigartiger Ort zur Präsentation des römischen Erbes von Mainz ist. Als Archäologe kann ich diese Meinung zahlreicher Fachleute und Mainzer nicht genug unterstützen. Dass nun ein solcher Wortbruch geschehen soll, ist ein Armutszeugnis für alle Verantwortlichen. Für eine Ausstellung zur Demokratie ist dies der falsche Ort und kein Grund, dem Landesmuseum Fläche zu nehmen.

Philipp Groß, Koblenz

❝ Zum Erhalt und Präsentation des römischen Erbes in Mainz.

Stefan Grundel, Mainz-Kastel

❝ Mainz verfügt über einen einzigartigen Bestand an römischen Steindenkmälern. Dank dieses Umstandes war die Steinhalle ein Ort, an dem unsere römische Geschichte und Archäologie so eindrucksvoll und authentisch wie nirgendwo sonst in Deutschland erlebt werden konnte. Daher muss dieser einmalige Vermittlungsort nach Ende der Zwischennutzung unbedingt in seiner ganzen Pracht und Vielfalt wiederhergestellt werden.

Markus Gschwind, München

❝ Die Exponate in der Steinhalle sind in Fülle und Qualität einzigartig und für die römische Historie unserer Stadt – und die touristische Attraktivität für Stadt und Region von herausragender Bedeutung.

Engelbert Günster, Mainz

❝ Für Mainz, seine Geschichte und Identität ist die Steinhalle ein Herzstück, darüber hinaus sind die dort präsentierten Inschriften museal und wissenschaftlich von zentraler Bedeutung.

Wolfgang Günther, München

❝ Die Mainzer Steinhalle war ein Leuchtturmprojekt für die gesamten Altertumswissenschaften – und das soll so bleiben!

Christian Gugl, Wien (AT)

❝ Erhalt etablierter Forschungsstätten.

Stephan Gutbier, Niederzier

❝ Die größte Präsentation römischer Lebenswelt nördlich der Alpen und ihr fragt, warum es mir wichtig ist?

Tammo Gutt, Uhingen

❝ Ich trete als Althistoriker (griech.-röm. Antike) für die Präsentation und den Erhalt antiker Zeugnisse ein.

Peter Guyot, Seeheim-Jugenheim

❝ Als ehemaliger Wahlmainzerin (1997–2011) und Historikerin liegt mir viel am Erhalt der Steinhalle, wie sie vorher war. (Ich habe einmal dort eine vokale Aufführung von Mozarts Idomeneo erlebt – das war sehr stimmig.) Für ein Reallabor Demokratie findet sich bestimmt ein anderer Ort.

Stephanie Haarländer, München

❝ Mainz braucht 1. keinen weiteren Ort der Demokratie, zumal der Standort nur ein vorübergehender war, 2. mehr und kostenlosen Platz für Schulen, für Schulkonzert, für Schultheateraufführungen, 3. keine Selbstbeweihräucherung von Politikern, 4. Demokratie bei Entscheidungen, 5. keine internen und demokratiefeindlichen Maulkörbe in politischen Entscheidungsprozessen, 6. ein Bewusstsein für die Einzigartigkeit der 2000jährigen Stadtgeschichte.

Elisabeth Haas, Mainz

❝ Kulturgut, Erbe der Geschichte.

Ute Hackemesser, Mainz

❝ Weil ich aufgrund solcher Präsentationen Kunsthistorikerin geworden bin und es furchtbar finde, wenn Kunstwerke im Depot landen.

Katharina Hadding, Essenheim

❝ Als Aktiver im Mainzer Kulturgeschehen und langjähriger Hochschullehrer in Mainz war ich oft mit meinen Architekturstudierenden in der Steinhalle, um die römischen Artefakte zu studieren und zu zeichnen. Nirgendwo geht das im weiteren Umkreis so gut wie dort. Es handelt sich um unverzichtbares didaktisches Anschauungsmaterial im Unterricht mit Studenten. Seit der Landtag dort vorübergehend eingezogen ist, war das nur noch unter Schwierigkeiten möglich. Es fiel auf, dass die Abgeordneten die Objekte mitunter sehr nachlässig und desinteressiert behandelt haben. Die Perspektive, die Steinhalle ganz zu verlieren, wäre einer Landeshauptstadt absolut unwürdig.

Emil Haedler, Mainz

❝ Ein solcher Geschichts- und Kulturschatz wie die römischen Steindenkmäler in Mainz darf nicht in Kisten und Magazinen verschwinden. Er gehört der Öffentlichkeit und er gehört in die Öffentlichkeit.
Martin Häfner, Mainz

❝ Römisches Erbe muss erhalten werden,
Karin Häuser, Mainz

❝ Geschichte ist wichtig und im speziellen die Antike.
Christian Häusler, Mechernich

❝ Diese römische Zeit ist eine prägende Epoche für die Geschichte der Deutschen Länder, die ausführlich für kommende Generationen mittels dieser einmaligen Ausstellung zur Verfügung stehen soll.
Michael Häußer, Hofheim

❝ Mit dieser Art von politischem Handeln zu Lasten der Geschichte bin ich nicht einverstanden. Die einzigartige Sammlung muss adäquat präsentiert werden!
Werner Häußner, Essen

❝ The preservation of the museum.
Francis Hagan (GB)

❝ Weil das Landesmuseum seinen angestammten Platz als das zentrale Museum in Rheinland-Pfalz hat.
Hansjörg Hagels, Mainz

❝ Ich bin ein kultivierter Mensch und wie jeder kultivierte und intelligente Mensch halte ich den Erhalt der Steinhalle für sehr wichtig.
Helen Hagels, Mainz

❝ Die Steinhalle ist ein wertvoller Bestandteil des Landesmuseums.
Mani Hagels, Mainz

❝ Ich schließe mich der untenstehenden Aussage an. Je weiter die Zeit fortschreitet, desto dringlicher wird die Erhaltung antiken Geistesgutes. Und das eben gerade in Hinsicht auf die Entfaltung und Bewahrung von Demokratie. Überdies muss die Einrichtung von Demokratieforen jeglicher Art einhergehen mit einer öffentlichen, tabufreien Diskussionskultur, ansonsten machen wir Symbolpolitik. Und diese bewirkt genau das Gegenteil, die Ablösung von Menschen von der demokratischen Idee. Die Steinhalle ist einzigartig, identitätsstiftend für Mainz. Demokratie lebt vom Wort, der freien Rede. Ein sinnvolles Projekt, wie das geplante, sollte einem Ort des Wortes angegliedert werden, dem Neubau des Gutenbergmuseums. Hier hätten wir die grade historische Linie von der Demokratisierung der Gesellschaft durch den Buchstaben, durch das Wort infolge der Erfindung der beweglichen Lettern bis zu unserer Gegenwart. Viel Glück!
Jutta Hager, Nieder Hilbersheim

❝ Die Steinhalle ist eine der bedeutendsten Präsenzsammlungen römischer Inschriften in Deutschland. Ihr Verlust als Lern- und Studienort von Schülern und Studierenden ist nicht hinnehmbar, zugleich ein Verrat am historischen Erbe der Stadt Mainz. Ein Besuch mit Studierenden auf einer althistorischen Exkursion wie in der Vergangenheit wäre hinfällig, erstrangige unmittelbare Zeugnisse, Texte wie Monumente, für das Leben im römischen Mainz nicht mehr angemessen zugänglich, ein erstrangiger authentischer Lernort zerstört.
Johannes Hahn, Nottuln

❝ Weil sonst immer mehr historische Gebäude und / oder Anlagen verschwinden.
Wilfried Hahn, Liebenburg

❝ Kulturelles Interesse.
Gerd Hajek, Voitsberg (AT)

❝ Der Zugang und Erhalt von Kulturgütern und diese in angemessener Form zu präsentieren, sollte Grundsatz sein!
Jens Hajek, Frankfurt am Main

❝ Beeindruckendes Kindheitserlebnis in der Steinhalle.
Christoph Halbey, Mainz

❝ Die Steinhalle ist ein epigraphischer Ausstellungsort von einmaliger Bedeutung. Sie war nur ausgeliehen und sollte erneut ihrem vorigen Zweck dienen.
Heinrich Hall, Athens (GR)

❝ Man kann ein europaweit einmaliges epigraphischhistorisches Museum haben, oder eine der vielen Allerwelts-Demokratieschwatzbuden. Mainz kann mehr!
Klaus Hallof, Berlin

❝ This collection is of international importance (I have visited it myself) for the study of Roman history. In the spirit of access for the public and researchers, as many of these monuments should be on public display at the Steinhalle. Once they are placed in storage, they will be lost to both academic study and the public.
Anique Hamelink, Leiden (NL)

❝ Erhaltung wichtiger musealer Flächen.
Jussi-Hans Hanssen, Ingelheim

❝ Es ist die Fülle an Steindenkmälern, welche die Geschichte erlebbar macht.
Pierre Harb, Solothurn (CH)

❝ Mainz war die mitteleuropäische Kommandozentrale des zur Weltmacht aufstrebenden Römerreiches. Hier begann die Auseinandersetzung mit germanischen Stämmen, die später Rom als Weltmacht beerben und noch später einmal zu »den Deutschen« werden sollten. Mainz ist der Ort auf heute deutschem Boden, an dem sich erstmals Weltgeschichte ereignet hat. Die Steinhalle ist daher mehr als eine Versammlung interessanter Studienobjekte für die Freaks von lateinischen Inschriften: Ihre in den Jahren nach Christi Geburt beginnenden Denkmäler sind Zeugnisse eines einzigartigen Wandels – von der grausamsten Brutalität der Sieger über die Religiosität von Individuen zum wirtschaftlichen Geschick von Unternehmern bis hin zu familiärer Idylle. Auf die für alle Seiten verlustreichen Auseinandersetzungen folgte ein Friede, der durch mehrere Jahrhunderte anhielt, weil er von

❝ einer Ordnungsmacht getragen wurde, die die humanistischen Ideale nicht aus den Augen verlor. Diese Aussage der Steinhalle gilt heute mehr denn je: Frieden entsteht und bleibt erhalten durch freie Entfaltung des Individuums und durch Respekt vor dem Anderen. Zu wünschen wäre, wenn durch die Wiedereinrichtung der Steinhalle dieser zeitlose Grundsatz in seiner ganzen historischen Tiefe sichtbar gemacht werden würde. Es wäre der größte Dienst, den ein Museum dem demokratischen Gedanken leisten kann.
Ortolf Harl, Wien (AT)

❝ Die Verbindung zur Geschichte macht die Entwicklungsprozesse auch unserer Demokratie durch die steinernen Zeugnisse sichtbar!
Ernst-Friedrich Harmsen, Berlin

❝ Ich bin entsetzt über die Idee, die Steinhalle in der geplanten Form zu verändern!
Hedda Harth, Mainz

❝ Kulturelles Erbe ist wichtiger als Profilneurose.
Roland Hartkopf, Mainz

❝ Mir ist wichtig, dass das Landesmuseum eine Ausstellungsfläche für eine bedeutende Sammlung römischer Steindenkmäler zurückerhält.
Ellen Hartmann, Mainz

❝ Weil die Steinhalle etwas Besonderes ist und sie die römische Geschichte in Mainz repräsentiert. Was sollen da die alten Landtagsmöbel, das ist doch keine Sperrmüllhalde. Die großen Steindenkmäler können dort zusammen ausgestellt werden, man kann es noch etwas ansprechender machen, Ausstellung Isis Tempel. Aber diese alten Sitzungsmöbel sind da total fehl am Platz, nur weil der Landtag sie nicht mehr braucht, sollen sie jetzt da entsorgt werden? Dann sollen die Steindenkmale ins Depot? Also bitte, wenn ich ins Museum gehe, dann möchte ich da Kunst sehen. Wenn sie unbedingt die Politik wieder näher an den Menschen bringen wollen, braucht es mehr als alte Möbel. Die kann man entweder spenden oder versteigern, falls sie jemand haben möchte. Oder sie im Schloss unterbringe, wenn das Römisch Germanische Zentralmuseum umgezogen ist.
Simone Hartung, Mainz

❝ Die Stellung der Kultur muss einen übergeordneten Rang behalten und darf nicht dem kurzlebigen Einfluss von Amtsträgern unterworfen sein.
Peter Hartwig, Ginsheim-Gustavsburg

❝ I have visited the site and was truly impressed by the rich archive of the Mainz archaeology. It's part of the city's history and will be a great loss for the city if it is taken down.
Hiromi Hasegawa, Yokohama (JP)

❝ Mein Vater war fast 30 Jahre wissenschaftlich Mitarbeiter im RGZM und hat dort manche Ausstellung aufgebaut. Daneben haben viele Veranstaltungen dort stattgefunden. Das soll weitergehen.
Benedikt Hassel, Köngernheim

❝ Wer heute die Vermittlung römischer Geschichte nicht mehr für wichtig erachtet, wird morgen vielleicht die Bedeutung der Lehren aus der Geschichte des 20. Jahrhunderts abwerten.
Peter Haupt, Geisenheim

❝ Es gibt für mich absolut keinen Grund, den »Restmüll« des ausgezogenen Landtags unter dem Deckmäntelchen eines »Reallabors Demokratie« (???) in dieser nördlich der Alpen unvergleichbare Präsentation lateinischer Inschriften abzuladen. Vergleichbar, wenn ein für längere Zeit beherbergter Gast beim Auszug seinen Dreck hinterlässt. Unverschämt!
Hans-Robert Hauser, Mainz

❝ Kulturelles Erbe bewahren und wissenschaftliche Interessen fördern!
Ulrich Hausmann, Bad Soden-Salmünster

❝ Geschichte ist unser aller Geschichte.
Christian Havenith, Wassenach

❝ Ein solches unwiederbringliches Kulturgut muss erhalten bleiben! In den 1970er Jahren wurden z.B. viele architektonisch wertvolle alte Gebäude »modernisiert« bzw. abgerissen. Aus diesen Fehlern sollte man lernen und sie nicht auf anderen Gebieten wiederholen.
Petra Haybach, Sinzig

❝ Traditionelle Standorte müssen erhalten bleiben. Keinem Politiker würde es einfallen, eine Sportarena für seine Zwecke zu vereinnahmen. Welchen kulturellen Stellenwert die Kunst und Kultur in der Politik hat, wurde uns am deutlichsten in der Corona-Epoche vor Augen geführt.
Friedrich Hechelmann, Isny

❝ Wenn der Landtagspräsident es schaffen würden, die Landespolitik endlich einmal so spannend zu gestalten, wie es nötig wäre, dann wäre das Deutschhaus als Landtagssitz ein fürs Land völlig ausreichender »Ort der Demokratie« – und man müsste nicht in das Museumskonzept des Landesmuseums hineinpfuschen.
Matthias Heck, Heidesheim

❝ Ich bin für die Erhaltung.
Wolf-Michael Hecken, Dornburg

❝ Mitarbeiter GDKE – Direktion Landesdenkmalpflege.
Marco Heeg, Bingen

❝ Meiner lieben Freundin liegt es sehr am Herzen.
Daniela Heerde, Dexheim

❝ Ich kenne die Steinhalle seit Jahren und bin der Meinung, die Stadt Mainz muss es sich leisten können mit dieser an ihre reiche Geschichte zu erinnern.
Norbert Hefermehl, Biebesheim

❝ Sinnvoll für eine angemessene Präsentation der Mainzer Stadtgeschichte; die Petition nennt mit dem Schloss als einem Tagungsort der Mainzer Jakobiner einen guten Standort für das Demokratiezentrum.
Ernst-Dieter Hehl, Mainz

❝ Museumsraum sollte von Fremdnutzungen frei bleiben, die gesonderte Abläufe bei Veranstaltungen fordern.
Wolf-Dieter Heilmeyer, Berlin

❝ Die Römische Steinhalle ist ein unverzichtbarer Ort für die Ausstellung der Sammlungen lateinischer Inschriften aus der Antike – nicht wegzudenken!
Ilse Heinisch, Mainz

❝ Da ich Restaurator für archäologisches Kulturgut am RGZM bin und als gebürtiger Mainzer mir sehr viel an der ursprünglichen Nutzung der Steinhalle liegt. Zudem finde ich es überaus wichtig, das historische Erbe der Stadt Mainz besser zu repräsentieren.
Matthias Heinzel, Mainz

❝ Mit dieser Petition kann ich daran mitwirken, eine einmalige Präsentation des römischen Erbes unserer Stadt zu erhalten und die Rolle von Mainz als einer der bedeutendsten römischen Städte nördlich der Alpen allen Besuchern unserer Stadt zu verdeutlichen.
Irene Heister, Mainz

❝ Die von Festungsbaumeister Johann Christoph Eickemeyer (1720–1797) geschaffene kurfürstliche Reithalle ist ein bedeutendes Baudokument des 18. Jahrhunderts. Sie muss in ihren Raumdimensionen erlebbar bleiben. Für eine ihrem Rang entsprechend eindrucksvolle Präsentation wertvoller Zeugnisse aus römischer Zeit gibt es in Mainz keinen besser geeigneten Ort als die ehemalige Reithalle.
Ullrich Hellmann, Mainz-Kastel

❝ Die Steinhalle gehört zum Landesmuseum und ist die beste Möglichkeit, das römische Erbe der Stadt angemessen zu zeigen.
Antonia Hellwig, Mainz

❝ Weil mir Kunstgegenstände und archäologische Exponate als Kunstgeschichtestudentin wichtig sind.
Dina Helmel, Bingen

❝ Es darf nicht ständig an Kultur und Bildung gespart werden. Der einzige Weg etwas dagegen zu tun ist, die Stimme zu erheben und darauf aufmerksam zu machen. Dieses Engagement und den Erhalt von Kultur und Bildung liegen mir am Herzen, und deshalb möchte ich sie unterstützen!
Rebecca Hemmy, Göttingen

❝ Kulturelle Verantwortung.
Martin Henatsch, Mainz

❝ It is an important scientific resource as well as an attractive destination for visitors to the city.
Jeffrey Henderson, Gloucester MA (US)

❝ Haec Libertatis Ergo.
A.P.J. Hendriks, Utrecht (NL)

❝ Die Steinhalle beherbergt einige der wichtigsten und wertvollsten römischen Artefakte nördlich der Alpen, Zeugnisse der Bedeutung des römischen Mainz.
Regina Henrich-Dieler, Mainz

❝ Ursprünglich hieß es vorübergehend, plötzlich ist es für immer? Und dieser überfallsartige Planwechsel soll zu einem Ort der Demokratie werden? Einer Begegnungsstätte? Für wen??? Für mich sieht das aus, als ob hier Kultur und Geschichte zur simplen Dekoration der Politik degradiert werden. Das nicht einmal durchdacht inszeniert, sondern beinahe annektiert, was das Ganze eher zu einem Ort der Scheindemokratie macht.
Yvonne Hensgen, Bad Kreuznach

❝ Die Steinhalle muss in ihrer ursprünglichen Form erhalten bleiben mit allen Denkmälern.
Eva Herbst, Mainz

❝ Lange in der Archäologie mitgearbeitet. Geschichte muss sichtbar werden, sein und bleiben!
Frank Herda, Nieder-Olm

❝ Es ist ein Unding, zunächst Gast in einer Räumlichkeit zu sein und sie dann nicht mehr herauszugeben.
Bernd Herdam, Bodenheim

❝ Die Steinhalle muss wegen ihrer einzigartigen Sammlung antiker Zeugnisse wiederhergestellt werden. Es darf nichts von der Sammlung aus- oder umgelagert werden, sonst ist es verloren.
Heribert Herrgen, Mainz

❝ Weil die bestmögliche Ausstellung für das römische Erbe wichtiger ist, als die persönlichen Wünsche einzelner Politiker.
Felix Herrmann, Mainz

❝ Mainz bleibt Mainz!
Valentin Herrmann, Hamburg

❝ Die Steinhalle ist mit ihren vielfältigen Dokumenten ein einzigartiges archäologisches Ensemble in Mainz. Es wäre eine Schande, sie zugunsten eines Demokratiezentrums, das man auch an eine andere Stelle setzen könnte, aufzugeben. Wenn das passieren sollte, zeigt die Stadt Mainz und der Landtag, dass sie kein Gespür und kein Interesse für Kultur und Geschichte haben.
Gisela Herschbach, Speyer

❝ Die Steinsammlung ist in Deutschland und Europa und für die Stadt Mainz in kultureller und wissenschaftlicher Hinsicht von großer Bedeutung. Die Bürger haben ein Recht darauf, diese Artefakte zu sehen, und ich finde es äußerst bedenklich, dass dies in diesem Umfang nicht mehr möglich sein wird. Demokratie ist für unser Land von großer Bedeutung und muss unterstützt und gefördert werden, aber sie darf kulturelles Erbe nicht verdrängen und ihm seinen Platz nehmen.
Viola Herschbach, Heidelberg

❝ Ich habe bereits als junger Wissenschaftler und Dozent in der Steinhalle mit meinen Mainzer Studierenden gearbeitet. Durch diese Entscheidung verliert die Wissenschaft den Zugriff auf eine kaum zu ersetzende Einrichtung. Der Landtag hat genügend Möglichkeiten, innerhalb von Mainz für die Demokratie zu kämpfen.
Peter Herz, Bad Ems

❝ Römische Inschriften sind kostbare Quellen für die Geschichte und Kultur des römischen Reiches und damit auch Europas.
Heinz E. Herzig, Rüdtligen (CH)

❝ Der Petition kann ich umfänglich zustimmen. Die Steinhalle soll aber auch öffentlich zugänglich bleiben, damit – im Rahmen der ständigen Ausstellung – Veranstaltungen und Konzerte dort wieder stattfinden können. Sie ist ein wichtiger Teil des Landesmuseums. Ein Reallabor Demokratie (welch eine Wortschöpfung!) passt überhaupt nicht dorthin.
Regina Hess, Mainz

❝ Die Steinhalle ist ein ganz besonderer Bereich des Mainzer Museums, den es zu erhalten gilt. Gerade hier wird die Vielfalt und Kunst römischer Steinarbeiten durch ihre Konzentration in dieser außergewöhnlichen Halle greifbar und vergleichbar.
Thilo Heyl, Andernach

❝ Ich forsche im Bereich Klassische Philologie und sehe die enorme Wichtigkeit der Erhaltung einer Institution wie der Steinhalle für die Altertumswissenschaften.
Mattis Heyne, Würzburg

❝ Die Mainzer Steinhalle ist einer der zentralen Plätze in Deutschland, an dem der beeindruckende kulturelle Ausdruck des Römischen Reichs erlebbar ist. Dabei ist auch von Bedeutung, dass unsere heutige Gesellschaftsordnung in Mitteleuropa in wesentlichen Teilen auf dieser Epoche basiert. Dies muss erfahrbar bleiben!
Ronald Heynowski, Dresden

❝ L'intérêt de cette collection pour l'histoire romaine n'est plus à démontrer ; c'est une des plus grandes institutions muséales de ce genre en Europe.
Jean Hiernand, Poitiers (FR)

❝ Wegen der Kultur!
Doris Hieronimi, Mainz

❝ Mainz braucht die Präsentationsfläche.
Peter Hilger, Mainz

❝ Ein wichtiger Ort für Mainz.
Gabi Hillen-Achenbach, Alzey

❝ Ich bin Mainzer und kenne dieses Museum und die Halle seit Jahrzehnten.
Michael Hippel, Appenheim

❝ Obwohl die Angelegenheit 2019 schon beschlossen wurde, hier ein Demokratieforum einrichten zu wollen, wurde das demokratische Vorgehen (faire und transparente Beteiligung der unterschiedlichen Interessensgruppen) von Anfang an unterlaufen!
Pia Hirsch, Darmstadt

❝ Ich finde, die Steinhalle war ein optimaler Ort für die Inschriftensammlung und soll diesem Zweck wieder dienen.
Terry Hirsch, Mainz

❝ Kultur muss erhalten werden!
Lara Hitznann, Göttingen

❝ Als ehemaliger Mitarbeiter am Institut für Alte Geschichte der Universität Mainz halte ich die uneingeschränkte und offensive Präsentation der römischen Vergangenheit von Mainz für unerlässlich.
Wolfgang Hoben, Mainz

❝ Der Erhalt dieser einzigartigen Quellensammlung an dem althergebrachten Ort ist von immenser Bedeutung, weit über die Stadt Mainz hinaus.
Hans-Peter Hock, Dresden

❝ Weil die römische Steinhalle eine der wichtigsten Sammlungen lateinischer Inschriften aus der Antike in ganz Europa beinhaltet und bei einer Umwidmung das Museum und die Stadt Mainz ein identifikatives Alleinstellungsmerkmal verlieren würde.
Klaus-Dieter Hoechst, Ober-Olm

❝ Der neue Steinhallenplan ist nicht logisch und nachvollziehbar durchdacht.
Olaf Höckmann, Mainz

❝ Ein Demokratie-Zentrum an anderer Stelle in Mainz wäre sehr zu begrüßen.
Ursula Höckmann, Mainz

❝ Ich habe 2002 in Ur-und Frühgeschichte an der Alma Mater Rudolfina in Wien promoviert und möchte in Mainz das Erbe einer reichen Vergangenheit möglichst vielen Interessierten erhalten und wirksam präsentiert sehen.
Danna Maria Höger, Wien (AT)

❝ Weil es ein wichtiges und unwiederbringliches Kulturgut ist, das unbedingt präsentiert werden muss!
Dieter Höhnl, Weimar

❝ Alle Zeugnisse des Altertums sind bewahrenswert und schützenswert. Man sollte nicht immer den vordergründigen Nützlichkeitsgedanken (à la: Wem bringt das was? etc.) ins Zentrum der Betrachtung stellen. Gerade die Epigraphik bietet Einblicke auch in die Welt des kleinen Mannes... Es wäre ein enormer Schaden, diese umfassende Sammlung aufzugeben, nicht nur für Mainz und Deutschland, sondern für ganz Europa!
Heidi Höllbacher-Hessenberger, Bad Ischl (AT)

❝ Weil sich das römische Mainz mit solch wichtigen Exponaten, wie sie in der Steinhalle zu sehen waren, weiterhin präsentieren sollte. Das ist ein herausstellendes Merkmal der Mainzer römischen Geschichte.
Gerda Hoenes, Mainz

❝ Weil die Politiker in einen anderen Raum gehören und bitte auch dahin zurückkehren.
Martin Hoeren, Mainz

❝ Soutien à la culture.
Christine Hoët van Cauwenberghe, Villeneuve d'Ascq (FR)

❝ Weil Museen und Kultur ein wichtiges Erbe unserer Gesellschaft sind.
Marcus Höting, Mainz

❝ Weil Mainz die Steinhalle braucht; sie zeigt ein Stück Mainzer und auch europäischer Geschichte, die für uns alle von großer Wichtigkeit und Bedeutung ist. Und woher sollen nachfolgende Generationen ihr Wissen vermittelt bekommen? Und für mich als Vorsitzende des Geschichts- und Brauchtums-Vereins, steht auch dort ein Stück Weisenauer Geschichte (der Blussus-Stein).
Barbara Hof-Barocke, Mainz

❝ Ein solches Ensemble in dieser Halle ist ein tolles museales Erlebnis, das sollte nicht auseinandergerissen werden.
André Hoffmann, Oestrich-Winkel

❝ Wichtiges kulturelles Erbe sollte für Öffentlichkeit zugänglich bleiben.
Ingrid-Sibylle Hoffmann, Remshalden

❝ Bewahrung und angemessene Präsentation des römischen Erbes.
Friedrich Hofmann, Mainz

❝ Ich liebe antike Skulpturen.
Inge Hofmann, Mainz

❝ Mainz braucht diese Halle an diesem Ort.
Roland Hoheisel-Gruler, Sigmaringen

❝ Der Trend, Schausammlungen auf immer weniger Stücke einzudampfen und so vermeintlich eingängiger zu machen, ist an sich schon fragwürdig genug – was nicht ausgestellt wird, kann niemand für sich entdecken, und die Bestimmung von Hauptwerken ist zwangsläufig stets auch subjektiv und zeitgebunden. Wenn diese Reduktion dann nicht einmal auf Initiative der zuständigen Fachleute geschieht, sondern weil Politiker den Ausstellungsraum nach eigenem Gutdünken umwidmen, kommt zur konkreten Zumutung für interessierte Besucher noch eine empörende Missachtung der Institution Museum an sich hinzu.
Boris Hohmeyer, Hamburg

❝ Vandalism in the name of democracy is still vandalism.
Leofranc Holford-Strevens, Oxford (GB)

❝ Ich habe die Steinhalle mehrfach besucht. Als Lehrer möchte ich, dass sie auch für Schülerinnen und Schüler in vollem Umfang zugänglich bleibt.
Martin Holtermann, Mannheim

❝ Die Römische Steinhalle in Mainz ist eine der wichtigsten Sammlungen lateinischer Inschriften aus der Antike in ganz Europa. Mit einer Umwidmung der Mainzer Steinhalle verliert das Mainzer Landesmuseum, die Stadt Mainz, ein identifikatives Alleinstellungsmerkmal.
Christa Holtmeier, Mainz

❝ Informationen über Antike in Mainz.
Bernd Holzamer, Nürnberg

❝ Ich kenne die Steinhalle aus meiner Jugend und halte sie für eine wichtige und erhaltenswerte Dokumentation der Mainzer Geschichte. Diese umzuwidmen für ein ebenfalls wichtiges Anliegen, das aber durchaus woanders seine Heimstadt finden könnte, halte ich für einen »Schildbürgerstreich«.
Stefan Holzamer, Aystetten

❝ Zuverlässigkeit von Zusagen, einmaliges Ensemble.
Elisabeth Hombach, Mainz

❝ Erhalt einer einmaligen Sammlung!
Johann Hombach, Mainz

❝ Wortbruch und Entscheidungen im stillen Kämmerlein, sind nicht zu tolerierende Entwicklungen der Politik in unserem Land geworden, die es zu bekämpfen gilt, damit die Demokratie auch morgen noch eine Chance hat.
Matthias Hornauer, Lauchheim

❝ Als Althistoriker an der Universität Mainz lehrend bin ich mit jedem Proseminar und jeder epigraphischen Übung mindestens in einer Sitzung des Semesters in der Steinhalle gewesen. Der zeitweise Entzug durch den Landtag stellte bereits einen erheblichen Verlust dar. Die einzigartige Sammlung römischer Steindenkmäler muss in der einzigartigen Wirkung, welche die Steinhalle bewirkt, in vollem Umfang wiederhergestellt werden.
Gerhard Horsmann, Mainz

❝ Für den Erhalt antiker Relikte.
Christian Hosea Walter, Mainz

❝ Ich finde es wichtig, dass die Steinhalle zugänglich bleibt, weil sie einen bedeutenden Teil des archäologischen Erbes auf ansprechende Weise zugänglich macht.
Stefanie Hoss, Köln

❝ Den Steinsaal habe ich leider nur in der Zwischennutzung als Plenar-Sitzungsraum erleben können. Das war bedauerlich, aber nicht zu ändern. Wenn der Landtag ein »Demokratieforum« etablieren möchte, soll er das in seinem eigenen Gebäude tun, denn dort soll ja Demokratie gelebt werden. Das darf gerne auch mit historischem Bezug geschehen. Ein archäologisches Museum mit derart einmaliger Bestückung in einen einmaligen Ausstellungssaal, das als Ausweichquartier genutzt wurde, muss wieder in den vorherigen Zustand versetzt werden und erhalten bleiben!!! Insbesondere weil dies ein politisches und damit ein demokratisches Versprechen war und bleibt!! Wenigstens in diesem Fall sollte der Landtag glaubwürdig bleiben – anderenfalls würde er durch den beabsichtigten »Ort der Demokratie« im Steinsaal einen »Ort der Undemokratie und der politischen Unglaubwürdigkeit« schaffen.
Oluf Hoyer, Saarburg

❝ Es geht um unser römisches Erbe.
Mathias Huber, Mainz

❝ Weil Steindenkmäler, mögen sie auch ca. 2000 Jahre alt sein, ein ganz wesentlicher Teil der Geschichte sind und

> eine ganz wesentliche Quelle derselben sind. Die Geschichte und ihre Wahrheit sind unteilbar!
> *Michael Huber, Wiener Neustadt (AT)*

> Die römischen Inschriften brauchen für eine angemessene Präsentation diesen Saal. Für ein Demokratieforum lassen sich auch andere Räumlichkeiten finden.
> *Rudolf Hüls, Lage*

> Ganz abgesehen von der Tatsache, dass der Museumsbestand an kultur- und kunsthistorisch weit überregional bedeutenden Zeugnissen per se und OHNE Wenn und Aber ein angemessenes (den Umständen geschuldet noch immer recht bescheidenes!) und ungestört funktionierendes Lapidarium rechtfertigt, ist es über die Maßen befremdlich, dass nach millionenschweren Ausgaben zur »Ertüchtigung« des Landtagssitzes – weitab von Bescheidenheit und gebotener Sparsamkeit – nun auch noch begehrlich nach einem wesentlichen Teil des Landesmuseums gegriffen wird. Für eine Politspielwiese »Reallabor [!] Demokratie« ist jeder Quadratmeter Steinhalle zu schade. Eine solche Einrichtung – wenn sie denn jemand überhaupt braucht, nachdem es bereits das »Haus des Erinnerns« gibt – hätte vorrangig ihren Platz im Parlamentssitz selbst und schon bei der Planung der Renovierung bedacht werden können: »einen Raum, der die moderne parlamentarische Demokratie für alle Altersgruppen erfahr- und begreifbar« gleich neben den Plenarsaal gesetzt, natürlich mit Sichtverbindung. Zudem gibt es in Mainz andere Orte, die geeigneter wären, auch das Kurfürstliche Schloss wurde bereits angeführt. Aber: ist eine solche Einrichtung wirklich nötig? Ist dies nicht vielmehr eine Bühne für die Selbstbespiegelung der Politiker und deren Arbeit, die, sofern gut ausgeführt, eigentlich keiner »labortechnischen« Eingriffe bedarf? Fragen über Fragen...
> *Edgar J. Hürkey, Flomborn*

> Als Mitglied in einem Verein, der sich mit römischer Militär- und Zivilgeschichte befasst, war ich oft im Rahmen von Veranstaltungen in Mainz zu Gast und kann die Bedeutung der Steinhalle für das Museum und die Geschichte der Stadt Mainz nicht hoch genug bewerten.
> *Michael Hüter, Bochum*

> Als aktives Mitglied des Wormser Altertums-Vereins unterstütze ich jede historisch wertvolle Maßnahme wie in diesem Fall die Erhaltung bzw. Wiederherstellung der Stein-Halle im Landes-Museum in ihrer bisherigen bzw. vorherigen Form.
> *Magnus Reinhard Hufnagel, Worms*

> Die Sammlung, die in der Steinhalle zu sehen war, ist einmalig in Deutschland. Ich habe früher viele Besucher dort hingeführt, das muss bald wieder möglich sein. Für ein »Demokratielabor« ist im Landesmuseum kein Platz.
> *Brigitte Imbusch, Mainz*

> Die Sammlung, die in der Steinhalle zu sehen war, ist einmalig in Deutschland. Ich habe früher viele Besucher dort hingeführt, das muss bald wieder möglich sein. Für ein »Demokratielabor« ist im Landesmuseum kein Platz.
> *Hinrich Imbusch, Mainz*

> U. a. auch in Erinnerung an meinen Vater, Prof. Dr. Hans Ulrich Instinsky, Althistoriker an der Universität Mainz. Außerdem bin ich in Mainz aufgewachsen.
> *Markus Instinsky, Vechta*

> Die römischen Zeugnisse müssen für die Öffentlichkeit zugänglich bleiben.
> *Christina Jacob, Heilbronn*

> Nur wer die Geschichte kennt, versteht die Gegenwart und ist fähig für die Zukunft.
> *Wolfgang Jäger, Mainz*

> Ich besuche seit Jahren die Steinhalle und habe bereits zweimal den Landtag dort besucht. Für mich war dies ein Provisorium und ein Störfaktor. Jeder, welcher sich für Kultur und Politik interessiert, sollte dies im geeigneten Rahmen würdigen.
> *Otmar Jahn, Gau-Bischofsheim*

> Zugänglichkeit zu Kultur ist wichtig!!!
> *Manuel Janda, Göttingen*

> Die Steinhalle gehört versprochenermaßen zum Museum und damit zur uneingeschränkten Präsentation römischer Geschichte! Was soll dort lebendige Demokratie sein? Gerade Mainz steht ein uneingeschränkter Zugang zur römischen Kultur gut zu Gesicht. Das ist nicht verhandelbar. Hier zeigt sich wieder einmal die Geschichtsferne einer SPD! Erinnere mich an eine gelungene Sonntagsführungen zu den Grabmälern...
> *Wolfgang Janecke, Bad Soden*

> Ohne den Blick auf unser römisches Erbe und ohne die Möglichkeit, diesem Erbe auch tatsächlich im täglichen Leben begegnen zu können, muss dieser Teil unserer europäischen, kulturellen DNA letztendlich verblassen und verloren gehen. Ein solcher Niedergang kann schon mit kleinen und nur scheinbar progressiven Aktionen beginnen. Und das muss verhindert werden.
> *Tobias Jansen, Bonn*

> Alle wichtigen Argumente sind genannt – die schnelle Einrichtung eines »Demokratielabors« scheint mir ein eher populistisches Vorgehen zu sein. Es wäre dort am falschen Ort! Aber es spricht für die Kultur-Vergessenheit unserer Landespolitik! Erinnerungsorte müssen erhalten bleiben! Demokratieverständnis braucht Begegnung – keine leeren Stuhlreihen!
> *Felicitas Janson, Mainz*

> Por amor al mundo romano y para que se dignifique su legado.
> *Ramón Járrega Domínguez, Tarragona (ES)*

> Das Lapidarium in Mainz ist von immensem historischen und kulturellen Wert für die Stadtgeschichte von Mainz und sollte an Ort und Stelle so bestehen bleiben.
> *Marko Jelusić, Tübingen*

> Weil die über 2000-jährige Mainzer Geschichte ein repräsentatives Dach verdient hat!
> *Erik Joeressen, Wallertheim*

❝ Weil verantwortliche Politiker wieder einmal den Wert der Geschichte und ihrer materiellen Zeugnisse für unsere Gegenwart verkennen.
Peter Jüngling, Hanau

❝ Demokratische Erinnerung an einem undemokratischen Ort!
Jörg Jüngst, Mainz

❝ Nachdem im Deutschhaus als Landtagsgebäude alle historischen Spuren im Inneren und im Umfeld (Stuck, Stadtmauer) beseitigt wurden, soll nun das ausrangierte Mobiliar (aus den 1980er Jahren!) zum Museumsstück hochstilisiert, die großartige Steinhalle langfristig verbaut und die einmalige römische Steinsammlung verdrängt werden. Das Landesmuseum darf durch Zweckentfremdung nicht noch stärker eingeschränkt werden!
Annetraud Jung, Mainz

❝ Ausreichend Platz für die Präsentation der römischen Steindenkmäler.
Franz Jung, Mainz

❝ Im Text der Petition wird die wissenschaftliche Bedeutung der Steinhalle korrekt beschrieben. Sie sollte unbedingt der Öffentlichkeit wieder in der alten Form zugänglich gemacht werden.
Patrick Jung, Essen

❝ Weil die Römischen Funde äußerst wichtig und wertig sind, für Mainz, und als allgemein zugängliches Geschichtsdokument. Es kann und darf nicht sein, dass die Halle als Polit-Kulisse dient und politisches, sporadisches »Treiben« vor Kultur steht. Bleibt die Halle in politischer Hand, muss ein neues Museum errichtet werden, um die Inschriften und Funde ansprechend – und im Zusammenhang präsentieren zu können. Zudem ist die Ansage – eigentlich wohl mehr ein Beschluss-, die Steinhalle nicht mehr zurückzugeben, kaum demokratisch. Das erscheint in Anbetracht der zukünftigen Nutzungsgedankens als Demokratieforum fast zynisch und nicht nachvollziehbar.
Susan Jusofie, Niedernhausen

❝ Zugang zu wichtigen historischen Relikten gehen sonst verloren.
Ulrike Kägler, Salzhausen

❝ Ich kenne die Steinhalle schon seit meiner Studienzeit in Mainz vor über 50 Jahren und weiß sie immer noch zu schätzen. Ich habe sie seit dieser Zeit immer wieder besucht.
Franz-Josef Kaesberger, Bad Honnef

❝ Es scheint völlig absurd, eine bedeutende historische Sammlung, einzigartig in der Form der Präsentation, einer neuen Museumsidee zu opfern, die weder einen Bezug zum Ort hat, noch einen solchen Ausstellungsrahmen benötigt. Es scheint sich um eines der typischen Mainzer Repräsentationsprojekte zu handeln, die letztlich nur Geld verschlingen und keinerlei positive Wirkung erzeugen.
Thomas Kaffenberger, Fribourg (CH)

❝ Soll die Steinhalle das Gleiche Schicksal teilen wie in Wiesbaden die Nassauischen Altertümer? Das römische Erbe ist doch gerade in Mainz sehr wichtig. Ich würde die Steinhalle gerne wieder besichtigen wollen.
Irmhild Kaiser, Nidda

❝ Es gibt in Rheinland-Pfalz zum Glück eine hinreichende Zahl von Orten und Lernstätten der Demokratie und ihrer Bewahrung. Beispiel Hambacher Schloss. Die Absichten des Landtagspräsidenten machen auf mich einen allzu handstreichartigen Eindruck... Warum eine so bewährte und glücklich angenommene sowie »handgreifliche« Präsentation unserer Geschichte auf diese Weise aus dieser sinnhaften Umgebung verbannen?
Hans Kaiser, Mainz

❝ Kultur und Geschichte und Gesellschaft gehören zusammen. Sie sollten nicht gegeneinander ausgespielt noch als weniger wert oder relevant gesetzt werden.
Stephan Kaltwasser, Umkirch

❝ Weil in Mainz kein großes Geschichtsbewusstsein oftmals schon vorhanden war.
Hiltrud Kann, Mainz

❝ Weil die Steinhalle ein einmaliger Ort ist, der gerade durch die besondere Form der Präsentation eine intensive Beschäftigung mit den Objekten und ihrer Historie ermöglicht. Eine anderweitige Nutzung mit völlig zusammenhanglosem Mobiliar und Inhalten verdrängt die Objekte aus der Ausstellung und bewirkt einen Bruch der Gesamtwirkung. Zudem ist Informations- und Atmosphärenverlust die Folge. Ein nachvollziehbarer Grund für diese Änderung ist nicht ersichtlich, eher der Wunsch der Organisatoren, eine »beeindruckende« Kulisse für ihre Veranstaltungen zu haben. Das sollte m.E. aber deutlich hinter den Zielen einer musealen Anlage zurückstehen.
Silvelie Karfeld, Bretzenheim

❝ Hier sollen bedeutende Denkmäler zur Staffage für staatliche Veranstaltungen gemacht werden.
Thomas Karst, Mainz

❝ Kultur darf nicht untergehen.
Andrea Kasper, Berlin

❝ Mainz braucht einen Ort für die Erinnerung an die römische Stadt, die sie einmal war, Hauptstadt einer riesigen römischen Provinz. Damals war Mainz bedeutender als heute, das muss irgendwo zum Ausdruck kommen. In der Reithalle eines absolutistischen Fürsten an die Demokratie erinnern zu wollen, ist einigermaßen absurd.
Utz Kastenholz, Mainz

❝ Als Archäologe und Museumsmitarbeiter ist für mich der Zugang zu Quellen wie sie Inschriften darstellen im Rahmen des Bildungsauftrages einer öffentlichen Einrichtung als Grundverpflichtung anzusehen.
Raimund Kastler, Salzburg (AT)

❝ Erhalt der Kultur und der Vergangenheit. Das Demokratieforum halte ich für ein ideologisches Kalkül aller daran beteiligten »Politiker«, deren Ziel es ist, traditionelle Kultur zu zerstören«

Alexander Kawa, Mainz

❝ Die ehemalige Reithalle des Marstalls ist nun einmal für große Steindenkmäler sehr gut geeignet. Eine geeignete Alternative wird nicht leicht zu finden sein. Daher erhalten!

Olaf Kelber, Mainz

❝ Ich habe in Mainz studiert und liebe diese Stadt mit ihren historischen Plätzen und Gebäuden. Treffe mich regelmäßig mit Freunden in Mainz. Selbst meine Frau (vom Niederrhein) reist gerne mit nach Mainz und wir bummeln durch die Stadt.

Werner Kemmer, Bonn

❝ Die Steinhalle kenne ich seit meiner Kindheit. Die Ausstellung hat mich seitdem jedes Mal neu beeindruckt. Es gibt nur wenige Museen/Ausstellungen, die ich uneingeschränkt gut finde, und da gehört die Steinhalle eindeutig dazu.

Martin Kempa, Schwäbisch Gmünd

❝ Es gibt wesentlich bessere Orte, um ein Demokratielabor einzurichten. Ein Museum ist dafür denkbar ungeeignet.

Roswitha Kerz, Mainz

❝ Es kann doch nicht sein, dass ein wichtiger Teil einer Ausstellung wegen so was nicht mehr gezeigt werden kann. Soll das Demokratieform doch in im neuen Landtagsgebäude eingerichtet werden.

Carina Kessel, Harxheim

❝ Die römische Geschichte ist Geschichte Europas.

Jürgen Kesselmeier, Mainz

❝ Die Steinhalle ist eine tolle Möglichkeit, in die Geschichte von Mainz zu blicken. Gerade für den Lateinunterricht hat dieser Fundus einen unschätzbaren Wert; so nahm ich schon gemeinsam mit interessierten Schülerinnen und Schülern an der Führung »Beim Jupiter« teil, bei welcher »Aurelia« die Monumente aus ihrer Zeit in ihrer Zeit lebendig vorstellt. Einfach ein Highlight!

Simon Keßler, Weselberg

❝ Mit Trier und Mainz verfügt Rheinland-Pfalz über zwei einzigartige Standorte für die römische Kultur, eine der Wurzeln unseres heutigen Selbstverständnisses. Die Steinhalle des Mainzer Museums sucht als Präsentationsraum seinesgleichen. Der Landtag sollte für die Überlassung während der Sanierung des angestammten Landtagsgebäudes/Sitzungssaales dankbar sein und die Absprache bezüglich der vorübergehenden Nutzung (selbstverständlich!) einhalten. Wer ein »Reallabor« Demokratie (mit welchem Konzept?) einrichten will, sollte nicht nur an eine ansprechende moderne Räumlichkeit, sondern auch an (Gruppen-) Arbeitsräume, technische Ausstattung sowie Recherche- und Kommunikationsmöglichkeiten denken. (Oder darf das alles zwar gut klingen, aber nichts kosten?). Eine im europäischen Raum (!) angesehene archäologische Forschungsstätte mit einem außergewöhnlichen und eindrücklichen Präsentationsraum sollte nicht gegen eine Lehr- und Lernstätte für Demokratie ausgespielt werden, zumal dann nicht, wenn diese Nutzung kurzfristig »aus dem Hut gezaubert« wurde, also ohne transparenten und dialogischen Vorlauf.

Regina Keul, Koblenz

❝ Losing the Steinhalle would be a great loss for the study of Latin epigraphy in north-western Europe!

Christian Kicken (NL)

❝ Das geschichtliche Erbe von Mainz gehört zu bedeutendsten antiken Vermächtnissen Deutschlands. Ein Eindruck vom Kontext der Fundstücke ist entscheidend für das Verständnis der damaligen Gesellschaft.

Hans-Ulrich Kiefl, Puschendorf

❝ This collection of sculpture and inscriptions was one of the most impressive archaeological »Sehenswürdigkeiten« in Mainz. It should be reopened to the public, and this important cultural heritage made accessible again.

Philip Kiernan, Atlanta GA (US)

❝ Die Steinhalle ist ein unverwechselbarer Bestandteil der Geschichte der Stadt Mainz. Räumlichkeiten, um die Demokratie zu feiern, sind genügende vorhanden, meines Erachtens auch Institutionen, die dies in Mainz tun.

Axel Kiltz, Mainz

❝ Alle Mainzer Museen erfahren in der Öffentlichkeit und vor allem durch die Stadtverwaltung nur eine unzureichende Würdigung. Vernachlässigung und Ignoranz richten erhebliche Schäden im Image der Stadt Mainz an.

Volker Kinsky, Mainz

❝ Die Steinhalle ist ein einzigartiges Dokumentations- und Ausstellungszentrum für römische Inschriften nördlich der Alpen und muss darum erhalten bleiben.

Wolfram Kinzig, Königswinter

❝ Falscher Ort!

Jürgen Kipp, Bingen

❝ Es braucht Raum zur Vermittlung von Kultur.

Ulrike Kirchhartz, Freiburg

❝ Demokratie gehört dorthin, wo demokratische Entscheidungen stattfinden, also in den Landtag. Das Museum muss Museum bleiben, vor allen Dingen bei der Geschichte dieser Stadt!

Peter Kirchner, Mainz

❝ Weil die Geschichte immer stärker in den Hintergrund gedrängt wird zugunsten »aktueller« Bedürfnisse. Außerdem gibt es schon ein Haus für Demokratie und Erinnern seit rund 2 Jahren in Mainz.

Siegfried Kirsch, Mainz

❝ These historical documents should be accessible for all.

M. Klaasen (NL)

❝ Das Demokratieforum ist eine gute Sache, aber der Ort Steinhalle ist aus verschiedenen Gründen der falsche Platz.

Michael Kläger, Mainz

❝ Weil mir als Archäologin die Bedeutung der Steinsammlung in der Mainzer Steinhalle bekannt ist. Diese einzigartige Sammlung muss der Wissenschaft erhalten bleiben!
Margot Klee, Wiesbaden

❝ Einzigartiges Kulturgut muss für die Öffentlichkeit physisch zugänglich sein. Zusätzlich sollte für jedes Kulturgut ein digitales Objekt virtuell frei für jedermann erreichbar sein. Egal ob für Wissenschaftler, Studenten oder Interessierten.
Roland Klefisch, Gau-Algesheim

❝ Das Landesmuseum muss in der jetzigen Form erhalten bleiben und darf auf keinen Fall beschnitten werden. Als Freundin des Museums bin ich daran interessiert, dass die rege Museumsarbeit ungestört weiterlaufen kann. Als ehemalige Lehrerin weiß ich, wie wichtig unser Museum besonders für die Jugend ist. Gerade die pädagogische Arbeit sollte ungestört weitergehen, zumal sie auch Auswirkung auf die Familien und Freunde der Besucher und Besucherinnen hat.
Mechthild Klein, Mainz

❝ Die Fülle der Mainzer Steindenkmäler (Inschriften wie Skulpturen) ist von internationaler Relevanz und bildet einen unverzichtbaren Referenzbestand für jegliche Beschäftigung und Forschung zu den römischen Anfängen Europas.
Michael Johannes Klein, Heidelberg

❝ Die Steinhalle mit ihren Ausstellungsobjekten ist eine bestehende und nur temporär entliehene Fläche und dringend zu ihrer ursprünglichen Bestimmung zurückzuführen. Die museale Fläche der ursprünglichen Steinhalle mit ihrer Sammlung ermöglicht den Transport des kulturellen Erbes in die Gesellschaft und somit eine Identifikation der Bevölkerung mit unserem kulturellen Erbe. Dieses fördert auch einen intensiven Austausch der Bevölkerung mit der eigenen Geschichte und somit ihrer politischen Verortung innerhalb der Gesellschaft. Bedeutende Sammlungen, die auch indirekt der Gesellschaft insgesamt gehören, dürfen nicht in Kellerregalen verstauben und vergessen werden, damit werden sie wertlos für eine moderne Gesellschaft.
Sabine Klein, Hanau

❝ Die Steinhalle ist für die Erhaltung der antiken Geschichte der Stadt Mainz sehr wichtig.
Karl Josef Kleine, Mainz

❝ Kulturhistorische Monumente sollen der Öffentlichkeit zugänglich bleiben.
Adelheid Klemenz, Mainz

❝ Als ich vor vielen Jahren zum ersten Mal die Steinhalle betrat, blieb mir fast die Luft weg vor Staunen und Bewunderung für all die Schätze und die ganz besondere Atmosphäre dieses Ortes. Unvergessen die Konzerte in der Steinhalle. Für die angedachte neue Aufgabe finden sich in Mainz genügend passende Orte, z.B. das Schloss, das der Nutzung harrt. Ein Demokratie-Forum in einem ehemaligen Schloss hat doch auch was.
Christa Klemm, Mainz

❝ Demokratie gehört nicht ins Museum. Sie ist auf Gegenwart und Zukunft ausgerichtet. Demokratischer Diskurs mit allen gehört in den Landtag und nicht zwischen Grabsteine und Marienaltäre.
Brigitte Klempt, Mainz

❝ Das römische und das jüdische Mainz sind zwei herausragende kulturelle Höhepunkte der Stadt Mainz. Das Ensemble römischer Relikte ist ein eindrucksvolles Vermächtnis, die in der Steinhalle einen würdigen Ausstellungsort besetzt. Die Ausstellung auseinander zu reißen, erscheint mir kulturvergessen. Der Landtag sollte sich nicht als Mitnomade in der Steinhalle festsetzen.
Eberhard Klempt, Mainz

❝ Ich beschäftige mich wissenschaftlich mit dem Verbleib antiker Werke im Rahmen der päpstlichen Antikenaufsicht im 17. Jahrhundert und untersuche den unrechtmäßigen Umgang mit antiken Werken als politische Instrumente auch hinsichtlich von Fragen um den Schutz von Kulturgut. Der Mainzer Fall exemplifiziert, dass das Vermächtnis von Antikensammlungen in ihrer politischen Aussage auch heute noch grundlegend missinterpretiert werden, wobei dieser brisante Fall dringend in das Bewusstsein der Öffentlichkeit rücken muss.
Sophie Kleveman, Berlin

❝ Mainz sollte auf jeden Fall seine herausragende Position in der Bewahrung und Präsentation archäologische Funde aus der antiken Zeit – und womöglich nicht nur aus dieser – behalten. Eine Umwidmung der Römischen Steinhalle für andere Zwecke sollte auf jeden Fall vermieden werden. Die Gestaltung des »Haus des Erinnerns« ist so nichtssagend und meiner Ansicht nach fehlgeschlagen. Hier sollte erst einmal eine aussagekräftige Gestaltung erarbeitet werden.
Rita Klimke, Mainz

❝ Gerade heute, wo viele Museen unter öffentlicher Sparwut leiden, darf ein Landesmuseum nicht einer solchen Ausstellungsfläche beraubt werden. Das ist ein Schuss gegen alle Menschen, die Museen besuchen oder besuchen werden (z. B. Schülerinnen und Schüler).
Burkhard Kling, Gelnhausen

❝ Wichtigkeit von Museen.
Wolf-Rüdiger Klingler, Rheinbach

❝ Wenn wir nicht darauf achten, wo wie herkommen, werden wir falsch ankommen.
Vincent Klink, Stuttgart

❝ Die Steinhalle ist optimal für die Ausstellung der Inschriften geeignet, aber nicht für ein Reallabor zum Thema Demokratie.
Malte Klöckner, Karlsruhe

❝ Das römische Erbe ist eines der bedeutendsten Merkmale der Stadt Mainz – der Rang des Landesmuseums in kulturgeschichtlicher Hinsicht sollte nicht geschmälert werden. Demokratie üben kann man auch in sitzungsfreier Zeit des Landtags.
Reinhard Klöss, Kirchen

❝ Die Steinhalle im Landesmuseum sollte meiner Meinung nach weiterhin dem Museum für die Präsentation historischer Funde zur Verfügung stehen.

Rainer Klüting, Jugenheim

❝ Weil dadurch ein kultureller Ort in Mainz verloren geht, an dem ich Vorträge und Musik in schönem Rahmen genießen konnte. Schloss Waldhausen ging auch bereits für kulturelle Veranstaltungen verloren. Mainz darf nicht alles verlieren.

Elke Kluge, Mainz

❝ Damit Mainz Mainz bleibt.

Goetz Kluge, Eching

❝ Weil Demokratie gelebt werden muss, so dass die dafür notwendigen Grundlagen (Wissen, Geschichtskenntnisse...) nicht unbedingt in erlauchtem Umfeld mit Pferd, sondern »furztrocken«, aber wie in einem Werkzeugkasten reizvoll anwendbar präsentiert, verfügbar und zuhause ausprobierbar gemacht werden müssen. Ob es dafür neben X politischen Akademien etc. etc. eines weiteren Forums bedarf, ist fraglich, wobei auch die Effektivität der dann fälligen Finanzierung zu hinterfragen wäre. Eher müssen demokratieträchtige Literatur- und Datenpools allgemeinverständlich (die miserable Allgemeinbildung ist nun mal Fakt) zur Anwendung an den verschiedensten Orten und in den verschiedensten Situationen verfügbar gemacht werden. Gute Lehrer/innen für Geschichte und gelebte Demokratie (egal, wie es jeweils in den Curricula heißen mag) sind besser, als jedes Zentralistische Forum. Vor allem, weil das Jedermann-Thema Demokratie, das im Grunde keine Anwendung finden soll(te), sondern finden muss, ist es wenig praktikabel, ggf. zu meinen, dass ein Besuch oder eine Nutzung des Forums wenig politischen Nährwert aufwiese. Oder glaubt jemand im Ernst, Un-Demokraten (z.B. Islam-Feinde aus der AfD) wären durch einen Forums-Besuch z.B. in eine bessere Verfassung zu versetzen??? Dann lobe ich mir doch die direkte verbale Attacke vor Ort. Insoweit darf das Gebäude seinem unterbrochenen spezifischen Zweck nicht zugunsten einer allgemeinpolitischen Effekthascherei, die Demokratie zur Show per se degradiert, entzogen werden.

Tilman Kluge, Bad Homburg

❝ Diese einzigartige Sammlung römischer Zeitzeugen verdient einen angemessenen Raum.

Antje Kluge-Pinsker, Oestrich-Winkel

❝ Ich kann nicht nachvollziehen, und es ist unverständlich, warum unsere Volksvertreter nicht im vorgesehen Plenarsaal tagen können. Unsere Altertümer benötigen entsprechende Präsentationsflächen! Leider fördern solche Aktionen nicht das Vertrauen in die Politik. Erst die Gastfreundschaft genießen und dann sich breitmachen. Schade!

Wolfgang Knauer, Mainz

❝ Das römische Erbe muss in der Steinhalle präsentiert werden. Orte für die Demokratie gibt es in Mainz reichlich, sie müssen nur genutzt werden.

Renate Knigge-Tesche, Mainz

❝ Weil mir der vollständige Erhalt der Steinhalle für die römischen Ausstellungsstücke und deren Präsentation für die Wissenschaft und für die Öffentlichkeit am Herzen liegen.

Günther Knödler, Mainz

❝ Bitte stellt die alte Steinhalle wieder her – nirgendwo sonst konnte man so viele antike Inschriften auf einem Platz bewundern und von ihnen über die erstaunlich lange Geschichte von Mainz lernen.

Ortwin Knorr, Salem OR (US)

❝ Demokratiestärkung als wortbrechende Legitimationskeule, um die mehr als 2000 Jahre vorliegende römische Herkunft und Identität von Mainz (und dem Umland) ins Depot zu verweisen, fiele keinem humanistisch geprägten Menschen ein, sondern nur ängstlichen Technokraten.

Jörn Kobes, Gutenberg

❝ Dienst ist Dienst und Schnaps ist Schnaps – die Politik gehört ins Parlament und die Römerartefakte ins Museum!

Alfred Koch, Worms

❝ Das römische Erbe ist ein zentrales Kulturgut, dazu handelt es sich um eine einzigartige Sammlung, die in die Hände des LM Mainz gehört und angemessen präsentiert werden muss.

Daniela Koch, Bad Neuenahr-Ahrweiler

❝ Als amtierender Mainzer Stadtmusiker unterstütze ich diese Petition, da wir diesen wunderbaren Raum mit seinen spannenden Exponaten als Veranstaltungsraum für Ausstellungen sowie themenspezifische Konzerte seit mehreren Jahren schon schmerzhaft vermissen. Es ist ein Ort, an dem in Mainz die Verbindung von Bildender Kunst und Musik ganz außergewöhnlich erfahren werden kann. Wir benötigen hier dringend die Rückgabe der Steinhalle als Ort der kulturellen Begegnung!

Felix Koch, Lörzweiler

❝ Tradition und Präsentation an angemessenem Ort, keine »Entfremdung« der Steinhalle zu anderen Zwecken.

Jörg Koch, Worms

❝ ... weil die Antike als gemeinsame Basis für die historische Entwicklung Europas sichtbar bleiben muss.

Julia Koch, Preetz

❝ Archäologische Einrichtungen und Ausstellungsräume sind Orte der Forschung und nicht der politischen Profilierung.

Leonie Carola Koch, Köln

❝ Bevor ein weiteres Forum eröffnet wird, muss belegt werden, dass die Kapazitäten des »Haus des Erinnerns – für Demokratie und Akzeptanz« erschöpft sind.

Stephan Koch, Mainz

❝ Um auf den Stellenwert von archäologischem Kulturgut hinzuweisen.

Ursula Koch, Mannheim

❝ Mainz verleugnet mal wieder seine antiken Wurzeln.

Valentin Kockel, Wiesbaden

❝ Mainz verliert immer mehr seinen Charakter. Die SPD geführte Regierung verhält sich seit den Wahlen auf allen Eben wie ein monarchisches Gottkönigtum. Eine derartige Überheblichkeit, Ignoranz und Bürgerferne darf nicht toleriert werden. Mainz darf und muss sich verändern, aber darf niemals Wiesbaden werden. Mehr Kneipen und Kultur und weniger Nobelwohnungen und Gutsherrentum.

Walter Koch, Mainz

❝ Die Römer prägen uns bis heute. Jeder Erhalt von Museen und Veranstaltungsmöglichkeiten ist wichtig. Für viele sinnlose Sachen werden Gelder in hohen Werten zur Verfügung gestellt. Aber für den Erhalt von unserer Vergangenheit ist jeder Euro zu viel. Die Petition ist wichtig für den Erhalt dieser Gebäudenutzung wie auch das Finanzierungsproblem dieser. Es ist unmöglich, dass hier im Land nur noch auf Gewinn statt auf Erhalt geschaut wird.

Thomas Köhler, Forchtenberg

❝ Erhalt von Kultur!

Christian Koepfer, Mering

❝ Weil die Aufstellung in diesem historischen Rahmen schützenswert ist und die Steindenkmäler dort optimal präsentiert werden. Für ein Demokratie-Labor ist es jedoch nicht der richtige Platz!

Gabriele Koiner, Graz (AT)

❝ Erhalt der Sammlung ist wichtiges Kulturerbe, das der Öffentlichkeit zugänglich sein muss.

Anne Kolb, Zürich (CH)

❝ Als erste Vorsitzende des Vereins der Freunde des Landesmuseums e. V.

Elisabeth Kolz-Josic, Mainz

❝ Kulturstandorte sichern! Mainz hat eine Kunstakademie!

Karsten Konrad, Berlin

❝ Interimslösungen perpetuieren, heißt hier die Bürger in dem ohnehin überschaubaren Museumsbestand weiter beschneiden, das ist nicht akzeptabel.

Christian Korte, Mainz

❝ In einer Stadt mit dieser beeindruckenden Vergangenheit ist ein solcher Ort unabdingbar. Und gerade die Zeit der Römer hat Spuren hinterlassen bis in unsere Gegenwart.

Karl-Heinz Kortenbach, Köln

❝ Weil die römische Epoche in Mainz wichtig ist und entsprechende Räume haben sollte. Andere Städte beneiden uns um dieses große und interessante Erbe.

Stefan Kortenbusch, Mainz

❝ Der Verlust der Steinhalle wäre ein Schaden für den Kulturstandort Mainz.

Anton Li Koschak, Mainz

❝ Ich finde, Museen und ihre Ausstellungen sind ein wichtiger Teil des gesellschaftlichen Lebens. Nur wenn wir wissen, wo wir herkommen und was uns geprägt hat.

Martina Kracht, Mainz

❝ Yes, the roman statues must stay.

Mareike Krämer, Mainz

❝ Die Steinhalle mit ihrer Sammlung ist ein wichtiges Kulturgut in Mainz und ein besonderer Bestandteil der »Goldenen-Ross-Kaserne«. Ein wichtiger Exkursionsort und Träger des sogenannten »Mainz-Gefühls« des echten Meenzers.

Ulrike Krämer, Mainz

❝ Muss erhalten werden.

Karl Krahforst, Sinzig

❝ Denkmal und Geschichte, sollten erhalten bleiben.

Edgar Kramer, Lahr

❝ Nach meiner Meinung geht man in dieser Form mit archäologisch wertvollen Denkmälern nicht in der geplanten Art um, dieser angedachte »Begegnungsraum« kann an zahlreichen anderen Orten installiert werden.

Johannes Krapp, Mainz

❝ Öffentliche Darstellung von wichtigem Kulturgut.

Barbara Kraus, Mainz

❝ Das Kulturerbe ist zu wichtig, um aufgegeben zu werden. Für ein Demokratiezentrum, das heutzutage in Deutschland zweifellos nötig ist, finden sich bestimmt auch andere Räumlichkeiten.

Thomas Michael Krause, Bad Breisig

❝ Für die Qualität des Museums.

Annie Krause-Tastet, Mainz

❝ Geschichte ist heute nicht mehr modern, obwohl sie eigentlich sehr aktuell ist. Wir suchen aus mehreren Gründen neue Wege. Diese kann man nur mit Blick in die Geschichte und Annahmen für die Zukunft definieren. Geschichte muss erlebbar gemacht werden, damit viele sie verstehen. Moguntiacum war für die Rheinregion zusammen mit Agrippina und Treverorum so wichtig. Ein Beispiel für Grenzsicherung am Rand eines Imperiums, ein Beispiel für die Kraft der Einheimischen, die trotz Verfall des Imperiums die Stadt bis heute erhalten haben, weil die Lage und der Fluss dafür die Möglichkeit boten. Cusco gibt es nur als Ruine. Moguntiacum ist auch 2000 Jahre nach den Römern eine lebenswerte Stadt. Mainz muss nicht die alte Sammlung wieder aufbauen, sondern hat die Möglichkeit, Geschichte erlebbar zu machen für alle Bildungsschichten unserer Zeit.

Günter Krautkrämers, Budenheim

❝ Steinhalle ist eines der Mainzer Alleinstellungsmerkmale mit langer Tradition.

Peter Krawietz, Mainz

❝ Eine in dieser Gestalt außergewöhnliche Präsentation von Objekten mit hoher historischer Relevanz und didaktischem Wert stellt einen unverzichtbaren Bestand des Museums dar.

Detlev Kreikenbom, Wiesbaden

❝ Es war immer ein besonderes Erlebnis, mit auswärtigen Gästen durch die Steinhalle zu gehen.

Erwin Kreim, Mainz

❝ Die Antikenwissenschaften sind weltweit von Kürzungen und Verdrängung aus dem öffentlichen Raum betroffen. Das geplante Demokratieforum ist in Deutschland nur ein weiterer Schritt, Kulturwissenschaften auf mögliche Instrumentalisierung zu reduzieren.

Mathis Kreitzscheck, Mannheim

❝ Diese Inschriften sind unverfälschte Zeugnisse, die 2000 Jahre alt sind. Was Einmaliges.

Günter Kreß, Meckesheim

❝ Weil durch die geplante Übernahme der Steinhalle ein wesentlicher Teil der Ausstellung des Landesmuseums Mainz und der Entwicklung der Kunst verloren geht. Auch ich bin der Meinung, dass politische Gedenkstätten in die Räumlichkeiten des Landtags, und nicht in ein Kunstmuseum gehören.

Hans-Georg Kreysch, Mainz

❝ Ich bin seit ihrer Einrichtung vor über 40 Jahren ein großer Fan der Mainzer Steinhalle.

Jean Krier, Moutfort (LU)

❝ Weil Kulturgüter und die Kultur insgesamt immer mehr anderen scheinbar wichtigeren Dingen weichen muss.

Peter Kritzinger, Gärtringen

❝ Beruflich (Archäologe).

Richard Kroes (NL)

❝ Guckloch in die Vergangenheit.

Helga Kroll, Mainz

❝ Weil ich mich als Museumsmitarbeiter informieren möchte.

Peter Kron, Osterburken

❝ Das Landesmuseum Mainz verfügt über eine einmalige Sammlung römischer Steindenkmäler, die der Öffentlichkeit nicht vorenthalten werden dürfen. Sie spiegeln die Bedeutung der einstigen Hauptstadt der römischen Provinz Obergermanien wider. Als Leiterin des Stadtmuseums in Baden-Baden, dessen Geschichte ebenfalls in römischer Zeit zurückreicht, erlebe ich im eigenen Hause ständig, wie hoch das Interesse der Besucher*innen an den römischen Denkmälern ist.

Heike Kronenwett, Baden-Baden

❝ Steinhalle muss erhalten bleiben!

Christel Kropf, Mainz

❝ Als ständiger Besucher des Landesmuseums war die Steinhalle ein zentraler Punkt und sollte in ihrer ursprünglichen Form wieder hergestellt werden.

Manfred Kropp, Mainz

❝ Ein Demokratieforum, das in Verdrängung und Missachtung berechtigter kultureller Interessen entsteht, kann keine gute Idee sein. Nicht jeder muss sich für antike Inschriften interessieren. Aber von Volksvertretern erwarte ich respektvollen und verantwortungsbewussten Umgang mit einzigartigem kulturellem Erbe.

Thomas Krüger, Augsburg

❝ Versprochen ist versprochen, brauchen sich gewählte Volksvertreter daran nicht zu halten?!?!

Hans-Joachim Krumholz, Schwabsoien

❝ Historische Orte macht man nicht einfach platt!

Katharina Krumholz, Vallendar

❝ Rheinhessen ist Römerland. Aus dem »Römerland« lässt sich eine touristische Wertschöpfung generieren. Dazu bedarf es auch eines »Leuchtturmes«. Die Steinhalle im Landesmuseum erfüllt diesen Zweck: sie ist eben kein Elfenbeinturm der Wissenschaft, sondern auch ein Alleinstellungsmerkmal in internationaler Hinsicht. »Verdunkelt« den Leuchtturm nicht im strategisch wichtigen Vorfeld der BUGA 2029! An die Beherbergung unseres Landesparlamentes kann doch durch ein großes Bild im Foyer erinnert werden.

Walther Krumme, Hargesheim

❝ Weil ein »Großes Ganzes« nicht in »klein-klein« zerlegt werden sollte.

Doris Kruse, Waldlaubersheim

❝ Wenn du nicht weißt, woher du kommst, wirst du nie wissen, wohin du gehst.

Uwe Kück, Mainz

❝ Die Steinhalle des Landesmuseums erlebte ich während meines Studiums als einen der stimmungsvollsten Innenräume der Stadt, in welchem die bedeutenden Steindenkmäler des römischen Mainz sehr anschaulich präsentiert waren: der Dativius-Victor-Bogen, die Jupitersäule, die Legionärsgrabsteine und vieles mehr. Neben den Museumsbesuchen habe ich wunderbare Konzerte alter Musik in diesem Raum inmitten der Denkmale in Erinnerung. Das ist ein Pfund, mit dem Mainz wieder wuchern sollte, anstatt es endgültig abzuräumen.

Christoph Kühn, Köln

❝ Dadurch würde ein zentraler Bildungs-und Vermittlungsraum des Museums wegfallen, der zu den Kernkompetenzen des Museums zählt!

Katharina Kuester Heise, Stuttgart

❝ Weil die Steinhalle so bleiben soll.

Roswitha Kuffner, Mainz

❝ Ein »Reallabor Demokratie« (so wichtig ein solches Anliegen auch ist) kann überall in einem öffentlichen Gebäude entstehen. Aber die einzigartige archäologische Sammlung muss ohne Probleme der Öffentlichkeit zugänglich bleiben, ganz so, wie dies ja wohl auch beim zeitweiligen (!) Einzug des Landtags von der Politik verbindlich zugesagt wurde.

Christoph Kugelmeier, Saarbrücken

❝ Erhalt antiker Inschriften ist mir ein Herzensanliegen, auch die Weitergabe des Wissens um antike Lebenswelten.
Eva-Maria E. Kuhn, Köln

❝ Kurzfristige, zwar richtige und wichtige Anliegen wie Sensibilisierung für die Werte der Demokratie, sollten Denkmale der Kulturgeschichte, die oft zu wenig Unterstützung haben, nicht verdrängen.
Franz Kuhn, Heidelberg

❝ Die Denkmäler der Steinhalle sind ein einzigartiges Erbe römischer Geschichte und Kultur. Sie müssen wieder in ihrer Gesamtheit für Öffentlichkeit und Fachwissenschaft zugänglich werden.
Hans-Peter Kuhnen, Trier

❝ Ich habe in den achtziger Jahren des 20. Jahrhunderts an einem Wochenende mehrere Stunden lang die Steinhalle besucht und war beeindruckt von der Vielzahl der hier ausgestellten Objekte, besonders die mich in erster Linie interessierenden römischen Inschriften. Daher kenne ich gar keinen anderen Ort für deren Präsentation. Aus diesem Grunde bin ich äußerst beunruhigt über die neue Konzeption des Landtages, die sicherlich mit dem Neubau eines geplanten Museumszentrums in Mainz zusammenhängt. Da ich nicht weiß, wie es damit bestellt ist, muss ich auf das schärfste die Gedanken des Präsidenten und der ihn unterstützenden Fraktionen ablehnen und bin mit vollem Herzen dafür, die Situation wieder in den alten Zustand zu überführen.
Wolfgang Kuhoff, Paderborn

❝ Ik wil daar zeker nog naar toe.
Wil Kuijpers (NL)

❝ Politik hat die Aufgabe, Kultur zu fördern und nicht Kultur zu vertreiben.
Stefan Kummer, Würzburg

❝ Der Erhalt der Steinhalle ist wichtig für Mainz und überregional! Unsere Vergangenheit sollte in einem entsprechenden Raum präsentiert werden können! Für den Landtag gibt es ein renoviertes und saniertes Haus. Als Gastgeber muss das Museum nicht mehr dienen.
Marianne Kunkel, Mainz

❝ Wir brauchen Kultur! Ein Demokratiedenkmal kann doch auch woanders hin!
Susanne Kuntz, Marly le Roi (FR)

❝ Wir müssen unsere Geschichte vor Augen haben und bewahren.
Klaus Kunze, Uslar

❝ Die Geschichte der Stadt Mainz ist so eng mit der römischen Vergangenheit verbunden, dass der Museumsraum hierfür mindestens erhalten bleiben muss. Eine Verkleinerung zugunsten des Landtages ist inakzeptabel. Der Landtag hat genügend Raum und muss diesen für die BürgerInnen zur Verfügung stellen.
Felix Kupferschmidt, Gütersloh

❝ Der Geschichte muss Raum gegeben werden!
Michael Kutzer, Wiesbaden

❝ Leraar geschiedenis en kunstgeschiedenis, gepensioneerd. 25 jaar actief in de plaatselijke stadsarcheologie.
Henk Kwakkernaat, Valkenburg (NL)

❝ I musei sono un bene comune universale.
Adriano La Regina, Roma (IT)

❝ Bewahrung des historischen Bewusstseins an passenden historischen Stätten.
Matthias Laarmann, Lünen

❝ Ich bin mit diesem Museum aufgewachsen.
Lisa Ladwig, Heidelberg

❝ Da es nicht sein kann, dass solche kulturpolitischen Entscheidungen über die Köpfe der Wissenschaftsdisziplin getroffen werden. Die Installation eines Demokratieforums ist mit Sicherheit unterstützenswert, jedoch darf dadurch die bedeutende Steinhalle nicht verschwinden.
Karina Länger, Aschaffenburg

❝ Die epigraphische Welt und die gesamten Altertumswissenschaften verlieren mit der Umwidmung der Mainzer Steinhalle ein zentrales Wissenslabor, einen Ort der Nachwuchsausbildung und der Zukunftsförderung, ferner ein wichtiges Schaufenster in unmittelbare antike Lebenswelten und Diversitäten. Es gibt nördlich der Alpen keine vergleichbare Präsentation lateinischer Inschriften. Mainz verschwindet mit den Planungen des Landtags aus der Wahrnehmung eines ganzen Wissenschaftszweiges. Es wird keine Exkursionen von Archäologen und Historikern aus Deutschland und dem Ausland mehr in das Landesmuseum geben, denn die Steinhalle ist dessen Herzstück. Sie ist von internationalem Rang und wird dies ausschließlich in der ehemaligen Form, nämlich der Präsentation einer überwältigend großen Zahl unmittelbarer Zeugnisse antiker Menschen, bleiben. Die Reduktion auf »kulturelle Highlights« verkennt den Aussagewert 2000 Jahre alter Grabinschriften, von Ehrungen für Götter, von Bauinschriften etc. Allein die Vielfalt und Vielzahl nimmt den Besucher ein, zeigt ihm die Parallelen und Unterschiede zur heutigen Welt. Nur die Diversität der antiken Zeugnisse vermittelt einen wirklichen, differenzierten Einblick in das Leben vor 2000 Jahren, informiert umfassend und lässt Antike nicht zu einer reduzierten Schaubühne, einer Kulisse ohne Inhalt und Wert werden. Mit einer Umwidmung der Mainzer Steinhalle verliert das Mainzer Landesmuseum, die Stadt Mainz, ein für die städtische Identität zentrales Alleinstellungsmerkmal. Nicht viele europäische Städte waren bereits vor 2000 Jahren Hauptstadt und sind es noch heute – und noch weniger von ihnen haben einen derart reichen Schatz von Zeugnissen vorzuweisen, in denen man noch heute »normalen« antiken Menschen so nahekommt, wie Mainz mit seiner Steinhalle.
Francesca Lamberti, Lecce (IT)

❝ Steinhalle mit Ausstellung der römischen Stücke hat einen großen musealen und öffentlichen Wert.
Sible Lambertus de Blaauw, Slochteren (NL)

❝ Erhalt einer einzigartigen Sammlung und Wahrung des historischen und architektonischen Kontextes.
Erich Lamberz, München

❝ Die Steinhalle beherbergte eine Vielzahl von beeindruckenden lokalen Dokumenten der Römerzeit, die für Mainz eine wichtige Zeit war. Ein Museum ist der richtige Ort dafür. Ein Demokratiezentrum kann an vielen Stellen eingerichtet werden. Daher gibt es dafür Alternativen, für die römischen Steine nicht.
Christoph Lammersdorf, Mainz

❝ Ich teile die von U. Ehmig genannten Gründe.
Jörg Lampe, Göttingen

❝ Als Ausstellungsarchitektin ist mir das Museum und der Steinsaal sehr vertraut – durch viele Besuche und ein gemeinsames Projekt »Buchkunst der Zisterzienserklöster«, welches ich vor Jahren mit dem Museumsteam realisieren konnte.
Anna-Marita Lang, München

❝ Hier soll Kulturgut eingemottet werden – das Ganze einhergehend mit einem politischen Wortbruch. Ist das Ihr politischer Stil?
Gerhard Lang, Laudenbach

❝ Ich finde, es gibt viele Dinge, die erneuert werden müssen, aber die alte Steinhalle gehört zu Mainz wie die Pyramiden zu Ägypten, und deshalb Finger weg von diesem Gebäude.
Klaus Dieter Lang, Wackernheim

❝ Als geborene Mainzerin und Mutter einer kleinen Tochter ist es mir ein besonderes Anliegen, dass Kulturgüter erhalten bleiben.
Sarah Lang, Mainz

❝ Behoud en toegankelijkheid van Romeinse archeologie.
Silke Lange (NL)

❝ Ein »Demokratie-Labor« ist hier völlig deplatziert.
Thomas Langer, Mainz

❝ Die römischen Steindenkmäler, die in dieser Halle ausgestellt werden, sind ein einmaliges Zeugnis der römischen Geschichte in Deutschland. Sie dienen der Ausbildung unserer Gesellschaft und tragen zur Identitätsstiftung bei.
Anna Langgartner, Bickenbach

❝ The Mainzer Steinhalle is a vital resource for Roman historians and Latinists worldwide.
David Langslow, Church Stretton (GB)

❝ La collezione Magonza deve essere fruibile a tutti.
Massimiliano Latini, Roma (IT)

❝ Museen sind unser Gedächtnis – und in Anbetracht der vielhundertjährigen Geschichte Roms muss es immer wieder aufgefrischt werden. Es ist schon mehr als bedauerlich, dass für den Erhalt des Römischen Theaters offensichtlich kein Geld da ist, da sollte ein Demokratielabor nicht auf Kosten der römischen Artefakte im Museum aufgebaut werden. Wäre der Landtag da nicht ein geeigneterer Ort??
Heike Laubenheimer, Oppenheim

❝ Als langjähriger Landesarchäologe von Niederösterreich ist es mir wichtig, Institutionen von hohem nationalem und internationalem Wert für das kulturelle Erbe Europas zu erhalten.
Ernst Lauermann, Stockerau

❝ Die ehemalige Reithalle birgt eine einmalige Sammlung von steinernen Relikten aus der Zeit, als Mainz eine römische Garnisonsstadt war. Die Installation eines »Reallabors Demokratie« ist hier völlig deplatziert und zerstört den Gesamteindruck und die Absicht, Mogontiacum und das Leben in römischer Zeit erlebbar zu machen. Demokratie passt nicht in ein Museum. Das Labor gehört ins Deutschhaus.
Barbara Laufs, Mainz

❝ Ich wünsche keine Unterbringung einer gegenwärtigen politischen Einrichtung in einem Museum. Sonst könnte der Eindruck entstehen, als sei die Demokratie eine überlebte museale Staatsordnung. Zugleich würde es die Bedeutung der einmaligen Sammlung römischer Altertümer in Mainz schmälern.
Manfred Laufs, Mainz

❝ Le lieu choisi est très bien pour un musée lapidaire et essentiel pour l'étude de ce lapidaire. Pourquoi détruire un outil de travail et d'étude au lieu de choisir un autre endroit?
Pascale Laurent, Auxerre (FR)

❝ Eine wichtige kulturelle Attraktion von Mainz geht verloren, zudem ist der Demokratie-Gedanke in angemessener Form auch nur im Deutschhaus zu präsentieren.
Peter Lautzas, Mainz

❝ Als Museum für wertvolle Funde aus dem historischen römischen Mainz ist dieses Museum von hohem Wert und sollte in dieser Funktion erhalten bleiben.
Max Laveuve, Kaiserslautern

❝ Per mantenere accessibile la collezione epigrafica ai ricercatori e ai visitatori.
Florence Le Bars-Tosi, Castelnuovo Rangone (IT)

❝ La collection épigraphique de Mayence est un fleuron de la documentation d'époque romaine qui devrait être traitée comme un patrimoine de l'humanité.
Patrick Le Roux, Paris (FR)

❝ Erhalt der Steinhalle für die Epigraphik.
Wolfgang Leberbauer, Kremsmünster (AT)

❝ Wie wäre es, wenn dieses Demokratie Labor in eines der leeren Säle in dem denkmalgeschützten Mainzer Rathaus einziehen würde – die Mainzer Bürger würden bestimmt begeistert in Scharen strömen.
Gabriele Leeser, Mainz

❝ s. Details unten.
Michael Lehmann, Neustadt

❝ Als »alter« Mainzer bin ich für die Erhaltung der Steinhalle. Der erste, urkundlich erwähnte Jakob Leist lebte um 1500 in Mainz.
Jakob Leist, Hochheim

❝ Die Sicherung von Altertumserinnerung.
Ingo Lembke, Hamburg

❝ Sowohl die ehemalige kurfürstliche Reithalle als auch die darin ehemals präsentierten Exponate gehören als Ensemble zu den Pretiosen des Landesmuseums. Ein Museum ohne gemeinsame Planung so zu beschneiden, zeigt nicht nur eine beängstigende kultur-historische Distanz, der für diese Idee Verantwortlichen, sondern auch, dass ein Ort, an dem Demokratie geübt wird, dringend notwendig ist. Nur, wer Demokratie stärken möchte, sollte wissen, dass es dazu Kultur, gute Kommunikation, Respekt und den Wunsch, gemeinsam zu gestalten, braucht. Bisher war das nicht zu erkennen. Wie wohltuend wäre es, wenn das Landesmuseum durch seine gute Sacharbeit in der Steinhalle zukünftig weiter überzeugen könnte und auch unsere demokratischen Vertreter*innen ihr Handwerk besser ausübten. Ein »Demokratie-Labor« ist höchst willkommen, aber eben nicht so und nicht dort.
Anja Lempges, Mainz

❝ Weil ich als Latein- und Geschichtelehrer bemerke, dass zusehends der Bezug zu unseren historischen Wurzeln verlorengeht und das Bewusstsein für die Bedeutung derartiger Quellen im Schwinden begriffen ist.
Günther Lengauer, Gunskirchen (AT)

❝ Das kulturelle Patrimonium verdient jederzeit Schutz.
Lutz Lenz, Frankfurt am Main

❝ Ich finde es erstens bestürzend, dass man sich von Seiten der Politik/Verwaltung an eine früher gegebene Zusage nicht mehr halten will. Das nennt der Jurist Vertragsbruch. Zweitens ist die Halle für den vorgesehenen Zweck ungeeignet. Und drittens steht geeigneter Ersatzraum zur Verfügung und wenn das nicht der Fall wäre, müsste er eben gesucht werden. Erschreckend ist für mich aber insbesondere der erste von mir genannte Grund.
Hans-Peter Leuer, Hürth

❝ Ich stimme der Argumentation in https:// www.hsozkult.de/miscellaneous/id/news-97723? title=petition-fuer-den-erhalt-der-mainzer-steinhalle-als-museale-praesentations-flaeche-des-lm-mainz voll zu.
Lynda Lich-Knight, Bonn

❝ Unsere antiken Wurzeln dürfen nicht verschüttet werden. Sie zu ignorieren wäre töricht und fahrlässig.
Eva Lidauer, Salzburg (AT)

❝ Das Landesmuseum ist ein sehr wichtiger Ort für Ausstellungen und für Treffen verschiedenster Art. Auch mit dem schönen Innenhof. Man darf ihn auf keinen Fall den Landespolitikern überlassen, das ist nicht lustig!
Jürgen Linde, Mainz

❝ Die Steinhalle ist ein einmaliges Museum.
Rita Lindner, Mainz

❝ Sollte für die Ausbildung des wissenschaftlichen Nachwuchses als musealer Ort erhalten bleiben.
Gudrun Litz, Ulm

❝ Die Steinhalle ist ein überragendes Zeugnis der römischen Vergangenheit der Stadt.
Andrea Litzenburger, Mainz

❝ Es ist ein wichtiges Kulturgut.
Lukas Lober, Fichtenau

❝ Erneut ein typisches Beispiel dafür, wie gewisse Politiker auf Biegen und Brechen ihre Interessen durchsetzen wollen, ohne Rücksicht. Sind DAV sowie DArV überhaupt befugt, irgendwelche Vereinbarungen zu treffen oder zu schließen?
Reinhard Lochmann, Niederkassel

❝ Weil politische Einflussnahme auf Inhalte einer Kulturinstitution in einer Demokratie (!) nichts zu suchen hat.
Ellen Löchner, Undenheim

❝ Es gibt bereits andere Orte, die dem legitimen Ansinnen der Weitergabe demokratischer Grundlagen und Werte Rechnung trägt. Da muss es nicht dieser Ort sein, der eine andere Bestimmung hat.
Thomas Löffler, Mainz

❝ In meiner Masterarbeit und weiteren wissenschaftlichen Vorträgen habe ich mich ausgiebig mit der Steinhalle auseinandergesetzt. Hier finden sich herausragende Stücke internationaler Bedeutung, die mehr museale Aufbereitung und Kontextualisierung verdienen. Die Steinhalle Mainz ist ein Ort von unvergleichlicher Bedeutung für die regionale und überregionale Geschichte der Stadt und von großem Interesse nicht nur für alle Mainzer*innen sowie Lernende aus dem Umland, sondern auch für Studierende und Wissenschaftler*innen der römischen Geschichte und Archäologie weltweit.
Laura Löser (GB)

❝ Die römischen Denkmäler sind einzigartig. Eine Dokumentation zur Demokratieförderung kann auch anderwärts eingerichtet werden.
Dietrich Lohrmann, Aachen

❝ Die Bewahrung des römischen Erbes ist elementar für diese Stadt, die ja Landeshauptstadt ist und auch bleiben möchte. Das römische Erbe wird in meiner Heimatstadt Trier weitaus deutlicher respektiert als hier in Mainz. Mag sein, dass die geschichtliche Vergangenheit diesen Stand beeinflusst hat. Gerade deshalb ist es für die Mainzer von hoher Bedeutung, die Relikte ihrer Vergangenheit zu bewahren.
Reinhold Longen, Mainz

❝ Kulturerbe der Stadt.
Cristina Lòpez, Mainz

❝ Ich arbeite als Epigraphiker.
Bernd W. J. Lorenz, Lappersdorf

❝ Als Archäologe und Heimatkundler liegt mir die Steinhalle, zu der ich bereits studieren durfte, besonders am Herzen.
Thomas Losleben, Bingen

❝ Ich halte die Übermittlung der Geschichte für äußerst wichtig für die politische Bildung.
Jörg Lotter, Darmstadt

❝ Was erlauben sich irgendwelche dahergelaufenen Politiker ohne jedweden Sinn für Geschichte, diesen Schatz in Mainz als eines der Herzstücke der Altertumswissenschaften im Südwesten über die Köpfe aller hinweg einzustampfen?
Mario Lovisa, St. Ingbert

❝ Wieder wurden die Bürger angelogen.
Norbert Lowin, Mainz

❝ Restituzione immediata della «Römische Steinhalle" alla comunità di Magonza in quanto spazio espositivo di iscrizioni romane, quindi ripristino della funzione culturale–educativa dello spazio espositivo.
Cristian Luca, Venezia (IT)

❝ Ein Ort des römischen Erbes wie das Mainzer Museum spricht für sich und taugt nicht als Ort für ideologische Experimente und politische Profilierung. Der Respekt vor diesem römischen Fundament unserer Kultur verbietet eine solche aberwitzige Zweckentfremdung der Mainzer Steinhalle.
Andreas Ludwig, Bad Neuenahr-Ahrweiler

❝ Wertvolle Kulturgüter müssen erhalten und für die Bevölkerung leicht zugänglich sein, besonders in dieser für jüngere Generationen wirren, verunsichernden, wertearmen Zeit. Lokalität und Gestaltung in der Steinhalle waren ideal und sollten schnell und genauso wieder für uns da sein.
Inge Lübbert, Mainz

❝ Gegen »cancel culture« müssen wir zusammenstehen.
Jens Lübbert, Niedernhausen

❝ Geschichte und Demokratie sind in Deutschland miteinander verbunden. Auch die Steinhalle in Mainz ist durch die Nutzung als Provisorium des Landtages in den letzten 5 Jahren ein gutes Beispiel dafür. Aber: pacta servanda sunt – erst recht in einer Demokratie! Wenn damals versprochen wurde, dass die Halle wieder ihrer geschichtlichen Bedeutung als Ausstellungsort bedeutender römischer Funde zugeführt wird, kann, ja darf man davon nicht abweichen. Das Land sollte für sein Demokratieprojekt eine Alternative finden ohne zu Lasten des Geschichtsstandortes Mainz.
Conrad Lunar, Neuwied

❝ Kulturvermittlung darf nicht noch mehr eingeschränkt werden!
Jochen Lupprian, Bamberg

❝ Die Steinhalle ist für Kinder das Highlight im Museum.
Karin Mades, Mainz

❝ Per tutte le ragioni che il Prof. Haensch ha bene spiegato nella lettera in cui invita a firmare la petizione.
Alberto Maffi, Milano (IT)

❝ Die Antike muss einen würdigen Platz und damit Stellenwert behalten.
Sven Mahmens, Oldenburg

❝ Unsere Kultur steht auf dem Fundament der römischen Hochkultur. Die Epigraphen der Mainzer Steinhalle sind ein lebendiges Bild dieser antiken Welt vor zweitausend Jahren, die uns durch sie anschaulich sagt, woher wir kommen, wohin wir gehen.
Diethard Mahnkopf, Pullach

❝ Wissen sollte jedem und jeder zugänglich sein.
Melanie Maier, Würzburg

❝ Die Steinhalle sollte dank der vielen Funde unserer römischen Vergangenheit diesen auch komplett zur Verfügung stehen. Es wäre unserer verschuldeten Verwaltung auch zuzumuten, die Bestuhlung in den neuen Plenarsaal zu übernehmen.
Ute Maihöfer, Mainz

❝ Als Promovierender in der Alten Geschichte halte ich den direkten Kontakt mit den Inschriften für einen grundlegenden Bestandteil der Forschung. Auch didaktisch ist der Umgang mit der Materialität solcher Quellen für die Studierenden von großem Interesse. Das Ende der Ausstellung dieser 2000-jährigen Stücken antiker Geschichte und ihr Exil ins Magazin wäre ein wirklicher Verlust für das Museum.
Michael Mailfert, Strasbourg (FR)

❝ Die Steinhalle muss wegen der einzigartigen Vielfalt römischer Inschriften unbedingt erhalten bleiben.
Brigitte Maixner, Wald-Michelbach

❝ Die Steinhalle muss wegen der einzigartigen Vielfalt römischer Inschriften unbedingt erhalten bleiben.
Werner Maixner, Wald-Michelbach

❝ Por la defensa de los valores de la cultura.
María Jesús Mancho Duque, Salamanca (ES)

❝ Pour maintenir la consuétude de l'accès à ce type de matériel.
Francesca Mancino, Paris (FR)

❝ Eine solch bedeutende Sammlung zur Dekoration herabzustufen ist ein Zeichen von Geschichtsvergessenheit. Geschichtsvergessenheit steht der Stärkung von Demokratie diametral entgegen.
Christian Mann, Neustadt

❝ It is fundamental to preserve this unique presentation of Latin inscriptions. Culture is everything!
Emilie Mannocci, Venelles (FR)

❝ Ich sehe in der jetzigen Nutzung einen konkreten Wert, in der geplanten Umnutzung zu einem »Reallabor Demokratie« ein gegenstandsloses Zeitgeistsurfen.
Christian Marek, Zürich (CH)

❝ Ich promoviere in der Archäologie an der Universität Mainz. Der Erhalt der Ausstellungsfläche ist elementar wichtig für die Präsentation der antiken Inschriften und damit Geschichte und Vergangenheit von Mainz und seiner Bevölkerung.
Philipp Margreiter, Mainz

❝ Le Landesmuseum de Mayence est un des joyaux européens, et sa salle réservée à l'épigraphie un véritable sanctuaire pour tous les chercheurs.
Elise Marliere, Sant Antoni de Portmany (ES)

❝ Es gibt ausreichend Alternativen. Wissenschaftliche und pädagogische Stätten sollten nicht geopfert werden.
Wolfgang Marquardt, Celle

❝ Die Steinhalle als Ausstellungs- und Erfahrungsort wichtigster römischer Zeitdokumente darf nicht zweckentfremdet werden. Die hochrangigen Vertreter des Landtags müssen Wort halten und ausziehen. Die Verantwortlichen im Museum und GDKE müssen ihren Kernauftrag gewissenhaft verfolgen. Ein Demokratielabor könnte andernorts, zum Beispiel im Kurfürstlichen Schloss, einen gut begründbaren Platz finden.
Beate Martens, Mainz

❝ Erhalt des Kulturguts.
Elke Martin, Sarzeau (FR)

❝ Damit ich meinen Kindern nicht weit von ihrem Zuhause Geschichte zeigen kann.
Meera Martus, Mainz

❝ Das Demokratieforum muss man nicht einrichten, sondern leben, offensiv in den Parlamenten, auf öffentlichen Plätzen und in Veranstaltungen gegen Reichsbürger, Querdenker, Rassisten und Kriegstreiber. Dazu braucht es keinen geschlossenen Raum, sondern Raum und Präsenz überall. Es sei denn, die Demokratie solle ihre Raum nur noch als Ausstellungsobjekt vergangener Zeiten haben.
Eva Renate Marx-Mollière, Mainz

❝ Per la difesa degli studi classici in tuta l'Europa. Per il mantenimento della cultura epigrafica nata in Germania fondamento della cultura europea.
Attilio Mastino, Sassari (IT)

❝ Der Vorgänger des jetzigen Landtagspräsidenten, der von mir geschätzte, leider zu früh verstorbene Joachim Mertes, hatte (auch mir gegenüber im Gespräch) immer wieder betont, der Einbau des Gestühls im Steinsaal sei ein Provisorium auf Zeit. Was jetzt geplant ist, ist ein Wortbruch, und dies im Namen eines »Demokratielabors.« So wird Vertrauen zerstört.
Michael Matheus, Mainz

❝ Parce que les monuments épigraphiques de Mayence sont essentiels pour la connaissance du monde romain antique et que les mettre à la disposition du public international est un devoir pour la connaissance et la compréhension du monde contemporain.
Nicolas Mathieu, Rennes (FR)

❝ As a classicist and an epigrapher, the epigraphy collection of Mainz is of inestimable value. I have visited it with my students from the Univ. of Heidelberg, and can personally attest to the collections value not only as a historical monument but also as a pedagogical treasure.
Ralph W. Mathisen, Champaign IL (US)

❝ Il est important de soutenir la recherche et la conservation concernant l'épigraphie antique.
Stéphane Mauné, Pézenas (FR)

❝ Pflege und Weitergabe des kulturellen Erbes.
Karin Maurer, München

❝ Die Steinhalle ist als Ganzes ein wichtiger Teil des Landesmuseums. Der Plenarsaal dort war nur als »Notlösung« vorgesehen und sollte wieder dorthin, wo er hingehört.
Eva Mayer, Mainz

❝ Weil ich der Meinung bin, dass die antike Welt auch für das Hier und Heute nach wie vor wichtig ist!
Gabriele Mayr, Laufen

❝ Weil ich für unsere geschichtlichen Zeugnisse eintrete.
Kurt Mehler, Mainz

❝ Ich sehe als Althistorikerin und Lehrerin die Bedeutung der Steinhalle als Sammlung epigraphischer Zeugnisse, die nördlich der Alpen seinesgleichen sucht. Die antiken Zeugnisse können wie wenige andere Quellen sehr konkret die Andersartigkeit der antiken Welt zeigen und so gerade junge Menschen durch den Bildungsprozess, der mit den Inschriften angeregt werden kann, zu mehr Toleranz hinführen.
Simone Mehr, Friedberg

❝ Weil mir unser historisches Erbe in RLP und vor allem dessen adäquate Vermittlung an kommende Generationen wichtig ist. Die kann nicht »nebenher« geschehen!
Isabelle Meiller, Mainz

❝ Wenn ich ins Museum gehe – das tue ich oft und gern –, möchte ich den historischen Kontext der Exponate erkennen und spüren. Die Mainzer Steinhalle ist dafür ein ganz besonders geeigneter Ort. Römische Steindenkmale vertragen sich für mich nicht mit dem Mobiliar des Landtages oder mit Micky Maus.
Adelheid Meißner, Mainz

❝ Die Steinhalle des Mainzer Landesmuseums und ihre römischen Monumente sind als Gesamtheit von nationaler Bedeutung. Sie bilden mit den römischen Architekturresten in und um Mainz eine faszinierende historische Einheit. Als langjähriger Mitarbeiter des Landesamtes für Denkmalpflege – zuständig für die Römerbauten in Landesbesitz – konnte ich immer wieder feststellen, wie wichtig das römische Erbe für das Selbstverständnis der Rheinland-Pfälzer und für die Außenwahrnehmung dieses erst in der Nachkriegszeit zusammengefügten Bundeslandes ist. Das geplante Demokratielabor in der Steinhalle erniedrigt die zentrale Sammlung römischer Altertümer zur bloßen Dekoration einer zeitgeistgeprägten Politinszenierung und verdeutlicht die Kultur- und Geschichtsferne der Initiatoren. Die Generaldirektion Kulturelles Erbe als Oberorganisation von Kultureinrichtungen des Landes sollte ihren pompösen Namen als Verpflichtung sehen und nicht lediglich als Vollstreckerin politischer Selbstdarstellung tätig werden.

Jan Meißner, Mainz

❝ 1. Keine Entscheidung über die Steinhalle ohne die Stadt Mainz (Stadtrat)! Im Besitz der Stadt befinden sich wesentliche Teile der Sammlungen des LM – namentlich (aber nicht allein) in der Steinhalle. 2. Die städtischen Sammlungen im LM sind insgesamt schon jetzt unzureichend präsentiert. 3. Ja, das Kurfürstliche Schloss wäre als »Reallabor Demokratie« höchst geeignet. Es befindet sich aber im Besitz der Stadt Mainz, die dort nach Auszug des Römisch-Germanischen Zentralmuseums ein Kongresszentrum platzieren will.

Ralph Melville, Mainz

❝ 1. Soooo viele schöne Werke im Depot, die auch jede*r sehen sollte. 2. Schon der Elzer Hof wurde der Kunst vorenthalten. 3. Kultur und Kunst werden immer mehr beschränkt. 4. VERTRAG ist VERTRAG! 5. Die Steinhalle wurde für Performance, Eröffnungen von Ausstellungen, Konzerte etc. genutzt und sehr gut besucht – deswegen, nicht weil.

Gisela Merkel, Mainz

❝ Damit die Steinhalle bleibt, was sie ist.

Harald Merkelbach, Mainz

❝ Politiker, die ohne größeres Nachdenken, ohne Fachkompetenz und ohne Versuch, nicht vorhandene Fachkompetenz einzuholen, quasi aus der hohlen Hand Entscheidungen treffen, richten riesigen kulturellen Schaden an, und das in Zeiten, in denen die Kultur schon mit dem Rücken zur Wand steht. Solche Aussetzer hatte ja schon die damalige baden-württembergische Landesregierung, die die Bibliothek der Reichenau verkaufen wollte. Solche Dummheiten gehören konsequent gestoppt!

Mark Mersiowsky, Stuttgart

❝ Erhalt des römischen Erbes und der einzigartigen Steinhalle!

Anita Merten, Mainz

❝ Wissen kann nicht nur aus Büchern kommen, Forschung braucht auch die Originale!

Carolin Merten, Mainz

❝ Unser römisches Erbe!

Stefan Merten, Mainz

❝ Als langjährige Mitarbeiterin des Landesmuseums Mainz habe ich ein Interesse daran, dass das Museum dafür genutzt wird, wofür es ursprünglich gedacht war, nämlich zur Präsentation der Museumsobjekte.

Sabine Mertens, Wiesbaden

❝ Die Wertschätzung des Umgangs mit und die Reflexion über die eigene Geschichte, zentral für die Mündigkeit eines jeden Menschen, geht mit der Wertschätzung der Demokratie selbst Hand in Hand. Wer Räume für diese Reflexion beseitigt, muss mit den Folgen rechnen.

Karla Theodora Mertke, Köln

❝ Weil für Kunst immer weniger Raum zur Verfügung steht. Und dieses Gebäude geradezu gemacht ist für Kunst im öffentlichen Raum!

Saskia Metten, Gaggenau

❝ Wenn wir die Zukunft sinnvoll gestalten wollen, ist es wichtig, unsere Wurzeln zu kennen und zu pflegen, was pflegenswürdig ist.

Ruedi Mettler-Wahlandt, St. Gallen (CH)

❝ Erhalt und Zugang kulturellen Erbes für die Öffentlichkeit und nicht nur für ein paar Privilegierte, die sich zudem den falschen Ort für ihre Darstellungen ausgesucht haben.

Rainer Metzendorf, Mainz

❝ Als Altertumswissenschaftlerin halte ich die Zugänglichkeit der Sammlung lateinischer Inschriften für absolut notwendig, um in Lehre und Forschung Zugriff auf diese wunderbaren Quellen zu gewähren.

Nadine Metzger, Erlangen

❝ Die Sammlung der Steinhalle ist einzigartig. Die Exponate müssen unbedingt wieder für Besucher zugänglich gemacht werden.

Anne Metzner, Mainz

❝ Ich habe meinen Archäologie-Master und arbeite als Archäologe. Ich fühle mich etwas unwohl dabei, eine Petition zu unterstützen, die Rückenwind aus der CDU erhält. Aber: Die rheinland-pfälzische SPD ist doch echt das letzte! Hier wurde wieder ganz undemokratisch, in der Tradition Kurt Becks (verantwortlich für Desaster wie den Nürburgring, FCK u.v.m.), einfach irgendetwas entschieden, weil wieder ein Soze 'ne tolle Idee für ein Pilotprojekt hatte, für Demokratiebildung of all things. Hey SPD, weißt du, was besser für die deutsche Demokratie wäre? Lös' dich einfach auf und gründe dich nochmal neu. DAS wäre gut. Dazu, welchen Stellenwert die Steinhalle für Mainz eigentlich hat usw. wurde schon alles gesagt, daher möchte ich nur noch meiner Empörung ein wenig Luft machen.

Peter Meurer, Köln

❝ Weil die Mainzer Steinhalle als Ausstellungsfläche für antike Inschriften ein einzigartiges Wissenslabor ist, mit dem die Stadt einerseits ihre Tradition als Römerstadt demonstrieren kann, andererseits Interessierten vom Schulkind bis zur/m Fachfrau/mann buchstäblich vor Augen führen kann, worauf eigentlich unser Wissen über die Vergangenheit beruht.

Marion Meyer, Wien (AT)

❝ Weil die römische Steinsammlung des Landesmuseums von überregionaler Bedeutung ist!

Ursula Meyer, Mainz

❝ Kulturgutschutz und Signifikanz.
Felicia Meynersen, Berlin

❝ Ich teile die Meinung der Archäologen. Die Steinhalle ist ein absolut wichtiges Ausstellungsgelände unserer römischen Vergangenheit und sollte nicht durch politische Interessen aufgrund Raumknappheit missbraucht werden.
Renate Michel, Mainz

❝ ich habe ein Buch darüber verfasst, was in RLP an Kulturgütern einzigartig ist. Die Steinhalle gehört. Uneingeschränkt dazu. Sie muss als ästhetischer Ort ungestört bleiben.
Karen Michels, Bielefeld

❝ Die tendenzielle Vernachlässigung des Landesmuseums in den letzten Jahren (Unterstellung unter das Kuratel der GDKE, Verhinderung der Erweiterung durch den Verkauf des Eltzer Hofs...) hat einen vorläufigen Höhepunkt erreicht. Für die neue Koalition gehört die Demokratie offenbar ins Museum. Ein aus für die einzigartige römische Gräberstraße, ein europäischer Skandal!
Günter Minas, Mainz

❝ This is the most important collection of inscriptions of Roman Germany. The sculptured reliefs are some of the finest art works of the western Roman Empire to be found north of the Alps. They were a highlight for 35 students from Wales who accompanied me in 1994 on a tour of Roman Germany. They vividly document a critical epoch of Germany's history as well as being documents of world-wide importance. These written texts, carved on fantastic representative monuments, speak with a clearer voice over a span of nearly 2000 years more eloquently to the viewer than reader than almost any communication medium in the modern world. It is unthinkable that they should no longer be accessible to the widest public. By all means let Mainz have a forum for democracy, but it is central to democracy to give a voice to all citizens and others, including those from the historical past, to make a reality of the city's rich and unique traditions.
Stephen Mitchell, Berlin

❝ Parce que la préservation et la transmission du patrimoine classique est indispensable à nos sociétés, et plus que jamais aujourd'hui. Il faut prendre conscience du trésor universel que représentent ces pierres.
Claudia Moatti, Ivry sur Seine (FR)

❝ Bin Archäologin.
Marianne Mödlinger, Klagenfurt (AT)

❝ Diese wichtige Sammlung muss in dieser Größe erhalten werden.
Udo Moeller, Hochheim

❝ Kulturelles Gedächtnis. Forschung.
Renate Moering, Wiesbaden

❝ Weil immer mehr Mainzer Geschichte vernichtet wird in Mainz. Man kümmert sich nicht um das kulturelle Erbe, denkmalgeschütze Häuser werden abgerissen (Caritashaus, Holzhofstr.), Rathaus verkommen lassen, Statuen verfallen lassen, Zitadelle verkommen lassen, Neutor-Fort wurde alles abgerissen für hässlichen Neubau. Unerträglich!
Susanna Möschler, Mainz

❝ Präsentation der römischen Kultur.
Roland Mogk, Alsfeld

❝ Importance de la présentation au public et à la communauté scientifique de collections épigraphiques.
Michel Molin, Versailles (FR)

❝ Die Argumente stehen ja schon in untenstehendem Text!
Christa Molitor-Naunheim, Koblenz

❝ Die Steinhalle ist ein Gesamtkonzept, das durch eine verschlechterte Aufstellung und Eingriffe in den Gesamtraum unglaublich verlieren würde.
Anuscha Monchizadeh, Mainz

❝ Einer der wenigen Plätze mit Ausstellungskultur in Rheinland-Pfalz sollte unbedingt erhalten bleiben.
Rolf Monnerjahn, Emmelshausen

❝ La ciencia no puede estar sometida a los fugaces designios de la polític al uso, que, sin tener en cuenta más que sus propias ocurrencias e intereses, daña el capital intelectual adquirido con esfuerzo durante decenios con propuestas ni reflexionadas ni consensuadas, tomadas a la ligera y que pueden producir daños irreversibles en el entorno cultural.
Alberto Montaner-Frutos, Zaragoza (ES)

❝ Wollen Sie diese historischen Dokumente einfach zerstören?
Renée Morloc, Ludwigshafen

❝ Weil in Mainz durchaus passendere Orte und Räume für das »Reallabor« vorhanden sind. Den Plenarsaal-Aufbau in der Steinhalle zu belassen und in »Reallabor Demokratie« umzubenennen, erzeugt bei mir spontan eine Assoziation zu Mietnomadentum.
Christine Morlok, Mainz

❝ Dieses Zeugnis muss erhalten bleiben!
Udo Mosbach, Mainz

❝ Es handelt sich bei der Mainzer Steinsammlung um eine der wichtigsten epigraphischen Sammlungen Europas, die weiterhin für alle in dem bewährten Rahmen zugänglich sein soll.
Martin Mosser, Wien (AT)

❝ Zukunft braucht Vergangenheit: Die inschriftlichen Zeugnisse (mit Übersetzung), Reliefs und Statuen repräsentieren einen bedeutenden Teil der römischen Kultur und Geschichte des Rheinlandes.
Sigrid Mratschek, Rostock

❝ Bo jest to najważniejszy zbiór inskrypcji łacińskich (rzymskich) na północ od Alp.
Leszek Mrozewicz, Poznań (PL)

❝ Für ein Reallabor Demokratie sind in RP ausreichend Möglichkeiten vorhanden. Im Übrigen ist ein Museum, das die Aufgabe hat, Relikte der Vergangenheit zu konservieren und vorzustellen und als Gedächtnis aufzubewahren, meiner Meinung nach ein wenig geeigneter Ort und schon gar nicht, wenn die Gefahr besteht, das wichtige Dinge der Öffentlichkeit entzogen werden. Soweit ich weiß, leidet das Museum nicht gerade an zu viel Platz.
Gerhard Mühlinghaus, Frankfurt am Main

❝ Ich bin Mainzerin und das römische Erbe ist eng mit der Stadt verknüpft.
Dorothee Müller, Mainz

❝ Einmalige Sammlung römischer Steindenkmäler nördlich der Alpen. Das römische Erbe ist ein enorm bedeutsames, jahrtausendealtes, kulturelles Erbe. Den Vorschlag eines Demokratieforums in der Steinhalle sehe ich in Repräsentationsgründen einiger Politiker motiviert.
Gerhard Müller, Mainz

❝ Weil ich als Ausstellungsdesignerin mit Schwerpunkt Archäologie gegen eine Zerstörung eines so bedeutsamen Ensembles bin.
Petra Müller, Berlin

❝ Der Schutz dieser Kulturgüter ist wichtiger als andere Verwendungen.
Wolfgang Müller, Welden

❝ Ich bin entsetzt darüber, wie von Seiten der Politik (hier Ministerpräsidentin) Wort gehalten wird. Alles (sog.) Neues wird als »Fortschritt« propagiert und die Besinnung auf unsere Geschichte und Kultur als altmodisch und reaktionär betrachtet. SCHADE und SCHLIMM!
Wibke Müller-Forell, Mainz

❝ Die Zugänglichkeit dieser nicht virtuellen, sondern physisch real existierenden Schriftzeugnisse als Material unmittelbar erfahrbarer Geschichte wird in einer zunehmend digitalisierten Zukunft immer mehr Bedeutung gewinnen.
Gerhardt Müller-Goldboom, Berlin

❝ Die Steinsammlung muss als Geschichtszeugnis und für wissenschaftliche Forschungen komplett und im Zusammenhang erhalten bleiben.
Guntram Müller-Schellenberg, Taunusstein

❝ Weil das kulturelle Erbe keine Verfügungsmasse für politische Eliten sein sollte.
Stephan Mund, Landau

❝ Wertvolle Zeugnisse der Vergangenheit dürfen nicht in die Ecke des Vergessens gerückt werden.
Dietlinde Munzel-Everling, Wiesbaden

❝ Es gibt einen Landtag, benutzt gefälligst den und lasst mir die Steinhalle.
Robert Muris, Mainz

❝ Archäologin, bei der täglichen Arbeit auf die Präsenz der Objekte angewiesen.
Friederike Naumann-Steckner, Köln

❝ Es ist eine Unverschämtheit, die Steinhalle anderweitig als museal nutzen zu wollen. Ich fordere die Landesregierung auf, von diesem Vorhaben zurückzutreten.
Renate Nettner Reinsel, Schlüchtern

❝ Die Arch. Sammlung (nicht nur die Steinhalle) ist ein Kernbestand des LM, die Sammlung röm. Steindenkmäler die bedeutendste nördlich der Alpen. Die Tatsache, dass dort ein paar Jahre der LT sein Ausweichquartier hatte, macht aus der Steinhalle noch keinen unbedingt erhaltenswerten Ort der Demokratiegeschichte. Räume für die Demokratievermittlung hätte man beim Millionenunternehmen der LT-Renovierung dort schaffen können, wenn es wirklich ein Anliegen wäre.
Anton Neugebauer, Saulheim

❝ Kultur und ihre Artefakte darf nicht verramscht werden und als schmückendes Beiwerk betrachtet werden.
Hubert Neumann, Mainz

❝ Da die Steinhalle einer der wichtigsten und traditionellen Bestandteile des Museums ist.
Heino Neumayer, Berlin

❝ Einmalige Sammlung nördlich der Alpen!
Volker Nickmann, Hanau

❝ Weil das Landesmuseum ein wichtiges Kulturgut ist und wichtig für das kulturelle Erbe von Mainz!
Yvonne Niebergall, Stadecken-Elsheim

❝ Es handelt sich um die Zugänglichmachung bedeutender, singulärer Kulturgüter!
Elke Nieveler, Bonn

❝ Demokratielabor gehört nicht in ein Museum! Die Bürgerschaft muss das an sich lobenswerte Vorhaben an dieser Stelle verhindern.
Thomas Anton Nonnenmacher, Mainz

❝ To preserve the integrity of the epigraphic collection in the Mainz stone hall.
Mike Norris, Dublin (IE)

❝ La conservation et la diffusion des connaissances liées à cette collection prestigieuse ne doit pas être soumise aux intérêts de l'instant. La collectivité a une responsabilité dans la mise à disposition du public de ce bien commun.
Pierre Nouvel, Gluxen-Glenne (FR)

❝ Museum soll Museum bleiben, Demokratieforum in den Landtag!
Horst Nowak, Mainz

❝ Versprochen ist versprochen: Rückbau!
Marlis Nowak, Mainz

❝ I use Latin inscriptions for teaching students in Classics courses. They also form important part of our shared heritage in Europe, and people should have access to see the original pieces.
Pawel Nowakowski, Warszawa (PL)

❝ Ich studiere selbst Altertumswissenschaften in Wien.
Anna Oberzaucher, Eisenstadt (AT)

❝ Die Steinhalle ist ein wichtiges Monument der europäischen römischen Vergangenheit und für eine Nutzung als Museum geradezu prädestiniert. Eine andersartige Nutzung würde Wissenschaftlern überall auf der Welt einen einmaligen wissenschaftlichen Bezugspunkt und Touristen eine wichtige Attraktion rauben.
Hendrik Obsieger, Erlangen

❝ Ich möchte, dass die Steinhalle wieder ihrem ursprünglichen Zweck zugeführt wird und das Museum aufgewertet wird.
Steffen Ohin, Mainz

❝ Kenne Personen, die betroffen sind.
Klaus Ohrem, Köln

❝ Diese repräsentative Präsentation so zahlreicher historisch besonders wichtiger Dokumente der antiken Geschichte Mitteleuropas rückt die besondere Bedeutung der Altertumswissenschaften ins Licht der Öffentlichkeit und ist deshalb unverzichtbar.
Eckart Olshausen, Rangendingen

❝ Ein Ort für gelebte Demokratie findet sich sicher auch woanders. Es beschleicht mich das Gefühl, dass hier nur das alte Möbel, was der Landtag nicht mehr will, abgestellt werden soll. Ich war schon in dem Saal. Ich weiß nicht, wie hier wirklich gelebte Demokratie dargestellt werden soll. Alte Landtagsmöbel machen noch keine Demokratie. In meinen Augen fehlt mal wieder ein Gesamtkonzept
Martina Opitz, Mainz

❝ Perché condivido la preoccupazione di chi vede smantellare frettolosamente importanti vestigia del passato. Una tendenza pericolosa.
Lucia Orelli Facchini, Muralto (CH)

❝ Es ist unverständlich, den angrenzenden Eltzer Hof zu verkaufen, ein neues Landtagsgebäude zu errichten und jetzt noch weitere Flächen für ein Demokratie-Labor zu okkupieren!
Eberhard Orlowski, Mainz

❝ La civiltà va difesa! Auguri nella speranza che si ottenga il risultato giusto!
Gherardo Ortalli, Venezia (IT)

❝ Dieses Kulturdenkmal der Stadt Mainz muss unbedingt erhalten werden.
Karl Ortseifen, Mainz

❝ Die haben doch schon genug römische Geschichte in Mainz zerstört.
Gerhard Ott, Mainz

❝ Weil Kulturerhalt essentiell für unser Land ist!
Tim Ott, Mainz

❝ Es handelt sich um einen herausragenden Ort unserer Geschichte, der erhalten werden muss! Wenn H. Hering vom Museumscarree spricht, dann hätte das Land den Eltzer Hof nicht an einen Investor verkaufen dürfen, sondern für den Landtag oder das LaMu nutzen sollen. Auch der Neubau des Landtagsrestaurants ist in dem historischen Ensemble eine Katastrophe. Herr Hering agiert in absolutistischer Manier unter dem Deckmantel der Demokratie und der Bürger bezahlt die Rechnung! Da wundert sich dann die politische Klasse über Politikverdrossenheit...
Werner Ott, Mainz

❝ Our history is what makes us now!
Hans Otten, Mierlo (NL)

❝ ... weil Geschichte nicht aus beliebig einsetzbaren Versatzstücken besteht, sondern langem Atem braucht!
Annelen Ottermann, Mainz

❝ Historisches Bewusstsein sollte nicht tagespolitisch motivierten Begehrlichkeiten geopfert werden.
Ingo Ottermann, Mainz

❝ Die Bestimmung eines Landesmuseums wie das rheinland-pfälzische ist die Bewahrung und Erforschung des kulturellen Erbes der Region seit der Antike, die der Öffentlichkeit in großem Umfang zugänglich gemacht werden muss. Eine spontane und unverhältnismäßige Änderung der ständigen Ausstellung würde die historischen Exponate ins Depot verbannen. Sie wendet sich gegen den Museumszweck und schwächt die Identifikation der Bevölkerung mit der Region.
Elisabeth Oy-Marra, Wiesbaden

❝ Wir sollten alles, was uns die Vergangenheit an Kultur, Architektur, Kunstwerken überlassen hat, schätzen und erhalten. Geschichtsvergessenheit hat noch nie gutgetan.
Siegfried Pacholke, Bad Sobernheim

❝ Erhalt und adäquate Pflege von Kulturgütern.
Bernhard Palme, Wien (AT)

❝ I agree with the petitioners that the Latin inscriptions exhibit should be part of the Museum at Mainz.
Lily Panoussi, Williamsburg NY (US)

❝ Inscriptions are ›the fountain of eternal youth‹ (L. Robert) for the study of ancient history. All that's needed is to introduce students to them in the right way and they become excited about them.
Robert Parker (GB)

❝ Als Archäologe kenne und schätze ich die Steinhalle sehr. Sie muss unbedingt erhalten bleiben.
Matthias Pausch, Wittelshofen

❝ This is a key space for the display of monuments central to European heritage.
John Pearce, Winchester (GB)

❝ Kunst und Kultur sind für uns Menschen von existentieller Bedeutung. Die Demokratie sollte sie pflegen und nicht zu verdrängen suchen. Das schadet letztlich auch der Demokratie.
Doris Peckhaus, Mainz

❝ Verträge müssen eingehalten werden, sonst verliert die Politik ihre Glaubwürdigkeit!
Franz L. Pelgen, Nieder-Olm

❝ Die einmalig umfangreiche Sammlung römischer Grab- und Gedenksteine sollte in Mainz als 2000 Jahre alter römisch gegründeter Stadt komplett der interessierten Öffentlichkeit zugänglich erhalten bleiben!
Ursula Peppler-Buxmann, Mainz

❝ The preservation of rare heritage is crucial.
Lorenzo Pérez Yarza, Huesca (ES)

❝ Erhalt einzigartiger Kulturgut-Ausstellung.
Hans Perl, Mainz

❝ Kunst ist eine internationale Ausdrucksform. Sehr wichtig für alle und überall.
Andreas Peter, Steinach

❝ Es steht in unserer Verantwortung, das römische Erbe des Rheinlandes zu bewahren und das kulturelle Fundament unseres Zusammenlebens für nachwachsende Generationen sichtbar zu machen.
Klaus Peterseim, Haan

❝ 1. Die Steinhalle muss aus kulturellen Gründen erhalten bleiben. 2. Die gemachten Zusagen müssen eingehalten statt klammheimlich über Bord geworfen werden.
Nikolaus Petersen, Monterotondo (IT)

❝ Die Politik darf sich nicht überall breitmachen und dieses Kulturgut (römisches Lapidarium) für eigene Interessen zweckentfremden.
Maria Petrovszky, Speyer

❝ Über die Einmaligkeit dieser beeindruckenden Sammlung römischer Steindenkmäler im Steinsaal des Mainzer Landesmuseums muss man nicht viele Worte verlieren, die kennt jeder, der Interesse an der Antike hat. Vielmehr sollte man seine Empörung kundtun, über die Dreistigkeit der Politiker – in diesem Fall des Landtagspräsidenten –, diesen Raum kurzerhand platzhirschmässig, jeden Einwand missachtend, zu politischen Zwecken umfunktionieren zu wollen. Die geplante Einrichtung eines sog. Reallabor Demokratie sollte nicht in einem Museum stattfinden, sondern einfach gelebt werden! Die Vorgehensweise des Landtagspräsidenten präsentiert eindeutig, wie er reale Demokratie versteht. Wieso drängt sich mir die Frage auf, ob Herr Landtagspräsident und all die anderen, die jahrelang im Steinsaal getagt haben, sich die römischen Steindenkmäler mit ihren ungewöhnlich beeindruckenden schriftlichen Zeugnissen jemals näher betrachtet haben? Wohl kaum, sonst würden nicht solche unausgegorenen, effekthaschenden Ideen entspringen! Manche Politiker wären gut beraten, im Kulturbereich manchmal auch etwas zurückhaltender zu handeln, ohne verbrannte Erde zurück zu lassen. Wie in diesem Falle. Das Lapidarium soll wieder der Öffentlichkeit, und zwar im dafür vorgesehenen Steinsaal, zugänglich gemacht werden und der »Raum, der die moderne parlamentarische Demokratie für alle Altersgruppen erfahr- und begreifbar« machen soll – sofern dies nötig erscheint-, darf ruhig an einen anderen Ort in Mainz gefunden werden.
Richard Petrovszky, Speyer

❝ Die Steinhalle ist eine wichtige Präsentation der Geschichte und der Kultur, die der Allgemeinheit ohne Einschränkungen zugänglich sein muss. Der renovierte Landtag bietet ausreichend Gelegenheit für Diskussionen und Versammlungen wie in der Vergangenheit!
Reinhard Petry, Mainz

❝ Ich bin Archäologin und beschäftige mich hauptsächlich mit der römischen Antike. Die Steinhalle sollte dem LM Mainz weiterhin als museale Präsentationsfläche erhalten bleiben.
Petra Pettmann, Bleckede

❝ Es ist mir wichtig.
Brigitte Petzel, Mainz

❝ Ich möchte die Steinhalle als Stätte der römischen Denkmäler erhalten wissen. Mainz hat eine bedeutende römische Geschichte vorzuweisen, und um dies der Öffentlichkeit zeigen zu können, bedarf es dringend eines angemessenen Rahmens. Ich schlage vor, das Demokratielabor dem Landtag anzugliedern. Begründung: Weil dort Demokratie praktiziert werden sollte.
Monika Petzel-König, Mainz

❝ Mainzer Kulturgut muss erhalten werden, und das Wort eines Landtagspräsidenten muss auch nach seiner Amtszeit gelten. Geklüngel schadet der Demokratie.
Susanne Pfeuffer, Alzey

❝ Bevor die Steinhalle provisorischer Versammlungsraum für den Landtag wurde, ist zugesichert worden, dass der ursprüngliche Zustand mit Ende des Provisoriums wiederhergestellt werden sollte. Im Übrigen besitzt die Stadt Mainz bereits jetzt hinreichend viele Orte, an denen Demokratie erlernt und erlebt werden kann.
Klaus-Armin Pfiffer, Mainz

❝ Ich bin Historikerin und unterrichte Geschichte, deshalb ist es mir sehr wichtig, gute Ausstellungsräume für die Vermittlung von Wissen zu erhalten. Die Steinhalle in Mainz ist ein einzigartiger Ort für die Präsentation lateinischer Schriften, der über die Landesgrenzen hinaus

" einen ausgezeichneten Ruf genießt, der bis Österreich und darüber hinaus reicht.
Martina Pfistermüller-Czar, Graz (AT)

" Es gibt nicht genug originale Fundstellen, auf alle Fälle ist alles zu erhalten an Ort und Stelle.
Harry Pflug, Wiesbaden

" Kultur sollte erhalten werden, und für zukünftige Generationen gesichert werden.
Laurin Philippi, Frankfurt am Main

" Ich finde es wichtig, dass die Sammlung weiterhin öffentlich zugänglich ist. Die Umstrukturierung war im Vorfeld nicht vorgesehen und auch so nicht vereinbart.
Jeanette Pickrun, Frankfurt am Main

" Sichtbarkeit und Zugänglichkeit der Sammlungsbestände sind zentral für das Verständnis und die Vermittlung des kulturellen Erbes.
Franz Pieler, Gars am Kamp (AT)

" Alles an seinem Ort. Und da gehört die Steinhalle hin.
Heinz Peter Pierron, Mainz

" Aus Gründen des Erhalts der kulturellen Standortqualitäten der Stadt Mainz.
Horst Pietaschmann, Köln

" Inschriften sind bedeutende historische Dokumente.
Wolfgang J. Pietsch, Graz (AT)

" Mainz ohne Rom? Kann das sein?
Jan M. Piskorski, Szczecin (PL)

" Mainz ist eine Kulturstadt. Damit müssen sich auch die Behörden zurechtfinden.
Ioan Piso, Cluj-Napoca (RO)

" Ein lebendiger Ort der Demokratie ist der Sitz des Landtages, ein Demokratielabor hat dort seinen richtigen Platz. Das Landesmuseum würde einen seiner schönsten Räume opfern.
Petra Plättner, Mainz

" Es ist enorm wichtig, dass in diesem Land Kunst gefördert und nicht beschnitten wird.
Brigitte Pletinckx, Isny

" Als Cavaliere des Verdienstordens der Italienischen Republik und erster GS der Villa Vigoni liegen mir die deutsch-italienischen Beziehungen sehr am Herzen, gerade auch in dieser Zeit, in der es auf Zusammenhalt auf allen Ebenen mehr als zuvor ankommt. Außerdem sind mir Vertrauensbrüche auf staatlicher Ebene unverständlich – um es freundlich auszudrücken.
Ulrich Podewils, Berlin

" Das Vorhaben ist ja grotesk, wie es im Antragstext beschrieben ist.
Wolfgang Polleichtner, Rottenburg

" Wozu brauchen wir zwei Plenarsäle? Bildungsvermittlung hinsichtlich Demokratie kann genauso gut im »richtigen« Plenarsaal des Landtags im Deutschhaus erfolgen.
Maik Pompetzki, Mainz

" Ich möchte, dass unser Landesmuseum wächst, blüht und gedeiht.
Christel Praefcke, Bischofsheim

" Unser Museum darf nicht schrumpfen, sondern es soll wachsen!
Robert Praefcke, Bischofsheim

" Ancient inscriptions are an unparalleled window onto past culture, society and language: I currently direct a European Research Council funded project dedicated to ancient epigraphic culture, and the ERC itself considered this worth committing 2.5 million Euros. The Mainz collection has no parallel in northern Europe and should be preserved for everyone.
Jonathan Prag, Oxford (GB)

" Für mein Mainz... die Wurzeln nicht vergessen!
Maria Precht, Mainz

" Keine Beschneidung der Ausstellungsmöglichkeiten des Landesmuseums.
Andreas Preywisch, Essenheim

" Wohnort Mainz.
Andrea Prien, Nauort

" Wohnort Mainz.
Björn Prien, Nauort

" Für so ein »Forum« gibt es sicherlich eine Stadthalle oder etwas Entsprechendes... dafür muss nicht die Kultur geopfert werden.
Thomas Prill, Köln

" Weil die Steinhalle weltbekannt ist als zentraler Sammlungs- und Ausstellungsort römischer Inschriften, nicht nur aus Mainz und dem Rhein-Main Gebiet, sondern aus ganz Europa. Die Umwidmungspläne würden der Geschichtsvergessenheit eklatant Vorschub leisten. Mainz würde zudem ein Alleinstellungsmerkmal aufgeben, wenn man die Umwidmung vornähme. Will man in Mainz die römische Vergangenheit möglichst aus dem Bewusstsein verbannen?
Günter Prinzing, Mainz

" Ich glaube, die Politik hat genug Räumlichkeiten und können die Römer sein lassen.
John Provan, Kelkheim

" An keinem anderen Ort in Mainz ist die Dimension der römischen Vergangenheit von Mainz so unmittelbar erfahrbar und der Umfang der erhaltenen Zeugnisse so fassbar wie in der Sammlung von Steindenkmälern in der Steinhalle des Landesmuseums. Mit dem geplanten Demokratielabor würde dieser Ort einen erheblichen Teil seiner Wirkung verlieren.
Alexander Pruß, Mainz

❝ Bedeutendes Alleinstellungsmerkmal.
Johanna Pudelek, Mainz

❝ Als Wissenschaftler in einem altertumswissenschaftlichen Fach ist mir die angemessene Präsentation und Zugänglichkeit von Quellenmaterial ein Herzensanliegen.
Joachim Friedrich Quack, Heidelberg

❝ Heritage is important. Find another location.
Carole Raddato, Frankfurt am Main

❝ As a professional archaeologist and museum curator, I am well aware of the importance of this collection.
Ivan Radman-Livaja, Zagreb (HR)

❝ Es gibt nördlich der Alpen keine vergleichbare Präsentation lateinischer Inschriften. Die Umwidmung der Mainzer Steinhalle würde den Wissenschaftsstandort Mainz nachhaltig schädigen.
Karen Radner, München

❝ Ich habe selbst an den berühmten Inschriften lernen und arbeiten dürfen – in der Steinhalle mit ihrer außerordentlichen Atmosphäre vergangener Zeit. Das darf uns nicht verloren gehen. Ein solcher Ort muss bewahrt werden!
Christine Raedler, Gelnhausen

❝ Ohne Geschichte gibt es keine Zukunft.
Andreas Karl Josef Ranke, Dienheim

❝ Die Steinhalle mit ihren römischen Steindenkmälern ist das Herzstück des Landesmuseums. Durch einen Verbleib der Landtagseinbauten würden Steinhalle und Landesmuseum erheblich an Attraktivität einbüßen und in weiterer Bedeutungslosigkeit versinken.
Gabriele Rasch, Mainz

❝ Ich bin der Meinung, dass die Landesregierung sich nicht einfach einen wichtigen Mainzer Ausstellungsraum aneignen kann. Das ist zutiefst undemokratisch!
Dagmar Rau-Mann, Mainz

❝ Weil die Steinhalle ein kulturelles Gut der Stadt Mainz ist und daher erhalten werden muss.
Thomas Rausch, Mainz

❝ Die Steinhalle im LM Mainz ist für alle Wissenschaftler unheimlich wichtig und sie ist ein Meilenstein der Stadt, die ihren Ursprung in der römischen Vergangenheit findet. Die römischen Denkmäler und die verschiedenen Museen in Mainz sind auch für manche Touristen der Zweck ihrer Reise.
Michel Reddé, Charenton (FR)

❝ Es gibt genügend andere Stätten für Veranstaltungen und Ausstellungen des Landtags.
Gabriele Redeker, Mainz

❝ Erhalt der Anlaufstelle für Wissenschaftler.
Inge Rehm, Wiesbaden

❝ Einen perfekteren Ort für die Präsentation und Inszenierung der römischen Denkmäler gibt es nicht. Die Steinhalle beeindruckt immer wieder alle Besucher des Museums. Die einzige vertretbare Alternative wäre die Integration der Denkmäler in das neue Archäologische Zentrum (was ja leider nicht geht).
Werner Rehn, Mainz

❝ Die wurde von meinem Vorfahren erbaut und sollte wieder dem Museum zugeführt werden.
Hubertus Franz Damian Goswin Maria Reichsfreiherr von Breidbach Bürresheim genannt Ried, Schwandorf

❝ Vor der Renovierung des Landtagsgebäude ging es auch ohne »Reallabor Demokratie«: ich bin sicher, dass sich dafür ein anderer Ort finden lässt, der nicht mit solch historischen Werten konkurriert. Wer Geschichte vergisst, kann keine Zukunft gestalten, das sollte auch ein Landtagspräsident wissen. Wenn nicht, wäre vielleicht Nachhilfeunterricht hilfreich.
Maria Reichsgräfin von Plettenberg, Worms

❝ Als Restauratorin finde ich schon das Interim (Sessel zwischen Grabsteinen?) ziemlich fragwürdig (Aber vielleicht wollten sich die Damen und Herren Abgeordneten auch ständig die Vergänglichkeit ihres Tuns vor Augen führen). Ansonsten schließe ich mich der Argumentation der Initiatorin an.
Susanne Reim, Altenburg

❝ Ich kenne das Museum aus meinen eigenen Kindertagen, habe dort mit meinem Vater viel über die Römer gelernt.
Mathias Reinhard, Nackenheim

❝ Die römische Steinhalle in Mainz soll in den ursprünglichen Zustand wie vor 5 Jahren versetzt werden, weil es nicht der richtige Ort für ein »Reallabor Demokratie« ist.
Alban Reinhardt, Zornheim

❝ Als gebürtiger Mainzer fühle ich mich meiner Heimatstadt und ihrem kulturellen Angebot sehr verbunden und fände es schade, wenn dieses durch den Verlust der Steinhalle als museale Präsentationsfläche geschmälert würde.
Roland Reischl, Köln

❝ Einen solchen kulturellen Schatz in meiner Heimat zu bewahren und angemessen zu repräsentieren, ist eine Herzensangelegenheit und Muss. Auch meine Enkel sind begeistert vom römischen Mainz, denen die Errungenschaft »Steinhalle« nicht genommen werden darf.
Ingo Reiss, Nieder-Olm

❝ Wir brauchen für Schulklassen lebendige Anschauungsmaterialien und die Möglichkeit, Geschichte von nahem zu erleben. Räume für Demokratie/ Besprechungen können in einer anderen Umgebung gefunden werden!!!
Heike Reiß, Mainz

❝ Um Demokratie den Schülerinnen und Schülern näher zu bringen gibt es den Landtag – hier wird Demokratie doch gelebt? Was macht Demokratie in einem Museum? Wird sie von der Mainzer Politik als Artefakt verstanden?
Michael Reiß, Mainz

❝ Die Mainzer Steinhalle und die dort aufgestellten Inschriften sind ein wichtiges Zeugnis der römischen Vergangenheit der Stadt und der Region, und zugleich ein Dokument unseres Umgangs mit dieser Vergangenheit.
Christiane Reitz, Berlin

❝ Ich finde es ungeheuerlich, dass eine selbstgefällige Landesregierung ein wertvolles Museum zur politischen Selbstdarstellung missbrauchen will.
Hartmut Rencker, Mainz

❝ Geschichte als gelebte Vergangenheit zu präsentieren, um daraus Schlüsse für unser Wohin zu ziehen, halte ich für extrem wichtig.
Christine Rettberg, Neunkirchen-Seelscheid

❝ Als Architekt unterstütze ich die Erhaltung der Denkmäler.
Wolfgang Rettberg, Köln

❝ Die Steinhalle der römischen Provinzhauptstadt Mogontiacum ist ein zentraler Ort der Darstellung der Bedeutung der Stadt und der ganzen Region in der Römerzeit. Die historisch interessierte Öffentlichkeit hat ein Recht auf angemessene Präsentation dieser einzigartigen Sammlung römischer Steindenkmäler.
Fridolin Reutti, Rheinzabern

❝ Es una colección de referencia, fundamental para la continuidad de la investigación sobre historia de Roma y un recurso con un importante potencial didáctico para el público.
Víctor Revilla Calvo, Barcelona (ES)

❝ Die Stelen gehören ins Museum und die Demokratie ins Landtagsgebäude.
Rainer Richarts, Mainz

❝ Als hauptberufliche Archäologin, u.a. mit dem Schwerpunkt Römerzeit, und aus persönlicher Kenntnis des Museums fühle ich mich verantwortlich.
Sabine Rieckhoff, Regensburg

❝ Politikimperialismus gegen Kultur.
Roman Riedel, Mainz

❝ Die Halle ist ein wichtiger Bestandteil des Landesmuseums, und das Demokratieforum ist beim Landtag besser aufgehoben.
Helge Klaus Rieder, Konz

❝ Dieses Kulturgut soll wieder für alle Mainzer und Mainz-Besucher erhalten und zugänglich sein.
Annette Rieger, Mainz

❝ Es una prioridad que esa colección sea visitable.
Odilia Ripoll López, Barcelona (ES)

❝ Weil ich mich an das Versprechen erinnern kann und Halle und Denkmäler kenne.
Sebastian Ristow, Köln

❝ Für eine solch wichtige Institution wie ein »Reallabor Demokratie« sollte ein besser geeigneter Ort als eine museale Umgebung gewählt werden. Hier (im Museum) sollte stattdessen mit der Präsentation der lateinischen Inschriften der rheinland-pfälzischen Landesregierung wieder gezeigt werden können, wer sie einst dazu befähigt hat, heute strukturierte politische und demokratische Gedanken zu äußern, anstatt sie aus dem Bewusstsein der Gesellschaft zu entfernen.
Karl-F. Rittershofer, Rosbach

❝ La Sala epigráfica de Mainz constituye un patrimonio excepcional que recoge gran número de los mensajes en directo de la Antigüedad que son las inscripciones clásicas, si las cuales se pierde la voz de lo que fueron los orígenes de la primera Europa a la que Roma supo dar forma política a base de las diversas provincias, cada una de las cuales conservaba su propia personalidad.
Isabel Rodà de Llanza, Barcelona (ES)

❝ Der einzige Platz in Mainz, in der die Steinhalle adäquat untergebracht werden sollte!
Herbert Rösch, Mainz

❝ Mainz, RLP und zuletzt Deutschland sollten stolz auf die zum Teil einmaligen römischen Funde sein! Die »geschichtsträchtigen (?) parlamentarischen Möbelstücke für ein Demokratie – Labor« gehören nicht in dieses Museum. Weltweit macht man sich gerade hierbei zum belächelten Affen.
Joachim Rösch, Schwabenheim

❝ Bin geschichtlich interessiert und hasse Parteien und Parteipolitik.
Manfred Rösch, Gaienhofen

❝ Als ehemaliger Leiter des Rhabanus-Maurus-Gymnasiums Mainz weiß ich, wie oft Lehrer(innen) in der Steinhalle unterrichtet haben. Sie nutzten das Anschauungsmaterial.
Kurt Roeske, Ober-Olm

❝ Die Steinhalle ist nicht der richtige Ort für ein »Reallabor Demokratie«. Der Landtag war dort vorübergehend zu Besuch. »Besuch« muss irgendwann auch wieder gehen.
Bernd Roeter, Ockenheim

❝ Ancient Historien.
Dirk Rohmann, Wuppertal

❝ Per la tutela e la fruizione pubblica del patrimonio culturale.
Francesca Rohr, Venezia (IT)

❝ Der Erhalt historischer Stätten, die allgemein zugänglich sind, gehören zur kulturellen Identität.
Markus Roschinski, Seiwerath

❝ Die Mainzer Steinhalle besitzt eine ganz besondere Aura und ist zudem einer der wenigen Orte nördlich der Alpen, an dem römische Inschriften in großer Zahl präsentiert werden. Sie ist eine epigraphische Sammlung von besonderem wissenschaftlichen Rang. Man sollte sich wirklich gut überlegen, ob man dieses in seiner Gesamtheit selbst denkmalwürdige Ensemble, das einen wichtigen Baustein für die Identität der Stadt Mainz darstellt, zugunsten einer vermutlich sehr schnelllebigen andere Nutzung zerstört. Ich bin mir sicher, nach kurzer Zeit wird man diesen Verlust bedauern – aber dann ist es zu spät!

Hannelore Rose, Köln

❝ Weil die Steinhalle für das römische Erbe gebraucht wird.

Alexandra Rosenzweig, Mainz

❝ Je suis archéologue et professeur en collège. La transmission du savoir est primordiale pour moi. C'est pourquoi les lieux d'exposition doivent restés ouverts, surtout lorsqu'ils sont uniques comme à Mayence.

Iñes Rognant, Kilstett (FR)

❝ En tant qu'historien, enseignant-chercheur en épigraphie ayant travaillé sur les inscriptions de Mayence (CCG 2013), je considère comme une perte patrimoniale et scientifique importante la transformation de la collection épigraphique. Sa mise en valeur est importante, en particulier aux yeux du grand public.

Benoît Rossignol, Paris (FR)

❝ Rettet die Römer!

Ute Rothenburger, Bischofsheim

❝ Weil die Steinhalle einfach nach Mainz gehört. Und es ein wichtiger Punkt für die römische Geschichte ist!

Silke Rottleb, Bonn

❝ Eine Sammlung von unschätzbarem Wert soll für die Öffentlichkeit zugänglich sein.

Elisabeth Rumeney, Stromberg

❝ Als Nachkomme eines der Gründer des Mainzer Altertumsvereins und ältesten deutschen archäologischen Verlags PHILIPP VON ZABERN protestiere ich gegen den Entschluss, die provisorische Nutzung der Steinhalle durch den Landtag in Gestalt der Bestuhlung zulasten der Präsentation der archäologischen Sammlung in der Steinhalle zu belassen. Begründung: 1) die internationale epigraphische und archäologische Forschung würde behindert. 2) Ebenso die Ausbildung von Studenten der Altertumskunde, die wegen der Einzigartigkeit der Mainzer Sammlung diese nur als Gesamtheit nutzen können. 3) Wenn die Bestuhlung des Landtags als historisches Zeugnis bewahrt werden soll, dann findet sie in einem archäologischen Umfeld sicher weniger Beachtung als im »Haus des Erinnerns – Für Demokratie und Akzeptanz«, das ggf. erweitert werden müsste. 4) Sollten die politisch Verantwortlichen wirklich auf der Durchführung ihres bisherigen Gedankens bestehen, wäre dies nicht nur ein Wortbruch, sondern würde sicher bei den meisten Besuchern (die ja wegen der römischen Antiken in die Steinhalle kommen), nicht nur ein Lächeln des Unverständnisses, sondern auch der Verachtung für die kulturelle Geschmacklosigkeit der »Verantwortlichen« hervorrufen. 5) Als immer noch tätiger (und nicht einflussloser) Verleger werde ich mich bemühen, den geplanten Schildbürgerstreich möglichst breit zu publizieren, um diese unverständlichen Pläne, die nicht nur dem Museum, sondern dem Ansehen der Stadt Mainz schaden werden, ihrer verdienten scharfen Kritik zuzuführen.

Franz Rutzen, Ruhpolding

❝ Die Steinhalle in Mainz ist eine einmalige Präsentationsstätte. Demokratiegeschichte dagegen kann an vielen anderen Orten vermittelt werden. Es spricht gegen jedes kulturhistorische Bewusstsein, diesen Raum seinem Zweck zu entfremden.

Anneliese Sahin, Ludwigshafen

❝ Wichtig für das historische Mainz.

Dieter Sahm, Mainz

❝ Museen brauchen mehr Platz – nicht weniger.

C. Sajak, Mainz

❝ Patrimoni humanitat.

Manel García Sánchez, Barcelona (ES)

❝ Mir ist das kulturelle Erbe wichtig.

Sandra Sandri, Klein-Winternheim

❝ Pour redonner toute la place visible aux collections.

Christian Sapin, Lantenay (FR)

❝ Protéger la mémoire du passé romain de l'Allemagne !

Maurice Sartre, Paris (FR)

❝ Conservazione dei reperti e loro esposizione, per una fruizione del pubblico.

Fabio Sartor, Venezia (IT)

❝ Weil Lutz das gesagt hat.

Klaus Sator, Seligenstadt

❝ Ein Museum ist ein Museum und keine Landtagsschaubühne.

Karlhans Sauernheimer, Mainz

❝ Parce que cela fait c'est important que la population et les touristes puissent élargir leurs connaissances du passé.

Sylvie Saulnier, Marseille (FR)

❝ Das römische Mainz darf nicht und muss nicht zu kurz kommen. Für eine Demokratieschule gibt es sicherlich in Mainz andere geeignete Orte!

Andreas Schaaf, Rainau

❝ Ich möchte weiterhin Kindern diesen besonderen Ort zeigen.

Christiane Schaaf, Mainz

❝ Zukunft braucht Herkunft (die nicht in Museumsdepots verschlossen ist...)!

Ingo Schaaf, Roma (IT)

❝ Erhalt der ursprünglichen Formation.

Bernd Schade, Rohrbach

- Die Steinhalle als ein bedeutender Ort römischer Geschichte nördlich der Alpen ist einzigartig.
  Markus Schächter, Mainz

- So wichtig ein solcher Begegnungsort sein mag: Die Bedeutung der Demokratie vermittelt sich vollständig erst in der Einbettung eines umfassenderen Geschichtsverständnisses, das alle die uns heute noch in vielfältiger Weise prägenden Kulturen umfasst. Hier leisten Orte wie die Steinhalle einen nicht zu unterschätzenden Beitrag. In diesem Sinne sind die Pläne des Landtages sogar kontraproduktiv. Der eigentliche Anlass – Sanierungsarbeiten – ist sogar so banal, dass er die Begründung für die Pläne (»einen solchen Ort zerstört man nicht«) als geradezu grotesk und jene als wenig nachhaltigen Aktionismus erscheinen lässt. Das Missverhältnis zwischen Absicht und Schaden ist mit Händen greifbar. Eine funktionierende Demokratie ist im Übrigen nicht so sehr auf solche Repräsentationsorte angewiesen. Sie muss und kann sich im Hier und Jetzt beweisen. Die spärlichen Zeugnisse unserer Vergangenheit brauchen hingegen den Ort, der sie strahlen lässt. Dies ist in diesem Fall in einzigartiger Weise die Steinhalle.
  Michael Schäfer, Bingen

- Das Museum Mainz war und ist für das einzigartige Lapidarium bekannt, das durch die Reduktion der letzten Jahre massiv an Attraktivität eingebüßt hat. Seit Jahren wartet die Fachwelt auf die Wiedereinrichtung um diesen Vermittlungsort wieder nutzen zu können. Weitsicht für eine klassische Bildung sollte nicht durch kurzsichtige Fokussierung auf Modeerscheinungen verdrängt werden, zumal die geplante Umwidmung thematisch wenig zum Rest des Museums passt.
  Andreas Schaflitzl, Aalen

- Erhalt der wenigen bedeutenden musealen Ausstellungsflächen ist auch für uns als archäologische Freiberufler ein zentrales Thema.
  Martin Schaich, Altenthann

- Museen müssen unterstützt sein.
  Sven Schalenberg, Hahnheim

- International herausragende Bedeutung für die epigraphisch-archäologische Forschung.
  Egon Schallmayer, Marxzell

- Es gibt keine ausreichende Begründung, diese regional einzigartige Ausstellung zu verbannen. Für alles gibt es Örtlichkeiten, aber diese sollte den Inschriften vorbehalten bleiben.
  Gerhard Schanz, Riedstadt

- Die Steinhalle war seit langem die gute Stube des Landesmuseums und soll es auf Dauer bleiben. Umgekehrt ist unverständlich, dass überhaupt erwogen wird, das Landesparlament von dem so oft beschworenen traditionsreichen Platz der Mainzer Republik räumlich zu entfernen.
  Claus Scharf, Gutweiler

- LATIN teacher at Gymnasium for 31 years.
  Ursula Schatz, Graz (AT)

- 1. Den Erhalt der barocken Reithalle als Zeitzeugnis einer Epoche. 2. Den Erhalt der Römischen Zeugnissen in Ihren Ursprungszustand. 3. Eine Barockreithalle ist nicht per se prädestiniert, um dort ein »Demokratielabor« einzurichten. Dafür gibt es vielerlei andere Standorte. Dass an der Stelle der Landtag provisorisch tagte, ist noch lange kein Grund.
  Peter Schau, Mainz

- Das ist ganz klar ein Vertragsbruch und unter diesen Bedingungen ist mein Vertrauen in die Politik ein weiteres Mal sehr in Frage gestellt worden. Welchen Politikern kann man denn noch glauben? Was will man der Kultur im Lande Rheinland-Pfalz denn noch antun? Wir sind doch schon an letzter Stelle im Land…
  Christiane Schauder, Mainz

- Ich kenne die Steinhalle und möchte, dass sie für jeden zugänglich bleibt.
  Mechthid Schauren, Kamp-Bornhofen

- Wenn wir das Wissen um unsere Geschichte verlieren, verlieren wir vollends die Orientierung.
  Hans-Joachim Scheckeler, Rauenberg

- Ich habe den Lehrstuhl für Volkswirtschaftslehre an der Goethe-Universität in Frankfurt (jetzt als Seniorprofessor), und setze mich für den Erhalt historisch bedeutsamer Denkmäler und Zeugnisse ein. Wirtschaft kann nur in der historischen Dimension wirklich begriffen werden.
  Bertram Schefold, Frankfurt am Main

- Als regelmäßiger Besucher -auch mit Gästen- sehe ich den hohen kulturellen und touristischen Wert der Ausstellungsfläche. Solche Orte gibt es in Mainz ja nicht allzu viele…
  Christoph Schenk, Mainz

- Diese Steine sollten in ihrem adäquaten historischen Kontext präsentiert werden, der ihre Geschichte verstehen lässt. Sie sollten nicht für heutige politische Zwecke instrumentalisiert werden. Ein wie auch immer zu verstehendes Demokratie »Labor« erwarte ich in den Räumen des Mainzer Landtages.
  Angela Scherer, Mainz

- Ich schließe mich den Ausführungen von Frau Dr. Ulrike Ehmig voll an.
  Walter Schermann, Mainz

- Bin gebürtiger Mainzer und weiß um die Notwendigkeit von lebendiger Kultur.
  Thomas Schier, Zürich (CH)

- Mainz gehört zu den wichtigsten Städten in Deutschland mit reicher archäologischer Überlieferung aus römischer Zeit, die eine angemessene und wirkungsvolle Präsentation verdienen. Ein Demokratielabor erscheint als gute Idee, aber am falschen Ort.
  Wolfram Schier, Berlin

- Weil die Steinhalle den römischen Steinen gehört und weil die Gutsherrenart des Landtagspräsidenten unerträglich ist.
  Lothar Schilling, Mainz

❝ Die Steinhalle stellt ein wichtiges historisches Zeugnis der Mainzer Stadtgeschichte dar und bietet für Schüler und Schülerinnen, Studenten und Studentinnen eine hervorragende Möglichkeit, das römische Mainz kennenzulernen.
Mario Schilling, Köln

❝ Es ist zu verhindern, dass dieser kulturelle Ort durch Politiker zweckentfremdet wird.
Rolf Schilling, Mainz

❝ Der jederzeitige Zugang zu möglichst vielen der in der Steinhalle ausgestellten Artefakten ist nicht verhandelbar. Die Dezimierung der Sammlung ist zu verhindern.
Oliver Schipp, Mainz

❝ Keine Demokratie ohne Geschichte! Kein Demokratieforum auf Kosten einer einmaligen, international renommierten Ressource für historische Forschung! Es wäre ein Widersinn.
Karin Schlapbach, Fribourg (CH)

❝ Ich habe Altphilologie studiert, wie mein Bruder und mein Vater. Die zunehmende Kleeblattfunktion antiker Kultur als Elitestempel bestimmter Gymnasien bei gleichzeitiger Verdrängung des »alten Zeugs«, das ja keinem mehr etwas sage (finde den Fehler!), ist für mich der Grund, für die Erhaltung von antikem Kulturgut im öffentlichen Raum einzutreten.
Sabine Schlegelmilch, Würzburg

❝ Die Steinhalle ist eine herausragende Sammlung römischer Geschichte und Kultur und beleuchtet auf einmalige Weise das Zusammenleben von Einheimischen, Römern und anderen Nationalitäten aus dem Römischen Reich.
Monika Schlenker, Halle (Saale)

❝ Das historische Erbe der Stadt Mainz muss gebührend erhalten und nicht politischem Opportunismus geopfert werden.
Raphael Schlimbach, Würzburg

❝ Mainz ist eine römische Gründung. Die Bedeutung der Stadt wurzelt in der römischen Kultur.
Ingo Schlösser, Mainz

❝ Das kulturelle Erbe in seiner historischen Tiefe ist ein wichtiges Potential.
Eva Schlotheuber, Göttingen

❝ Archäologische Institutionen müssen erhalten bleiben.
Debora Schmid, Augst (CH)

❝ Die Landesregierung von RLP spielt politische Agitation gegen die Kultur aus. Daher müssen Kulturgüter besonders geschützt werden.
Heinz Schmidberger, Essenheim

❝ Die römische Steinhalle ist einzigartig und muss unbedingt erhalten werden. Ich besuche auf Reisen im Ausland immer wieder ähnliche Sammlungen – aber diese einmaligen Exemplare »in der Heimat« müssen hier zusammen erhalten bleiben, dürfen nicht auseinandergerissen werden. Für ein »Reallabor Demokratie« gibt es passendere Orte.
Brigitte Schmidt, Riedstadt

❝ Es ist wichtig, dass die Steinhalle mit deren wertvollen und einmaligen Sammlung in seiner ursprünglichen Ausstellungs-Fläche vollständig für die Bürger weiterhin präsentiert wird. Einer Zweckentfremdung ist daher zu widersprechen, so dass ich mich für den Erhalt einsetzte.
Hans-Günter Schmidt, Mainz

❝ Als Landtagsabgeordneter in der letzten wie in der neuen Legislaturperiode ist es mir immer wieder vergönnt gewesen, in Pausen die einzigartigen römischen Zeugnisse in der Steinhalle zu studieren. Ihr Wert für die Wissenschaft und das interessierte Publikum sowie die Ausstrahlung der stark durch das römische Erbe geprägten Stadt Mainz ist immens. Aus all diesen Gründen und auch angesichts der für ein Demokratielabor zur Verfügung stehenden, in dieser Petition genannten ungleich geeigneteren Orte unterstütze ich diese Initiative aus voller Überzeugung.
Martin Louis Schmidt, Mainz

❝ Schließe mich der Begründung an.
Peter Schmidt, Riedstadt

❝ Die Steinhalle ist als Ort der Bildung (für die Öffentlichkeit) und der Ausbildung (für Studierende und Lehrende der Archäologie) ein einmaliger und unverzichtbarer Ort der Begegnung mit der Geschichte!
Andreas Schmidt-Colinet, Unterschleißheim

❝ Es ist mir wichtig, dass die Steinhalle weiterhin dauerhaft als Präsentationsort der einzigartigen Sammlung römischer Kultur und Denkmäler im Mainzer Landesmuseum zur Verfügung steht.
Marietta Schmidt-Kiefer, Bingen

❝ Die herausragende Sammlung römischer Steinartefakte mit ihren Abbildungen und Inschriften, die einzigartig nördlich der Alpen ist, soll wieder ihren Platz in der Steinhalle des Landesmuseums Mainz einnehmen! Sie ist einzigartig als archäologische und historische Quellensammlung und wertet das Landesmuseum und damit die Stadt Mainz nicht nur für an römischer Geschichte und Archäologie Interessierte enorm auf. Sie wirkt auch als touristischer Magnet, der Besucher*innen aus der näheren Umgebung, wie auch aus dem In- und Ausland nach Mainz lockt und dadurch gewinnbringend auch für die Mainzer Gastronomie und die Geschäfte ist. Wenige Städte Deutschlands können so viele Einblicke in das römische Erbe geben, wie sie diese beeindruckende Sammlung für das Erbe des römischen Mogontiacum gibt und dieses Alleinstellungsmerkmal sollte bei einer Entscheidung berücksichtigt werden. Vielleicht findet sich im Kurfürstlichen Schloss ein Platz für das Demokratieforum, zumal nationale und internationale Reiseführer nicht so schnell aktualisiert werden und viele Besucher*innen dort nach dem Auszug des RGZM stranden werden, um ein touristisches Ziel zu erkunden, zumal die Nähe zum Landtag gewährleistet ist. Dies wäre für ein Demokratieforum mit seinen aktuellen und am Puls der Zeit orientierten Themen ein passenderer Ort der Kommunikation als das Landesmuseum. Liebe Politiker*innen, halten Sie Ihr Versprechen ein und geben sie die Steinhalle ihrem ursprünglichen Zweck – der Repräsentation römischer Steindenkmäler – zurück! Und um mit Helmut Kohl zu sprechen: »Wer die Vergangenheit nicht kennt, kann die Gegenwart nicht verstehen und die Zukunft nicht gestalten«. Die Aufgabe der römischen Steinmonumente ist, die Vergangenheit zu repräsentieren und das war und ist in der Steinhalle des Landesmuseums der einzig wahre und repräsentative Ausstellungsrahmen!

Ingrid Schmidts-Jütting, Nierstein

❝ Ich bin Historikerin und weiß, wie wichtig das ganze Erbe ist!

Felicitas Schmieder, Iserlohn

❝ Wer sich an unserem jahrtausendealten allen Bürgern gehörenden Erbe des klassischen Altertums vergreift, also der genuinen Grundlage unseres Gemeinwesens in kultureller und entwicklungsgeschichtlicher Hinsicht, um einer ephemeren tagespolitischen Luftblase Gestalt zu verschaffen, offenbart ein erschreckend unterentwickeltes Geschichtsbewusstsein. Die Mainzer Antikensammlung mit weltberühmten Stücken wurde aus mühsamen Anfängen durch Idealisten wie Prof. Lindenschmidt begründet und stetig aufgebaut, was so nie mehr möglich sein wird. Sie jetzt sinnlos der Laune zeitlicher Politiker zu opfern, würden spätere Generationen nicht verzeihen. Schluss mit Unsinnsprojekten.

Heinz Schmitt, Trier

❝ Die Steinhalle ist einzigartig. Räume für Demokratieerziehung sind wichtig, können aber woanders untergebracht werden.

Heidrun Schmittlein, Oppenheim

❝ Für dass das Museum selbstständig bleibt und seine Inhalte vermitteln kann und keinen Ausstellungsraum verliert!

Andre Schmitz, Mainz

❝ Als Kunsthistoriker und Leiter der Camera Obscura, des Museums der Vorgeschichte des Films in Mülheim an der Ruhr, halte ich ein breites, gut inszeniertes museales Angebot als Bildungsbaustein für unerlässlich. Da ich in Trier Geschichte und Kunstgeschichte studiert habe, liegt mir das römische Erbe des Rheinlands besonders am Herzen. Monumentale Exponate benötigen Raum, um zu wirken. Bei einer dauerhaften Zweckentfremdung der Steinhalle dürfte das Raumerlebnis und die monumentale Wirkung der Exponate, die man beim Umschreiten der steinernen Relikte einst empfand, unwiederbringlich verloren gehen. Die Exponate der Steinhalle sind darüber hinaus wesentliche Geschichtsquellen, die der Fachwelt im Interesse der Forschung weiter ohne Einschränkungen im Original zugänglich bleiben sollten.

Jörg Schmitz, Mülheim

❝ Für die Nachwuchsausbildung!

Michael Schmitz, Mainz

❝ Die Bedeutung der römischen Steindenkmäler soll ungeschmälert erhalten bleiben.

Stefan Schmitz, Mainz

❝ Schutz der Wissenschaft und Kultur vor übergriffigen Politikern.

Stefan B. Schmitz, Mainz

❝ Unsere Familie hat in Mainz sehr tiefe Wurzeln, daher sind kulturhistorische Belange dieser Stadt ein ganz persönliches Anliegen. Daher unterstütze ich die Petition voll.

Heinz Schmitz-Maibauer, Köln

❝ Weil hier ein wichtiger Zugang zur Geschichte vernichtet werden soll, zum einen für die Menschen, die dann keine Möglichkeit mehr haben, solch eine einmalige Ausstellung zu sehen. Aber auch für die Forschung wäre es katastrophal. Was ist das für eine Demokratie, die so ignorant mit unserer Geschichte umgeht?

Antje Schneider, Bad Salzungen

❝ Weil Kultur und Kunst so wenig Lobbyisten hat, obwohl es doch so wichtig ist, gerade diesen zivilisatorischen Errungenschaften eine Stimme zu geben. Sie machen unser Menschsein aus.

Cornelia Schneider, Frankfurt am Main

❝ Ich habe die Steinhalle selbst mit Studentinnen und Studenten besucht. Dabei ist deutlich geworden, dass die originale antike Inschrift auf dem Grabstein mit dem dazugehörigen Relief viel eindrucksvoller ist als der abgedruckte Text in einer Publikation. Nichts kann die Steinhalle in Mainz ersetzen.

Helmuth Schneider, Kassel

❝ Ich liebe die Antike und über sie zu lernen. Solche Orte sollten erhalten werden.

Jennifer Schneider, Butzbach

❝ Mainz hat eine ganz besondere römische Vergangenheit, diese wird ohnehin schon stiefmütterlich behandelt. Das Landesmuseum würde mindestens 50% seines Reizes verlieren, was es nicht zuletzt in Anbetracht seiner Stellung als Landesmuseum in Relation zu anderen Museen in Rheinland-Pfalz massiv degradieren würde. Das Museum hätte dann den Schwerpunkt auf Frühe Neuzeit, was absolut generisch in der Deutschen Museumslandschaft ist. Wenn ein Museum sein Alleinstellungsmerkmal verliert, und das ist nun mal die Steinhalle, steht auch irgendwann die öffentliche Finanzierung infrage. Dies wären ein Armutszeugnis und Bestätigung dafür, wie inkompetent die Regierungen in Deutschland mit der Kultur unseres Landes umgehen. Ein Demokratieforum gehört nicht in das Museumsgebäude, dafür gibt es genug andere Räume in Mainz. Ich weiß nicht, was die Landesregierung sich dabei denkt, aber sie bewirkt genau das Gegenteil von dem, was sie eigentlich aussagen will. Wenn Entscheidungen so völlig irrational und willkürlich getroffen werden und das auch noch gegen den Willen der Bürger, der Kultur und Wissenschaft, entbehrt das jeglicher Legitimation und hat schon etwas Repressives, und dafür sollte unsere Demokratie nicht stehen. Ich möchte anmerken, dass die SPD sich in Anbetracht ihrer Lage davor hüten sollte, dumme Entscheidungen zu treffen. Sie ist jedenfalls auf dem besten Wege ihr Ziel, die 4,9% zu erreichen. Das wird sie auch schaffen, wenn sie neben »dem kleinen Mann« auch noch die Akademiker vergrault.«

Kai Schneider, Mainz

❝ Aus Interesse an unserer kulturellen Überlieferung.

Konrad Schneider, Eschborn

❝ Schwerer Eingriff in die Kulturlandschaft Deutschlands, Wortbruch.

Tina Schneider, Heidelberg

❝ Mainzer Kulturerbe!

Torsten Schneider, Farschweiler

❝ Für die Geschichte der Stadt Mainz und der Römerzeit in Deutschland ist die Sammlung in der Steinhalle einzigartig!

Siegmar v. Schnurbein, Eggstätt

❝ Die Steinhalle als ein Baustein und Zeugnis unserer Kultur mit ihren vielen historischen Ausstellungsgegenständen sollte nun, wo der neue Plenarsaal im Deutschhaus fertiggestellt ist, wieder dem ursprünglichen Zweck zugeführt werden. Wird die damalige Aussage, den Steinsaal nach Fertigstellung des Plenarsaals wieder seiner ursprünglichen Verwendung zuzuführen, nicht eingehalten, so kann er auch nicht Begegnungsstätte und Ort der Demokratie sein.

Ralf Schönborn, Dickenschied

❝ Weil ich Altphilologin bin und den Wert von antiken Inschriften zu schätzen weiß sowie ihre Wirkung auf Jugendliche kenne.

Elisabeth Schönbrunner, Wien (AT)

❝ Als Archäologe erkenne ich die Relevanz einer Präsentation von antiken Inschriften vollends. Ich selbst war schon zu Lehrzwecken in der Steinhalle und will zukünftigen Generationen von Schülern und Studenten diese Möglichkeit nicht verwehrt sehen!

Alexander Scholz, Erlensee

❝ Hier droht die Beseitigung bzw. Einmottung von einzigartigen Kulturdenkmälern europäischen Ranges! Das ist das Vorgehen totalitärer Regime, nicht von Demokratien. Umgekehrt gehört Demokratie nicht in ein Museum, sondern sollte gelebt werden. Die Parlamentarier sollten mit guten Beispiel vorangehen – im Parlament.

Markus Scholz, Mainz-Kostheim

❝ Ich bin Historiker, habe lange in Mainz gearbeitet und dabei das Landesmuseum und besonders die Steinhalle als große kulturelle Bereicherung und als wichtiges Zeugnis der Vergangenheit schätzen gelernt.

Sebastian Scholz, Zollikerberg (CH)

❝ Die Einrichtung der Mainzer Steinhalle für Epigraphik ist auch heute noch wichtig, weil nur an Originalen die Inschrift untersucht, das Lesen gelernt und geübt werden kann. Als Anlaufstelle für Lernende, Lehrende, Wissenschaftlicher und Interessierte kann es vermitteln, lehren, unterstützen und bewahren.

Kay Hendrik Schrameyer, Wuppertal

❝ https://archaeologik.blogspot.com/2021/04/demokratie-ins-museum.html

Rainer Schreg, Bamberg

❝ Mainz, die römische Stadt, muss ihre Relikte aus der vergangenen Zeit bewahren und entsprechend für die Nachwelt präsentieren können. Wo könnte dies effektiver sein als in der Steinhalle des Landesmuseums! Der damalige Landtagspräsident Mertes hat versprochen, dass nach Fertigstellung des Parlamentsgebäudes die römischen Steine wieder an ihrem ursprünglichen Platz sein werden. Hat man etwa nur wegen der dort installierten Bestuhlung die Idee gehabt, den Raum künftig als politisches Forum umzufunktionieren? Das wäre Geschichtsmissachtung!!

Gisela Schreiner, Mainz

❝ Ein Museum ist ein Ort der Bildung, nicht der parteigebundenen Tagespolitik.

Peter Schreiner, Unterhaching

❝ Als gebürtige Mainzerin bin ich dafür, zur traditionellen Nutzung der Halle zurückzukehren. Der Raum ist einfach prädestiniert dafür.

Nicole Schrödel, Sinzing

❝ Es darf nicht sein, dass ein so einzigartiges Kulturgut von der Landesregierung für ihre Zwecke »eingesackt« wird.

Eva-Maria Schröder, Wiesbaden

❝ Habe in Mainz Geschichte studiert und kenne/schätze die Steinhalle als herausragende Sammlung, für die es in Mainz keinen besseren Standort gibt als den bisherigen. Warum einen »Bestseller abwürgen«? Ein Demokratiezentrum ist ein sehr sinnvolles Projekt, aber deutlich weniger ortsgebunden als die Steinhalle.

Elisabeth Schüller-Rees, Remagen

❝ Die Mainzer Steinhalle ist ein einzigartiges museales Ensemble, das wiederhergestellt werden muss und nicht verloren gehen darf.

Irene Schütze, Mainz

❝ Diese tolle Sammlung in diesem beeindruckenden Ambiente sollte erhalten werden.

Frank Schuffert, Marburg

❝ Die Steinhalle gehört zu Mainz, wie die Fassenacht und Mainz 05. Wenn jetzt die Landesregierung die Halle für ein Demokratielabor vereinnahmen will, fehlt mir jedes Verständnis, das heißt nicht, das ich gegen eine Demokratielabor bin, aber nicht in der Steinhalle. Es gibt genügend andere repräsentative Orte, wo eine derartige Einrichtung geschaffen werden kann. Ich würde das »Labor« im Hambacher Schloss ansiedeln. Dort würde es gut hinpassen. Der ehemalige Archäologe, Dr. Karl-Victor Decker, würde sich im Grabe herumdrehen, wenn er die Diskussion über seine Steinhalle noch mitbekäme.

Gebhard Schult, Ginsheim-Gustavsburg

❝ Weil ich es nicht gut finde, das dem Museum ohne Rücksprache wichtige Räumlichkeiten entzogen werden.
Oliver Schulte, Mainz

❝ Die bisherige Gesamtkonzeption der Römischen Steinhalle, auch pädagogisch von großer Bedeutung, scheint im Rahmen der Neuplanung des Landesmuseums Mainz verloren zu gehen und ihrer Bedeutung nicht mehr gerecht zu werden.
Thomas Schulte im Walde, Köln

❝ Ich bin in Mainz geboren und aufgewachsen. Ich interessiere mich seit meiner frühen Kindheit für Geschichte/Altertum.
Otmar Schultheis, Münster

❝ Sehr wichtig.
Ronny Schultze, Speyer

❝ Für dem musealen Erhalt bin ich!!!
Horst Schulz, Mainz

❝ Ich hatte das Glück mit Herrn Merten, dem früheren Landtagspräsidenten über die Halle sprechen zu können. Hier findet ein Wortbruch statt.
Klaus Schulz, Mainz

❝ Unabhängig von der zu aktualisierenden Präsentation ist dieses für die Geschichte von Mainz zentrale Ensemble in diesem großzügigen Rahmen von unschätzbarem Wert!
Heinrich Schulze Altcappenberg, Selm

❝ Im Saal wurden einzigartige Gegenstände ausgestellt, die teils über 2000 Jahre alt sind und zu den historischen Juwelen von Mainz und Rheinland-Pfalz gehören. Eine profane Umwidmung kommt einer kulturellen Schande gleich!
Reinhard Schumacher, Wettenberg

❝ Für Mainz und für die Wissenschaft wichtig.
Judica Schwab, Mainz

❝ Weil die Steinhalle wieder vollwertiger Bestandteil des Landesmuseums sein soll. Die reiche römische Vergangenheit von Mainz muss in einem Landesmuseum, welches diesen Namen verdient, angemessen repräsentiert werden. Zudem kann die epigraphische Sammlung vielfältig für Schule und Universität genutzt werden. Gerade das bedeutende historische Seminar der JGU setzt sich immer wieder landeskundlich mit den römischen Funden und der römischen Vergangenheit von Mainz auseinander. Für ein Demokratieforum gibt es ausreichend andere Möglichkeiten, die zudem deutlich angemessener wären.
Karin Schwab, Eltville

❝ Damit die Halle so bleibt, wie es bis jetzt war.
Ella Schwarzkopf-Kleine, Mainz

❝ Die Steinhalle ist einmalig und hat mich schon als Kind begeistert. Diese Demokratie-Schau möge man bitte in dem (hässlichen) Anbau des schönen Deutschhauses machen. Es gehört jedenfalls in den Landtag und nicht in ein Museum ...
Joerg Schwebel, Mainz

❝ Erhalt der Kultur.
Winfried Schwedler, Regensburg

❝ Weil die Steinhalle ihrem vorherigen Zweck zurückzuführen ist, wie auch vorher versprochen wurde.
Armin Schwetdt, Wackernheim

❝ Wir alle sind konsterniert über die Verantwortungslosigkeit gegenüber unserer Geschichte wie über die Respektlosigkeit gegenüber dem Engagement von Generationen in der archäologischen Forschung.
Lothar Schwinden, Trier

❝ Aus Rechtsgründen: Der Landtag als Hausbesetzer? Aus fachlichen Gründen: Ich halte 2000 Jahre alte Geschichtszeugnisse für wichtiger und authentischer als ein Demokratielabor im falschen Umfeld.
Jürgen Schwindenhammer, Nieder-Olm

❝ Weil die Politik ihr Versprechen halten sollte, die Steinhalle nach der Renovierung des Landtags wieder ihrem ursprünglichen Zweck zuzuführen.
Ottmar Schwinn, Mainz

❝ Die Steinhalle ist ein wichtiger Ort, um das historische Erbe öffentlich zu präsentieren. Eine provisorische Beherbergung des Landtags, welcher real nebenan steht, benötigt es daher in keiner Weise als Ausstellung oder sonstige Anschauung.
Ina Seddig, Mainz

❝ Weil der Landtag nicht einfach Museumsfläche klauen darf!
Reinhold Seelig, Mainz

❝ Diese Sammlung aus der römischen Vergangenheit von Mainz darf nicht im Museumskeller verschwinden. Sie muss mit Informationen neuester historischer Erkenntnisse aufgearbeitet und der Allgemeinheit im Museum vorgestellt werden.
Dorothea Seeliger, Mainz

❝ Das Mainzer Lapidarium enthält einige der seltenen frühchristlichen Zeugnisse der Germania superior, die in einem entsprechenden Rahmen auszustellen, ich als Kirchenhistoriker für unabdingbar halte.
Hans Reinhard Seeliger, Düsseldorf

❝ Als Gästeführer und Historiker ist mir die Steinhalle, die ja im Landesmuseum eine gewisse Tradition hat, sehr wichtig. Schon jetzt sind die Ausstellungsmöglichkeiten des Museums äußerst knapp bemessen und wurden durch das Landtagsprovisorium weiter beschnitten. Sie dauerhaft weiter zu beschneiden, würde die Attraktivität dieses wichtigen Museums (auch wenn sich das nicht immer in den Besucherzahlen ausdrückt) weiter vermindern. Und der sog. »Kompromiss« Demokratiemuseum und Steinhalle ist einfach lächerlich. Das ist nichts Halbes und nichts Ganzes. Ein Demokratiemuseum gehört in den Landtag als historischen Ort, zur Not auch ins Kurfürstliche Schloss, wo die Bücher auslagen (Schwarz und Rot), um für oder gegen die Mainzer Republik zu stimmen.
Peter Seelmann, Mainz

❝ s.u.

Fritz Seibel, Seiwerath

❝ Ein echter Skandal!

Werner Seibt, Wien (AT)

❝ Es ist immer wieder schmerzlich zu sehen, wie wenig Mainz aus seinem historischen Erbe macht. Man denke nur ans Gutenbergmuseum. Das »Reallabor Demokratie« ist sicherlich ein unterstützenswertes Projekt – aber an einem anderen Ort besser aufgehoben. Im Landtag beispielsweise wäre der unmittelbare inhaltliche Bezug hergestellt.

Matthias Seidel, Mainz

❝ Die römische Steinhalle ist ein unpassender Ort für das Vorhaben des Landtagspräsidenten. Warum soll dem Museum nicht die alte Ausstellungsfläche zurückgegeben werden? Ist Mainz mittlerweile so kulturlos? Ist durch Corona überhaupt Kultur überflüssig geworden?

Achim Seip, Mainz

❝ Ich beschäftige mich seit mehr als vier Jahrzehnten mit lokalhistorischen Forschungen und bin immer wieder auf Originalquellen angewiesen.

Günther Seip, Runkel

❝ Die rheinland-pfälzische Stadt Mainz hatte bereits in römischer Zeit über mehrere Jahrhunderte die Funktion eines Verwaltungszentrums mit weit größerer Ausdehnung. Diese historischen Wurzeln werden mit sprechenden Zeugnissen der ehemals dort lebenden und arbeitenden Menschen aller Bevölkerungsgattungen erfahrbar. Wenn diese archäologischen Hinterlassenschaften aus dem Blickfeld der Öffentlichkeit entfernt werden, kappt man mutwillig die Wurzeln der Stadt und gesamten Region!

Gabriele Seitz, Freiburg

❝ There must be a place for the preservation of Roman remains. Mainz was always a center of study of Roman inscriptions in general and for study of the limes in particular. I travelled twice to Mainz explicitely to see the exhibitions in the Steinhalle. No more Steinhalle? No more tourism!

Jan Sepp, Amsterdam (NL)

❝ Unterstützung des Vereins der Freunde des Landesmuseums Mainz im Bewusstsein auch der Nutzung der historischen Objekte für Wissenschaft und Forschung. Objekte dieser Bedeutung bedürfen eines geschützten Raumes, einer konservatorischen Betreuung und einer fachlichen Erschließung.

Carlo Servatius, Mainz

❝ Weil es hier um 2000jährige Geschichte geht und nicht um eine fixe Idee, die keinen interessiert oder Selbstverwirklichung eines Politikers, der in 4 Jahren keine Bedeutung mehr hat.

Thomas Seubert, Mainz

❝ Geschichtsbewusstsein!

Arnold Seul, Berlin

❝ En tant qu'épigraphiste spécialiste de la Macédoine romaine, je considère comme très important qu'un musée consacré à la Rhénanie romaine et à ses inscriptions soit préservé et, si possible, développé.

Michel Sève, Lyon (FR)

❝ As a Late Antique Classicist and Medieval Latinist who values all branches of our interdisciplinary field and who has been known to work with epigraphic materials, I would hate to see the loss of this wonderful teaching resource. As a visitor to Mainz I would regret it. And as a staunch defender of Libraries and Präsenz-Ressourcen, I deplore cultural vandalism.

Danuta Shanzer, Wien (AT)

❝ The Hall should be restored to its original and traditional use as an important display place, indeed on of the most important and well-known in all of Europe (outside Rome itself).

Brent D. Shaw, Princeton NJ (US)

❝ Steinhalle ist etwas Einzigartiges!

Sabine Siegl, Mainz

❝ Ich bin in Mainz aufgewachsen und kenne die Steinhalle und finde, diese sollte unbedingt als besonderes Kulturgut in Mainz erhalten bleiben. Es lassen sich geeignetere Möglichkeiten für ein Demokratie-Forum finden.

Jean-Claude Siegrist, Frankfurt am Main

❝ Museen müssen erhalten werden: Keine Zukunft ohne Herkunft!

Christiane Siewert, Sulzbach

❝ Die Steinhalle muss Museum bleiben.

Franz-Josef Sigwart, Mainz

❝ Als Historiker und Kunsthistoriker wende ich mich vehement gegen die Verengung der kulturellen Räume. Die Präsentation des kulturellen Erben muss einen Platz haben und muss angemessen präsentiert werden.

Johannes Simon, Egenhofen

❝ Mainz muss lernen, mit seinen historischen Schätzen angemessen umzugehen und diese adäquat zu vermarkten. Das Potenzial in Mainz ist riesig! Der Bedeutung archäologischer Mainzer Funde aus der Römerzeit muss auch räumlich Rechnung getragen werden. Da ist es das mindeste, ihren angestammten Platz für die Exponate in der Steinhalle wieder frei zu machen. Auch wenn ich politische Bildung und Förderung von Demokratieverständnis für sinnvoll und wichtig erachte, scheint mir doch das Konzept des »Demokratiemuseums« eher eine kompromissbehaftete Verlegenheitslösung, als zielführend zu sein.

Nina Simon, Mainz

❝ Ehemaliger Mainzer.

Notger Slenczka, Glienicke

❝ Mooie herinneringen aan dit museum.

Saskia Sluiter, Tilburg

❝ Eigene Forschungen im Bereich der lateinischen Epigraphik.

Martin Spannagel, Heidelberg

❝ Es wäre schade für Mainz und das LM, wenn die Steinhalle auf Dauer nicht zur Ausstellung des römischen Erbes der Stadt und der Region genutzt werden würde. Mainz war schließlich Provinzhauptstadt, und in der Moderne wird dieser Teil der Stadtgeschichte immer wieder an den Rand oder, in wie in diesem Fall, in den Keller geschoben.
Maria Antonia Speck, Wiesbaden

❝ Ich halte die Mainzer Sammlung für eine der wichtigsten ihrer Art in Europa.
Wolfgang Spickermann, Graz (AT)

❝ Weil die Römische Steinhalle in Mainz einzigartige Zeugnisse römischer Kultur für die Öffentlichkeit zugänglich macht.
Hans-Bernd Spies, Mainaschaff

❝ Die römerzeitliche Sammlung in der Steinhalle ist von internationaler Bedeutung. Es ist eine Bildungsaufgabe des Landes, sie bei normalem Museumsbetrieb der Öffentlichkeit zugänglich zu machen. Einschränkungen bedeuten Ignoranz, armes Land!
Irene Spille, Worms

❝ Ich bin Kunsthistorikerin und Kulturjournalistin und Gästeführerin in Mainz. Diese Sammlung ist für mich einzigartig vor allem in der Art der Präsentation in der ehem. Reithalle.
Anke Sprenger, Mainz

❝ Es bedarf keiner Diskussion, den ursprünglichen Zustand wiederherzustellen. Dies war ja wohl auch so vereinbart. Keine Experimente, die die Welt nicht braucht.
Gabriele Springer, Wiesbaden

❝ Mainz in seiner Geschichte repräsentabel zu machen ist Zweck des Museums. Dies entzieht dem Museum eine großzügig angelegte Präsentation einer prägenden Epoche. Dass es am Ort der »Mainzer Republik« einen Ort für Demokratie-Veranstaltungen geben wird, setze ich als selbstverständlich voraus.
Klaus-Bernward Springer, Köln

❝ Den aufgezeigten Argumenten schließe ich mich ohne Wenn und Aber gerne an.
Peter Staden, Dorsten

❝ Mainz vernachlässigt seine einzigartige römische Geschichte.
Peter Stankewitsch, Mainz

❝ Ich bin selbst Archäologin und habe viel Zeit dort verbracht.
Denise Staub, Mainz

❝ Die Steinhalle wird für eine, der Bedeutung des römischen Erbes für Mainz, für Rheinland-Pfalz, für Deutschland angemessene Präsentation der Exponate dringend benötigt.
Regina Stephan, Mainz

❝ Die Steinhalle des Landesmuseums ist seit meinen Studientagen immer wieder ein wichtiges Ziel gewesen, zuletzt bei einer Exkursion mit Studierenden der Klassischen Archäologie Ende September 2020.
Dirk Steuernagel, Barbing

❝ I was an Erasmus exchange student from Scotland who studied history for two years at Mainz University. in 1991/3. I consider this museum to be an important part of the historical infrastructure of the city of Mainz.
Dave Stewart, Glasgow (US)

❝ Eine der sammlungs-und geistesgeschichtlich wichtigsten und ältesten Präsentationen Deutschlands mit einzigartigen Zeugnissen der römischen Epoche droht verloren zu gehen.
Bernd Steidl, Landsberg

❝ Als Reenactor mit Darstellung der 2. Hälfte des 1. Jahrhunderts bin ich von Originalen der Römerzeit fasziniert und habe während eines Auftritts im Museum die Steinhalle besuchen können. Es gibt viele Mainzer mit großem Interesse an Ihrer Geschichte; ihnen und allen Besuchern von außerhalb sollte die Steinhalle als Teil des Museums erhalten bleiben.
Gislind Stein, Bochum

❝ Ich schließe mich den in dieser Petition genannten Gründen als Mainzer Bürgerin an.
Heide Steinbronn, Mainz

❝ Questa sala dovrebbe mantenere la sua funzione archeologica e museale. Per un centro di democrazia ci saranno edifici/ambienti più adatti!
Stephan Steingräber, Vetralla (IT)

❝ Die römische Geschichte sollte Ihren Ort wieder erhalten.
Elisa Steinhardt, Mainz

❝ Die Steinhalle muss das RÖMISCHE Erbe repräsentieren!
Martin Steinmetz, Mainz

❝ Damit die Zweckentfremdung abgewehrt werden kann, ist ein Signal erforderlich.
Christof Stepp, Leipzig

❝ I value museums of Greek and Roman archaeology very highly. I can read Latin, so I would like to come to Moguntiacum (Roman name for Mainz) to see the Roman remains. This includes the museum of inscriptions. I am a professor of Greek and Roman History.
Gaius Stern, Berkeley CA (US)

❝ Es wird der Stadt Mainz als eine der wichtigen deutschen Städte mit römischem Erbe ein irreversibler Schaden zugefügt. Es wird einer eminent wichtigen römischen archäologischen Stätte nördlich der Alpen irreversiblen Schaden zugefügt bzw. sie wäre damit für immer verloren.
Susanne Stingl, Fürth

❝ Es gilt, das Erbe unserer Vergangenheit zu erhalten und zu präsentieren.
Ingo Stinner, Trier

" Man muss das Vergangene schätzen und bewahren und nur so ist man bereit für Neues.
Mechtild Stinner, Trier

" Mainz vernichtet einen einmaligen Ort zur Erfahrung römischer Geschichte in Europa.
Reiner Stock, Friedrichsdorf

" Die Epigraphik ist ein wesentlicher Teil der Altertumswissenschaft. Eine derart zentrale Institution sollte man nicht schließen / beeinträchtigen.
Walter Stockert, Bisamberg (AT)

" Die Steinhalle als kulturelles Erbe ist nahezu einzigartig und international bedeutsam. Das Ensemble der »Steinhalle« des Landesmuseums mit seiner Sammlung antiker und frühchristlicher Denkmäler sollte zwingend erhalten werden. Ein wichtiger Beitrag zur Demokratiearbeit wird ca. 200 Meter entfernt in dem mit u.a. Bundesmitteln gefördertem ›Haus des Erinnerns. Für Demokratie und Akzeptanz‹ mit Leben erfüllt.
Anja Stöffler, Mainz

" Funde dieser Bedeutung müssen der Öffentlichkeit zugänglich bleiben. Sind sie einmal in Depots verstaut, heißt es »Aus den Augen, aus dem Sinn«. Wie schnell das passiert, sieht man an der Sammlung Nassauischer Altertümer in Wiesbaden.
Antje Stöhr, Wiesbaden

" Ich höre viel und gerne HR 2. Mir gefällt es nicht, wenn das Programm »verwässert« wird.
Margarete Stoevesandt de Guillen, Mainz

" Wert und Würde archäologischer Denkmäler an einem Ort.
Gunhild Stoll, Mainz

" Sicherstellung einer dauerhaften, angemessenen Präsentation einer der wichtigsten Sammlungen lateinischer Denkmäler und Inschriften aus der Antike.
Daniel Strecker, Leipzig

" Die Steinhalle ist ein wichtiges Zeugnis der wechselhaften Beziehungen zwischen Italien und Deutschland.
Lore Strecker Sarpellon, Venezia (IT)

" Zum Erhalt der Steinhalle als musealer Ort und Bedeutung für die Bürger der Stadt, der Nachwelt und den Museumsbesuchern.
Claudia Strehl, Mainz

" Erschreckend ist die Geschichtsvergessenheit der »Fortschrittlichen« im Mainzer Landtag.
Volker Michael Strocka, Freiburg

" Als Altertumswissenschaftler ist es für mich völlig unverständlich, weshalb – mit undurchsichtigen Argumenten – ein wichtiger musealer Bereich unverständlicherweise – d. h. wohl mit politischen Hintergedanken – »umgewidmet« werden soll!
Rolf Stucky, Basel (CH)

" Als geborene Mainzerin, Weltbürgerin und Kulturschaffende finde ich es wichtig, einmaligen historischen Kulturzeugnissen gebührenden öffentlichen Raum zu geben und unsere Geschichte nicht auf die letzten 100 Jahre zu verkürzen.
Isabel Stümpel-Hatami, Frankfurt am Main

" Mir ist es ein großes Anliegen, sich für antike Hinterlassenschaften einzusetzen, u.a. auch damit Lernende diese vor Ort bestaunen können.
Martin Stüssi, Riedern (CH)

" Allgemeine Steuergelder werden für die umfangreiche Sanierung des Landtags ausgegeben. Trotzdem wollen Teile dieser Regierung für die Öffentlichkeit bestimmte Orte (Museum) für ihre Sitzungen weiterhin aussuchen, benutzen und damit unzugänglich machen, weil diese besser »gefallen«.
Karin Stuhr, Weiler

" Erhalt eines einmaligen Bestandes.
Ingrid Suder, Mainz

" Ein Museum lebt von seiner Ausstellungsfläche!
Dirk Süling, Mainz

" Die Steinhalle ist DAS Highlight des römischen Mainz. Diese zahlreichen einmaligen Monumente bedürfen einer großzügigen Präsentation und dürfen nicht zur Foyer-Dekoration abgewertet werden. Ein »Demokratie-Labor« kann auch anderswo eingerichtet werden.
Klaus Sümmerer, Mainz

" Weil Sammlungen nicht im Keller verschwinden dürfen!
Simon Sulk, Weißenburg

" Als Absolvent der Universität 1968 (Geschichte, Französisch) und Ministerialdirigent a. D. unterstütze ich Ihre Argumentation in vollem Umfang.
Berthold Tapp, Mainz

" Ich schließe mich Ihren Argumenten voll und ganz an und finde den Wortbruch des Landtagspräsidenten, die Halle wieder ihrer ursprünglichen Nutzung so wie vorgefunden zu übergeben, allerhand und einer Demokratie unwürdig!
Irmgard Tapp, Mainz

" Ich bin Frühneuzeithistoriker.
Alexander Tassis, Potsdam

" Delete a place of culture in the name of democracy? Perhaps those who want this to happen are forgetting that democracy is nourished by culture and history.
Carlo Tedeschi, Chieti (IT)

" Ich bin ein Althistoriker, der sich mit der Epigraphik beschäftigt.
Marco Tentori Montalto, Mannheim

" Parce que je suis professeur en histoire de l'Antiquité et est touché par toute nouvelle qui concerne ce domaine.
Gaétant Thériault, Boucherville (CA)

" Wichtiger Präsentationsort.
Christian Thiel, Nackenheim

❝ Ich schätze die Sammlung des LM Mainz sehr, speziell die reichhaltigen Artefakte aus der Römerzeit, die wieder angemessen und für jedermann zugänglich präsentiert werden müssen!

Heiner Thiel, Wiesbaden

❝ Präsentation der international bedeutenden Sammlung in geeignetem Raum.

Ursula Thiel, Nackenheim

❝ Mir ist der Erhalt kultureller Institutionen wichtig.

Per Thore Versock, Frankfurt am Main

❝ Es handelt sich hier um einen zentralen, hochbedeutenden Denkmal- und Quellenbestand der römischen Antike. Dieser Bestand muss adäquat im zugehörigen Exponate- und Wissenschaftskontext (Landesmuseum) präsentiert werden. »Demokratielabore« kann man auch anderswo einrichten. Ein richtiger Platz dafür wäre z. B. der Landtag oder in der Nähe von Schulzentren oder auch in mobiler Form. Mehr noch als »Demokratielabore« brauchen wir wieder eine bedingungslose Akzeptanz demokratischer Grundrechte und freiheitlicher Bürgerrechte durch den Staat und dessen Funktionsträger. Damit wäre der Demokratie zu allererst gedient.

Hilmar Tilgner, Seibersbach

❝ Epigrafia ofera informatii din surse scrise directe! Inscriptiile au nevoie de mai multa atentie si promovare pentru public tocmai pentru ca sunt foarte valoroase din punct de vedere istoric si reprezinta o categorie foarte speciala de artefacte. Un muzeu dedicat epigrafelor este o idee formidabila!

Calin Timoc, Timisoara (RO)

❝ Weil die Bewahrung des römischen Erbes für Mainz und das gesamte Rhein-Main-Gebiet von zentraler Bedeutung ist.

Klaus-Peter Todt, Wiesbaden

❝ Die römischen Steindenkmäler aus Mainz sind in ihrer Vielfalt und ihrem Umfang ein zentraler Bestandteil des kulturellen Erbes nicht nur der Stadt oder des Landes, sondern der Römerzeit in Deutschland insgesamt. Eine zeitgemäße, alle Facetten der in seiner Reichhaltigkeit exzeptionellen Sammlung widerspiegelnde Aufstellung ist dringend geboten, um eine wissenschaftliche Beschäftigung ebenso wie eine Nutzung als außerschulischer Lernort zu ermöglichen.

Kai Michael Töpfer, Bensheim

❝ I am Classical Archaeologist and according to me, inscriptions are cultural heritage and should be accessible to all people. People should know their history; otherwise, they cannot build up modern and strong civilisations.

Tugce Toksoz, Istanbul (TR)

❝ Da hatte Rheinland-Pfalz für sein Parlament einige Jahre lang den wohl schönsten Plenarsaal Deutschlands: Die Abgeordneten waren für Ihre Sitzungen zu Gast in der Steinhalle des Landesmuseums. Der schöne Raum, einstmals kurfürstlicher Marstall, vermittelte mit den vereinzelten Artefakten aus meist römischer Vergangenheit schon auf den ersten Blick den Eindruck, als könnten sich hier hehre Gedanken in höhere Sphären schwingen. Aber der Eindruck täuscht offenbar. Die Idee, das abgehalfterte Mobiliar nach der Rückkehr der Parlamentarier in das inzwischen sanierte Deutschhaus einfach an Ort und Stelle zu belassen und das Ganze dann »Demokratie-Labor« zu nennen – hirnrissig. Die Gastfreundschaft des schon inklusive Steinhalle unter beengten Verhältnissen leidenden Landesmuseums solcherart zu vergelten – unverschämt. Und innenarchitektonisch fragwürdiges Gestühl für museumswürdig zu halten – vermessen. Freunde des Landesmuseums und seiner Sammlungen hatten sich gefreut auf die nach dem Auszug des Landtags zu erwartende Neugestaltung der Räumlichkeiten. Das Haus hat eine wichtige Mission, schließlich schärft der Blick in die Vergangenheit den Blick auf die Gegenwart. Und jetzt soll im Landesmuseum alles bleiben, wie es gerade ist? So eng und um ein Herzstück beraubt? Nein, keinesfalls. Da haben sich Gedanken nicht in veritable Höhen geschwungen, sondern sind schlicht in die (sollte es dieses Wort geben) falschestmögliche Richtung gegangen. Es gibt tausend Argumente für die anständige Rückgabe der Steinhalle an das Museum. Und tausend weitere gegen den Parlamentsvorschlag. Sie sind alle bekannt. Insgesamt erinnert die Angelegenheit – auch wenn die Eigentums- und Überlassungsverhältnisse hier natürlich anders liegen – an die von Vermietern gefürchteten Mietnomaden. Doch die agieren zwar auch hinterhältig, lassen aber wenigstens den Raum zurück.

Brigitte Trapp, Wiesbaden

❝ Der musealen Kultur wird zu wenig Platz eingeräumt. Sie soll kein Spielball kurzfristiger Interessen sein.

Hans Trauner, Nürnberg

❝ Ich finde es wichtig, solchen vielfältigen Geschichtsquellen einen Präsentationsraum zu geben.

Tatjana Trautmann, Henstedt-Ulzburg

❝ Als Historiker und Vorsitzender verschiedener Geschichtsverbände halte ich die geplante Maßnahme für indiskutabel.

Manfred Treml, Rosenheim

❝ Soy catedrático de Historia Antigua.

Víctor Alonso Troncoso, La Coruña (ES)

❝ Die Ausstellungsfläche sollte erhalten bleiben in diesem für Mainz so wichtigen Museum, das ich sehr gerne besuche.

Claudia Tronnier, Kehl

❝ Weil ich möchte, dass der historisch-kultureller Charakter der Steinhalle erhalten bleibt.

Jörg-Heiner Trossbach, Mainz

❝ Mir geht es um die angemessene Präsentation der wertvollen Schriften an ihrem angestammten Platz.

Franz A. Trost, Fulda

❝ Weil sie als Präsentationsfläche erhalten bleiben soll.

Heike Truschel, Mainz

❝ Weil es um den angemessenen Umgang mit Relikten einer Vergangenheit geht, die Europa maßgeblich geprägt hat.
Hans-Jürgen Tschiedel, Eichstätt

❝ Museum ist Museum, Provisorium ist Provisorium. Mainzer haben lange genug gewartet, dass die in Deutschland einzigartige Steinhalle wiedereröffnet wird.
Alexander S. Tung, Mainz

❝ I do not see why short term political posturing should take precedence over the maintenance of cultural goods.
Christopher Tuplin, Liverpool (GB)

❝ Ich bin der Meinung, dass die Erhaltung der Steinhalle in der ursprünglichen Form wichtig ist, um das kulturelle Erbe von Mainz weiter sichtbar machen zu können. – Das Landesmuseum ist von überregionaler Bedeutung und dokumentiert ein kulturelles Erbe von herausragender Bedeutung. Ich finde es beschämend, wenn dies so wenig wertgeschätzt wird.
Manfred Turban, Düsseldorf

❝ Hier wird ein historischer Ort zu einem Sammelsurium umfunktioniert entgegen den ursprünglichen Vereinbarungen! Die historischen Denkmäler schmachten im Depot!!!
Gabriele Turban-Lang, Mainz

❝ Erhalt der Steinhalle.
Doris Ucharim, Mainz

❝ Weil in meinem Leben die traditionellen Mainzer Kultur-Einrichtungen große Bedeutung hatten und haben.
Michael Urban, Offenburg

❝ Weil es um ein wichtiges Kulturgut geht nicht nur regional, sondern ganz Deutschland betreffend.
Daniel Usher, Darmstadt

❝ Omdat ik tegen verschraling van de cultuur ben!
Roger van Bever (NL)

❝ Man soll keine Museen zerstören!
Robert van der Hall (NL)

❝ Het behoud van ons cultureel Limes erfgoed is van het grootste belang. Nu de Unesco nominatie voor het hele Neder-Germaanse gebied nakend is is het nog belangrijker geworden.
Wiel van der Mark (NL)

❝ Important piece of Roman history that needs to be preserved.
Esmee van Dompselaar, Vleuten (NL)

❝ It is important to be able to see the full range of sculpture of the Roman period from this region in one location, rather than a few selected items.
Carol van Driel-Murray, Leiden (NL)

❝ Herzensangelegenheit!
Elke van Drünen, Niederdorfelden

❝ Diese Pläne sind ein großer Verlust für die deutsche und europäische Archäologie.
Harry van Enckevort (NL)

❝ Die Demontage dieses Denkmals ist eine damnatio memoriae unter dem Deckmantel der Demokratiebildung.
Rudie van Leeuwen Story, Arnhem

❝ Ooit dit museum bezocht. Belangrijk.
Jan van Sloten (NL)

❝ Präsentation der Geschichte im passenden Rahmen ist wichtig für die Identität.
Ralf Vater, Rostock

❝ Zuerst hat das Land beim Neubau des AZM den zweiten Bauabschnitt gestrichen, in dem die wertvollen römischen Funde des Landesmuseums ausgestellt werden sollten. Nun soll auch noch diese großartige Sammlung am ursprünglichen Ausstellungsort zum Teil verschwinden. Der Umgang mit diesem einzigartigen Erbe ist nicht akzeptabel.
Alexander Veith, Mainz

❝ L'épigraphie latine est une source déterminante pour l'étude de l'Antiquité et la collection d'inscriptions romaines de Mayence est un ensemble majeur et indispensable, tant pour promouvoir la recherche scientifique que pour informer le public sur l'histoire de l'Europe. Il faut redonner absolument à la Römische Steinhalle de Mayence sa vocation d'origine.
Annie Verbanck-Piérard, Uccle (BE)

❝ Jeder Erhalt kulturellen Gutes sollte unbedingt gefördert werden. Denkmäler sind Zeitzeugen und müssen geschützt werden.
André Verkamp, Heidenheim

❝ Diese Überreste gehören ins Museum, nicht in einen politischen Kontext. – Kultur ist heute mehr gefährdet als je. Man soll heute schützen, was noch da ist, statt das Angebot immer wieder zu verkleinern.
Robert M. Vermaat (NL)

❝ This museum enjoys a reputation well beyond the borders of Germany and it would be a great pity to see it lose this prestigious home.
Frederik Juliaan Vervaet, Melbourne (AU)

❝ Es kann nicht sein, dass in Rheinland-Pfalz die Kultur immer weiter in den Hintergrund gerückt wird und für Deutschland einmalige historische Zeugnisse nicht mehr gezeigt werden können.
Ingrid Vetter, Edenkoben

❝ Europas römische Vergangenheit wurde in der immensen und wertvollen Sammlung römischer Steindenkmäler präsentiert. Das muss unbedingt aufbewahrt und wiederhergestellt werden.
Zsolt Visy, Pécs (HU)

❝ Die Steinhalle ist – wie sie vor dem Einzug des Landtags bestand – ein Herzstück des Landesmuseums. Zur Verdeutlichung des römischen Erbes gibt es keinen besseren Platz in Mainz. Für das alte Landtagsgestühl sollte sich eine Lagerhalle finden lassen, ohne diesen kulturell bedeutsamen Ort zu vernichten.

Andreas Vogel, Büttelborn

" Es ist schon viel zu viel Kultur- und Kunstgut unterschiedlichster Epochen gerade für die Jugend aus dem Blickfeld der Öffentlichkeit verschwunden, umso wichtiger ist es, auch eine derartig herausragende Sammlung, die meines Wissens selbst in Italien nicht in dieser Geschlossenheit gefunden wird, der Nachwelt repräsentativ in diesem Zeitfenster des Museums zu zeigen.

Gerd-Helge Vogel, Berlin

" Die Steinhalle ist einzigartig und sollte in ihrer Einzigartigkeit gewürdigt, erhalten und zugänglich bleiben.

Elke Vogt, Mainz

" Geschichte braucht Raum. Eine so bedeutende Sammlung lateinischer Inschriften aus der Antike in ganz Europa gibt es sonst nirgendwo.

Jutta Vogt, Oppenheim

" Élève de M. Marcel Le Glay, ancien membre de l'Ecole française de Rome, maître de conférence honoraire, je connais l'importance de l'épigraphie dans nos disciplines et la joie qu'elle apporte à nos étudiants.

Jean-Louis Voisin, Senan (FR)

" Ich bin studierter Althistoriker, der gerade an seiner Dissertation schreibt, und habe über die Zeit meiner Ausbildung den enormen Wert der Inschriften kennengelernt. Diesen auch der Öffentlichkeit präsentieren zu können – in angemessener Form – halte ich für das Ansehen und indirekt den Fortbestand der Altertumswissenschaften für besonders wichtig. Die derzeit angestrebte Hybridlösung für die Steinhalle ist kontraproduktiv sowohl für das Ansinnen der Regierung als auch für die Altertumswissenschaften.

Cornelius Volk, Naumburg

" Die Steinhalle ist eine der Hauptattraktionen des Landesmuseums.

Jürgen Volkmann, Groß-Gerau

" Ist ein schnörkelloses Gesamtkunstwerk. Die Halle als solche atmet(e) in Einheit mit den Exponaten eine Ruhe und Intensität, sodass sie auch für die gewöhnlichen Besucher eine der wenigen – nicht gestört durch überladene Architektureinfälle, modernistische Tragwerke, Zerstückelung usw. – einen Kontakt zu unserer Vergangenheit herstellt. Die Halle in der alten Form ist ein Identifikationsort mit Aura. Dieselbe Aura und Großzügigkeit für ein vermutlich interaktives, mit farbigen Kleinteilen bestücktes Demokratiemuseum und andere Ausstellungsthemen wieder auszunutzen, halte ich für unmöglich. Diesen Raum für andere Zwecke zu zerstückeln halte ich für verschwendete Großzügigkeit des Raums. Never change the winning system.

Violetta Vollrath, Mainz

" Als Altertumswissenschaftler halte ich die Präsentation zentraler Quellenbestände im Original für unverzichtbar für unser Verständnis von Inhalten und Kommunikationsweisen in der Antike.

Stefan von der Lahr, München

" Wertschätzung und Schutz von kulturellen Gütern.

Monique von Dungen, Mainz

" Dass ein Museum dem Parlament in Umbauzeiten Unterkunft gewährt, ist ein schöner Zug. Aber dass aus dem Status quo einfach durch Anordnung von oben ein Dauerzustand wird, ist nun gerade kein Leuchtturm für Demokratie. Zu der gehören auch öffentliche Museen mit ihren klar umrissenen Bildungs- und Kulturerbeaufgaben für alle. Der Raum war nicht leer und ungenutzt: Wenn man die Möbel jetzt einfach stehen lässt, setzt man ein klares Zeichen der Hierarchie von Werten, nämlich dass die eigentliche, traditionelle, ebenso öffentlichkulturelle Funktion dieses Raumes ja nicht so wichtig sei, oder jedenfalls nach Belieben geändert werden könne. Wie passt das zur gleichzeitig vehement vorgetragenen SchUM-Bewerbung der Landeshauptstadt? Hier wäre ein durchgehender Respekt von authentischen Geschichtszeugnissen in der Bewerberstadt und deren öffentlicher Zugänglichkeit sicher ein gutes Zeichen für die UNESCO!

Meinrad von Engelberg, Wiesbaden

" Kulturorte sollten für die Kultur erhalten bleiben, wenn es nun kein Kulturministerium in Rheinland-Pfalz mehr gibt, ist es umso wichtiger, dass solche Orte für die Kunst erhalten bleiben, wo Menschen dieser Kunst begegnen können.

Dorothee von Harsdorf, Ritterhude

" Für mich ist die römische Steinhalle ein zentraler Ort der Mainzer Museenlandschaft, ich habe ihn oft mit Studierenden besucht.

Henner von Hesberg, Berlin

" Es ist befremdlich zu verfolgen, wie – entgegen früheren Zusicherungen – versucht wird, in einem wenig transparenten Verfahren eine hochbedeutende historische Sammlung von römischen Inschrift- und Bildersteinen, die über Jahrhunderte durch Mainzer Bürgersinn zusammengekommen ist, zugunsten einer anderen Nutzung umzuwidmen und damit in großen Teilen ihrer Zugänglichkeit zu entziehen. Das vom Landtagspräsidenten geplante Demokratie-Labor würde denselben Zweck erfüllen wie das dem Landesmuseum gegenüber gelegene, von einer 2015 durch Mainzer Bürgerinnen und Bürger sowie der Stadt Mainz gegründeten Stiftung getragene »Haus des Erinnerns – für Demokratie und Akzeptanz« mit seiner vielseitigen, auch durch Mittel des Bundes unterstützten Tätigkeit.

Hans-Markus von Kaenel, Frankfurt am Main

" Diese Ausstellung und Mainz im Allgemeinen liegen mir am Herzen.

Madelaine von Sturm zu Vehlingen, Frankfurt am Main

" Gerade alte Kultur braucht besonderen Schutz.

Henning von Vieregge, Mainz

❝ Als Professor für römisches Recht führte mich zu meiner Begeisterung ein Mainzer Kollege durch die Ausstellung.
Andreas Wacke, Brühl

❝ Es ist eine Frechheit, die Steinhalle nicht mehr so zurück zu geben, wie es vereinbart war. Es ist mit ein Kulturgut, dass man präsentieren sollte, es muss für sich sein und bleiben. Haben eigentlich unsere Politiker nichts Besseres zu tun?
Christian Waentig, Mainz

❝ Ich bin Künstlerin und habe schon in der Steinhalle ausgestellt.
Anne Wagner, Kirchheimbolanden

❝ Die römische Geschichte von Mainz darf nicht von einem Projekt überflüssiger Staatskonfirmation beschnitten werden. Die moderne Demokratie hat im Hambacher Schloss bereits eine Heimat.
Frank Wagner, Obermoschel

❝ Erhalt der Kultur. Erhalt der internationalen Wahrnehmung der Sammlung.
Richard Wagner, Mainz

❝ Erhaltung und Sicherung der Zugänglichkeit archäologischer Befunde.
Beate Wagner-Hasel, Weinheim

❝ Das römische Erbe hat in Mainz oberste Priorität! Dann kommen das Mittelalter, die SchUM-Städte und Johann Gensfleisch zum Gutenberg! Dann kommt lange nichts. Lange vor Napoleon-Kult, Jakobiner-Hype, Demokratie-Forum & co...
Karl Heinz Wahl, Nieder-Olm

❝ Als wichtiger Erinnerungsort im Landesmuseum Mainz.
Edith Wahlandt Mettler, St. Gallen (CH)

❝ Die römische Geschichte von Mainz muss angemessen präsentiert werden. Demokratie zeigt sich hingegen nicht in wichtigtuerischer musealer Aufbereitung, sondern in der alltäglichen Praxis. Oder soll man aus dem Museumsplan schließen, dass wir nun auf die gelebte Demokratie in Rheinland-Pfalz als Vergangenheit zurückblicken?
Christine Walde, Köln

❝ Ich bin Lateinlehrer; im altsprachlichen Unterricht findet seit jeher vor allem das literarische Erbe der Antike Platz, also die großen Klassiker wie Cicero, Vergil, Horaz, Ovid ... allesamt Angehörige einer gebildeten, elitären Oberschicht. Doch das Leben (und Sterben) der normalen Menschen, der Arbeiter, Soldaten, Sklaven, Frauen, Kinder, ist in unserem Blick auf die Antike oft unterrepräsentiert. Vor allem Inschriften geben uns Zeugnis über das alltägliche Leben – wenn die Steinhalle in Mainz schließt, dann verlieren wir als Gesellschaft auch ein gutes Stück weit den Zugang zum »normalen Leben« in der Antike, das eben Menschen wie dich und mich betroffen hat. Damit machen wir eine gesamte Bevölkerungsschicht, einen ganzen Teil unserer kollektiven Vergangenheit, unsichtbar.
Florian Waldner, Andelsbuch (AT)

❝ Erhaltenswerte Museumsstücke, die der Bevölkerung nicht vorenthalten werden sollten.
Ute Walker, Landstuhl

❝ Mit meiner Kollegin Anna-Marita Lang unterstütze ich die Petition.
Holger Wallat, München

❝ Geplante Veränderung ist nicht durchdacht und schadet historisch wertvollen Anlagen.
Volker Wangemann, Mainz

❝ Landesmuseum und Steinhalle sind eine museale Einheit und die Politik hat dafür Sorge zu tragen, dass dies so bleibt, allemal mit den Ihnen anvertrauten Steuergeldern. Hier handelt es sich um ein regionales wie überregionales Kulturerbe, dass unbedingt für die Bevölkerung als solches vollumfänglich erhalten und zugänglich bleiben muss. Was hat ein Landtag in einem Museum zu suchen, es sei denn man sieht sich selber schon als museal? Gibt es in Mainz keinen anderen und geeigneteren Ort für einen Landtag als die Steinhalle im Landesmuseum?!?
Isabel Warfolomeow, Mainz

❝ Meine lange Verbindung zu Mainz durch Studium und Ausbildung und berufliche Tätigkeit. Das Bewusstsein der historischen und kulturellen Bedeutung der Stadt Mainz! Mainz hat andere passende Orte für ein Demokratieforum!
Christoph Weber, Riedstadt

❝ Weil in zunehmendem Maß die wichtigen Objekte der römischen Vergangenheit angeblich noch wichtigeren Gegenwartsbedürfnissen weichen müssen. Aber Geschichtsverlust ist Identitätsverlust.
Ekkehard Weber, Wien (AT)

❝ Als Kunst- und Lateinlehrer in RLP habe ich die Steinhalle schon oft zur Vermittlung römischer Kultur und Geschichte sowie Heimatkunde genutzt. Sie war umgekehrt auch schon der Ort herausragender Fortbildungen. Sie ist für mich als Zugezogenem zu einem der wesentlichen identitätsstiftenden Orte in Mainz geworden. Die Steinhalle in zweckentfremdeter und geschrumpfter Form ist für mich das Gegenteil von Bereicherung. Europaweit werden Monumente der Antike liebevoll erhalten und präsentiert (jüngst ein neues Musée de la Romanité in Nîmes) – und in Mainz scheint eher das Gegenteil der Fall zu sein. Die Steinhalle, ein historisches Gewölbe, in ihrer ganzen Tiefe dem römischen Erbe zu widmen, bietet einen monumentalen Eindruck, der nur geschmälert werden kann.
Frank Weber, Dienheim

❝ Die Erhaltung antiker Kulturschätze liegt mir persönlich sehr am Herzen, da kommende Generationen nur davon profitieren können.
Johannes Weber, Mainz

❝ Da ich ein Mainzer bin und in der Martinusschule in der Altstadt war, und lernte, wie Mainz zu Mainz wurde und wo die Wurzeln her sind unseres Denkens, und Erbgut. Ob Deutscher oder Römer, wer und was sind wir, wir lernen solches nur durch MUSEUMsbesuche.
Oliver Weber, Mainz

❝ Die Steinhalle ist das Glanzstück des Landesmuseums und in ihrer Art einzigartig in ganz Deutschland!
Paul Weber, Mainz

❝ Die Steinhalle als der wichtigste Sammlungsort für lateinische Inschriften aus der Antike in ganz Europa sollte unbedingt erhalten bleiben!
Peter Weber, Odenthal

❝ Weil ich mir gerne die lateinischen Inschriften ansehe und sie ein wichtiges Kulturgut in unserer europäischen Geschichte darstellen.
Stefan Weber, Eisenberg

❝ Erhaltung der Steinhalle zu musealen Zwecken.
Rolf Weber-Schmidt, Wiesbaden

❝ Die Steinhalle ist ein Highlight des Landesmuseum, das an keinem Ort besser präsentiert werden kann. Optisch und historisch einmalig.
Thilo Weckmüller, Mainz

❝ Das Landesmuseum Mainz ist in den letzten Jahren durch kontinuierliche Stellenstreichungen des wissenschaftlichen Personals zunehmend geschwächt worden und kann als ein überregional bedeutsames Kunstmuseum seinem Auftrag nur noch eingeschränkt gerecht werden. Mit der beabsichtigten dauerhaften Beschlagnahme der einen Hälfte der Steinhalle durch den Landtag wird es jetzt endgültig in eine desolate Lage getrieben. Damit geht sowohl die Möglichkeit verloren, die bedeutenden archäologischen Bestände in einem adäquaten Rahmen zu präsentieren, als auch die Architektur des ehem. kurfürstlichen Reitstalls in seiner Integrität architektonisch zu erfahren. Aber auch die Präsentation des eigentlichen Kernbestandes dieses Hauses, seine Sammlungen von europäischen Gemälden, Skulpturen, Grafiken und Kunsthandwerk wird darunter massiv leiden, werden diese durch den sowieso schon notorischen Platzmangel nun endgültig weiter in die räumliche Defensive getrieben und in einer Kaskade der Verdrängung in beträchtlichem Umfang ins Depot verbannt werden.
Gregor Wedekind, Mainz

❝ Die Präsentation des antiken Mainz muss vorrangiges Ziel des Mainzer LM bleiben.
Harald Weidner, Mannheim

❝ Die Steinhalle hat einen hohen historischen Wert und soll so erhalten bleiben, wie sie ist.
Christine Weil, Mainz

❝ Ich setze mich für die Erhaltung der Steinhalle ein, da sie ein wesentlicher Bereich des Landesmuseums ist mit ganz herausragenden Zeugnissen der römischen Vergangenheit, die noch besser und ihrem Rang entsprechend ausgestellt werden sollten.
Albrecht Weiland, Regensburg

❝ Sehenswerte, seltene Ausstellung. Ich habe selbst als Schüler und Student davon profitiert.
Steffen Weinbrod, Mainz

❝ Das unbeeinträchtigte kulturelle Erbe aus der Römerzeit. Die politischen Zusagen im Vorfeld der Interimsunterbringung. Die Möglichkeit, per Gedenktafel an die kurze Demokratieetappe zu erinnern. Die anderweitigen – und geeigneteren – Möglichkeiten, ein Demokratielabor einzurichten.
Peter Weis, Nierstein

❝ Erhalt der Sammlung auch für ein interessiertes Publikum.
Rudolf Weis, St. Ingbert

❝ Die Präsentation der römischen Denkmäler, wie sie vor Einrichtung des provisorischen Landtags bestand, ist wieder herzustellen und unverzichtbar für die Vergangenheit unserer Region.
Peter Weisrock, Nieder-Olm

❝ Demokratie sollte gelebt werden und zwar dort, wo sie gestaltet wird. Die Steinhalle ist ein absehbar toter Ort für sowas.
Axel Weiss, Mainz

❝ Leider werden kulturelle Einrichtungen und schützenswerte Denkmäler in Rheinland-Pfalz unter Angabe von fragwürdigen Vorwänden kaputtgespart. Diese Petition unterstützt den Erhalt einer wichtigen Einrichtung des Landesmuseums.
Wolfgang Welker, Oberwesel

❝ Mainz verliert mit der Umwidmung der Steinhalle ein Wissenslabor, ein Ort der Nachwuchsausbildung, der Zukunftsförderung.
Erika Wellershaus, Mainz

❝ Kultur und Geschichte sind zu wichtig, um an den gesellschaftlichen Rand gedrängt zu werden.
Mirko Welsch, Mainz

❝ Kultur soll nicht durch Politik verdrängt werden!
Elisabeth Welzig, Maria Enzersdorf (AT)

❝ Die Steinhalle muss erhalten bleiben.
Oliver Wendel, Mainz

❝ Mainz, als Landeshauptstadt und mit 2000-jähriger Geschichte darf solch ein wichtiges Kulturgut nicht aufgeben und dieses historische Gebäude mit der richtigen adäquaten Nutzung unbedingt erhalten.
Petra Wenzel, Mainz

❝ Ich bin Archäologe.
Marco Werkmann, Ehingen

❝ Als Schülerin am Rhabanus-Maurus-Gymnasium habe ich lebendigen Geschichtsunterricht erlebt und möchte nachfolgenden Generationen diese Erfahrung ermöglichen.
Britta Werner, Mainz

❝ 1. Verbundenheit mit Mainz. 2. Demokratie gehört zu den demokratischen Stätten und Geschichte wirkt nur im geschichtlichen Umfeld. 3. Gastfreundschaft vergilt man anders, nicht mit Willkür. 4. Die Kosten für die Begegnungsstätte im Landtag dürften erheblich niedriger legen. Also auch eine Frage des sinnvollen Umgangs mit Steuergeldern.
Stefan Werner, Rüdesheim am Rhein

❝ Die Erhaltung der Steinhalle ist für mich sehr wichtig, da Menschen somit das kulturelle Erbe nähergebracht werden kann, Studierende die Möglichkeit haben, die Objekte direkt vor Ort zu erforschen und weil sie ein wichtiger Bestandteil des Landesmuseums ist!
Julia Werthebach, Mainz

❝ Es handelt sich hier um eine einmalige kulturelle Stätte, welche entgegen einer früheren Aussage nun nicht mehr der Öffentlichkeit zur Verfügung gestellt werden soll. Ich halte dies für ein unmögliches Verhalten.
Werner Westermann, Ebertsheim

❝ Mir ist Kultur sehr wichtig. Das darf nicht durch Platzmangel eines anderen Amtes weichen.
Ralf Wewstaedt, Geisenheim

❝ Zur Erhaltung der Steinhalle.
Christina Weyer, Mainz

❝ Je connais la richesse des collections épigraphiques de Mayence. Il faut que l'accès à ces documents souvent exceptionnels soit préservé dans les meilleurs conditions possibles.
François Wiblé, Martigny (CH)

❝ Die Steinhalle im Landesmuseum stellt mit anderen wichtigen Funden und Befunden wie dem »Isis-Tempel« oder dem römischen Theater wichtige Eckpfeiler in der Darstellung des römischen Mainz dar, einer der bedeutendsten römischen Städte Mitteleuropas. Ein Rückbau wäre ein empfindlicher Rückschlag in dieser Darstellung mit herben Konsequenzen für die Vermittlung an Laien sowie die wissenschaftliche Nutzung – und entbehrt vor allem auch jeglicher Notwendigkeit, stehen doch etwa mit dem »Haus des Erinnerns«, dem neugestalteten Landtag oder möglicherweise auch in dem nach dem Umzug des RGZM zeitnah freiwerdenden Schlosses ausreichend andere Orte für eine solche Ausstellung zur Verfügung. Der Gedanke, Schülern »lebendige moderne (deutsche) Demokratie« inmitten von Denkmälern der römischen Kaiserzeit vermitteln zu wollen, mutet m.E. sehr befremdlich an. Nicht zuletzt war die Nutzung der Steinhalle von Anfang an als Provisorium gedacht. Dass dieses nun doch verstetigt werden soll, ist ein politischer Wortbruch und kaum verständlich.
Dirk Wicke, Mainz

❝ Erhalt und Präsentation wichtiger Kulturdenkmäler.
Rainer Wiegels, Buchenbach

❝ Die Wurzeln unserer Demokratie liegen in der Antike – umso unverständlicher, dass für ein Demokratieforum eindrucksvolle Denkmäler dieser Epoche dem Blick der Öffentlichkeit entzogen werden sollen.
Günther Wieland, Straubenhardt

❝ Ein Alleinstellungsmerkmal und Leuchtturm des gesamten Bundeslandes muss am zuständigen Ort angemessen präsentiert werden.
Ulrich Wien, Landau

❝ Ich glaube, dass der Museumswelt (nicht nur der Mainzer) ein einzigartiger Ort in Wirkung und Einmaligkeit verloren ginge, und dass ein Demokratieforum an einem anderen Ort besser aufgehoben wäre.
Birgit Wiesenhütter, Hochdorf

❝ Weil es sich hier um eines der bedeutendsten archäologischen Kulturdenkmäler Deutschlands handelt und Kultur nicht noch weiter aus dem öffentlichen Raum verdrängt werden darf.
Frank Willer, Bonn

❝ Important research resource.
Sue Willetts, London (GB)

❝ It is important to everyone, not just myself.
Ashley Williams, Felixstowe (GB)

❝ Wegen der prekären Lage der Kultur…
Holger Wilmesmeier, Mainz

❝ Mainz has a unique collection of roman sculptural material of world-class importance, and to destroy the present arrangement and to consign most of to museum stores would be a huge mistake.
Roger Wilson, Vancouver (CA)

❝ Mainzer Kultur.
Werner Winter, Heusenstamm

❝ Dass das Schloss dafür nicht genutzt wird, ist schon befremdlich genug – aber sich die Steinhalle anzueignen, die für viele Mainzer Kollegen der erste Ort mit der römischen Geschichte der Stadt war, ist inakzeptabel.
Christoph Winterer, Frankfurt am Main

❝ Erhaltung der Steinhalle als Ganzes!
Josef Wippel, Mainz

❝ Einzigartiger Lernort zum Thema »Römische Präsenz« in Rheinland-Pfalz.
Eckhard Wirbelauer, Souffelweyersheim (FR)

❝ Der Erhalt der Mainzer Steinhalle als museale Präsentationsfläche des LM Mainz.
Jost Wischnewski, Worpswede

❝ Weil es wichtig ist, die historischen Relikte auszustellen. Das ist unsere Historie.
Beate Wölfl, Mainz

❝ Ich habe 35 Jahre bei Mainz (Nieder-Olm) gewohnt. In Mainz habe ich mich immer wohl gefühlt mit seinem reichhaltigen Kulturangebot.
Ilka Wörner, Tutzing

❝ Es geht mir um den Respekt von Kultur einerseits. Andererseits ist der Landtag selbst der adäquate Ort für bürgernahe Demokratievermittlung.
Hildegard Wolf, Mainz

❝ Das Steinhaus mit seiner Sammlung ist einzigartig und sollte nach der vorübergehenden anderen Nutzung an die Öffentlichkeit als Museum zurückgegeben werden.
Monika Wolf, Frankfurt am Main

" Es würde ein Stück Mainzer Geschichte für die Öffentlichkeit verloren gehen!

Thomas Wolf, Zornheim

" Die Reithalle und die Präsentation der Grabsteine uvm. ist einzigartig. Diese muss erhalten bleiben bzw. sogar noch viel mehr in die Öffentlichkeit gebracht werden – überhaupt das ganze Landesmuseum mit all seinen Schätzen! Das »Demokratieforum« bitte in anderen Räumlichkeiten präsentieren – Haus der Demokratie(?), diese hervorragende Anlage muss auf jeden Fall erhalten bleiben. Danke.

Dagmar Wolf-Rammensee, Mainz

" Es geht um Erhalt und adäquate Präsentation der über 2000 Jahre alten Geschichte Mainz für die Bürger und ein internationales Publikum. Der Amtsschimmel darf sich nicht derart ausbreiten!

Clemens Woll, Bergisch Gladbach

" Eine wertvolle Sammlung droht im Depot zu verschwinden, und einzelne Teile werden dann als Dekoration für das Demokratie Reallabor dienen? Dazu die Pläne möglichst lang nicht öffentlich machen und ein Versprechen brechen! Da kommen bei mir Zweifel an demokratischem Handeln auf.

Doris Wolters, Jockgrim

" As an historian of the Roman world, and an expert on Latin epigraphy, I am very concerned with one of the most important collections of material in the Rhineland.

Greg Woolf (GB)

" Es ist undenkbar, dass in der Stadt Mainz mit seiner römischen Geschichte die Steinhalle als wichtiges Zentrum für die Forschung und Popularisierung eigener Stadtgeschichte nicht im ursprünglichen Umfang zugänglich sein soll. Zudem muss kritisch hinterfragt werden, ob Demokratiewerte in einer geschlossenen Halle – und nicht eher in einem digitalen Raum – mehr Gehör finden werden, vor allem bei den jüngeren Menschen.

Piotr Wozniczka, Trier

" Denkmalpflege und Archäologie sind für mich von Bedeutung, auch aus früheren Berufs- und Studienzeiten. Ein »Demokratieforum« ist sicher eine großartige Idee, aber m. E. wohl nicht gerade an jenem Ort. Vorschlag: Könnte man denn das Thema Demokratie nicht in anderer (überzeugender, weil grundlegend!) Weise einbringen? Ein Ideenwettbewerb könnte hier sinnvoll sein.

Markus Würmseher, Rain

" Weil ich den Erhalt der Steinhalle nicht zuletzt für Unterrichtszwecke der Universität Mainz wichtig finde. Auch aus anderen Regionen Deutschlands ist es wichtig, einen zentralen Ausstellungsraum für antike Epigrafik zu haben.

Christine Wulf, Göttingen

" Denke, dass es sehr wichtig ist für Mainz und sein Image, nach außen sowie nach innen repräsentative Präsentationflächen wie die Mainzer Steinhalle zu erhalten. Deshalb engagiere ich mich für diese Aktion.

Petra Wunderlich, Alzey

" Die Steinhalle beinhaltet eine einzigartige Sammlung römischer Steindenkmäler. Die Ausstellungsfläche darf weder verringert noch durch ein sachfremdes Projekt verändert werden.

Lotte Zang, Mainz

" I am the scholar of the ancient world and I could enjoy a study period in the the Museum.

Anna Zawadzka, Warszawa (PL)

" Weil ich mich als Teil einer internationalen Gemeinschaft verstehe, die hier aufgerufen ist, sich gegen eine mir undemokratisch erscheinende Vorgehensweise zu stellen, mit der paradoxerweise ausgerechnet ein »Demokratieforum« geschaffen werden soll – bei gleichzeitiger Aufgabe eines zentralen Ortes des historischen Gedächtnisses Europas. So nicht!

Peter Zawrel, Wien (AT)

" Als früherer Mainzer Bürger, der Mainz auch wegen seiner historischen Vergangenheit schätzt, meine ich, die Einmaligkeit der Steinhalle ist wichtiger als ein neues – neben viele anderen – Demokratieforen und Einrichtungen zur Demokratie.

Hans-Jürgen Zechli, Kronberg

" Epigraphik kann nur am Objekt vermittelt werden. Dafür sind Sammlungen mit einer großen Menge an Exponaten dringend erforderlich.

Michael Zerjadtke, Hamburg

" Die in der Steinhalle des Mainzer Landesmuseums ausgestellten römerzeitlichen Denkmäler informieren über einen wesentlichen Zeitabschnitt der Stadtgeschichte und der die Stadt umgebenden Region. In besonderem Maße sind die römerzeitlichen Grabsteine aufgrund der Verbindung von bildlicher Information und textlicher Aussage ein wichtiges Zeugnis für die kulturelle, religiöse und ethnische Vielfalt der Stadt seit der Antike. Insbesondere stehen diese Zeugnisse für eine vielfältig gestaltete Migrationsgeschichte. Es ist nicht akzeptierbar, dass diese Zeugnisse nur mit Einschränkungen der Öffentlichkeit zugänglich sein sollen. Die Steinhalle ist ein Forum überregionaler Geschichte mit epigraphischen Dokumenten von höchstem Niveau. Eine geplante Umnutzung ist deswegen aus der Sicht des Althistorikers abzulehnen (ich habe mehrere Jahre zur Mainzer Stadtgeschichte geforscht und publiziert).

Gabriele Ziethen, Worms

" Demokratielabor ist ein schlechter Begriff, was man vorhat. Wenn dann aber am Ort, wo Demokratie gelebt wird. Die Demokratie gehört nicht ins Museum.

Günter Zimmer, Mainz

" Weil die Geschichte in Rheinland-Pfalz erhalten werden muss.

Michael Zimmer, Framersheim

" Geringschätzung historischer Zusammenhänge, Intransparenz von Entscheidungsprozessen: passende Grundlage für Demokratiebildung?

Ruth Zimmerling, Mainz

❝ Weil die Steinhalle als Ort lebendiger Begegnung mit der römischen Antike nördlich der Alpen einzigartig ist.
Klaus Zimmermann, Greven

❝ Es ist eine ideale Ausstellungsfläche, die noch weiteren Exponaten Raum geben kann, z.B. das Orpheus-Mosaik (wo ist dieses heute?).
Johannes Zipfel, Mainz

❝ Ich lebe zwar schon lange nicht mehr in Mainz, komme aber noch öfter zu Besuch. Denke, es sind erst mal sentimentale Gründe. Allerdings haben mich ihre starken Argumente in der Begründung überzeugt. Ich wünsche Ihnen auf jeden Fall Erfolg!
Reinhard Zoll, München

❝ Historikerin.
Sophia Zoumbaki, Athens (GR)

❝ Um die Herkunft des Menschen auch für kommende Generationen zu erhalten, bedarf es einer verständlichen bildhaften und plastischen Darstellung von erhaltenen Objekten. Nur so kann Geschichte, anschaulich dokumentiert, zum Verständnis beitragen. Ich bitte, dieses Anliegen dem Landtag und der Ministerpräsidentin Malu Dreyer vorzutragen.
Eckart zum Tobel, Aichtal

❝ Denkmalschutz.
nicht öffentlich, Armsheim

❝ Die Sammlung von antiken Inschriften soll wieder ausgestellt und zugänglich gemacht werden.
nicht öffentlich, Bad Homburg

❝ Mein Sohn studiert Geschichte und ihm liegt die Zugänglichkeit der römischen Inschriften in Mainz besonders am Herzen.
nicht öffentlich, Bensheim

❝ Orte der Bildung, in denen man den Zeugnissen der Vergangenheit begegnen und über sie unterrichtet werden kann, dürfen nicht geopfert werden!
nicht öffentlich, Berlin

❝ Es ist mir wichtig, Zeugen der Geschichte zu bewahren und öffentlich zugänglich zu machen. Ein gegenwärtiges Chichi-Labor ist unwichtig.
nicht öffentlich, Berlin

❝ Aus historischen Gründen und zur Bewahrung unseres kulturellen Erbes.
nicht öffentlich, Berlin

❝ The Mainz epigraphic collection is an important resource for my research into the social history of the Roman empire. It is important to be able to view the objects themselves as historical artefacts and not have to rely on publications of the text (which often lack photos or documentation of the physical state of the stone).
nicht öffentlich, Berlin

❝ In meiner Wahrnehmung nutzt Mainz seit Jahrzehnten viel zu wenig das kulturelle Fundament, das die Stadt zu bieten hat und ausmacht. Z. B. blieb die Präsentation der Stadt im Gutenbergjahr 2000 unter den Möglichkeiten (Baustelle, zu wenig »groß« konzipiert an der Schwelle zur Digitalisierung). Im Vergleich zu anderen Städten wirkt Mainz ideenlos, dreckig und als Dauerbaustelle. Die dauernde Zweckentfremdung der Steinhalle war bei dem provisorischen Bezug nicht vorgesehen/vereinbart. Auch wenn ich die Idee »Förderung des Demokratiebewusstseins« gutheiße – diese wird andernorts (Haus des Erinnerns) gezeigt. Mainz sollte seine spezifischen Schätze besser und bewusster präsentieren und vermarkten. Im konkreten Fall durch die gekonnte, ungeteilte Inszenierung der Steine in der Halle.
nicht öffentlich, Bietigheim-Bissingen

❝ Wir besuchen das Museum regelmäßig, die Halle war immer ein besonderer Ort zum Eintauchen in die antike Geschichte, mit einzigartiger Stimmung. Das soll bitte so bleiben.
nicht öffentlich, Bingen

❝ Dieser Raum sollte wieder in der ganzen Größe als Ausstellungsraum zur Verfügung stehen!
nicht öffentlich, Bodenheim

❝ Die Steinhalle Mainz ist singulär und herausragend für die Erforschung und Lehre antiker Inschriften, wäre sie besser »vermarktet«, wäre Mainz noch attraktiver als Kulturstandort.
nicht öffentlich, Bonn

❝ Historian.
nicht öffentlich, Bonn

❝ Als Student von Klassischer Philologie bin ich für den Erhalt römischer Inschriften in Mainz.
nicht öffentlich, Breitensee (AT)

❝ I work in this field of study. I appreciate the work my colleagues in Mainz have done.
nicht öffentlich, Budapest (HU)

❝ Die Steinhalle gehört zum Museum, die einzigartigen Artefakte sollten auf jedem Fall dem Besucher vollständig zugänglich sein. Es werden sich bestimmt auch andere Begegnungsstätten für »Ort der Demokratie« finden lassen.
nicht öffentlich, Budenheim

❝ Kultur ist wichtig!
nicht öffentlich, Büttelborn

❝ Erhalten von Gebäuden mit alter Tradition.
nicht öffentlich, Butzbach

❝ As a professional Ancient Historian, I greatly value the display of Latin epigraphy in the Steinhalle.
nicht öffentlich, Cape Town (ZA)

❝ Perché ora più che mai è necessario conoscere il passato.
nicht öffentlich, Civitella del Tronto (IT)

❝ Es ist leider so, dass im Laufe der Jahrzehnte in vielen Museen Abteilungen »weggeräumt« worden sind und somit völlig dem Bewusstsein der Allgemeinheit entzogen wurden. Als Begründung für das Wegräumen wird oft Platzmangel angegeben. Den kann man allerdings auch künstlich herbeiführen, wie das aktuelle Beispiel zeigt!
nicht öffentlich, Darmstadt

❝ Freund des Museums, bin in Mainz aufgewachsen.
nicht öffentlich, Darmstadt

❝ Kultur!
nicht öffentlich, Darmstadt

❝ Meine Berufskarriere hat in der Steinhalle des Landesmuseums in den frühen 2000er Jahren begonnen. Die kulturelle Bedeutung dieses Ortes für Mainz und die Region sind mir daher seit langem vertraut. Eine Umnutzung wie geplant kann an jedem anderen Ort stattfinden.
nicht öffentlich, Daxweiler

❝ Wissenschaftliches Interesse.
nicht öffentlich, Duisburg

❝ I was on an exchange visit to Mainz, and have good memories of the city and its university. The artefacts in question are an important part of the city's heritage.
nicht öffentlich, Dunblane (GB)

❝ Important to keep the unique epigraphic collection accessible for a worldwide scholarly audience, as it represents an important visual reminder of the Roman world which is part of our European heritage.
nicht öffentlich, Ede (NL)

❝ Vital to keep this collection available for the public and science.
nicht öffentlich, Edinburgh (GB)

❝ Als Meenzer sollte man dafür einstehen, dass Gutes bleibt.
nicht öffentlich, Eppstein

❝ Mainzer im Ruhrgebiet.
nicht öffentlich, Essen

❝ Als Studentin der Archäologie sehe ich den Wert der Steinhalle in ihrer ursprünglich vorgesehenen Verwendung. Da ich gerne mal in einem Museum arbeiten möchte, unterstütze ich alles, was dazu dient, ein Museum interessant und einzigartig zu gestalten.
nicht öffentlich, Essenheim

❝ Hinweis eines Kollegen, kulturliebend. Zugänglichkeit für die breite Bevölkerung ist wichtig.
nicht öffentlich, Esslingen

❝ This collection of Roman epigraphy is of huge significance to our common European (and wider) culture. Its loss would be an educational and cultural tragedy, and would impoverish the civic life of Mainz.
nicht öffentlich, Exeter (GB)

❝ Begründung in der Petition.
nicht öffentlich, Fellbach

❝ Der Wert von Geschichte und Kultur für unsere Gesellschaft ist unbestreitbar. Darauf legt auch die Politik gerne (insbesondere vor Wahlen) wert. Es ist eine Schande für eine Landesregierung, die gerade erst demokratisch legitimiert wurde, so willkürlich und egoistisch mit diesem bedeutenden Kulturschatz umzugehen. Demokratieförderung ist wichtig, aber da, wo sie sinnvoll präsentiert und eingesetzt werden kann. Oder glaubt die Landesregierung, die Demokratie habe musealen Charakter? Hoffentlich nicht. Da wird für viel Geld das Deutschhaus saniert, aber dort scheint eine Demokratieförderung nicht berücksichtigt zu werden. Die angedachte Lösung kann weder für ein Demokratieforum, noch für das Landesmuseum und die international wirksame Steinhalle förderlich sein. Mainz könnte aus seinem historischen Erbe viel mehr machen. Und auch ein Demokratieforum (z.B. mit Hinweis auf die Mainzer Republik) hätte einen geeigneteren Platz verdient. Eine sinnvolle Lösung sieht anders aus. Das kleine Alzey macht es vor: Dort wird gerade extra eine Steinhalle zur Präsentation bedeutender römischer Steindenkmäler gebaut. Diese stümperhafte Idee und dieses autokrate Verhalten der Landesregierung sind doch alles in allem sehr befremdlich. Ein Zeichen demokratischen Verhaltens setzen sie gerade mit dieser Aktion zum Aufbau eines Demokratieforums nicht. Es sieht mehr nach billiger Entsorgung der alten Ausstattung aus. Ein Armutszeugnis für das Land Rheinland-Pfalz.
nicht öffentlich, Flonheim

❝ Ich finde es unverantwortlich, ein historisch wichtiges Gebäude wie dieses nicht zu erhalten und für die Menschen betretbar zu machen. Dieses Gebäude ist unsere Geschichte und sollte nicht für andere Zwecke genutzt werden als für das Informieren und Inspirieren von Menschen und für historisch wichtige Nachforschungen.
nicht öffentlich, Forchtenberg

❝ Ich bin an dem Erhalt von Museen interessiert.
nicht öffentlich, Frankfurt am Main

❝ Beruflich habe ich mit Inschriften zu tun. Für Studierende der Klassischen Philologie ist Epigraphik unverzichtbar. Die Erreichbarkeit von Frankfurt aus ist ideal. Freier Zugang zum Museum und zu allen Objekten (nach der Pandemie) wäre wichtig.
nicht öffentlich, Frankfurt am Main

❝ Geschichte muss erhalten bleiben mit allen Mitteln und in bester Verfassung.
nicht öffentlich, Frankfurt am Main

❝ Ich studiere in Mainz und die Ausstellungsstücke und Fläche sind besonders und sollten zugänglich bleiben. Es gehört zu Mainz.
nicht öffentlich, Friedrichshafen

❝ Nur wer die Vergangenheit kennt, kennt seinen Platz in der heutigen Welt.
nicht öffentlich, Gau-Algesheim

❝ Fachlicher Bezug zum Thema.
nicht öffentlich, Geisenheim

❝ Ich habe lange in Mainz gewohnt und mochte die Ausstellungsflächen.
nicht öffentlich, Gelnhausen

❝ Ich plädiere dafür, das kulturelle Erbe unseres Landes zu bewahren und der Öffentlichkeit zugänglich zu machen.
nicht öffentlich, Gladenbach

❝ Als gebürtige Mainzerin und Lehrerin liegt es mir am Herzen, diese begehbare römische Welt zu erhalten. Unter anderem diese Halle weckte bei mir schon als Kind die Faszination für die römische Kultur. Habe einige Schulstunden geschwänzt und dort verbracht. Nebenbei empfinde ich Wut, wenn auf derart undemokratische Art und Weise eine Bildungsstätte für Demokratie errichtet werden soll. Liebe Grüße aus Österreich.
nicht öffentlich, Götzendorf an der Leitha (AT)

❝ Sehr geehrte Damen und Herren, als ich vor mehr als 25 Jahren in Mainz wohnte und zum ersten Mal die Steinhalle im Landesmuseum sah, war mir zum ersten Mal bewusst, dass Landesmuseen ein richtiger und wundervoller Ort zur geschichtlichen Erinnerung sind. Zum ersten Mal wurden meine Geschichtsbücher »lebendig«. Diese Halle ist mir bis heute in bester Erinnerung und hat mein großes Interesse an Geschichte und Archäologie und Römerzeit gefördert, was ich meinen Kindern mit Besuchen u. a. in Landesmuseen weitergebe.
nicht öffentlich, Halstenbek

❝ Als Althistorikerin unterstütze ich das Kulturgut Deutschlands und mache mich für seine öffentliche Zugänglichkeit und Repräsentation stark.
nicht öffentlich, Hannover

❝ Diese Erinnerungsstätte sollte nicht verlorengehen.
nicht öffentlich, Hannover

❝ Kultur geht vor, gerade in diesen Zeiten; ferner muss man sich an Absprachen halten.
nicht öffentlich, Hannover

❝ Es ist wichtig, altes Kulturgut zu erhalten.
nicht öffentlich, Hannover

❝ Ich stimme der Petition vollumfänglich zu. Ein einzigartiges Gebäude, das für die Archäologie wichtig ist, würde für ein völlig beliebiges und meiner Meinung nach überflüssiges Projekt geopfert. Dieses Demokratielabor könnte in nahezu jedem beliebigen anderen Gebäude realisiert werden. Warum muss das unbedingt in der Römischen Steinhalle sein?
nicht öffentlich, Hefei (CN)

❝ Um das Museum und seine beeindruckende Sammlung weiter erleben zu können.
nicht öffentlich, Heidelberg

❝ Die Inschriften sind von enormer historischer Bedeutung und einzigartig. Es wäre sehr bedauerlich, wenn diese einem breiten Publikum nicht mehr zugänglich wären.
nicht öffentlich, Heidelberg

❝ Wiederherstellung des vorigen Zustandes.
nicht öffentlich, Heidelberg

❝ Ich wollte eigentlich sprachwissenschaftlich an den Inschriften forschen und die Inschriften für einen Vortrag auf einem Fachkongress in Augenschein nehmen. Ich habe entsprechende Forschungsprojekte bereits für die Trierer und Kölner lateinischen Inschriften durchgeführt. Dabei ergaben sich hochspannende Einblicke in interreligiöse und interkulturelle Integrationsprozesse, die auch für die Gegenwart von hoher Relevanz sind.
nicht öffentlich, Heidelberg

❝ Kultur und auch Museen haben keine große Lobby. Und Versprechen müssen eingehalten werden.
nicht öffentlich, Herford

❝ Weil es wichtig ist, Kulturgüter zu erhalten.
nicht öffentlich, Hildesheim

❝ Generell erachte ich die offene Petition als sehr wichtig. Zurzeit unterstützen wir im Kreis Lippe auch eine solche: Wir möchten unsere traditionelle Lippische Rose erhalten. Meine Stimme über die Landesgrenzen hinaus ist also von Solidarität für eine ebenfalls »sehr gute Sache« geprägt!
nicht öffentlich, Horn-Bad Meinberg

❝ Einzigartigkeit der Steinhalle bewahren.
nicht öffentlich, Ingelheim

❝ Weil mir die Geschichte des römischen Reiches wichtig ist.
nicht öffentlich, Ingelheim

❝ Ich halte eine vielfältige Kunst und Kultur für überaus wichtig, und gerade Mainz hat in diesem Bereich als Landeshauptstadt nicht sehr viel an Museumsfläche zu bieten.
nicht öffentlich, Ingelheim

❝ We want to continue using the Römische Stainhalle structure again for the same purpose. The display of the inscriptions is very important for historians, epigraphers and all social scientists.
nicht öffentlich, Istanbul (TR)

❝ Weil es mir wichtig ist, dass die Kultur den ihr gemäßen Rang wieder erhält. Nach der – vertraglich vereinbarten und befristeten – temporären Nutzung durch den Landtag soll die Steinhalle wieder ihrer musealen Nutzung zur Verfügung stehen. Das ursprüngliche Konzept der Gräberstraße gefiel mir sehr und überzeugte mich.
nicht öffentlich, Jülich

❝ Museen leiden zusehends unter der politischen Führung der jeweiligen Länder. Als Mitarbeiter anderer Museen habe ich oft mitbekommen, wie die Institutionen darum kämpfen müssen wahrgenommen und nicht weiter eingeschnitten zu werden. Das Landesmuseum in Mainz ist ein bedeutendes Museum mit wundervollen Ausstellungen. Die Steinhalle mit dem römischen Erbe gehört einfach als Ausstellungsfläche mit dazu. Hier werden die Denkmäler adäquat präsentiert.

nicht öffentlich, Kaiserslautern

❝ Hohes Interesse an der röm. Kultur. Schaden liegt in keinem Verhältnis zu alternativen Möglichkeiten. Freundin direkt betroffen.

nicht öffentlich, Kelkheim

❝ Die Bedeutung der Steinhalle ist weit über Mainz hinaus bekannt und bedeutend. Studierende aller altertumswissenschaftlichen Disziplinen erhalten in der Steinhalle die Möglichkeit, epigraphische Quellen »live« zu erleben. Eine solch bedeutende Sammlung zu schließen, trifft nicht nur Mainz als kulturellen Standort. Es wäre ein Schlag für die gesamten Altertumswissenschaften in Deutschland.

nicht öffentlich, Kiel

❝ These inscriptions are an important part of Mainz's history. They should be on display for the public and be easy to access by scholars and budding scholars.

nicht öffentlich, Kirbyville MO (US)

❝ Diese wunderschöne und über die Landesgrenze hinweg bekannte Halle muss erhalten bleiben.

nicht öffentlich, Klein-Winternheim

❝ Der Landtag sollte bei seiner Zusage bleiben. Einen Ort der Demokratie einzurichten, ist richtig und wichtig, aber nicht dort, wo er Anderes, das ebenfalls seine Bedeutung hat, verdrängen muss. Die ganze Geschichte muss uns wichtig bleiben, nicht nur die jüngste, und wir sollten dankbar sein für alle Zeugnisse, die es gibt und die wir allen vermitteln können.

nicht öffentlich, Koblenz

❝ Ich unterstütze ganz und gar den Aufruf. Der Landtag ist gerade neu saniert/erweitert. Es wäre klüger, dort die Ideen zur Demokratie zu verwirklichen und die Steinhalle dem Museum mit seinem eigenen Auftrag zu belassen.

nicht öffentlich, Koblenz

❝ Zur Erhaltung eines zentralen und angemessenen Ortes für die Präsentation des epigraphischen Erbes der Römer in Mainz und Deutschland insgesamt.

nicht öffentlich, Köln

❝ Erinnerungsorte haben eine lange Geschichte, die letztlich ein eigenes Selbstverständnis durch Verortung schafft. Die dargelegte Vereinnahmung durch die Politik mit reinen, wenn auch positiv besetzten Schlagwörtern ist in der Art und Weise der Darlegung geradezu populistisch.

nicht öffentlich, Köln

❝ Mainz hat ein starkes kulturelles Erbe und das sollte erhalten bleiben. Die Idee eines Demokratie-Forums ist gut, sollte aber nicht auf die Kosten der Geschichte gehen.

nicht öffentlich, Köln

❝ Regionale Kultur pflegen.

nicht öffentlich, Langenlonsheim

❝ Einmaliges Museum erhalten.

nicht öffentlich, Lanzenneunforn (CH)

❝ Because I study epigraphy and my PhD is epigraphy related.

nicht öffentlich, Lausanne (CH)

❝ Bin Lateinlehrer.

nicht öffentlich, Leonding (AT)

❝ Ich kenne den Ort. Die Steinhalle ist zu wichtig für die römische Archäologie und für die römische Stadt Mainz.

nicht öffentlich, Leuven (BE)

❝ Museen sind wichtige Kultureinrichtungen mit Bildungsauftrag.

nicht öffentlich, Lichtenau

❝ Europäische und mithin deutsche Identität fußt auf dem griechisch-römischen, dem jüdisch-christlichen Erbe und dem Erbe der Aufklärung. Es gilt, diese »Erbesäulen« für künftige Generationen präsent zu halten. Dazu zählt für mich die Steinhalle im Hinblick auf die Bewahrung des römischen Erbes insbesondere in unserem Raum.

nicht öffentlich, Lingenfeld

❝ I use inscriptions (Greek and Latin) in teaching and I appreciate the importance of free access in museums to ancient monuments – in ALL their variety, they are documents of the past and need to be studied as such, leaving room for free interpretation. Making selections and removing other material to back rooms distorts the complexity of the historical picture and impoverishes education. Keeping them in historical buildings and settings that have a local pedigree is also important and should be carefully considered.

nicht öffentlich, London (GB)

❝ Historische Ausstellungsflächen derart verschwinden zu lassen, für eine politische Eitelkeit, damit ein Parlamentarier historischen Pomp haben kann, erscheint mir als große Verschwendung.

nicht öffentlich, Lorsch

❝ Weil damit dem Museum wertvolle Flächen verlorengehen würden.

nicht öffentlich, Mainz

❝ Politscher Wortbruch unter dem Deckmantel der Demokratievermittlung finde ich unerträglich. Mit diesem Vorhaben wird das genau Gegenteil von dem vermittelt, was angeblich damit erreicht werden soll. Mit Entscheidungen nach Gutsherrenart den Menschen Demokratie nahe bringen zu wollen, halte ich für absurd. Das genaue Gegenteil wird der Fall sein: Förderung von Politikverdrossenheit wird das Ergebnis sein. Wer jemals die Steinhalle in ihrem früheren Zustand gesehen hat, wird diese völlig unnötige Zerstörung eines einmaligen Ausstellungsortes unerträglich finden.

nicht öffentlich, Mainz

❝ Die sog. Steinhalle im Landesmuseum zu Mainz genießt einen hohen Stellenwert weit über das Bundesgebiet hinaus. Ihr Verlust wäre nicht nur ein Verlust für die Region. Es fehlen Ausstellungsräume für den Fachbereich der Archäologie.

nicht öffentlich, Mainz

❝ Kultur ist ein wichtiges Gut!!! Prägt die Menschen.

nicht öffentlich, Mainz

❝ Erhaltenswerte bedeutende Kultur.

nicht öffentlich, Mainz

❝ Ich bin selbst Lateinlehrerin und stolz auf das kulturelle Erbe der Stadt Mainz.

nicht öffentlich, Mainz

❝ Einzigartiges Kulturdenkmal, Museum als Ort der Geschichte, Kulturgüter sollen öffentlich sein.

nicht öffentlich, Mainz

❝ Gut zu vermittelnde Positionen.

nicht öffentlich, Mainz

❝ Bedeutende Zeugnisse des römischen Erbes von Mainz verdienen eine angemessene Präsentation. Für ausrangierte Möbel des Landtags sollte sich auch ein anderer Platz finden lassen.

nicht öffentlich, Mainz

❝ Mainz is my home town.

nicht öffentlich, Mainz

❝ Das Landesmuseum Mainz ist für mich eine wichtige kulturelle Einrichtung, die in voller Bedeutung erhalten werden muss! Es kann nicht sein, dass die Politik Versprechen macht und dann nicht einhält!

nicht öffentlich, Mainz

❝ Museen haben andere Aufgaben als die Politik. Demokratie muss für die Zukunft gestärkt werden. Museen bewahren Schätze der Vergangenheit.

nicht öffentlich, Mainz

❝ Diese kulturell besonders bedeutenden Funde der Steinhalle sollte man nicht in ihrer Bedeutung reduzieren durch Integration mit einem Reallabor der Demokratie, sondern es als Ganzes für die Allgemeinheit und Wissenschaft erhalten. Geeignete Räume für ein Reallabor gibt es in Mainz auch an anderer Stelle.

nicht öffentlich, Mainz

❝ Die Steinhalle sollte unbedingt wieder ihre ursprüngliche Funktion erhalten. Die Sanierung des Landtags wurde so gestaltet, dass auch ein großer Bereich für die Öffentlichkeit zur Verfügung gestellt ist. (Sieht man auch daran, dass nicht alle MA wieder in den Landtag zurückziehen). Dann kann man dort auch das sogenannte Demokratielabor unterbringen. Es würde sowieso mehr Sinn machen, da der Landtag / das Deutschhaus ein Ort demokratischer Geschichte ist.

nicht öffentlich, Mainz

❝ Die Steinhalle muss als museale Präsentationsfläche vollständig erhalten bleiben. Für die Pläne zum Reallabor Demokratie gibt es 3 bestens geeignete andere Gebäude in Mainz.

nicht öffentlich, Mainz

❝ Weil mir wichtig ist, dass das Museum seine Ausstellungsflächen behält und die Objekte zugänglich bleiben.

nicht öffentlich, Mainz

❝ Beibehaltung des Provisoriums »Sitzungssaal Landtag« führt zur Einschränkung und Abwertung des einzigartigen archäologischen Standorts und seiner Denkmäler.

nicht öffentlich, Mainz

❝ Eine Verkleinerung der Präsentationsfläche des LM für die herausragende Sammlung römischer Steindenkmäler ist nicht hinzunehmen.

nicht öffentlich, Mainz

❝ Als Geschichtslehrerin an einem Mainzer Gymnasium schätze ich die Steinhalle als hervorragenden Ort für historische Exkursionen mit Schülern.

nicht öffentlich, Mainz

❝ Die Römische Steinhalle im Landesmuseum Mainz ist wichtiger Teil der Mainzer römischen Geschichte und weit darüber hinaus.

nicht öffentlich, Mainz

❝ Die Steinhalle hat für mich eine besondere Aura, die durch die (partielle) Umwidmung zerstört wird.

nicht öffentlich, Mainz

❝ Der Erhalt der international bedeutenden Sammlung römischer Steindenkmäler am angestammten Ort in der Steinhalle des Landesmuseums sollte gewährleistet sein. Die Ausstellungsfläche und damit die Präsentationsmöglichkeiten des Museums sollten auf keinen Fall beschnitten werden.

nicht öffentlich, Mainz

❝ Lebe in Mainz und gehe gerne in hiesige Museen.

nicht öffentlich, Mainz

❝ Persönliche Gründe.

nicht öffentlich, Mainz

❝ Erhalt der Halle als museale Ausstellungsfläche.

nicht öffentlich, Mainz

❝ Weil wir als Familie oft dort sind, um die Mainzer Geschichte kennen zu lernen.

nicht öffentlich, Mainz

❝ Mainz sollte einen solch adäquaten Ort für die Präsentation römischen Erbes nicht einfach aufgeben. Das römische Erbe gehört zum Profil der Stadt Mainz. Es geht um das Setzen der richtigen Priorität für die Nutzung dieses Ortes. Der Grund für eine anderweitige Nutzung kann doch wohl nicht im Rückbau des Ortes liegen!
nicht öffentlich, Mainz

❝ Das römische Erbe unserer Stadt und Europas darf nicht profilsüchtigen Provinz-Politkern geopfert werden!
nicht öffentlich, Mainz

❝ Die Steinhalle sollte in vollem Umfang erhalten bleiben, weil es für das geplante »Demokratielabor« zahlreiche Alternativorte gibt, das Museum die vorhandenen Ausstellungsflächen hingegen für eine zeitgemäße Darbietung ihrer Exponate benötigt. Im Übrigen besteht zwischen römischen Steindenkmälern und dem beabsichtigten »Demokratielabor« kein inhaltlicher Zusammenhang.
nicht öffentlich, Mainz

❝ Ich möchte, dass in der Steinhalle weiter die römischen Funde gezeigt werden können. Das gehört einfach zu dem Museum und zu Mainz.
nicht öffentlich, Mainz

❝ Hartumkämpfte Kulturflächen sollen als solche erhalten bleiben. Kultur ist wichtig für Bildung und für Mainz als Touristenort. Das zeigt doch mal wieder, dass nichts durchgeplant ist. Auf den neuen Landtagsflächen gibt es für die Bürgersprechstunde keinen Platz?! – Schlechte Planung!
nicht öffentlich, Mainz

❝ Weil die Steinhalle ein kulturelles Herzstück des Mainzer Landesmuseums ist, das nicht umfunktioniert werden darf, sondern erhalten bleiben muss.
nicht öffentlich, Mainz

❝ Erhalt der Zeugnisse der Wiege der deutschen Demokratie.
nicht öffentlich, Mainz

❝ Geschichtsvergessenheit darf nicht unterstützt werden. Geschichtliche Belege müssen bewahrt werden. Ein Museum ist wichtiger als Polittheater.
nicht öffentlich, Mainz

❝ Unterstützung des Landesmuseums als Ausstellungsort römischer Geschichte.
nicht öffentlich, Mainz

❝ Ich teile die Einschätzung, dass diese Ausstellung an diesem Ort in ihrer Einzigartigkeit erhalten bleiben muss, zumal es für ein »Demokratie-Labor« genügend andere geeignete Orte in der Stadt und im Land gibt.
nicht öffentlich, Mainz

❝ Eine dauerhafte Zweckentfremdung der Steinhalle war nicht vorgesehen. Die Verantwortlichen sollen sich gefälligst an ihr Wort halten. Die Ausstellung der Sammlung hat kulturellen Wert, dem Beachtung geschenkt werden soll.
nicht öffentlich, Mainz

❝ Ich schätze die Mainzer Geschichte und finde den ordentlichen Umgang mit Denkmälern aus der Römerzeit wichtig.
nicht öffentlich, Mainz

❝ Einer der schönsten Orte in Mainz – ohne Landtag!
nicht öffentlich, Mainz

❝ Erhalt des Raumes und Ausstellung der archäologisch einmaligen Gegenstände.
nicht öffentlich, Mainz

❝ Kultur muss sichtbar sein.
nicht öffentlich, Mainz

❝ Die Steinhalle soll wieder nur Ausstellungsraum für das Museum sein!
nicht öffentlich, Mainz

❝ Mainz ist eine geschichtsträchtige Stadt, und das Landesmuseum ist ein Ort, in dem Kunst, Kultur und Geschichte vereint sind. Politik hat dort nichts zu suchen. Und weil sich auch die Politik an eine Absprache halten muss.
nicht öffentlich, Mainz

❝ Die Geschichte unserer Vergangenheit muss erhalten bleiben, und sichtbar bleiben.
nicht öffentlich, Mainz

❝ Unser kulturelles Erbe darf nicht gegen obrigkeitliche Schau-Demokratie ausgespielt werden.
nicht öffentlich, Mainz

❝ Die Steinhalle gehört zu Mainz und ist international anerkannt; sie ist eine Besonderheit und hebt die touristische Attraktivität der Stadt.
nicht öffentlich, Mainz

❝ Die Objekte der Steinhalle und auch den Raum für Veranstaltungen weiterhin der Öffentlichkeit zugänglich erhalten.
nicht öffentlich, Mainz

❝ Dieser künstlerisch wertvolle Ort darf nicht von Politik besetzt werden, Demokratielabor – lachhaft!
nicht öffentlich, Mainz

❝ Das Landesmuseum ist m.E. nicht der richtige Ort für ein Demokratieforum. Ein solches sollte in den Räumlichkeiten der Landesregierung eingerichtet werden. Vor Allem ist es wichtig, dass dem Landesmuseum kein Ausstellungsraum verloren geht.
nicht öffentlich, Mainz

❝ Weil wir alle eine Vergangenheit haben und darauf setzt unsre Zukunft.
nicht öffentlich, Mainz

❝ Nur wer die Vergangenheit kennt, kann die Zukunft positiv ändern. Dazu gehören auch sehr alte Schriften.
nicht öffentlich, Mainz

❝ Ich halte das nicht für angemessen. Soll Museumsstätte bleiben.
nicht öffentlich, Mainz

❝ Erhalt der Mainzer Kulturen.
nicht öffentlich, Mainz

❝ Es ist wichtig, dass solche Erinnerungsstücke weiterhin bestehen bleiben!
nicht öffentlich, Mainz

❝ Die Steinhalle ist in der bestehenden Form eines der wichtigsten römischen Ausstellungen in Europa.
nicht öffentlich, Mainz

❝ Mir ist die Zukunft der Steinhalle im Mainzer Landesmuseum wichtig.
nicht öffentlich, Mainz

❝ Geschichtliche Zusammenhänge erhalten.
nicht öffentlich, Mainz

❝ I like the hall and it's.
nicht öffentlich, Mainz

❝ Erhalt der römischen Kultur in Mainz.
nicht öffentlich, Mainz

❝ Versprechen müssen gehalten werden, unsere Ausstellungen sollten auch so gut wie möglich sein.
nicht öffentlich, Mainz

❝ Wortbruch der SPD.
nicht öffentlich, Mainz

❝ Der Erhalt und die Präsentation unseres römischen Erbes müssen angemessen präsentiert werden. Ein »Demokratielabor« geht auch an anderer Stelle.
nicht öffentlich, Mainz

❝ Die Steinhalle war in meiner 42-jährigen Dienstzeit als Grundschullehrerin des Landes RLP stets ein sehr wichtiger außerschulischer Lernort zu unserer römischen Geschichtsbildung in Mainz. Alle Schulklassen haben dort intensiv lernen, Skizzen anfertigen und zeichnen können. Dieses unschätzbare, ausgestellte Kulturgut in der Steinhalle vor Nutzung des Parlamentes ist einmalig und muss wieder dort in Gänze ausgestellt werden.
nicht öffentlich, Mainz

❝ Es ist für eine Demokratie schädlich, das kulturelle Erbe und damit wesentliche Inhalte der Geistesbildung beiseite zu drängen.
nicht öffentlich, Mainz

❝ Erhalt wissenschaftlicher Vielfalt, auch wenn es für den Normalbürger nicht so präsent im Alltag ist.
nicht öffentlich, Mainz

❝ Nachvollziehbare Argumente die ich unterstützen möchte.
nicht öffentlich, Mainz

❝ Eine der wichtigsten Sammlungen lateinischer Inschriften aus der Antike in ganz Europa. Es ist in Mainz für anders angedachte Dinge genügend Platz vorhanden. Mainz sollte stolz auf seine außergewöhnlichen Dinge sein. Isis Tempel findet man als Fremder kaum, das römische Theater dümpelt an der Bahnlinie herum – was hätte man alles daraus machen können. Trier hat es besser verstanden.
nicht öffentlich, Mainz

❝ Eine der wichtigsten Sammlungen lateinischer Inschriften aus der Antike in ganz Europa. Es ist in Mainz für anders angedachte Dinge genügend Platz vorhanden. Mainz sollte stolz auf seine außergewöhnlichen Dinge sein. Isis Tempel findet man als Fremder kaum, das römische Theater dümpelt an der Bahnlinie herum – was hätte man alles daraus machen können. Trier hat es besser verstanden.
nicht öffentlich, Mainz

❝ Weil durch die Etablierung des »Demokratielabors« nicht nur Ausstellungsfläche für Römisches Kulturgut verloren geht, sondern als Folge auch eine Fluchttreppe eingebaut werden muss. Dies hat wiederum die dramatische Konsequenz, weiteren Ausstellungsraum opfern zu müssen, u.a. die Barockabteilung. Ein großer Teil dieser Präsentation müsste ins Depot verschwinden. Extrem besorgniserregend wäre das Schicksal der dort aufgehängten Großformate. Sie müssten abgespannt werden (ein enormer Stress)!
nicht öffentlich, Mainz-Kastel

❝ Zeugnisse vergangener Jahrhunderte sollten für alle Menschen nicht nur virtuell, sondern vor allem vor Ort, in einem angemessenen Rahmen zugänglich sein. Nur so können wir unser gemeinsames Erbe schützen und unseren Nachkommen die »bellezza« der Vergangenheit vermitteln. Aurea Moguntia – das darf man nicht vergessen!
nicht öffentlich, Marino (IT)

❝ Erhaltung des Kulturerbes.
nicht öffentlich, Mayen

❝ Wahrung kulturellen Erbes.
nicht öffentlich, Mittelreidenbach

❝ Bin selbst in der Kultur tätig.
nicht öffentlich, Mülheim-Kärlich

❝ Bin Klassischer Philologe und beschäftige mich unter anderem mit lateinischen Inschriften.
nicht öffentlich, München

❝ Weil Alte Geschichte in der heutigen Zeit nichts an Wichtigkeit eingebüßt hat.
nicht öffentlich, München

❝ Wichtiges schützenswertes Kulturgut, einmalig in Mainz in dieser Halle ausgestellt, Mainz = Hauptstadt der römischen Germania superior.
nicht öffentlich, München

❝ Weil ich die Einrichtung eines »Labors für Demokratie« für eine populistische Maßnahme halte, für die Profilierungswillige eine herausragende Inschriftensammlung deponieren wollen. Unweit besteht ja schon ein Begegnungsort für politische Bildung, der ausgebaut und gestärkt werden sollte. Er würde durch einen zweiten Begegnungsort nur unnötige Konkurrenz erhalten. Die

Zerstörung der Präsentation in der Halle ist purer Aktionismus, mit dem Entscheidungsträger demonstrieren möchten, dass sie Initiative ergreifen. Ein Museum für Epigraphik ist ein willkommenes Opfer, weil es sich nicht wehren kann.
nicht öffentlich, München

❝ Ich habe in Mainz gewohnt, bin durch und durch Demokrat und finde, dass von Steuergeld unterhaltene Kultur der Öffentlichkeit zugänglich sein MUSS!
nicht öffentlich, Münchenstein (CH)

❝ Weil ich die Steinhalle liebe und früher oft besucht habe. Ich würde sie gerne wieder in der alten Form sehen.
nicht öffentlich, Nackenheim

❝ Cultural heritage is important.
nicht öffentlich, Napoli (IT)

❝ Wichtige »Säulen« der Mainzer Geschichte dürfen nicht umgestoßen werden. Die Stadt kann froh sein, so eine einzigartige Quelle zu ihren Wurzeln zu besitzen. Andere Orte würden sich freuen, wenn sie so etwas hätten.
nicht öffentlich, Nauheim

❝ Diese einzigartige Sammlung sollte wieder so präsentiert werden wie vorher!
nicht öffentlich, Nentershausen

❝ Erhalt eines Quellenbestandes im einzigartigen Kontext.
nicht öffentlich, Neuhemsbach

❝ Weil ein Demokratieforum an dieser Stelle völliger Schwachsinn ist!
nicht öffentlich, Nieder-Olm

❝ Eine Bekannte machte mich darauf aufmerksam, die sehr stark mit dem Thema verbunden ist.
nicht öffentlich, Nordstemmen

❝ Der Erhalt vom kulturellem Erbe muss gesichert sein.
nicht öffentlich, Oberaula

❝ Die römische Antike ist einer der Ursprünge der heutigen Demokratie, insbesondere basiert unser Rechtssystem sehr stark auf Vorstellungen aus römischer Zeit. Insofern ist es wichtig, römische Inschriften weiterhin niederschwellig zugänglich zu halten. Besten Dank!
nicht öffentlich, Obernburg

❝ Sauvegarde du patrimoine important pour les générations futures....
nicht öffentlich, Oermingen (FR)

❝ Mit der Umnutzung wären große Teile der Sammlung, die die enge Verbundenheit der frühen Stadtgeschichte mit der Kultur des Mittelmeerraumes zeigt, nicht mehr sichtbar für Besucher und für die internationale Forschung. In Zeiten des aufsteigenden Populismus, mit dem leider zunehmend die Spaltung der Gesellschaft einhergeht, sollte dies verhindert werden. Der kulturgeschichtliche Wert der Sammlung ist für mich als gebürtige Wormserin und Historikerin mit türkischen Wurzeln immens! Deshalb Nein zur Umnutzung der Steinhalle.
nicht öffentlich, Osnabrück

❝ I am a British epigraphist who admires the long German tradition of collecting and publishing Roman inscriptions from all over the former Roman Empire. I would like the unique collection in Mainz to continue to be worthily housed in the Steinhalle.
nicht öffentlich, Oxford (GB)

❝ I study Roman sculpture and stone work and concur that the display at Mainz is one of the finest in Europe, so important for scholars.
nicht öffentlich, Oxford (GB)

❝ I care about European cultural heritage and ancient Greek and Latin inscriptions in particular.
nicht öffentlich, Pawtucket, RI (US)

❝ Unsere kulturellen Einrichtungen bilden die Grundlage unserer Gesellschaft.
nicht öffentlich, Pforzheim

❝ Ich studierte Alte Geschichte und sehe die zunehmende Ignoranz für das römische Erbe in Deutschland sehr kritisch, insbesondere von Seiten der Politik.
nicht öffentlich, Rödermark

❝ An important collection of Roman inscriptions should be preserved for future generations and for research.
nicht öffentlich, Roma (IT)

❝ I lived in the area and I enjoyed every cultural experience I could. I want to support, that it stays that way.
nicht öffentlich, Rückeroth

❝ Erhalt der kulturellen Sehenswürdigkeiten!
nicht öffentlich, Rüsselsheim

❝ Das Denkmal ist einzigartig, zurzeit in den Hintergrund gedrängt und als Bildungsstätte nur sehr eingeschränkt erlebbar. Dafür wird ein 30–40-jähriges furniertes historisch völlig unbedeutendes Möbelstück in den Vordergrund gestellt.
nicht öffentlich, Saulheim

❝ Weil Politiker endlich mal wieder auf den Boden zurückkommen müssen und einfach nur ihrer verdammten Pflicht nachkommen sollten... anstatt sich zu sonnen...
nicht öffentlich, Schwabenheim an der Selz

❝ Weil sie sich für den Erhalt von Bauten einsetzt.
nicht öffentlich, Sibbesse

❝ Kulturschatz erhalten!
nicht öffentlich, Sigmaringen

❝ Die römische Antike muss präsent bleiben.
nicht öffentlich, Singhofen

❝ This is an amazing resource for Roman archaeology, and it is important for the cultural heritage of Germany/Europe that it stays accessible.
nicht öffentlich, Southport (GB)

❝ Die Römische Steinhalle gehört zu Mainz!!!
nicht öffentlich, Speyer

❝ Es ist eine Schande, dass das Alleinstellungsmerkmal eines Landesmuseums, die in Stein verewigte römische Geschichte von Rheinland-Pfalz (in wichtigen Teilen), nun einem vordergründigen politischen Urteil zum Opfer fallen soll. Dagegen müsste sich sowohl die GDKE insgesamt als auch alle an ihrer römischen Vergangenheit interessierten Bürger wehren; das Demokratie-Labor gehört zur Politik und nicht in den musealen Bereich, der im Landesmuseum sowieso platzmäßig schon empörend eingeschränkt wurde. Und nun soll auch noch die Steinhalle ihren einzigartigen Charakter als begehbarer römischer Archäologieort verlieren – das darf man nicht protestlos hinnehmen. Es gibt bereits mehrere Plätze, die der Demokratie und ihrer Geschichte gewidmet sind – die römische Steinhalle des Landesmuseums ist wahrlich nicht der richtige Ort dafür. Hier geht es um Lernorte für die wichtige kulturelle Vergangenheit unseres Landes, die man nicht einfach zur Aufbewahrung von Parlamentsbestuhlung umnutzen darf!
nicht öffentlich, Speyer

❝ Die Mainzer Steinhalle ist nicht der Ort für ein Demokratieform. Sie sollte wie vor der Nutzung als Plenarsaal wieder ausschließlich den Altertumswissenschaften zur Verfügung stehen. Das epigraphische Studium der Inschriften stellt eine wichtige Möglichkeit der Grundlagenforschung dar. Ein Demokratieforum an sich ist wichtig, muss aber an einem anderen Ort realisiert werden. Es kann nicht sein, dass ein Landtagspräsident entscheidet, welche Forschungen wichtig sind und welche nicht. Unfassbar!
nicht öffentlich, Trier

❝ Der Erhalt römischer Denkmäler ist mir wichtig.
nicht öffentlich, Trier

❝ Kultur erhalten, wo es geht!
nicht öffentlich, Tutzing

❝ Als Alumni der Johannes-Gutenberg-Universität bin ich Mainz und seiner Geschichte immer noch verbunden. Als Pharmazeut gehören für mich andere Dinge als die Demokratie ins Labor.
nicht öffentlich, Ulm

❝ Zu einer lebendigen Demokratie gehört auch die Auseinandersetzung mit der Geschichte. Der Erhalt der Steinhalle als Ausstellungsfläche für lateinische Inschriften der Antike leistet einen wichtigen Beitrag für Forschung und Bildung, weit über die Grenzen von RLP hinaus.
nicht öffentlich, Vallendar

❝ Kulturelles Interesse.
nicht öffentlich, Waldalgesheim

❝ So manche winzige Inschrift aus der Antike hat mich mehr über Geschichte, den Menschen, die Welt gelehrt als Bücher, Vorlesungen, ganze Exkursionen. Diese Erfahrung sollen auch weiterhin so viele Menschen wie möglich machen können und dafür braucht es Zugang zu den Inschriften und ebenso die überzeugende Strahlkraft eines Römersteine-Mekkas wie Mainz.
nicht öffentlich, Wattens (AT)

❝ Es gibt immer weniger Möglichkeiten, Kindern kulturelle Güter Nähe zu bringen, Museen mit einem kindgerechten Programm sind immer wichtiger in einer Zeit, in der Digitalisierung einen immer größeren Stellenwert einnehmen. Kultur sollte aber auch direkt erfahrbar bleiben, für alle Generationen.
nicht öffentlich, Wickede

❝ Weil die Präsentation der Antiken Kunst und Kultur nicht hinter jener der jüngeren Zeiten zurückstehen darf.
nicht öffentlich, Wien (AT)

❝ Kunst und Kulturgüter scheinen in Deutschland zunehmend unwichtig zu werden und verkommen zu reinen Deko-Objekten oder landen gleich ganz im Depot. Es ist absolut unverständlich wie mit Kulturgütern umgegangen wird. Hier könnte sich Deutschland ein Beispiel an anderen Nationen nehmen, die Kulturgüter als wertvoll und schützenswert betrachten. Ein Trauerspiel!
nicht öffentlich, Wiesbaden

❝ Am »Haus des Erinnerns« ist sichtbar, dass ein didaktisches Konzept fehlt: Die Ausstellung ist unlebendig und einfallslos. Der dazugehörige Raum wird offensichtlich äußerst selten bespielt. Bereits die 60 Mio. € teure Sanierung des Deutschhauses geschah unter dem Motto, den Bürger*innen einen lebendigen Ort der Demokratie zu liefern. Mit der Fläche allein ist es jedoch nicht getan: Der Landtag verfügt mit der Sanierung des Deutschhauses und dem Isenburg-Karree über eine ansehnliche Anzahl an Quadratmetern. Im Gegenzug ist das Landesmuseum stetig der Hoffnung um potentielle Erweiterungsflächen beraubt worden, zuletzt war dies beim Verkauf des Eltzer Hofs der Fall. Nun greift man das Herz des Museums an. Ich plädiere dafür, die Geschichte als Lehrstück für Demokratie zum Leben zu erwecken. Das Museum kann ja gerne ab und zu den Landtag beherbergen, wenn ein gutes Konzept dafür vorhanden ist. Im Übrigen ist die geplante Übernahme der Steinhalle durch die Landtagsverwaltung ein gutes Lehrstück, wie transparente und bürgernahe Demokratie nicht laufen sollte. Demokratie ist kein Schaulaufen. Sie ist ein Prozess!
nicht öffentlich, Wiesbaden

❝ Richtig!
nicht öffentlich, Wiesbaden

❝ Als ich meinen Führerschein machen wollte, da hat man erkannt, dass ich eine Brille brauche – seitdem hat sich niemals wieder jemand für meine körperlichen Fähigkeiten interessiert :-(Es spricht überhaupt nichts dagegen, regelmäßig einige einfache Dinge zu überprüfen.
nicht öffentlich, Wiesbaden

❝ Museen und das Wissen, das sie vermitteln, sind wichtige Bausteine in einer Demokratie. Wer Museen reduziert, reduziert auch die politische und historische Grundbildung dieser und künftiger Generationen. Die Steinhalle zeigt sehr gut, wie vielfältig und multikulturell Rheinland-Pfalz schon immer war – das muss auch weiterhin so gezeigt werden!
nicht öffentlich, Worms

❝ Die Einzigartigkeit der Mainzer Steinhalle mit ihren sehr bedeutenden römischen Altertümern rechtfertigt es in keiner Weise, den nur für die Dauer des Umbaus des Deutschhauses vorgesehenen Plenarsaal an dieser Stelle zu belassen. Der Landtag im Deutschhaus ist die richtige Stelle, wo ein Teil der Demokratie im Land in Gestalt der Legislative laborieren kann und sich bewähren muss. Wie früher sollen Schüler den authentischen Ort im Plenarsaal besuchen und nicht das Überbleibsel eines Provisoriums. Die Zweckentfremdung der Steinhalle des mittelrheinischen Landesmuseums in ein Reallabor Demokratie ist völlig verfehlt und soll nur demjenigen, der die Idee dazu hatte, Gelegenheit geben, sich aus Geltungssucht ein Denkmal zu setzen, das auch nur vorübergehend sein kann. Wer weiß in 10 Jahren noch, wer der Ideengeber war und warum man aus ideologischen, geschichtsvergessenen Gründen die Denkmäler der großen römischen Stadt und der Region und den Zugang zu ihnen missachtet.
nicht öffentlich, Worms

❝ Die Sammlung sollte am Ort bestehen bleiben. Sie ist etabliert und identitätsstiftend für Mainz.
nicht öffentlich, Zürich (CH)

❝ Als Archäologin der römischen Zeit kann man eigentlich nur dagegen sein, das das Landesamtzeug da bleibt. So kann der römische Erbe nicht gut gezeigt werden.
nicht öffentlich (NL)

❝ Wissenschaft geht vor, Politik kann überall anders tagen.
nicht öffentlich (NL)

UNTERZEICHNENDE OHNE KOMMENTAR

Folgende 2.463 Personen haben die Petition ohne weiteren Kommentar online unterschrieben. Hierzu kommen 821 Unterzeichnende, die nicht öffentlich die Petition unterstützt haben. Weitere 1.150 Personen haben auf Papier-Sammelbögen unterschrieben.

A

Abada, Marika / Mainz
Achilles, Julie / Leiferde
Ackermann, Jens / Geisenheim
Adämmer, Stephan / Verl
Adam, Gerhard / Mainz
Adamik, Béla / Budapest (HU)
Adler, Alexander / Mainz
Adler-Koch, Doris / Mainz
Adl-Tabatabai, Ronia / Mainz
Adriaens, Leon / Landgraaf (NL)
Afentoulidou, Eirini / Wien (AT)
Agricola, Clarissa / Köln
Aguilar Miquel, Julia / Leuven (BE)
Ahles, Manfred / Regensburg
Ahrens, Ute / Mainz
Aigner, Monika / Linz (AT)
Akçay, Buket / İstanbul (TR)
Albert, Astrid / Wuppertal
Albrecht, Uwe / Pastetten
Alfenim, Rafael António Ezequiel / Lisboa (PT)
Alleman, Sjaak / (NL)
Alles, Daniel / Mainz
Altmann, Oliver / Osnabrück
Altmeyer, Lisa / Mainz
Ambühl, Annemarie / Mainz
Amecke, Annemarie / Darmstadt
Ament Teusink, Debby / Zwolle (NL)
Amrhein, Carsten / Schwalbach
Andelius, David / Tågarp (SE)
Andreas, Christoph / Frankfurt am Main
Andres, Dorothea / Eltville
Anger, Andreas / Koblenz
Antes, Brigitte / Stromberg
Antes, Claus / Stromberg
Antz, Christian / Magdeburg
Arbeiter, Achim / Göttingen
Ardeleanu, Stefan / Osnabrück
Arendt, Janine / Mainz
Arenz, Violetta / Hannover
Ariño Gil, Enrique / Salamanca (ES)
Armani, Sabine / Villetaneuse (FR)
Arnold, Claus / Mainz
Arnold, Rafael / Berlin
Arzheimer, Kai / Oppenheim
Asbrand, J. / Darmstadt
Assenmaker, Pierre / Namur (FR)
Aßmann, Heidi / Nierstein
Aßmuß, Beate / Mainz
Auerbach, Brigitte / Ingelheim
Augustin, Lukas / Mainz
Aumüller, Antje / Mainz
Aurell, Martin / Nantes (FR)
Auth, Frederic / Kelkheim
Avemarie, Gerhard / Bingen
Aversano-Schreiber, Dagmar / St. Goar
Aydin, Yaren / Siegen

B

Babadostu, Rumeysa / İstanbul (TR)
Bach, Franz-J. / Mainz
Bach-Berkhahn, Verena / Frankfurt am Main
Bachem, Sabine / Mainz
Bachmann-Schmahl, Martin / Mainz
Bär, Silvio / Oslo (NO)
Bärtsch, Birgit / Mainz
Bäumler, Ina / Nackenheim
Bäumler, Rolf / Nackenheim
Bahr, Rüdiger Eckhard / Bremen
Baier-Graef, Annette / Wiesbaden
Baitinger, Holger / Mainz
Balandier, Claire / Avignon (FR)
Balbuza, Katarzyna / Poznań (PL)
Ballak, Kai-Erik / Rendsburg
Ballmann, Wolfgang / Heinsberg
Bambach, Eva / Bensheim
Bank, Sebastian / Bonn
Baray, Luc / Sens (FR)
Bardelli, Giacomo / Wiesbaden
Barden, Kristina / Friedberg
Barnieck, Edith / Taunusstein
Barnieck, Jens / Taunusstein
Barnstorf, Nicole / Sehnde
Baron, Henriette / Wiesbaden
Barron, Caroline / (GB)
Barthel, Christian / Wiesbaden
Barthel, Ursula / Wiesbaden
Barth-König, Elisabeth / Kleinblittersdorf
Bartoldus, Marco Johannes / Paderborn
Bartosch, Birgit / Mainz
Bartusch, Jan Ilas / Sandhausen
Bartz, Cristina / Mainz
Bartz, Jessica / Berlin
Basso, Enrico / Genova (IT)
Basso, Sergio / Milano (IT)
Bastian, Lothar Hans / Bad Kreuznach
Batkiewicz, Marcus / Trier
Batorfi, Florian / Augsburg
Battenberg, Johannes Friedrich / Erzhausen
Baudone, Tommaso / Mainz
Bauer, Albert / Mainz
Bauer, Sibylle / Trier
Baumann, Arno / Altendiez
Baumann, Helge / Mannheim
Baumeister, Martin / Roma (IT)
Baumgärtner, Katja / Mögglingen
Baunack, Sebastian / Mainz
Bazzechi, Elisa / Würzburg
Becker, Armin / Wölfersheim
Becker, Brigitte / Mainz
Becker, Christoph / Mainz
Becker, Dagmar / Mainz
Becker, Stefanie / Bad Zwischenahn
Becker, Susanne / Stadecken-Elsheim
Becker, Thomas / Wiesbaden
Becker, Wolfgang / Wiesbaden
Beckhaus, Christine Maria / Bingen
Beckmann, Petra / Frankfurt am Main
Beeck, Volker / Mainz
Beer, Ingrid / Mainz
Beghelli, Michelle / Mainz
Behaim, Jelena / Barcelona (ES)
Behrends, Jan C. / Stegen
Behrens, Carlotta / Hamburg
Behrwald, Ralf / Bamberg
Beiermann, Natascha / Heidelberg
Belayche, Nicole / Vanves (FR)
Belitz, Hans-Joachim / Mainz
Bell, Sinclair / Chicago IL (US)
Belle, Christa / Mainz
Bence, Fehér / Budapest (HU)
Bend, Niklas / Köln
Bender, Sebastian / Offenbach
Bengert, Martina / Berlin
Benl, Rudolf / Erfurt
Benoist, Stéphane / Paris (FR)
Benrath, Justus / Ladenburg
Benz, Kerstin / Mainz
Benze, Hans-Christian / Offenbach
Beraud, Marianne / Eybens (FR)
Berbüsse, Constanze / Mainz-Kostheim
Berg, Eva-Maria / Mainz
Berg, Maria Josefa / Mainz
Berg, Matthias / Hamburg
Berg, Wolfgang / Ingelheim
Berger, Axel / Köln
Berger, Christian / Mainz
Berger, Christoph / Heidelberg
Berger, Joachim / Mainz
Berger, Lydia / Salzburg (AT)
Bergmann, Marianne / Berlin
Beringer, Lara / Mainz
Berke, Stephan / Marsberg
Bermeitinger, Michael / Mainz
Bernard, Gwladys / Madrid (ES)
Berndt, Alexander / Bensheim

Bernhard Fischer / Sitzendorf
Bernhard, Peter / Mainz-Kastel
Bernsau, Tanja / Wiesbaden
Bernstein, Frank / Duisburg
Beron, Anne-Elisabeth / München
Berrendonner, Clara / Paris (FR)
Berrens, Dominik / Kematen in Tirol (AT)
Berthelet, Yann / Romsée (BE)
Bertram, Gitta / Tübingen
Bertram, Ursula / Mainz
Betz-Nörling, Roland / Eltville
Beutler, Franziska / Wien (AT)
Beydoun Herdling, Gabriele / Mainz-Kostheim
Beyeler, Markus / Bern (CH)
Bibinger, Peter / Mainz
Biel, Jonas / Mainz
Bierschenk, Thomas / Mainz
Biewer, Ludwig / Berlin
Bihlmeyer, Gerda / Nieder-Olm
Binsfeld, Andrea / Trier
Binz, Christian / Bacharach
Birkle, Nicole / Mainz
Bischoff, Frank M. / Pulheim
Bisová, Jana / Dačice (CZ)
Bispinck, Ruth / Wiesbaden
Bittel, Thomas / Mainz
Bittner, Dietmar / Mainz
Bitz, Katrin / Ingelheim
Blachair, Alain / Custines (FR)
Blank, Oliver / Mainz-Kostheim
Blank, Rudolf / Essenheim
Blank, Thomas / Mainz
Blankenhahn, Udo / Soest
Bley, Britta / Dortmund
Blocher, Felix / Halle (Saale)
Bloedhorn, Hanswulf / Tübingen
Blösel, Wolfgang / Dorsten
Blonce, Caroline / Paris (FR)
Blum, Andreas / Mainz
Blum, Peter / Mainz
Bockholt, Ulrich / Mainz
Böcher, Wulf Otto / Mainz
Böckel, Hermann / Mainz
Böckeler, Günter / Hargesheim
Böhm, Renate / Mainz
Böhne, Ben Nikolaus / Mainz-Kostheim
Böhres-Rübeling, Lisa / Ginsheim-Gustavsburg
Bönisch-Meyer, Sophia / München
Boennen, Gerold / Worms
Böttcher, Dirk / Mainz
Böttcher, Stefanie / Mainz
Bohn, Thomas / Koblenz

Bohr, Kurt / Saarbrücken
Bokern, Annabel / Schmitten
Bolder, Bram / Frankfurt am Main
Bolder, Henk / Wuppertal
Bollacher, Christian / Esslingen
Bolonyai, Gábor / Budapest (HU)
Bombi, Barbara / Canterbury (GB)
Bomm, Werner / Heidelberg
Bonke, Harald / Mainz
Bonsels, Ralf / Mainz
Boppert, Walburg / Lampertheim
Borchhardt, Lara / Wien (AT)
Borg, Barbara E. / Exeter (GB)
Bork, Benjamin / Gelsenkirchen
Bosselmann-Ruickbie, Antje / Staudernheim
Bossert, Birgit / Mainz
Both, Barbara / Mainz
Both, Johannes / Mainz
Both, Katharina / Mainz
Bott, Annette / Bad Kreuznach
Bozkurt, İrem Elçi / İstanbul (TR)
Bozkurt, Serpil / Istanbul (TR)
Brach, Eric / Linden
Bräckelmann, Susanne / Nierstein
Brager, Maja / Mainz
Brand, Mirko / Nauheim
Brand, Ullrich / Kirchheimbolanden
Brandes, Wolfram / Friedrichsdorf
Brandstetter, Axel / Mainz
Brandstetter, Lilly / Würzburg
Brandt, Sven-Philipp / Leipzig
Bratner, Luzie / Mainz
Bratner, Wenzel / Mainz
Brattig, Patricia / Köln
Braun, Bettina / Mainz
Braun, Hermann-Josef / Mainz
Braun, Ingram / Vellmar
Breitwieser, Christoph / Heppenheim
Breitwieser, Rupert / Salzburg (AT)
Brem, Michaela Sofia / Frankfurt am Main
Bremicker, Vanessa / Mainz-Kastel
Bremmer, Jan Nicolaas / (NL)
Brenner, Danica / Darmstadt
Bresson, Alain / Chicago IL (US)
Brestel, Thimo Jacob / Marburg
Breuer, Amelie / Nauort
Brinker, Wolfram / Bodenheim

Bröckelmann, Dirk / Mainz
Brörmann, Aaron / Siefersheim
Brose, Kerstin / Frankfurt am Main
Brossollet-Becker, Uta / Wiesbaden
Brüchert, Hedwig / Mainz
Brück, Joachim / Trier
Brückner, Dominik / Mannheim
Brüne, Franz / Oberhausen
Brüning, Katrin / Mainz
Bruer, Stephanie-Gerrit / Stendal
Bruhn, Kai-Christian / Mainz
Brumby, Lennart / Mainz
Buchholz, Martin-Paul / Löcknitz
Buckl, Philipp / Eichstätt
Bürgel, Matthias / Remscheid
Büttner, Andreas / Köln
Büttner, Stefan / Konstanz
Bulligan, Enrico / Mainz
Bulligan, Gaelle / Mainz
Bullock, Judith / Kisselbach
Bultrighini, Ilaria / London (GB)
Bulut, Dilan Ezgi / Eskişehir (TR)
Bunselmeier, Jennifer / Schöppenstedt
Buonocore, Marco / Roma (IT)
Buonopane, Alfredo / Verona (IT)
Burandt, Boris Alexander / Köln
Buraselis, Kostas / Athens (GR)
Burioni, Matteo / München
Burkart, Norbert / Bingen
Burkhalter, Fabienne / Villeneuve d'Ascq (FR)
Burkhardt, Nadin / Eichstätt
Burridge, Claire / (GB)
Busch, Alexandra / Mainz
Buschka, Jörg / Wiesbaden
Buschlinger, Reinhard / Mainz

C

Caballos Rufino, Antonio F. / Sevilla (ES)
Cahn, Theodor / Basel (CH)
Calvelli, Lorenzo / Venezia (IT)
Campedelli, Camilla / Bologna (IT)
Cancellara, Floriana / Würzburg
Candido, Cornelia / Hallwang (AT)
Cantarella, Glauco Maria / Bologna (IT)

Cardim Ribeiro, José / Colares (PT)
Carlà-Uhink, Filippo / Mainz-Kastel
Casser, Hans-Raimund / Mainz
Castle, Christine / Mainz
Ceci, Monica / Roma (IT)
Cemper-Kiesslich, Jan / Salzburg (AT)
Cenati, Chiara / Wien (AT)
Çetinalp, Kutsi Aybars / Istanbul (TR)
Champy, Karine / Pesmes (FR)
Chandezon, Christophe / Montpellier (FR)
Chatzigiannis, Christos / (GB)
Cherin, Marco / Perugia (IT)
Chevalier, Pascale / Clermont-Ferrand (FR)
Chitwood, Zachary / Mainz
Chorus, Julia / Oudewater (NL)
Chub, Nataliia / Berlin
Ciano, Nunzia / Münster
Cibura, Agnes / Mainz
Cihal, Lisa / Salzburg (AT)
Claes, Liesbeth / Hever (GB)
Classen, Claus Dieter / Puchheim
Clauss, Manfred / Hennef
Claußnitzer, Maike / Hamburg
Clemens, Gabriele / Gutweiler
Clemens, Lukas / Gutweiler
Clemens, Susanne / Singhofen
Coderch, Juan / (GB)
Colesanti, Gemma / Napoli (IT)
Collatz, Christian-Friedrich / Berlin
Contel, Giovanni / Roma (IT)
Coopey, Ewan / Sydney (AU)
Corbier, Mireille / Paris (FR)
Cordes, Ursula / Mainz
Cordes, Uwe / Mainz
Coridaß, Michael E. / Mainz
Corsten, Thomas / Wien (AT)
Cosenza, Anna / Gorizia (IT)
Craes, Rebecca / Oestrich-Winkel
Cramer von Clausbruch, Gisela / Koblenz
Cruz Monteiro Fernandes, Edgar Miguel / Castelo Branco (PT)
Cubas Díaz, Jon C. / Göttingen
Curie, Julien / Dijon (FR)
Cuzel, Pauline / Roma (IT)
Czymmek, Götz / Rösrath
Czymmek, Sabine / Rösrath
Czysz, Wolfgang / Fischach

D

Da Cruz Soares Mantas, Vasco Gil / Coimbra (PT)

Da Silva Sendas, José Luís / (PT)
Dąbrowa, Edward / Kraków (PL)
Dallwitz, Mirko / Niddatal
Dammers, Barbara / Alsdorf
Dana, Anca / Paris (FR)
Dana, Dan / Villeurbanne (FR)
Daniel, Robert / Köln
Daniels, Thomas / Ratingen
Danner, Marcel / Würzburg
Darmochwal, Volker / Ingelheim
Darmstadt, Raimund / Oppenheim
Daßler, Ulf / Mainz
Daubner, Frank / Eichstätt
Daunke, Manfred / Wiesbaden
Dautovic, Denis / Flonheim
D'Ercole, Maria-Cecilia / Paris (FR)
D'Onza, Maria Carmen / Trier
D'Urso, Valentino / Capriglia (IT)
De Boer, Tonni / Boornbergum (NL)
De Brasi, Diego / Marburg
De Brasi, Katrin / Marburg
De Cannart d'Hamale, Emmanuel / Dinant (BE)
De Jong, Harry / (NL)
De Leeuw, Maurits / Tübingen
De Lisle, Chris / Oxford (GB)
De Meyer, Jean-Luc / Genval (BE)
De Palacio, Jean / Semur-en-Auxois (FR)
De Vido, Stefania / Venezia (IT)
Dehl-von Kaenel, Christiane / Frankfurt am Main
Deicke, Lukas / Mainz
Deicke, Maria / Worms
Deigert, Klaus / Frankfurt am Main
Deißler, Johannes / Mainz
Delferriere, Nicolas / Dijon (FR)
Delle Donne, Roberto / Napoli (IT)
Delp, Dominik / Hirrlingen
Demacker, Jürgen / Walluf
Den Teuling, Arnold / Assen (NL)
Denker Nesselrath, Christiane / Roma (IT)
Dernbach, Christa / Mainz
Deschler-Erb, Sabine / Hofstetten (CH)
Deser, Annemarie / Mainz
Dézsi, Attila / Nürtingen
Di Meglio, Rosalba / Torre del Greco (IT)

Diaz-Martínez, Pablo C. / Salamanca (ES)
Dielmann, Petra / Mannheim
Diestel-Feddersen, Alexandra / Mainz
Dieterle, Bernard / Basel (CH)
Diether, Thomas / Mainz
Dietmann, Andreas / Jena
Dietrich, Eva / Mainz
Dietrich, Fabian / Mainz
Dietrich, Frauke / Worms
Dietrich, Gesine / Mainz
Dietrich, Jörg / Mainz
Dietrich, Maximilian / Neustadt
Dietrich-Kölb, Gisela / Mainz
Dietz, Andreas / Mainz
Dietz, Karlheinz / Regensburg
Dilg, Wolfgang / Flörsheim
Dillinger, Johannes / Lebach
Dinç, Bahar / İstanbul (TR)
Dinges, Helmut / Mainz
Dinges, Hildegard / Mainz
Dinges, Stephan / Mainz
Ditter, Michael / Michelstadt
Dittewig, Frank / Mainz-Kastel
Dittewig, Gunter / Mainz
Dittmar, Sven / Mainz
Dittrich, Doris / Mainz
Dix, Andreas / Bamberg
Dobras, Wolfgang / Mainz
Dóci, Viliam Stefan / Roma (IT)
Döring, Gwendolyn / Wiesbaden
Dörr, Ruben / Trebur
Dörrhöfer, Anne / Worms
Dörrich, Walter / Gimbsheim
Does, Grischan / Bad Kreuznach
Dötsch, Maternus / Kobern-Gondorf
Dövener, Franziska / Trier
Dolenz, Heimo / Villach (AT)
Dollinger, Ursula / Augsburg
Domes, Laura / Mainz
Don, Simone / Roé Volciano (IT)
Dondin Payre, Monique / Maintenon (FR)
Donig, Patricia / Sarstedt
Dopico Cainzos, Maria Dolores / Coruña (ES)
Doppler, Alois / Salzburg (AT)
Dorfbauer, Lukas / Wien (AT)
Dorka Moreno, Martin / Tübingen
Douglas Bryant, David / Venezia (IT)
Doyen, Charles / Schaerbeek (BE)
Doymus, Sidar / Mainz
Dreher, Martin / Biederitz
Dressler, Elisabeth / Ingelheim

Drijvers, Jan Willem / Groningen (NL)
Drös, Harald / Heidelberg
Duchhardt, Heinz / Mainz
Düchting, Larissa / Friedrichshafen
Dünser, Martin / Munderfing (AT)
Dünweg, Lea / Mainz-Kostheim
Dumke, Gunnar / Halle (Saale)
Dumont, Stefan / Berlin
Duplá-Ansuategui, Antonio / Vitoria-Gasteiz (ES)
Durdevic, Jasna / Mainz

E

Ebeling, Jennie / Evansville IN (US)
Eberbach, Friedrich / Zornheim
Eberz, Marianne / Mainz
Ebling, Sarina / Wackernheim
Ebnöther, Christa / Bern (CH)
Ecker, Brigitte / Wien (AT)
Ecker, Diana / Wiesbaden
Eckes, Lothar / Mainz
Eckes, Magdalena / Mainz
Eckhardt, Gerd / Mainz
Eckhardt, Wiltrud / Mainz
Eden, Julia / Frankfurt am Main
Eder, Birgitta / Wien (AT)
Edme, Anne-Laure / Villegusien-le-Lac (FR)
Edmondson, Jonathan / Toronto (CA)
Edmunds, Lowell / Highland Park NJ (US)
Eelsing, Wil / The Hague (NL)
Egetenmeier, Philip / Hamburg
Egner, Bettina / Mainz
Ehlen, Oliver / Jena
Ehlers, Caspar / Bad Nauheim
Ehmig, Angelika / Mainz
Ehmig, Franz / Mainz
Ehmig, Ulrike / Leipzig
Ehret, Nicole / Leipzig
Ehrhardt, Margit / Neustadt
Ehrhardt, Thomas / Neustadt
Eich, Armin / Wuppertal
Eichhorn, Timo / Roma (IT)
Eichhorn, Ulrike / Berlin
Eichler, Günter / Marburg
Eisenmenger-Klug, Ursula / Wien (AT)
Eisinger, Astrid / Mainz
Ekiz, Nesrin / Niederfischbach
El Moqaddam, Mohammed / Mainz
Elben, Wolfgang / Köln
Elbert, Eva-Maria / Worms

El-Kholy, Ilse / Mainz
Elkins, Ed / Petersburg, TX (US)
Ellenberger, Jens / Groß-Umstadt
Elmshäuser, Konrad / Bremen
Elter, Gesine / Borkum
Emeksiz, Abdulkadir / Rami (TR)
Emmerich, Ulrike / Mainz
Emre Ceren, Yunus / Istanbul (TR)
Emrich, Rainer / Mainz
Emser, Sabine / Homburg
Enderle-Thiele, Helga / Budenheim
Engelberts, Benedikt / Hahnheim
Engelberts, Christoph / Hahnheim
Engelberts, Judith / Hahnheim
Engelmann, Ernst Friedrich / Mainz
Engert, Nina / Wiesbaden
Engl, Richard / München
Engster, Dorit / Göttingen
Ennser, Doris / Linz (AT)
Erbar, Florent / Mainz
Erbar, Ralph / Mainz
Erben, Adrian / Würzburg
Erdem, Meltem / İstanbul (TR)
Erdmann, Sabine / Mainz
Ergin, Yusuf Gürkan / Istanbul (TR)
Ernst, Rudolf / Mainz
Espenschied, Sabine / Volxheim
Esposito, Anna / Roma (IT)
Euler, Andrea Christine / Mainz
Euler, Roland / Eltville
Evangelisti, Silvia / Roma (IT)
Evlen, Başak / İstanbul (TR)

F

Faber, Beatrix Ursula Bettina / Rösrath
Fabricius, Johanna / Berlin
Färber, Roland / Korschenbroich
Fahrenbach, Teresa / Mainz
Falcioni, Anna / Fano (PT)
Falkenburg, Christina / Kinheim
Falta, Gerlinde / Mainz
Falta, Reinhold / Mainz
Famá, Michaela / Mainz
Fan, Wang / Peking (CN)
Fara, Andrea / Castelnuovo di Porto (IT)
Farenga, Paola / Roma (IT)
Fassbender, Regine / Mainz
Faust, Sabine / Trier

Feder, Frank / Göttingen
Fehrmann, Antje / Hamburg
Feigenspan, Jochen / Mainz
Feldbrügge, Malte Christian / Neuenkirchen
Fell-Bosenbeck, Frank / Ober-Olm
Felten, Franz J. / Mainz
Fendel, Victoria Beatrix / Abingdon (GB)
Feraudi, Francisca / Heidelberg
Ferrario, Marco / Trento (IT)
Ferretti, Lavinia / Confignon (CH)
Feßenmayr, Herbert / Mainz
Feuser, Stefan / Köln
Fezzi, Luca / Padova (IT)
Fink, Sascha Benjamin / Wiesbaden
Fischer, Andreas / Liestal (CH)
Fischer, Anika / Wiesbaden
Fischer, Doris / Rudolstadt
Fischer, Hans-Joachim / Mainz
Fischer, Heiko / Maxdorf
Fischer, Veronika / Weißenburg
Fischer-Mahr, Sabine / Frankfurt am Main
Fitzsimmons, Kathryn / Mainz
Fleck, Klaus / Berlin
Fleck, Udo / Trier
Flecker, Manuel / Kiel
Flegel, Sabine / Mainz
Fleischmann, Klaus / Köln
Flemming, Juliane / Mainz
Florin, Nicolescu / Mainz
Flügen, Thomas / Lörzweiler
Fornoff, Moritz / Frankfurt am Main
Forsbach, Ralf / Siegburg
Forster, Peter / Wiesbaden
Fouquet, Gerhard / Flintbek
Fourlas, Benjamin / Mainz-Kastel
Fox, Matthew / (GB)
Fragata, Diana / Ingelheim
Franceschini, Giulia / Amsterdam (NL)
Franceschini, Mariachiara / Freiburg
Frank, Friedhelm / Herborn
Frank, Thomas / Pavia (IT)
Franke, Franziska / Mainz
Frankenbach, Peter / Mainz
Franz, Ferenc Michael / Niederstetten
Franz, Jürgen / Enkirch
Frazer, Mary / München
Frede, Simone / Berlin
Freiensehner, Tim / Mainz
Freigang, Christian / Berlin
Freiling, Monika / Schlangenbad
Freimuth, Katharina / Oestrich-Winkel
Frein, Kurt / Mainz
FreiRaum Alfter e. V. / Alfter
Freitag, Klaus / Stolberg
Frenz, Sebastian / Mainz
Frenz, Stefan / Mainz
Freund, Stefan / Wuppertal
Frey, Annette / Mainz-Kostheim
Freiherr Hiller von Gaertringen, Rudolf / Leipzig
Fricke-Pälzer, Karl / Mannheim
Friderichs, Helmut / Klein-Winternheim
Frieß, Matthias / Mainz
Frieß-Reimann, Hildegard / Mainz
Frisch, Michael / Trier
Fritsch, Rainer / Mainz-Kostheim
Fröhlich, Hans-Christian / Heidesheim
Fröhlich, Pierre / Talence (FR)
Fuchs, Fabian / Hof
Fuchs, Richard / Worms
Fuchs, Rüdiger / Wiesbaden
Fuchs-Ebert, Gisela / Mainz
Fürmann, Jochen / Wiesbaden
Fürst, Sebastian / Mainz
Fürstenau, Benjamin / Mainz-Kastel
Fuhrer, Therese / München
Fuhrmann, Roswitha / Graz (AT)
Funke, Peter / Münster
Fuxing, Luo / Changchun (CN)

G

Gabelmann-Kreutz, Heinrich / Mainz
Gaertner, Jan Felix / Wachtberg
Gärtner-Fritz, Eric / Mainz
Gahr, Daniel / Mainz
Gampe, Sebastian / Schmitten
Gangloff, Anne / Paris (FR)
Gangoly, Alexander / Wien (AT)
Ganter, Angela / Nürnberg
Ganz, Adam / (GB)
Garcia Novo, Elsa / Madrid (ES)
García-Bermejo Giner, Miguel / Salamanca (ES)
Garth, Astrid / Heidesheim
Gartmann, Thomas / Liebefeld
Gaskill, Elizabeth / Amsterdam (NL)
Gassner, Verena / Wien (AT)
Gastaldo, Sandra / Mestre Venezia (IT)
Gaudzinski Windheuser, Sabine / Neuwied
Gaul, Dietmar / Mainz
Gaulain, Daniel / Brest (FR)
Gauly, Bardo M. / Eichstätt
Gawlitza, Denise / Eschborn
Gebhard, Annika / Berlin
Gehrmann, Marc / Konstanz
Gehrmann-Bohl, Claudia / Mainz
Geiger, Max / Augsburg
Geiling, Hendrik / Marburg
Geis, Hartmut / Ingelheim
Gelfert, Attila / Frankfurt am Main
Gembries, Helmut / Speyer
Genovesi, Pietroluigi / Pordenone (IT)
Georgescu, Andrei / Timișoara (RO)
Gepp, Andreas / Wonsheim
Gerber, Anja / Potsdam
Gerhardt, Daniel / Mainz
Gerhardt, Heinz / Mainz
Gerner-Beuerle, Claudia / Ensheim
Gernert, Folke / Trier
Gestrich, Andreas / Gutweiler
Geyer, Helen / Eisenach
Giani, Caspar Maria / Mainz
Gier, Oliver / Remscheid
Giering, Peter / Irrel
Gierse, Hildegard / Swisttal
Gieseke, Annegret / Lappersdorf
Gieseke, Ingeborg / Mainz
Giesler, Ulrike / Brühl
Gießler, Alexandra / Mainz
Gillmann, Norbert / Mainz
Gimeno Pascual, Helena / Alcalá de Henares (ES)
Gimm, Heinz / Mainz
Ginestí Rosell, Anna / Eichstätt
Giralt, Sebastià / Premià de Mar (ES)
Girardet, Klaus Martin / Saarbrücken
Giskow, Ralf / Mainz
Glatz, Joachim / Mainz
Glatz, Julia / Mainz
Glatz, Peter / Leonding (AT)
Glatz, Ulrike / Mainz
Glotzbach, Marijke / Mörfelden-Walldorf
Glück, Charlotte / Zweibrücken
Glüsenkamp, Uwe / Mainz
Göbel, Nicole / Langenselbold
Goedecker, Michael / Mainz
Goedecker, Sebastian / Wiesbaden
Göhler, Stefanie / Wiesbaden
Gökmen, Emre / Bursa (TR)
Göppinger, Judith / Zürich (CH)
Göring, Philipp / Mainz
Goes, Lex / (NL)
Götte, Daniel / Bernkastel-Kues
Goette, Hans Rupprecht / Berlin
Göttel, Leon / Wöllstein
Goetz, Hans-Werner / Hamburg
Goff, Barbara / London (GB)
Gogräfe, Rüdiger / Mainz
Goldbeck, Vibeke / Berlin
Goldenbaum, Cornelia / Mainz
Goldstein, Olaf / Esslingen
Goltz, Andreas / Mainz
Gonçalves Soares Fabião, Carlos Jorge / Estoril (PT)
Gottschalk, Matthias / Mainz-Kostheim
Gottwald, Eva / Bad Ischl (AT)
Gouveia Ferreira Valente, Marco Paulo / Alentejo (PT)
Gowers, Emily / Cambridge (GB)
Graebner, Hagen / Ingelheim
Gräf, Brigitte / Heidelberg
Graefen, Angela / Mainz
Graf, Klaus / Neuss
Grahl, Jonas / Mainz
Grammes, Isabel / Mainz
Grandpierre, Frank / Mainz
Graw, Ursula / Mainz
Greatrex, Geoffrey / Ottawa (CA)
Greco, Gabryel / Mainz
Gregori, Gian Luca / Roma (IT)
Grehn, Kai / Berlin
Greim, Daniela / Bingen
Grenningloh, Silvia / Mainz
Grieser, Heike / Lampertheim
Grimm-Süß, Eva / Mainz
Grinschgl, Markus / Gratwein-Straßengel (AT)
Groden-Kranich, Ursula / Mainz
Gröschler, Peter / Mainz
Groh, Angelika / Mainz
Groll, Florian / Mainz
Gropper, Stefanie / Gilching
Groß, Andreas / Mainz
Groß, Hermann Josef / Trier
Groß, Joachim / Speyer
Groß, Katharina / Koblenz
Groß, Klaus / Bodenheim
Groß, Maria / Mannheim
Groß, Raphaela / Siegburg
Grosser, Frederik / Berlin
Gross-Herzog, Irene / Mainz
Großmann-Frank, Stefanie / Mainz
Grottendieck, Brigitte / Mainz
Gruber, Regina / München

Grubitzsch, Falko / Leipzig
Grün, Fabian / Offenbach
Grünen, Monika / Mainz
Grüner, Andreas / Erlangen
Grünewald, Dorothee / Mainz
Grünewald, Helga / Mainz
Grünewald, Martin / Westhofen
Grünewald, Niklas / Mainz
Grünewald, Volker / Mainz
Grunau, Andrea / Koblenz
Grund, Vera / Detmold
Grundhoff-Müller, Mechthild / Brandenburg
Grundmann, Steffi / Wuppertal
Grygier, Gisela / Mainz
Gude, Frank / Mainz
Gude, Ingeborg / Mainz
Güldenstein, Paul / Langen
Günther, Siegfried / Mainz
Günther, Sven / Göttingen
Gürler Akgün, Rıza / İstanbul (TR)
Gueroui, Maria / Mainz
Gütebier, Dagmar / Mainz
Guillaumet, Jean-Paul / Ussy-sur-Marne (FR)
Gundlach, Thomas / Bacharach
Guntrum, Konstantin / Oppenheim
Gurk, Christian / Mainz
Gustavsson, Anna / Goteborg (SE)
Gut, Andreas / Aalen
Gutbier, Paul / Köln
Guthier, Simeon / Mainz
Gutmann, Michael / Mainz
Gutsfeld, Andreas / Nancy (FR)
Gvenetadze, Laura / Mainz

H

Haack, Fabian / Esslingen
Haack, Marie-Laurence / Paris (FR)
Haake, Matthias / Münster
Haas, Simon / Albig
Hack, Patrick / Sindelfingen
Hack, Sabine / Eitorf
Hadding, Walther / Essenheim
Häckel, Peter / Mainz
Hädeler, Jonas / Edingen-Neckarhausen
Hänninen, Marja-Leena / Helsinki (FI)
Haensch, Rudolf / Ebersberg
Haenßgen, Roman / Hürth
Härterich, Katharina / Bochum
Haese-Lewin, Jacqueline / Bendorf
Hafner, Klaus / Mainz
Hafner, Lucas / Wiesbaden
Hafner, Markus / Graz (AT)
Hafner, Susanne / Bronx NY (US)
Hagen, Eva / Roma (IT)
Hagmann, Dominik / Wien (AT)
Hagner, Udo / Gera
Hahn, Michael Johannes / München
Halbedl, Karl-Heinz / Eberbach
Hall, Cornelia / Mainz
Halla, Karel / Libá (HU)
Hamann, Heribert / Oppenheim
Hambrock, Hela / Mainz
Hammer, Claudia / Oberwesel
Hammerstaedt, Jürgen / Köln
Hamway, Charlotte / Bonn
Handl, András / Leuven (BE)
Hanel, Norbert / Langenfeld
Hanelt, Anneliese / Mainz
Hannelore, Lorke / Nieder-Olm
Hannemann, Hansjörg / Mainz
Hanning, Erica / Andernach
Hanoune, Roger / Lille (FR)
Hansen, Jürgen / Mainz
Happ, Gabi / Sinntal
Harder, Anastasia / Trier
Harter-Uibopuu, Kaja / Großhansdorf
Hartmann, Andreas / Augsburg
Hartmann, Götz / Wiesbaden
Hartmann, Iris / Mainz
Hartmann, Jürgen / Mainz
Hartmann, Verena Annette / Krefeld
Hasenhütl, Franz / Graz (AT)
Hasenstein, Laura / Brachttal
Hasse, Marlin / Mühlheim
Haubrichs, Wolfgang / St. Ingbert
Hauch, Alina / Forst
Hauck, Klaus / Rüsselsheim
Haug, Roman / Mainz
Haustein-Bartsch, Eva / Dortmund
Havener, Wolfgang / Gailingen
Hebenstreit, Lelia / Wiesbaden
Hechberger, Werner / Koblenz
Heck, Melanie / Stadecken-Elsheim
Heckelmann, Madeleine Christiane / Mainz
Hecken, David / Detmold
Hecken, Kevin / Mainz
Hecker, Kristine / Trieste (IT)
Hedtke, Britta Katharina / Mainz
Hees, Gabriele / Mainz
Heger, Martin / Berlin
Heid, Stefan / Oberursel
Heidemann, Andreas / Holzwickede
Heiligenthal, Paulina / Rosbach
Heimers, Manfred Peter / Haar
Heinemann, Alexander / Karlsruhe
Heinemann, Christiane / Wiesbaden
Heinemann, Hartmut / Wiesbaden
Heinig, Paul-Joachim / Taunusstein
Heinisch, Johannes / München
Heinrich, Adrian / München
Heinrich, Rudolf / Roma (IT)
Heinsdorff, Cornel / Kempen
Heinz, Sandra / Mainz
Heinze, Eva-Maria / Mainz
Heise, Caroline / Bad Kreuznach
Heising, Alexander / Freiburg
Heitmann-Gordon, Henry / Ilmmünster
Helas, Sophie / Köln
Held, Winfried / Marburg
Hell, Patricia / Mainz
Hellenkemper, Hansgerd / Bonn
Heller-Karneth, Eva / Alzey
Helmbold, Laurin / Mainz
Helmers, Wim / Amsterdam (NL)
Helmig, Christoph / Köln
Helmrath, Johannes / Berlin
Hemelrijk, Emily / (NL)
Hendrich, Daniel / Worms
Henkel-von Klaß, Rainer / Mainz
Henrich-Oeleker, Elke / Udenheim
Hensen, Andreas / Heidelberg
Henze-Hartych, Torsten / Leipzig
Hepp, Doris / Mainz
Hermann, Leon / Bingen
Hermann, Sonja / Graz (AT)
Herrmann, Christofer / Wiesbaden
Herrmann, Peter / Monzingen
Herrnleben, Hans-Georg / Worms
Herzog, John / Mainz
Herzog, Lisa / Frankfurt am Main
Herzog, Philip / Mainz
Hess, Volker / Staufenberg
Heusel, Vera / Mainz
Heyder, Regina / Mainz
Hilbert, Robert / Mainz
Hildebrandt, Henrik / Berlin
Hilgart, Johannes / Ingelheim
Hilka, Thomas / Mainz
Hill, Susanne / Mainz
Hillen, Alfred / Alzey
Hillen, Christian / Bonn
Hillert-Kempkes, Ulrike / Mainz
Hillgruber, Michael / Leipzig
Hilsheimer, Thomas / Mainz
Hinkel, Helmut / Mainz
Hinsch, Moritz / Berlin
Hinz, Daniel / Lindlar
Hippchen, Raoul / Mainz
Hirsch, Stephanie / Mainz
Hirschbiegel, Jan / Kronshagen
Hirschfelder, Gunther / Regensburg
Hitzl, Ingrid / Kiel
Hoben, Stefanie / Mestre Venezia (IT)
Hochbruck, Jan / Köln
Hochhaus-Bopp, Daniela / Mainz
Hockmann, Silke / Karlsruhe
Hoécker, Carola / Heidelberg
Höfel, Manfred / Frankfurt am Main
Höll, Leslie / Linsengericht
Höller, Anna / Mainz
Hölscher, Tonio / Heidelberg
Hoernes, Matthias / Wien (AT)
Hörnes, Edgar / Ingelheim
Hörnig, Cornelia / Lich
Hörnig, Rolf / Lich
Hörtenhuemer, Florian / Sattledt (AT)
Hoferichter, Dustin / Wennigsen
Hoffmann, Carina / Bad Salzungen
Hoffmann, Erika / Bad Salzungen
Hoffmann, Florian / Stuttgart
Hoffmann, Susanne / Mainz
Hoffmann, Ulrich / Weißenhorn
Hoffman-Zang, Eva / Bern (CH)
Hofmann, Alexander / Mainz
Hofmann, Andreas / Neu-Anspach
Hofmann, Gaby / Berlin
Hofmann, Katrin / Mainz
Hofmann, Vera / Wien (AT)
Hohneck, H. / Otzweiler
Holbach, Rudolf / Oldenburg
Holch, Julian / Gröbenzell
Hollenbach, Bettina / Mainz
Hollenbach, Thomas / Mainz
Holz, Joachim / Mainz

Hook, Felicitas / Mainz
Hopf, Margarethe / Kaiserslautern
Hoppe-Münzberg, Esther / München
Horn, Heinz Günter / Wesseling
Horn, Martina / Mainz
Hornung, Sabine / Budenheim
Horstkotte-Höcker, Ellen / Mainz
Houston, Jordon / London (GB)
Houten, Pieter / Utrecht (NL)
Hradil, Stefan / Mainz
Huber, Ilse / Ober-Olm
Huber, Jochem / Ober-Olm
Hubmann, Michael / Hong Kong (HK)
Hübner, Hans-Jürgen / Bremen
Hüffmeier, Kathrin / Gau-Bischofsheim
Hülbusch, Renate / Mainz
Hümmler, Rudolf / Mainz
Hürkey, Monika / Flomborn
Hüsges, Herbert / Mönchengladbach
Hüttemann, Peter / Roxheim
Huhn, Hans-Lothar / Bacharach
Huiskes, Manfred / Andernach
Hupfauer, Vincent / Mainz
Hupperetz, Wim / (NL)
Hurlet, Frédéric / Paris (FR)
Huttner, Ulrich / Siegen
Huyer, Michael / Sendenhorst

I

Iff, Nicholas / Mainz
Ilin-Tomich, Alexander / Mainz
Inselmann, Leif / Göttingen
Isabella, Giovanni / Bologna (IT)
Itgenshorst, Tanja / Fribourg (CH)

J

Jacobfeuerborn, Fabian / Köln
Jacobs, Malte / Ginsheim-Gustavsburg
Jäger, Franz / Halle (Saale)
Jäger, Nils / Mainz
Jäger, Tina / Ochsenhausen
Jäggi, Carola / Zürich (CH)
Janik, Dieter / Mainz
Jann-Kortenbusch, Ulrike / Mainz
Janouschek, Tobias / Endingen
Jansen, Ulrike / Werneuchen
Janssen, Elsa / Frankfurt am Main
Jauch, Verena / Konstanz
Jencio-Stein, Andrea / Mainz
Jenniskens, Theo / Mainz
Jentsch, Hans Jürgen / Obermoschel
Jeske, Bettina / Berlin
Jetter, Angelika / Mainz
Jiménez, Alicia / Durham NC (US)
Jin, Xiaomin / Wiesbaden
Jördens, Andrea / Schriesheim
Johannson, Pia / Mainz
John, Susanne / Mommenheim
John, Uwe / Erfurt
Johrendt, Jochen / Berlin
Jonas, Justus / Mainz
Jost, Matthias / Bad Kreuznach
Jürgens, Fabian / Daxweiler
Jürgens, Steffen / Mainz-Kastel
Juhanisdotter, Thor / Malmö (DK)
Jung, Beat / Lüsslingen
Jung, Carmen / Neu-Isenburg
Jung, Michael / Roma (IT)
Jung, Werner / Remagen
Jungius, Karl-Peter / Termen (CH)
Junker, Klaus / Mainz
Juretzko, Bernadette / Mainz
Just, Markus / Salzburg (AT)

K

Kaas, Susanne / Mainz
Kägler, Britta / Passau
Kaempf, Sophia / Tübingen
Kästner, Silvia / Mainz
Kafitz, Viviane / Bamberg
Kagerer, Katharina / Göttingen
Kahnert, Simon / Laubach
Kahry, Yvonne / Zeiselmauer (AT)
Kaiser, Bastian / Trier
Kaiser, Bernhard / Dresden
Kaiser, Ivonne / Oldenburg
Kaiser, Katharina / Darmstadt
Kajava, Mika / Helsinki (FI)
Kalimi, Isaac / Mainz
Kalkum, Gisela / Mainz
Kalle, Martin / Mainz
Kallweit, Wolfhard / Taurize (FR)
Kampmann, Claudia / Mainz
Kapogianni-Beth, Alexandra / Mainz
Kappelhoff, Eike / Guntersblum
Kapper, Antonio / Mainz
Kapper, Christian / Mainz
Kara, Selin / Istanbul (TR)
Karakan, Zehra / İstanbul (TR)
Karneth, Rainer / Alzey
Karrer, Tanja / Karlsruhe
Kasper, Michael / Rostock
Katemann, Norbert / Zülpich
Katitas, Pervin / Istanbul (TR)
Kató, Péter / Budapest (HU)
Katschmanowski, Christian / Cottbus
Kaufhold, Hubert / München
Kaup, Alexander / Friedberg
Kaup, Maria-Luise / Mainz
Kawamoto, Yukiko / Nagoya (JP)
Kaynakoğlu, Begüm / İstanbul (TR)
Keck, Daniel / Marburg
Kehr, Veronika / Mainz
Keilmann, Burkard / Worms
Kelder, Jorrit / (NL)
Keller, Hermann / Mainz
Kelp, Ute / Frankfurt am Main
Kemkes, Martin / Rastatt
Kemmers, Fleur / Frankfurt am Main
Kepplinger, Hans Mathias / Mainz
Kepplinger, Nanni / Mainz
Kersandt, Kerstin / Ingelheim
Kessel, Antje / Mainz
Kesselmeier, Miriam / Jena
Keßler, Raoul / Berlin
Kettner, Jan-Eric / Darmstadt
Kettner, Jürgen / Elztal
Kettner, Nathalie / Elztal
Keuser, Ingo / Trier
Keuser, Norbert / Mainz
Kibbert-Ackermann, Marion / Hochheim
Kieburg, Anna / Mainz
Kieburg, Holger / Mainz
Kiefer, Michael / Speyer
Kiefer, Ulrich / Münster-Sarmsheim
Kiesel, Sebastian / Mainz
Kilburg, Johanna / Mainz
Kim-Gerhold, Inah / Bad Emstal
Kimmes, Franz / Mainz
Kindermann, Udo / Buckenhof
Kirchberger, Nico / München
Kirchberger, Stefan / Stuttgart
Kirchmann, Torsten / Mainz
Kirchner, Helena / Sant Cugat del Vallès (ES)
Kirichenko, Alexander / Berlin
Kirsch, André / Consdorf (LU)
Kirschner, Uwe / Mainz
Kiworr, Karin / Mainz
Klaeger, Florian / Bayreuth
Kläger, Lukas / Mainz
Kläger-Heise, Kerstin / Mainz
Klag, Timo / Morschheim
Klaper, Michael / Jena
Klasen, Joachim / Marktoberdorf
Kleensang, Johanna / Frankfurt am Main
Kleensang, Michael / Heidelberg
Klein, Lisa-Marie / Mannheim
Klein, Melanie / Waldalgesheim
Kleiner, Marlene / Heidelberg
Kleinert, Christian / Frankfurt am Main
Kleinig, Barbara / Mainz
Klein-Pfeuffer, Margarete / Würzburg
Kleinsorge, Stefanie / Heidelberg
Klewitz, Vera / Wiesbaden
Kliebsch, Achim / Bad Kreuznach
Klijn, Evert / (NL)
Klingenberg, Andreas / Köln
Klingler, Rolf / Worms
Klingmüller, Christine / Mainz
Klöckner, Anja / Linden
Klose, Christoph / Jena
Klostermann, Gabriele / Horhausen
Klotter, Ulrike / Worms
Klotz von Eckartsberg, Jeff Stephan / Neulingen
Klüners, Martin / Moers
Klüpfel, Karl / Mainz
Kluge, Heinz-Jürgen / Mainz
Kluge, Sindy / Wien (AT)
Knapp, Robert / Oakland CA (US)
Knecht, Johannes Vincent / Kleinmachnow
Kneisel, Antje / Mainz
Knieling, Michael / Aachen
Knöchlein, Erwin / Mainz
Knödler, Renate / Mainz
Knoll, Martina / Mainz
Knoll, Wilfried / Mainz
Knopf, Fabian / Berlin
Knura, Sebastian / Köln
Kobusch, Philipp / Kiel
Koch, Julia M. / Lich
Koch, Nicole / Mainz
Koch, Ronny / Mainz
Koch, Stephan / Mainz
Koch, Uwe / Mainz
Kochinke, Ludger Maria / Mainz
Koder, Johannes / Wien (AT)
Kögler, Patricia / Berlin
Köhl, Sascha / Mainz
Köhler, Frank / Ingelheim
Köhling, Ulrich / Mainz
Kölsch, Gerhard / Mainz
König, Alfons / Mainz
König, Judith / Mainz
König, Robert / Römerberg
König, Thomas / Bad Aibling
König, Wolfram / Mainz
Koenitz, Karin / Bad Schwalbach
Körner, Christian / Seedorf
Körntgen, Ludger / Mainz

Köstler, Marion / Pinsdorf
Kofler, Christine / Neu-Bamberg
Kofler, Wolfgang / Inzing (AT)
Kohl, Johannes / Mainz
Kohle, Maria / Offenbach
Kohring, Andreas / Berlin
Kokkinia, Christina / Athens (GR)
Kolb, Rüdiger / Mainz
Kollecker, Axel / Ober-Olm
Koloska, Lisa / Würzburg
Kondla, Anke / Ingelheim
Kopf, Julia / Wien (AT)
Korucu, Sümeyye / İstanbul (TR)
Koschel, Holger / Bern (CH)
Kosinsky, Olaf / Mainz
Kost, Josephine / Göttingen
Kost, Kumi-Raine / Mainz
Koster, Annelies / Nijmegen (NL)
Koster, G.H. / (NL)
Kosthorst, Lotte / Aachen
Kotlinska-Toma, Agnieszka / Bayreuth
Kotzur, Hans-Jürgen / Mainz
Kovacs, Martin / Tübingen
Kovács, Péter / Piliscsaba (HU)
Kozubek, Christoph / Mainz
Kozubová, Anita / Poľnohospodárska (SK)
Krach, Tillmann / Mainz
Krämer, Birgit / Tübingen
Krämer, Christiane / Mühltal
Krämer, Herbert / Mainz
Krämer, Manina / Langeneß
Krafft, Otfried / Berlin
Krahforst, Karl / Sinzig
Krahmer, Dieter / Mainz
Krahnert, Claudia / Leipzig
Krahwinkel-Oster, Sandra / Mainz
Kramer, Norbert / Heidelberg
Kranjec, Ivor / Zagreb (HR)
Kranz, Ludwig / Mommenheim
Kranz, Ulrich Paul Albert / Mainz
Kranzdorf, Anna / Mainz
Kratz, Julia / Ludwigshafen
Kraus, Karin / Mainz
Krause, Daniel / Mainz
Krause, Diethild / Griesheim
Krause, Sonja / Mainz
Krayer, Reinhold / Mainz
Krebs, Sebastian / Mainz
Kremer, Christopher / Wiesbaden
Kremer, Gabrielle / Wien (AT)
Kress, Bianca / Mainz
Kretschmar, Marja / Wiesbaden

Kreuz, Patric-Alexander / Kiel
Kreuzarek, Katharina / Mainz
Krieb, Steffen / Mainz
Krieger, Heike / Kleinmachnow
Krischke, Roland / Altenburg
Kriszt, Sandra / Dossenheim
Kröckel-Quetsch, Oliver / Mainz
Kröller, Karsten / Bad Camberg
Kroiß, Daniel / Büttelborn
Królczyk, Krzysztof / Poznań (PL)
Kropf, Klaus-Heiner / Mainz
Krug, Zachary / Mainz
Kruschwitz, Peter / Wien (AT)
Kruse, Thomas / Wien (AT)
Kubina, Krystina / Wien (AT)
Kubitzki, Andreas / Mainz
Kuchenbuch, Christin / Mainz
Kühne, Axel / Mainz
Kümmeler, Fabian / Wien (AT)
Kündiger, Melanie / Schmitten
Kürble, Gunter / Zweibrücken
Kürten, Maximilian / Mainz
Kuhlmann, Sabine / Singen
Kuhn, Barbara / Eichstätt
Kuhn, Philipp Jakob Nicolai / Mainz
Kuhnle, Gertrud / Strasbourg (FR)
Kullmann, Ernst / Idar-Oberstein
Kunz, Anja / Mainz
Kynast, Birgit / Mainz

L

Länger, Annemarie / Zeltingen-Rachtig
Länger, Elisabeth / Zeltingen-Rachtig
Lafer, Renate / Klagenfurt (AT)
Lampe, Jörg / Göttingen
Landman, K. / (NL)
Landmesser, Friederike / Mainz
Landua, Elisabeth / Mainz
Lang , Christiane / Mainz
Lang , Marianne / Linz (AT)
Lang, Alex / Ingelheim
Lang, Franz / Linz (AT)
Lang, Franziska / Darmstadt
Lang, Jörn / Leipzig
Lang, Simon / Potsdam
Lang, Thomas / Schkeuditz
Lang, Timo / Mainz-Kastel
Lange, Cornelius / Würzburg
Lange, Nicolas / München
Lange, Stefan / Wiesbaden
Lang-Edwards, Annette / Mainz
Langer, Benjamin / Köln

Langer, Ilona / Mainz
Langer, Jonas / Heidesheim
Langer, Sandra / Klein-Winternheim
Langmaack, Sabine / Mainz
Lankuttis, Stefan / Rüsselsheim
Lappe, Marie-Luise / Mainz
Larsson Lovén, Lena / Goteborg (SE)
Larue, Paul / Düren
Latschar, Johannes / Stadecken-Elsheim
Laubry, Nicolas / Roma (IT)
Lazzarini, Isabella / Edinburgh (GB)
Le Bohec, Yann / Lille (FR)
Lehmann, Florian / Mainz
Leibundgut, Thomas / Stanford CA (US)
Leichter, Christine / Innsbruck
Leinen, Felix / Mainz
Leipold, Walter / Laubenheim
Leis, Daniel / Mainz
Leis, Ursula / Oppenheim
Leitermann, Harald / Rosbach
Leitmeir, Florian / Würzburg
Lemmerer, Johann / Salzburg (AT)
Lendl, Jonas / Berlin
Lendon, Jon / Charlottesville VA (US)
Lentz, Carola / Mainz
Leopold, Renate / Mainz
Lepke, Andrew / Münster
Lermen, Theresa / Mainz
Leusch, Sebastian / Freiburg
Lewy, Mordechay / Bonn
Ley, Bernard / Trier
Leypold, Denise / Langenlonsheim
Lieb, Kathrin / Gutach
Liebau, Heidi / Wiesbaden
Lieber, Rosemarie / Mainz
Lillington-Martin, Christopher / Terrassa, Barcelona (ES)
Limpert, Bernina / Neu-Isenburg
Lindenthal, Jörg / Echzell
Linder, Maximilian / Dürrholz
Linders, Koos / (NL)
Lindholmer, Mads / Glasgow (GB)
Lindner, Martin / Friedland
Lindström, Gunvor / Berlin
Linge, Hartmann / Stolberg
Linke, Julia / Karlsruhe
Linsen, Yde / Amsterdam (NL)
Lipp, Volker / Aschaffenburg
Lippe, Katahrina / Mainz
Lipps, Johannes / Mainz
Lischke, Siggi / Mainz
List, Veronika / Wiesbaden

Litterst, Karin / Dreieich
Lobe, Jana / Bamberg
Löcher, Christina / Worms
Löcher, Engelbert / Worms
Löchner, Felix / Mainz
Loës, Jens / Hellwege
Loës, Sünje / Ahausen
Löhr, Hans-Peter / Beltheim
Lötscher, Christoph / Bern (CH)
Löx, Markus / München
Loga, Vinzenz / Mainz
Lohmann, Axel / Mainz
Lohmann, Polly / Heidelberg
Lolli, Massimo / Pedrinate (CH)
Lonnes, Anja / Mainz
Lonnes, Peter / Mainz
Loomans, Dirk / Mainz
Loos, Hartmut / Speyer
López Fernández, Aránzazu / Vitoria-Gasteiz (ES)
Lorenz, Martin / Mainz
Lorenzo Ferragut, Helena / Alcalá de Henares (ES)
Losert, Marianne / St. Pölten (AT)
Luce, Friederike / Mainz
Luckhaupt, Lutz / Mainz
Ludes, Sieglinde / Mainz
Ludwig, Claudia / Rietz-Neuendorf
Ludwig, Gerburg / Wentorf bei Hamburg
Ludwig, Heidrun / Griesheim
Ludwig, Karl-Heinz / München
Ludwig, Renate / Heidelberg
Ludwig-Ockenfels, Cathérine Annette / Friedberg
Lueg, Gabrielle / Köln
Lüer, David / Mainz
Lütkenhaus, Veronika / Frankfurt am Main
Luig, Renate / Mainz
Luján, Eugenio R. / Madrid (ES)
Lunczer, Clemens / Schorndorf
Lupi, Elisabetta / Hannover
Lutz, Franziska / Mainz
Lutz, Pia / Trier
Lyons, Deborah / Oxford OH (US)

M

Mac Sweeney, Naoise / Wien (AT)
Mackensen, Michael / München
Mackenthun, Jens / Mainz
Madaus, André / Ingelheim
Madl, Florian / Mainz
Männinghoff, Roland / Düsseldorf

Märtl, Claudia / München
März, Jürgen / Seeheim-Jugenheim
Magin, Christine / Greifswald
Mahr, Brigitte / Zornheim
Manarini, Edoardo / Bologna (IT)
Mandatori, Gianluca / Pontinia (IT)
Mandl, Sven / Messel
Manicke, Sabrina / Mainz
Maniscalco, Francesco / Roma (IT)
Manuwald, Anke / Göttingen
Manuwald, Bernd / Göttingen
Manuwald, Henrike / Göttingen
Maran, Joseph / Plankstadt
Mares, Andreas / Trier
Maresch, Klaus / Kall
Marhöfer, Rebecca / Hermersberg
Mariatti, Maurizia / Nierstein
Marincola, Daniele / Offenbach
Markovic, Daniel / Mainz
Marquardt, Anja / Celle
Marrocchi, Mario / Sarteano (IT)
Martens, Friderike / Schwäbisch Gmünd
Martens, Jochen / Mainz
Martin, Michael / Landau
Martin, Sara / Kelsterbach
Martins, Sigrun / Friedberg
Maschek, Dominik / (GB)
Maslowski, Margot / Jugenheim
Maslowski, Paul Valentin / Ingelheim
Mason, Mara / Udine (IT)
Matei-Popescu, Florian / București (RO)
Mateo Decabo, Eva Maria / Berlin
Matesic, Suzana / Bad Homburg
Mathäser, Lucas / Mainz
Mathein, Norbert / Mainz
Matheus Höller, Mechthild / Trier
Matijević, Krešimir / Flensburg
Matschulat, Eric / Frankfurt am Main
Matschulat, Guido / Verl
Mattern, Torsten / Trier
Matuszewski, Rafal / Salzburg (AT)
Matz, Manuela / Mainz
Mauer-Holler, Elke / Mainz
Maurer, Helmut / Mainz
Maurer, Thomas / Passau
May, Jan / Mainz
May, Karl-Georg / Mainz

Mayer, Hans / Münster
Mayer, Katharina / Mainz
Mayer, Martin / Mainz
Mayr, Ulrike / Mauren (LI)
Megarry, Rebecca / Bangor (GB)
Mehlhose, Lothar / Mainz
Meier, Ludwig / Wien (AT)
Meier, Vivienne / Diethardt
Meilinger, Marion / Dresden
Meissel, Franz-Stefan / Wien (AT)
Meister-Frein, Inge / Mainz
Meixner, Ilke / Flomborn
Melchor Gil, Enrique / Córdoba (ES)
Melkert, Hella / Berlin
Mellace, Raffaele / Milano (IT)
Meloni, Nicola / Frankfurt am Main
Melville, Eliska / Mainz
Ménard, Hélène / Montpellier (FR)
Mendelssohn, Ulrike / Mainz
Mendes Ramos, Maximino Romão / (PT)
Menestò, Enrico / Spoleto (IT)
Mentgen, Gerd / Trier
Menzel, Isabell / Mainz
Merkle, Eduard / Bad Waldsee
Merklein, Christoph / Ingelheim
Merle, Pascal / Mainz
Merten, Hiltrud / Trier
Merten, Lukas / Mainz
Mertens, Rüdiger / Frankfurt am Main
Mertl, Patrick / Mainz
Merxhani, Katharina / Mainz
Messerer, Carmen / Köln
Meßner, Maria / Frankfurt am Main
Metalla-Maurer, Elvana / Passau
Metten, Liesel / Nieder-Olm
Metten, Michaela / Nieder-Olm
Metten, Priska / Mainz
Metz, Christoph / Mainz
Metze, Klaus-Rüdiger / Frankfurt am Main
Metzger, Helga / Mainz
Meurer, Tabea Ligeia / Mainz
Meyer, Carsten / Frankfurt am Main
Meyer, Dennis / Mainz
Meyer, Klaus-Jürgen / München
Meyer, Michael / Mainz
Meyer, Sibylle / Mainz-Kastel
Meyer, Thomas / Mainz
Meyer-Husmann, Ulrich / Mainz

Meyer-Wippermann, Horst / Höhr-Grenzhausen
Michaelis, Jörg / Mainz
Michalopoulos, Andreas / Athens (GR)
Michel, Christina / Chemnitz
Middel, Berry / Weimar
Miedreich, Mathias / Nidda
Miedreich, Thomas / Bingen
Mießner, Franzgerd / Bacharach
Miglio, Massimo / Roma (IT)
Mihailescu-Birliba, Virgil / Iasi (RO)
Miks, Christian / Mainz
Miller, Marlee / Harrisburg PA (US)
Miller, Martin / Stuttgart
Minas-Nerpel, Martina / Trier
Mintert, Tobias / Köln
Mlinar, Elisabeth / Pressbaum
Modi, Vivek / Berlin
Modigliani, Anna / Roma (IT)
Möhrle, René / Trier
Möller, Angela / Hamburg
Mörzinger, Sabrina / Salzburg (AT)
Mohr, Hans-Dieter / Oppenheim
Mohrwinkel, Frauke / Bergenhusen
Molitor, Regina Maria / Mainz
Moll, Susanne / Mainz
Momper, Bernhard / Wiesbaden
Monda, Salvatore / Roma (IT)
Mondini, Ugo Carlo Luigi / Wien (AT)
Montanari, Massimo / Imola (IT)
Moos, Sebastian / St. Leon-Rot
Moralee, Jason / Northampton MA (US)
Morard, Thomas / Liege (BE)
Moreau, Dominic / Uccle (BE)
Morlok, Karl / Mainz
Moros Diaz, Juan / Sevilla (ES)
Mosler, Helga / Mainz
Mossel, Stefan / Essenheim
Mossong, Isabelle / München
Mückenberger, Kai / Hünstetten
Mühlen, Corinna / München
Mühlen, Edgar / Mainz
Mühlen, Edith / Mainz
Mührenberg, Lara / Marburg
Müller, Andreas / Bobritzsch-Hilbersdorf
Müller, Bodo / Mainz
Müller, Christian / Heidesheim
Müller, Elke / Mainz
Müller, Ellen / Heidesheim

Müller, Figen / Freiburg
Müller, Frank / Mainz
Müller, Georg Josef / Waxweiler
Müller, Hans-Joachim / Heidesheim
Müller, Hans-Peter / Leipzig
Müller, Hendrik / Hamburg
Müller, Heribert / Köln
Müller, Jonas Aaron / Köln
Müller, Laura / Mainz
Müller, Marco / Mainz
Müller, Markus / Mainz
Müller, Michael / Hanau
Müller, Monika / Mainz
Müller, Rebecca / Bamberg
Müller, Susanne / Mainz
Müller, Thomas / Mainz
Müller, Uwe Xaver / Freiburg
Müller, Werner / Kaiserslautern
Müller, Wolfgang / Trier
Müller-Karpe, Michael / Mainz
Müller-Karpe, Sarolta / Mainz
Münch, Paul / Bisingen
Münning, Claudia / Riedstadt
Müth-Frederiksen, Silke / Kopenhagen
Munzel, Reinhard / Babenhausen
Murdoch, Adrian / (GB)
Mussel, Constantin Johannes / Trebur
Mustonen, Pia / Tampere (FI)

N

N., Meagan / Wiesbaden
Nägeli, Gertrude / Mainz
Nährlich, Stefan / Berlin
Nafissi, Massimo / Perugia (IT)
Nagel, Daniel / Worms
Naglo, Kristian / Mainz
Nahm, Alexander / Ingelheim
Nallbani, Etleva / Paris (FR)
Naunheim, Gerd / Koblenz
Navarro Caballero, Milagros / Bordeaux (FR)
Nedoma, Robert / Wien (AT)
Negro, Flavia / Torino (IT)
Nelis-Clément, Jocelyne / Vessy (CH)
Nellessen, Bernhard / Mainz
Nellessen, Monika / Mainz
Nelva, Daniela / Torino (IT)
Németh, György / Budapest (HU)
Nentjes, Marijne / (NL)
Nessel, Bianka / Mainz
Nesselrath, Arnold / Roma (IT)
Neuber, Anja / Mainz
Neubert, Falk / Mainz
Neubert, Matthias / Bingen
Neumann, Christoph / Mainz

Neumann, Norbert / Heidesheim
Neumann-Beeck, Ute / Mainz
Neusius, Alfons / Ratingen
Ney, Johanna / Ensdorf
Ney, Wolfram / Ensdorf
Nhi Doan, Phuong / Mainz
Niagkoules, Niko / Köln
Nichell, Wolfram / Mainz
Nickel, Marion / Weilrod
Nickel, Ronald / Rüdesheim am Rhein
Nicolai, Olaf / Berlin
Nicolaou, Doria / Lemesos (GR)
Nied, Mathias / Mainz
Niehues, Lennart / Koblenz
Nieß, Otmar / Trier
Niggemeyer, Ursula / Mainz
Nikitsch, Eberhard J. / Mainz
Niklaus, Martin / Amberg
Nilges, Anne / Mainz
Nitsch, Wolfram / Köln
Nitsche, Almut / Wiesbaden
Nixdorf, Sophie / Mainz
Noack, Eva / Mainz
Noelke, Peter / Bonn
Noeske, Hans-Christoph / Kelkheim
Noeske-Winter, Barbara / Kelkheim
Noffke, Clara-Louise / Mainz
Noguera Noguera, José Miguel / Murcia (ES)
Nomicos, Sophia / Bochum
Nonn, Hella / Budenheim
Nonn, Jürgen / Budenheim
Nüsslein, Antonin / Oermingen
Nüßlein, Timo / Regensburg

O

O Connor, Damien Jo / Bergen (NO)
Oberhofer, Karl / Wien (AT)
Obermair, Hannes / Bozen (IT)
Obinu, Pia / Mainz
Ochs, Heidrun / Mainz
Ockenfels, Benedikt / Friedberg
Odenweller, Anette / Mainz
Oed, Anja / Mainz
Oehler, Pia / Mainz
Öller, Armin / Neumarkt (AT)
Oepen, Wolfgang / Mainz
Öyken, Ekin / İstanbul (TR)
Özdemir, Halil / İstanbul (TR)
Özdizbay, Aşkım / Istanbul (TR)
Öztürk, Bülent / Istanbul (TR)
Ohl, Daniel / Mainz
Ohl, Sarah / Armsheim
Olk, Ute / Mainz
Oosterlee, Tim / (NL)
Op de Coul, Paul / (NL)
Opoczynski, Jan / Berlin
Ordoñez Agulla, Salvador / Sevilla (ES)
Orlandi, Silvia / Roma (IT)
Orthwein, Michael / Staufenberg
Ortisi, Salvatore / München
Osnabrügge, Jonas / Heidelberg
Otter, Stefan / Mainz
Ottermann, Malte / Mainz
Otto, Adelheid / München
Otto, Anja / Mainz
Otto, Dominik / Hagen
Over, Berthold / Taufkirchen

P

Pabst, Rebekka / Mainz
Paff, Elisa / Mainz
Pahlitzsch, Johannes / Mainz
Pahlke, Michael / Trimbs
Palermo, Luciano / Roma (IT)
Palombelli, Cecilia / Roma (IT)
Pankau, Abigail / St. Louis MO (US)
Pannhorst, Ingrid / Mainz
Panosa Domingo, Maria Isabel / Torredembarra (ES)
Papadopoulos, Christiane / Wackernheim
Papadopoulos, Nikolaos / Wackernheim
Papadopoulos, Ulrike / Berlin
Papadopoulou, Ioanna / Nafplion (GR)
Pappa, Eleftheria / (GR)
Paradies, Carel / (NL)
Paravicini, Werner / Kronshagen
Pare, Christopher / Mainz
Parker, Robert / (GB)
Parre, Carsten / Nidda
Parsa, Abdolkarim / Trier
Paschalis, Michael / Athens (GR)
Pasieka, Paul / Mainz
Patay-Horváth, András / Sződliget (HU)
Patscher, Stephan / Bodenheim
Patzelt, Karin / Fellbach
Pauli, Martina / Raubling
Pauly, Manfred / Kirchberg
Pauly, Martina / Mainz
Pauly, Mechthild / Kirchberg
Pawlowicz, Marie / Saint-Etienne-les-Orgues (FR)
Peger, Erika / Köln
Pekridou-Gorecki, Anastasia / Rosbach
Pelgen, Christoph / Rottenburg
Pelgen, Zuzana / Nierstein
Pelizaeus, Ludolf / Amiens (FR)
Peltomaa, Leena Mari / Wien (AT)
Pelvanoglu, Tolga / Istanbul (TR)
Pepke, Hannelore / Dijon (FR)
Pereira dos Santos, Fernando / Évora (PT)
Perrin, Michel-Yves / Paris (FR)
Peter, Markus / Augst (CH)
Peter, Ulrike / Berlin
Peters, Helmut / Mainz
Petri, Torsten / Büttelborn
Petrovszky, Konrad / Wien (AT)
Petry, Moritz / Holsthum
Petter, Robert / Barendrecht (NL)
Pfeffer, Frederik / Mainz
Pfeffer, Stefanie / Mainz
Pfeifer, Guido / Frankfurt am Main
Pfeiffer, Birgit / Mainz
Pfeiffer, Roland / Wachtberg
Pfenning, Tanja / Waldems
Philipp, Amelie / Kelkheim
Philippe, Marie / Mulhouse (FR)
Phillippo, Susanna / Newcastle upon Tyne (GB)
Piana, Mario / Venezia (IT)
Piazza de Andrade, Maria Clara / Ingelheim
Pickard, Hubert / Heimbach/Nahe
Pickert, Gotthardt / Mainz
Pickert, Ursula / Mainz
Pieters, Harold / (NL)
Pieters, Maxence / Gespunsart (FR)
Pika, Wolfram / Mainz
Pilz, Oliver / Wiesbaden
Pınarcık, Pınar / Düzce (TR)
Pinkster, Truus / Feerwerd (NL)
Pircher, Stefan / Mühldorf
Pisani, Salvatore / Wiesbaden
Pittia, Sylvie / Paris (FR)
Plattner, Georg / Wien (AT)
Plein, Hans-Jürgen / Wintrich
Ployer, René / Wien (AT)
Plum, Anne-M. / Mainz
Plum-Burns, Sophia / Mainz
Pölzl, Elisabeth / Wil (CH)
Pönisch, Uschi / Wiesbaden
Pohl, Vera / Mainz
Polito, Eugenio / Roma (IT)
Pop, Eduard / Mainz
Pope, Ben / (GB)
Porzelt, Christian / Kronach
Posch, Clemens / Salzburg (AT)
Preinfalk, Edgar / Wien (AT)
Preißler, Annett / Sayda
Prell, Silvia / Wien (AT)
Preuß, Kai / Hamburg
Preuß, Stefan / Mainz
Prieto Martí, Alberto / Barcelona (ES)
Prinz zu Salm-Salm, Michael / Wallhausen
Probst, Benedikt / Wasserburg am Inn
Probst, Peter / Bonn
Prohászka, Péter / Esztergom (HU)
Proos, R.H.P. / Rotterdam (NL)
Pülz, Andreas / Wien (AT)
Püttmann, Clara / Frankfurt am Main
Puglisi, Nadine / Mainz
Puhl, Andreas / Mainz-Kastel
Pulkowski, Peter / Mainz
Pultar, Yannick / Mainz

Q

Quast, Dieter / Mainz
Quatember, Ursula / Wien (AT)

R

Raaflaub, Kurt / Providence RI (US)
Radkova, Iva / Mainz
Raeck, Wulf / Frankfurt am Main
Rädle, Fidelis / Göttingen
Raggi, Andrea / Pisa (IT)
Răileanu-Mandache, Violeta-Maria / Galați (RO)
Rainer, J. Michael / Salzburg (AT)
Rando, Daniela / Pavia (IT)
Ranft, Andreas / Halle (Saale)
Ranft, Dorothea / Mainz
Rapp, Claudia / Wien (AT)
Rasetschnig, Enrico / Roma (IT)
Rathke, Andrea / Friesenheim
Rathmann, Michael / Eichstätt
Rathmayr, Elisabeth / Wien (AT)
Raven, Willem / Marburg
Real, Michael / Mainz
Real, Sigrid / Mainz
Reali, Mauro / Monza (IT)
Rebenich, Stefan / Bern (CH)
Rebernik, Ivan / Roma (IT)
Rebstock, Daniela / Mainz
Rebstock, Elfrun / Ammerbuch
Recker, Udo / Seibersbach
Rehberg, Andreas / Roma (IT)
Rehm, Ellen / Münster

Rehm, Klaus / Wiesbaden
Reichert, Helmut / Nierstein
Reichert, Matthias / Mainz
Reichert, Sabine / Mainz
Reifenrath, Ulrich / Olfen
Reimann, Eveline / Oldenburg
Reimann, Michael / Oldenburg
Reinhard, Marie-Luise / Fulda
Reinhard, Ramona / Nackenheim
Reinhardt, Doris / Mainz
Reinhold, Ralf / Mainz
Reiß, Lilith / Mainz
Reißner, Andreas / Mainz
Reiter, Verena / Graz (AT)
Reith-Deigert, Maria / Frankfurt am Main
Remers, Sophia / Linkenheim-Hochstetten
Rempe, Jörg / Klein-Winternheim
Remy, Baudet / Arnhem (NL)
Renner, Ruth / Mainz
Renth, Thomas / Mainz
Renth, Torsten / Alzey
Rentzsch, Christa / Mainz
Rentzsch, Julian / Mainz
Rentzsch, Stefan / Mainz
Renvert, Dino / Mainz
Reske, Christoph / Mainz
Reske, Ulla / Mainz
Rettberg, Sophia / Köln
Rettinger, Elmar / Nieder-Olm
Reus, Elena / Lichtenfels
Reuter, Carola / Bad Homburg
Reuter, Oliver / Augsburg
Reuter, Sigrun / Worms
Reutlinger, Natalie / Argenbühl
Rey, Sarah / Paris (FR)
Rhodes, Peter John / (GB)
Richard Schäfer, Arno / Höchst
Richter, Tonio Sebastian / Leipzig
Rico Camps, Daniel / Sant Cugat del Vallès (ES)
Riedel, Elmar / Bingen
Riediger, Bruno / Horben
Riediker-Liechti, Eva / Effretikon (CH)
Riedlberger, Peter / München
Riedmeier-Fischer, Erika / Mainburg
Rieger, Angelica / Mainz-Kastel
Riegler, Nadine / Wien (AT)
Ries, Alexander / Frankfurt am Main
Rieth, Dominic / Rockenhausen
Rihm, Monika / Karlsruhe
Ringel, Ingrid H. / Mainz

Rink, Claudia / Heidelberg
Rinke, Martina / Sörgenloch
Ripoll, Gisela / Barcelona (ES)
Ripperger, Rosemary / Berlin
Rischkau, Lucas / Erfurt
Ritoók, Zsigmond / Budapest (HU)
Ritter, Max / Mainz
Ritter, Mechtild / Bonn
Ritter, Stephan / Mainz
Rivet, Lucien / Marseille (FR)
Roberto, Rinaldo / Mainz
Robinson, Edward / Sydney (AU)
Rocchi, Stefano / München
Rodríguez Martín, José-Domingo / Madrid (ES)
Rödel, Volker / Karlsruhe
Rödel-Braue, Caroline / Heidelberg
Röll, Johannes / Würzburg
Roels, Evelien / Heidelberg
Römer, Hans-Herbert / Wuppertal
Römheld, Andrea / Mainz
Roer, Annie / Mainz
Rößler, Dirk / Schwäbisch Gmünd
Rogge, Sabine / Münster
Rohde, Dorothea / Bielefeld
Rohleder, Kirstin / Mainz
Rohrbach, Christian / Nieder-Olm
Rohrschneider, Michael / Bonn
Rokohl, Louise / Mainz
Rolinger, Petra / Mainz
Rollinger, Christian / Trier
Rommel, Birgit / Wartenberg
Rosenlehner, Carina / Göttingen
Rosenthal-Heginbottom, Renate / Großsolt
Rosenzweig, Kirstin / Mainz
Rosport, Ingrid / Gilching
Rosso, Emmanuelle / Brunoy (FR)
Rosso, Paolo / Torino (IT)
Roth, Elisabeth / Karlsruhe
Roth, Erik / Freiburg
Roth, Manuela / Frankfurt am Main
Roth, Ulrike / London (GB)
Roth, Volker / Worms
Roth, Wiebke / Wiesbaden
Rothe, Uwe / Dörrebach
Rottleb, Hannelore / Bonn
Rozman, Ksenija / Ljubljana (SI)
Rubel, Alexander / Iasi (RO)
Rudolf, Annemarie / Mainz
Rudolf, Bernhard / Mainz
Rudolf, Günter / Mainz
Rudolph, André / Mainz

Rück, Christian / Mainz
Rüdesheim, Michael / Mainz
Ruffilli, Serena / Rignano sull'Arno (IT)
Ruffing, Kai / Marburg
Ruhe, Lilian / Arnhem (NL)
Rump, Aloys / Boppard
Ruprecht, Seraina / Bern (CH)
Rusch, Judith / Dornbirn (AT)
Ruths, Bernd / Mühltal
Rutz, Andreas / Dresden

S

Sadık Karakuş, Onur / Düzce (TR)
Sänger, Patrick / Greven
Şahin, Hamdi / Istanbul (TR)
Salayová, Andrea / Brno (CZ)
Salffner, Frank / Taunusstein
Salman, Emre / Aksaray (TR)
Salomies, Olli / Helsinki (FI)
Salzig, Sascha M. / Mainz
Salzmann, Miriam / Mainz
Sander, Rolf / Mainz
Santamaria, Timothée / Dijon (FR)
Santos, Ricardo / Penela (PT)
Sapin, Christian / Lantenay (FR)
Saquete Chamizo, José Carlos / Sevilla (ES)
Sardak, Margaryta / Köln
Sartre-Fauriat, Annie / Paris (FR)
Saryusz-Wolska, Magdalena / Nieder-Olm
Šašel Kos, Marjeta / Dobrova (SI)
Satoshi, Toda / Sapporo (JP)
Sattler, Barbara / Berlin
Satzinger, Georg / Bonn
Sauer, Vera / Rangendingen
Savani, Giacomo / (GB)
Scarci, Azzurra / Mainz
Schäfer Andreoli, Petra / Venezia (IT)
Schäfer, Beate / Mainz
Schäfer, Dieter / Mainz
Schäfer, Regina / Bingen
Schäfer, Werner / Rockenhausen
Schaller, Bärbel / Wien (AT)
Schaller, Wolfgang / Wien (AT)
Schamper, Jennifer / Koblenz
Schappert, Ingrid / Mainz
Schaub, Andreas / Aachen
Scheeder, Bettina / Ludwigshafen
Scheerer, Joachim / Mainz
Scheid, John / Paris (FR)
Scheidl, Susanne / Speyer
Schellenberg, Peter / Braga (PT)

Schellig, Jessica / Münster
Schenk, Winfried / Würzburg
Scherbaum, Clarissa / Lebach
Scherf, Ferdinand / Gau-Bischofsheim
Scherr, Jonas / Esslingen
Scheschkewitz, Jonathan / Esslingen
Scheuba, Simon / Mainz
Scheuerbrandt, Jörg / Bad Mergentheim
Scheuffelen, Traute / Esslingen
Scheunemann, Maria / Mainz
Schiavone, Simone / Roma (IT)
Schiemann, Konstanze / Wiesbaden
Schiestl, Robert / (GB)
Schiffel, Janika / Mainz
Schilling , Stefan / Trier
Schilling, Cosima / Mainz
Schilling, Robin / Salzburg (AT)
Schiltz, Anette / Mainz
Schindler, Rainer / Mainz
Schinzel, Christian / Zürich (CH)
Schipporeit, Sven / Wien (AT)
Schleicher, Frank / Dornburg-Camburg
Schleichert, Alexander / Mainz
Schleissner-Beer, Franz / Venezia (IT)
Schleissner-Beer, Marlis / Venezia (IT)
Schlenczek, Stefanie / Haßloch
Schlereth, Peter / Mainz
Schletter, Hans-Peter / Duisburg
Schlichter, Markus / Pinneberg
Schließmann, Sarah / Mainz
Schlip, Clemens / Fribourg (CH)
Schlitt, Jochen / Mörstadt
Schlitz, Anne / Worms
Schmandt, Matthias / Bingen
Schmauder, Michael / Bonn
Schmeken, Thomas / Mainz
Schmid, Beate / Wörrstadt
Schmid, Josef Johannes / Mainz
Schmidt, Alexandra / Mainz
Schmidt, Andreas / Mainz
Schmidt, Christian / Freiburg
Schmidt, Jonathan / Karben
Schmidt, Julia / Mainz
Schmidt, Kim Eileen / Mainz
Schmidt, Klaus / Mainz
Schmidt, Stefanie / Berlin
Schmidt, Tom / Wörrstadt

Schmidt-Hofner, Sebastian / Tübingen
Schmitt, Annette / Mainz
Schmitt, Martina / Mainz
Schmitt, Michael / Mainz
Schmitt, Uta / Mainz
Schmitz, Winfried / Bonn
Schmitzer, Ulrich / Berlin
Schmitz-Esser, Romedio / Heidelberg
Schmölzer, Astrid / Bamberg
Schmoll, Florian / Mainz
Schmoll gen. Eisenwerth, Wolf / Bonn
Schmugge, Ludwig / Roma (IT)
Schneider, Andrea / Bad Ems
Schneider, Anna-Dorothea / Mainz
Schneider, Anne C. / Mainz
Schneider, Fabian / Mainz
Schneider, Florian / Berlin
Schneider, Hans / Marburg
Schneider, Hauke / Kiel
Schneider, Jens / Budenheim
Schneider, Joachim / Dresden
Schneider, Paul Georg / Mainz
Schneider, Reinhard / Ettlingen
Schneider, Thomas Martin / Koblenz
Schneider, Torsten / Mainz
Schneider, Ute / Mainz
Schneider-Laubscher, Veronika M. / Stadecken-Elsheim
Schnell, Guido / Wiesbaden
Schnellbacher, Mascha / Mainz
Schnieders, Christian / Bonn
Schöneich, Volker / Mainz
Schönemann, Lennart / Mannheim
Schönfelder, Markus / Mainz
Schönfelder, Susanne / Mainz
Schönig, Hannsgeorg / Mainz
Schönmehl, Wolfgang / Mainz-Kastel
Schöpke, Jürgen / Mainz
Schöpke, Nadine / Mainz
Schössler, Martin / Wiesbaden
Scholl, Andreas / Berlin
Schollenberger, Ludwig / Appenheim
Scholler, Dietrich / Mainz
Scholte, Simone / Kriftel
Scholz, Gerhard / Mainz
Scholz, Peter / Stuttgart
Schoolman, Edward / Reno NV (US)
Schorn, Stefan / Leuven (BE)
Schott-Storch de Gracia, Lara Luisa / Mainz-Kastel
Schramm, Hannes / Bludenz (AT)
Schreiber, Stefan / Mainz
Schrepfer, Axel / Wiesbaden
Schröder, Maike / Friedrichshafen
Schröder, Yannis Matthias / Mainz
Schröer, Rosemarie / Kaiserslautern
Schröer, Sandra / Ingelheim
Schubert, Anneliese / Mainz
Schubert, Charlotte / Berlin
Schubert, Jan / Kelkheim
Schubert, Martin / Berlin
Schubert, Regina / Berlin
Schüler, Alfons / Mainz
Schüller, Stephan / Norheim
Schüpke, Bernhard / Münster
Schütz, Daniel / Bonn
Schuler, Christof / Gräfelfing
Schulte, Antonius / Mainz
Schulte, Felix / Essen
Schulz, Hela / Hochheim
Schulz, Matthias / Wien (AT)
Schulz, Matthias / Hilgert
Schumacher, Angela / Wiesbaden
Schumacher, Inge / Berlin
Schumacher, Leonhard / Mainz
Schumacher, Maximilian / Heilbronn
Schurr, Marc Carel / Kehl
Schuurbiers, Johan / Gargazon (IT)
Schwab, Rosemarie / Mainz
Schwartz, Cyrill / Mainz
Schwarz, Barbara / Mainz
Schwarz, Cornelia / Mainz
Schwarzer, Holger / Münster
Schwe, Marcel / Frankfurt am Main
Schwedler, Gerald / Kiel
Schwedler, Wolfgang / Kaufbeuren
Schweidler, Joachim / Magstadt
Schwind, Christiane / Trier
Schwinden, Dorothee / Trier
Schwitzer, Felix / Tübingen
Scoppie, Sarah / Esslingen
Seckar, Mario / Wien (AT)
Sehy, Volker / Waldfischbach-Burgalben
Seibel, Georg / Karlsruhe
Seibert, Armin / Hargesheim
Seiffarth, Simon / Mainz
Seiffert, Stefanie / Rockenhausen
Seifried, David / Mainz
Seiler, Ruben / Mainz
Selke, Valeria / Xanten
Selmer, Jan-Fredrik / Kleinblittersdorf
Senatore, Francesco / Napoli (IT)
Seng, Helmut / Mainz
Sernagiotto, Leonardo / Castelfranco Veneto (FR)
Serrati, John / Ottawa (CA)
Servatius, Angelika / Mainz
Seubert, Simone / Mainz
Ševčík, Pavel / Brno (CZ)
Severin, Renate / Mainz
Shliakhtin, Roman / Mainz
Sibio, Alexander / Mainz
Siebner, Claudia / Mainz
Siegert, Ulrike / Köln
Siegmund, Frank / Münster
Siehr, Walter M. R. / Ginsheim-Gustavsburg
Siesenop, Pascal / Klein-Winternheim
Sing, Robert / (GB)
Singer, Georg / Meißen
Sittig, Florian / Köln
Skrypzak, Rolf / Nidda
Sloykowski, Arndt / Kaub
Smarczyk, Bernhard / Köln
Smit, Verena / Leverkusen
Solf, Michael / Lutherstadt Wittenberg
Solin, Heikki / Helsinki (FI)
Sommer, Robert / Mainz
Sophia Hanelt, Julia / Mainz
Soroptimist, International Club Mainz / Nieder-Olm
Soukup, Klaus / Bad Kreuznach
Späth, Thomas / Bern (CH)
Spang, Michael / Ellwangen
Sparrer, Christoph / Mainz
Spars, Rosemary / Mainz
Sperlich, Malte / Northeim
Spiegel, Albert / Bonn
Spies, Martin / Frankfurt am Main
Spira, Benjamin / Altenburg
Springer, Elisabeth / Mainz
Springer, Rick / Bonn
Stabel, Andrea / Wiesbaden
Stabenow, Jörg / Augsburg
Stadelbacher, Anja / Halle (Saale)
Stadelmann, Anja / Cremlingen
Staerk, Margrit / Mainz
Stahlhofen, Jens / Mainz
Stahn, Lena-Luise / Berlin
Stanzl, Günther / Mainz
Stapelmann, Hans Jürgen / Mainz
Starck, Pernille / Mainz
Stark, Hans-Dieter / Mainz
Staub, Johannes / Petersberg
Stauder, Heiner / Lindau
Stavrianopoulou, Eftychia / Plankstadt
Steffens, Peter / Mainz
Steffens, Rudolf / Uelversheim
Stehrenberger, Cécile / Wuppertal
Steilen, Lukas / Hemsbach
Stein, Gisela / Frankfurt am Main
Stein, Jean-Paul / Walferdange (LU)
Stein, Johanna / Oppenheim
Stein, Renate / Mainz
Steinbrecher, Elisabeth / Mainz
Steinbrecher, Felix / Mainz
Steiner, Philipp / Mainz
Steinert, Antje / Niederstetten
Steinhart, Matthias / Würzburg
Steinmetz, Reiner / Quierschied
Stein-Reitz, Franziska / Frankfurt am Main
Steitler, Charles W. / Wiesbaden
Stelwagen, Fred / Groningen (NL)
Stelzig, Arndt Florian / Mainz
Stendebach, Annika / Gießen
Stendebach, Georg / Kraków (PL)
Stephan, Kern / Mainz
Stephan-Emrich, Ulrike / Alzey
Steskal, Martin / Gaweinstal (AT)
Steubling, Tom / Mainz
Stickler, Timo / Jena
Stiene, Heinz Erich / Frechen
Stimoli, Luca / Godega di Sant'Urbano (IT)
Stock, Sabine / Nierstein
Stockhorst, Ruth / Mainz
Stoecker, Folkmar / Berlin
Stoecker, Kathleen / Mainz
Stoecker, Roger / Mainz
Stöckli, Werner E. / Bern (CH)
Stöger, Saskia / Augsburg
Stoll, Oliver / Passau
Storz, Peer / Mainz
Strecker, Dieter / Petershausen
Strecker, Hans Werner / Buchenbach
Streda, Jan / Mainz
Strobel, Karl / Klagenfurt (AT)
Stronk, Jan P. / (NL)
Stroobach, Pieter / Leiden (NL)
Strüber, Michael / Mainz
Strunk, Alexander / Trier
Strunk, Annette / Bingen
Stucky, Monica / Basel (CH)
Stumm, Gerhard / Bad Kreuznach
Stumme, Elke / Mainz

Stumme, Wolfgang / Mainz
Stumpf, Dorothee / Mainz
Stumpfe, David / Münster
Sturm, Sabine / Coesfeld
Suekado, Daichi Cem / Istanbul (TR)
Süß, Wolfgang / Mainz
Süstehenn, Klaus / Mainz
Suhr, Norbert / Eltville
Suspène, Arnaud / Beaugency (FR)
Suva, Lubomir / Göttingen
Sverkos, Elias / Thessaloniki (GR)
Sykopetritou, Paraskevi / Wien (AT)
Syrbe, Daniel / Nijmegen (NL)
Szabó, Ádám / Budapest (HU)
Szabolcs, Hursán / Páty (HU)
Szemethy, Hubert / Wien (AT)

T

Tabaczek, Marianne / Brühl
Täschner, Katharina / Hünfeld
Taietti, Guendalina / Athens (GR)
Takács, Sarolta A. / Staten Island NY (US)
Tamiolaki, Melina / Heraklion (GR)
Tanner, Jeremy / Cambridge (GB)
Tantillo, Ignazio / Roma (IT)
Tantimonaco, Silvia / Budapest (HU)
Taschner, Moritz / Berlin
Tatz, Sabrina / Bonn
Tauber, Felix / Mainz
Tegtmeier, Cornelia / Bendorf
Teichgräber, Ansgar / Erfurt
Teichmann, Michael / Wiesbaden
Teichner, Felix / Marburg
Teitler, Hans / Hilversum (NL)
Tempel, Maria / Mainz
Tempel, Thomas G. / Wörrstadt
Tengeler, Nadine / Mainz
Terenzi, Pierluigi / Sesto Fiorentino (IT)
Teske, Frank / Tiefenthal
Teske-Keiser, Susanne / Mainz
Teuber, Bernhard / München
Tewes, Michael / Karlsruhe
Thaler, Ulrich / Chemnitz
Thalgott, Christiane / Berg
Thamm-Boedecker, Karin / Mainz
Theiß, Udo / Mainz
Thelen, Christoph / Mainz
Thews, Michael / Mainz
Thibay, Johan / Antwerpen (BE)
Thiel, Kirsten / Esslingen
Thiry, Hartmut / Mainz
Thomas-Hoeck, Beate Dorothea / Wiesbaden
Thomsen, Anne-Louise / Mainz
Thomsen, Arne / Berlin
Thüne, Wolfgang / Oppenheim
Thürigen, Susanne / München
Thüry, Günther E. / Göttlesbrunn (AT)
Thummerer, Gabriela Erika / Mainz
Tiator, Lothar / Mainz
Tietenberg, Annette / Heppenheim
Tietz, Werner / Köln
Tischer, Ute / Leipzig
Tombrägel, Martin / Regensburg
Tonner, Angela / Mainz
Torallas Tovar, Sofia / Chicago IL (US)
Tost, Sven / Wien (AT)
Toth, Ida / Oxford (GB)
Trachsel, Alexandra / Hamburg
Trampedach, Kai / Heidelberg
Tran, Nicolas / Paris (FR)
Trapp, Erich / Wien (AT)
Trapp, Karl-Heinz / Mainz
Traub, Sarah / Mainz
Trautmann, Frank / Mainz
Traxler, Stefan / Traun (AT)
Treggiari, Susan / Oxford (GB)
Tress, Peter / Mainz
Trimborn, Dieter / Cochem
True-Biletski, Kerstin / Bremen
Trübenbacher, Albrecht / Berlin
Tsivikis, Nikos / Athens (GR)
Tsumoto, Hidetoshi / Tokyo (JP)
Türk, Rainer / Mainz
Türkoğlu, Didem / İstanbul (TR)
Tuncay, Seda / İstanbul (TR)
Turinski, Jan / Lorsch

U

Uder, Manuel / Trier
Uhalde, Kevin / Athens OH (US)
Ulbrich, Julian / Kiel
Umstätter-Speth, Ellen / Hochheim
Unfricht, Martin / St. Goarshausen
Unger, Christian / Mainz
Unger, Judith / Mainz
Urbach, Anna / Rogätz
Urbanik, Jakub / Warszawa (PL)
Urbanová, Daniela / Brno (CZ)

V

Vacek, Alexander / Krems an der Donau (AT)
Vahlhaus, Ines / Seegebiet Mansfelder Land
Valckx Hoex, Antoon / La Paz (MX)
Valenti, Massimiliano / Roma (IT)
Vallori-Márquez, Bartomeu / Palma (ES)
Van Dam, Robert George / Haarlem (NL)
Van Dasler, Michel / (NL)
Van de Bunt, Alexander / Amersfoort (NL)
Van der Erve, Paul / Easterein (NL)
Van der Linde, Dies / Amersfoort (NL)
Van der Stoep, Annelies / Oegstgeest (NL)
Van der Zwan, C. / Nieuw Scheemda (NL)
Van Dijk, Maarten / Amstelveen (NL)
Van Eeuwijk, Peter / (NL)
Van Friesland, Jan / Poppenwier (NL)
Van Haeperen, Françoise / Bruxelles (BE)
Van Hoof, Christine / Saarbrücken
Van Hoof, George / Nijmegen (NL)
Van Lierde, Hans / Lennik (BE)
Van Minnen, Peter / Cincinnati OH (US)
Van Nuffelen, Peter / Destelbergen (BE)
Van Oorsouw, Marie-France / (NL)
Van Ossel, Paul / Taviers (BE)
Van Rooyen, Gertruida / Taunton MA (US)
Vanderbilt, Scott / Culver City CA (US)
Vandiver, Elizabeth / Tacoma WA (US)
Vedder, Ingrid / Bunnik (NL)
Veigel, Joachim / Mainz
Velaza, Javier / Barcelona (ES)
Veldhues, Valentin / Berlin
Velthaus-Zimmy, Andrea / Mainz
Ventroux, Olivier / Les Magnils Reigniers (FR)
Verbruggen, Sandra / (NL)
Verheyen, Stefan / Lint (CH)
Verne, Markus / Heidesheim
Verzár, Monika / Trieste (IT)
Viciano, Albert / Tarragona (ES)
Vielberg, Meinolf / Jena
Vielhauer, Stefan / Mainz
Villanti, Nicolò / Frankfurt am Main
Vink, Arjan / Haarlem (NL)
Vink, Berend / Oosterbeek (NL)
Violante, Francesco / Bitetto (IT)
Vismann, Ulrich / Mainz
Vitiello, Gabriella / Wiesbaden
Vitt, Lena / Siegen
Vlatten, Hans-Peter / Düren
Vlatten, Kornelia / Düren
Vliegen, Maurice / Nijmegen (NL)
Voci, Anna Maria / Roma (IT)
Vock, Michael / Basel (CH)
Vögtlin Bruhn, Nicole / Mainz
Vössing, Konrad / Bonn
Vogel, Carola / Groß-Gerau
Vogl, Ellie / Bischofsheim
Vogl, Sybille / Bischofsheim
Voigt, Jörg / Roma (IT)
Volk, Beate / Mainz
Von Alkier, Rüdiger / Kiedrich
Von Bülow, Gerda / Berlin
Von Dadelsen, Bernhard / Mainz
Von Essen, Eva / Brodenbach
Von Falkenhayn, Marlene / Mainz
Von Harsdorf, Johanne / Berlin
Von Heusinger, Sabine / Köln
Von Mengden, Lida / Bad Dürkheim
Von Nicolai, Caroline / München
Von Rummel, Philipp / Berlin
Von Uslar, Gesine / Mainz
Von Winterfeld, Dethard / Mainz
Vondrovec, Klaus / Wien (AT)
Voyts, Roman / Mainz
Vucetic, Martin Marko / München
Vuckovic, Laura / Heidelberg
Vukovic, Kresimir / München

W

Wack, Manuela / Trippstadt
Wageneder, Birgit / Gampern (AT)
Wagner, Andrea / Mainz
Wagner, Barbara / Mainz
Wagner, Charlotte / Mainz
Wagner, Jonas / Ingelheim
Wagner, Rafael / Brittnau (CH)
Wagner, Sandro / Wiesbaden

Wahl, Heribert / München
Wahl, Johannes / Spabrücken
Wallbrecher, Ursula / Mainz
Walser, Andreas Victor / Uster (CH)
Walter, Hildegund / Mainz
Walter, Jochen / Mainz
Walter, Sabina / Röttenbach
Walter, Uwe / Bielefeld
Walther, André / Mainz
Walther, Claudine / München
Walzik, Bernhard / Mainz
Walz-Valdmanis, Judith / Mainz
Warken, Simon / Mainz
Warko, Eva / Frankfurt am Main
Warntjen, Annette / Aurich
Warntjen, Ulrich K. / Aurich
Wasscber, Ben / Mound MN (US)
Weber, Andreas Otto / München
Weber, Gregor / Stadtbergen
Weber, Karsten / Düsseldorf
Weber, Katerina / Zornheim
Weber, Klaus T. / Koblenz
Weber, Martina / Mainz
Weber, Rita / Mainz
Weber, Sabine / Wiesbaden
Weber, Tim / Berlin
Weber-Hiden, Ingrid / Wien (AT)
Weber-Woelk, Ursula / Köln
Webster, Elizabeth / (GB)
Wech, Pierre / Marcilly-La-Campagne (FR)
Weckmüller, Sascha / Mainz
Wedekind, Irmtraut / Mainz
Wegner, Tjark / Dußlingen
Weidtmann, Wolfgang / Essen
Weinelt, Jens / Leipzig
Weinert, Gabi / Stadecken-Elsheim
Weinlein, Julius / St. Leon-Rot
Weise, Christian / Frankfurt am Main
Weiser, Bernhard / Berlin
Weisrock, Katharina / Nieder-Olm
Weiß, Adrian / Bonn
Weiß, Alexander / Buseck
Weiss, Christian / Zürich (CH)
Weiss, Irene M. / Mainz
Weiße-Herr, Sygun / Mainz
Wellhausen, Jan / Augsburg
Wendling, Holger / Salzburg (AT)
Wenzel, Carsten / Rosbach
Wenzel, Helmut / Ingelheim
Wenzel, Maria / Mainz
Werfel, Silvia / Wiesbaden

Werner, Alexandra / Breitbrunn
Werner, Michael / Köln
Werner, Stephan / Tamm
Werthebach, Robin / Bischofswiesen
Wesselmann, Katharina / Kiel
Westall, Richard / Roma (IT)
Westenberger, Daniel / München
Westenberger, Erica / Mainz
Westenberger, Mechthild / Mainz
Westenberger, Norbert M. / Mainz
Westenberger, Wilhelm / Mainz
Westphal, Kurt / Egelsbach
Westrich, Victor / Mainz
Weyn, Christina / Schönwald
Weyn, Karel / Schönwald
Whately, Conor / Winnipeg (CA)
Whitling, Frederick / Genarp (SE)
Wiater, Nicolas / St Andrews (GB)
Wichmann, Holger / Mainz
Wichmann, Petra / St. Peter
Wiedergut, Karin / Wien (AT)
Wieland, Barbara / Frankfurt am Main
Wieland, Markus / Obrigheim
Wien, Mirjam / Tübingen
Wienand, Johannes / Heidelberg
Wienand, Michael / Köln
Wiener, Hans-Peter / Mainz
Wierzcholowski, Rainer / Köln
Wies, Werner / Mainz
Wiesehomeier, Bärbel / Mainz
Wiik, Matti / Bergen (NO)
Wijnendaele, Jeroen W.P. / Gent (BE)
Wild, Tobias / Freiburg
Wilde, Jennifer / Chemnitz
Wilfert, Reinhard / Stadecken-Elsheim
Wilhelm, Klaus Wilhelm / Mainz
Wilhelmy, Winfried / Mainz
Will, Christopher / Mainz
Will, Katharina / Mainz
Willburger, Nina / Stuttgart
Willi, Anna / London (GB)
Willms, Christina-Maria / Mainz
Wilson, Anke / Salem OR (US)
Winkler, Dietmar W. / Salzburg (AT)
Winkler, Stephan / Münster
Wintersohle, Paulina / Köln
Wintjes, Jorit / Würzburg

Wirth, Stefan / Dijon (FR)
Wirthl, Jutta / Mainz-Kostheim
Wirtz, Rut / Bonn
Wischmeyer, Wolfgang / Wien (AT)
Wittke, Anne-Maria / Kusterdingen
Wittmann, Thomas / Konstanz
Wittmer, Frank / Mainz
Wittmer, Volker / Mainz
Witzel, Jörg / Marburg
Wodrich, Werner / Zornheim
Wöhrle, Natalie / Krailling
Wörner, Inge / Mainz
Wörsdörfer, Clara / Mainz
Wörzler, Günter / Groß-Gerau
Wötzel, Barbara / Wiesloch
Wötzel, Judith / St. Leon-Rot
Wohlfarth, Dorothea / Puchheim
Wolf, Anke / Böblingen
Wolf, Eva / Saarbrücken
Wolf, Gertrud / Mainz
Wolf, Joachim / Mainz
Wolf, Philipp / Harxheim
Wolf, Sibylle / Nehren
Wolf, Tobias Michael / Felsberg
Wolf, Ulrike / Frankfurt am Main
Wolff, Catherine / Lyon (FR)
Wolff, Sarah / Lauda-Königshofen
Wolfram, Sabine / Chemnitz
Wolkenhauer, Anja / Tübingen
Wollsiefer, Brigitte / Mainz
Wolters, Petra / Bamberg
Wolters, Reinhard / Wien (AT)
Wood, Jamie Peter / (GB)
Worst-Seul, Anne / Berlin
Würfel, Miriam / Mainz
Würkert, Barbara / Ingelheim
Wunderlich, Chr.-Heinrich / Halle (Saale)
Wysocki, Agnes / Wiesbaden

X

Xaver Müller, Uwe / Freiburg

Y

Yon, Jean-Baptiste / Beirut (LB)

Z

Zaccaria, Claudio / Trieste (IT)
Zach, Gabriele / Wiener Neustadt (AT)
Zäch, Benedikt / Winterthur (CH)
Zagermann, Marcus / Germering
Zahrnt, Michael / Heikendorf
Zaitsev, Aleksei / Trier

Zakrzewski, Heiko / Waxweiler
Zamperini, Alessandra / Verona (IT)
Zander, Dieter / Schwerin
Zang, Rudi / Mainz
Zanier, Werner / Aschau
Zapf, Moritz / Mainz
ZAT Universität Trier / Trier
Zech, Martin / Ginsheim-Gustavsburg
Zeese, Andreas / Wien (AT)
Zeller, Gudula / Mainz
Zelnick-Abramovitz, Rachel / Ramat Hasharon (IL)
Zerres, Jutta / Königswinter
Zeunert, Dagmar / Wiesbaden
Zhenhuang, Xu / Changchun (CN)
Zieger, Karl / Villeneuve d'Ascq (FR)
Zieling, Norbert / Xanten
Zielke, Daniel / Biebelsheim
Ziesche, Lilly / Worms
Ziesner, Michael / Wiesbaden
Zimmat, Marius / Mainz
Zimmer, Tim / Mainz
Zimmermann, Jan / Mainz
Zimmermann, Norbert / Roma (IT)
Zimmermann, Philip / Wallisellen (CH)
Zimmermann-Elseify, Nina / Berlin
Zimny, Michael / Mainz
Zingg, Roland / Mainz
Zinner, Carola / Neuried
Zipper, Eckehard / Overath
Zöller, Gerhard / Mainz
Zoll, Gabriele / München
Zoll, Lena / Budenheim
Zoll, Matthias / Frankfurt am Main
Zsidi, Paula / Budapest (HU)
Zucchini, Stefania / Perugia (IT)
Zunker, Diana / Mainz
Zwart, Ruud / Krommenie (NL)
Zwickel, Wolfgang / Mainz
Zwierlein-Diehl, Erika / Bonn